贵州省交通建设系列科技专著

贵州典型地层
公路隧道稳定性分析

贵州省交通运输厅　组织编写
周　森　龙平江　刘学增　编　　著

人民交通出版社股份有限公司
China Communications Press Co.,Ltd.

内 容 提 要

本书为“贵州省交通建设系列科技专著”中的一本。本书参考国内外相关文献、现行规范，结合诸多工程经验与笔者多年研究成果，阐述了贵州省浅变质碎裂岩体、节理裂隙密集带、岩溶发育区域等典型不良地质的发育特征及其主要危害形式，重点分析了在贵州典型地层中修建公路隧道时的围岩变形、稳定性及其主要影响因素，并依托工程实例，讨论了相应的加固技术、支护设计体系及防治对策，以期为贵州地区公路隧道建设提供一定参考。

本书可供隧道工程设计、施工、监理、监测技术人员及科研人员使用，也可供高等院校相关专业师生参考。

图书在版编目(CIP)数据

贵州典型地层公路隧道稳定性分析 / 周森，龙平江，刘学增编著；贵州省交通运输厅组织编写．—北京 ：人民交通出版社股份有限公司，2015．11

(贵州省交通建设系列科技专著)

ISBN 978-7-114-12572-0

Ⅰ．①贵… Ⅱ．①周… ②龙… ③刘… ④贵… Ⅲ．①公路隧道—隧道工程—稳定性—研究—贵州省 Ⅳ．①U459．2

中国版本图书馆 CIP 数据核字(2015)第 255402 号

贵州省交通建设系列科技专著

书　　名：**贵州典型地层公路隧道稳定性分析**
著 作 者：周　森　龙平江　刘学增
责任编辑：周　宇　牛家鸣
出版发行：人民交通出版社股份有限公司
地　　址：(100011)北京市朝阳区安定门外外馆斜街 3 号
网　　址：http://www.ccpress.com.cn
销售电话：(010)59757973
总 经 销：人民交通出版社股份有限公司发行部
经　　销：各地新华书店
印　　刷：北京市密东印刷有限公司
开　　本：787×1092　1/16
印　　张：16
字　　数：385 千
版　　次：2015 年 11 月　第 1 版
印　　次：2015 年 11 月　第 1 次印刷
书　　号：ISBN 978-7-114-12572-0
定　　价：70.00 元
(有印刷、装订质量问题的图书，由本公司负责调换)

贵州省交通建设系列科技专著

编审委员会

总 序

Preface

古往今来，独特的地形地貌赋予贵州重峦叠嶂山高谷深的隽秀之美，但山阻水隔也桎梏着贵州经济社会发展的步伐。打破交通运输瓶颈，建设内捷外畅的现代综合交通运输体系，与全国同步迈向小康，一直是贵州人的夙愿。

改革开放特别是进入“十二五”以来，党中央、国务院及交通运输部等国家部委高度重视贵州经济社会发展。2012 年年初，国务院出台支持贵州发展的国发 2 号文件，将贵州省经济社会发展的战略规划上升到国家层面。贵州省委、省政府立足当前、着眼长远，提出坚持把交通作为优先发展的重大战略，举全省之力加快交通基础设施建设。2012 年以来，贵州省先后启动了高速公路建设、水运建设三年会战，普通国省干线公路建设攻坚，“四在农家·美丽乡村”小康路行动计划，“多彩贵州·最美高速”和“多彩贵州·平安高速”创建等一系列行动，志在“十二五”末，通过交通大建设一举打破大山的束缚，畅通经济发展的交通网络。

广大交通建设者紧紧抓住发展的历史机遇，凝心聚智，在广袤的黔山秀水之间，用光阴和汗水构筑贵州面向未来的交通新格局。“十二五”期间，全省交通基础设施建设将完成投资 4 500亿元，新建成高速公路 3 600 公里，高速公路通车总里程将突破 5 100 公里，全省 88 个县(市、区)将全部通高速公路。乌江、赤水河建成四级航道 700 公里，改写了贵州无高等级航道的历史。建成构皮滩水电站翻坝枢纽工程，实现乌江航道全线通航。曾经的黔道天堑正变成康庄大道，一张以高速公路为骨架、国省干线公路为支撑、县乡公路为脉络、小康路为基础的四级公路路网正在形成，“扬帆赴江海”指日可待。

围绕贵州交通发展中出现的科技需求，贵州省交通运输厅组织开展了一批省部级重大科研项目攻关，重点突破一批关键、共性技术难题，在支撑工程建设、引领行业创新发展方面成效显著。在山区复杂条件下大型桥梁建设技术方面，形成了千米级悬索桥、高墩大跨刚构桥和钢管混凝土拱桥等设计施工成套技术，有力支撑了坝陵河大桥、清水河大桥、鸭池河大桥、赫章大桥、木蓬大桥等一批世界级桥梁建设工程，实现了我省桥梁建设技术的大跨越；针对西部山区复杂地质地形条件，从勘察设计、建设施工、养护管理和生态环保等方面系统开展基础研究和技术开发，形成一批山区高速公路修筑技术，其成果居国内先进水平，有力支撑了复杂山区环境下高速公路项目建设；在山区航道整治、船型标准、通航枢纽建设等方面取得的创新性成果，促进了贵州航运工程的发展；完成了"贵州乌蒙山区毕都高速公路安全保障科技示范工程"等交通运输部科技示范项目，有力推动了交通科技成果推广应用；以"互联网＋便捷交通"推进智慧交通建设，率先开展智能交通云的建设和应用。交通运输科技成果连续3年获得贵州省科技进步和成果推广一等奖。

为展现在公路、水路和交通安全、信息化建设等方面取得的技术成就，促进技术交流，加大推广应用，贵州省交通运输厅组织编写了"贵州省交通建设系列科技专著"。这套科技专著的出版，对传承科技创新文化，提升交通科技水平，深入实施科技兴省战略，促进贵州经济社会快速发展，意义重大、影响深远。

交通成就千秋梦，东西南北贯黔中。编撰这套系列科技专著，付出的是艰辛、凝结的是智慧、反映的是成绩，折射了交通改变地理劣势、奋斗推动跨越的创新精神，存史价值较高，是一笔当代贵州的可贵财富。

2015年10月

前 言

Foreword

自“八五”“九五”规划以来，我国公路隧道建设正式进入高速发展时期，经过二十余年的发展，隧道总数、里程飞速增加的同时，隧道单洞长度也在不断增加。此外，由于交通量需求的增加，单洞3、4车道的大跨公路隧道逐渐增多，原位扩建、近接施工、海底隧道等项目也陆续出现。截至2014年年底，全国公路隧道已建成12 404座，共1 075.67万m，已建成单洞长18.0 km的秦岭终南山公路隧道、单洞4车道的龙头山隧道、单洞3车道的厦门翔安海底隧道等典型工程。

与此同时，国内学者开展了一系列的研究，科学、系统地探讨和完善了隧道相关设计理论及施工工法，并陆续出台了《公路隧道设计规范》(JTG D70—2004)、《公路隧道施工技术规范》(JTG F60—2009)、《公路隧道设计细则》(JTG/T D70—2010)，以期成熟及规范地指导我国公路隧道建设工程。然而，与世界发达国家百余年的发展历程相比，我国公路隧道建设发展时间短，技术理论与工程经验与工程的实际需求还存在差距。特别是针对西南黔桂地区常见的岩溶发育带、大型断裂构造带、节理裂隙密集带、瓦斯煤系地层等不良地质区段的隧道建设工程，已有研究成果在系统性、针对性上还存在一定不足，隧道建设安全问题仍是业内关注重点。

为此，交通运输部、贵州省科学技术厅、贵州省交通运输厅组织贵州省交通规划勘察设计研究院股份有限公司、重庆大学、同济大学、贵州独平高速公路有限公司等多个单位开展了西部交通建设课题“岩溶地区公路修筑成套技术研究”、贵州省重大专项课题“厦蓉线水都高速公路建设关键技术研究”、贵州省交通科技项目“基于节理特征的公路隧道锚杆受力机理”等项目的研究，有针对性地探讨和研究了浅变质碎裂岩体洞口浅埋段、节理裂隙密集带及岩溶发育区域等贵州省典型地层中的公路隧道建设技术，取得了一些比较有意义的研究成果，很好地支撑了贵州省高速公路隧道建设，提升了贵州省公路隧道的建设与管理水平。本书的内容以这些成果为基础，结合国内外研究及贵州省近些年公路隧道工程建设经验，参考国内隧道建设实践，系统总结与升华而成，以期为同类工程提供一定指导意义。

本书以“基础理论研究＋典型工程实例研究”的模式展开阐述，重点介绍贵州省典型地层中的公路隧道建设理论与技术，旨在形成贵州省典型地层中的公路隧道建设成套体系。全书共分3篇10章，第1章为绪论，重点介绍、总结当前隧道建设现状，为全书的撰写做铺垫；第1篇侧重研究黔东南典型浅变质碎裂岩体洞口浅埋偏压段的公路隧道围岩稳定性与加固技术，包括第2～5章；第2篇侧重研究节理裂隙密集带公路隧道围岩稳定性与支护优化技术，包括第6～8章；第3篇侧重研究岩溶发育区域公路隧道围岩稳定性与突涌水防治技术，包括第9、10章。

全书撰写大纲由周森提出并与龙平江、刘学增共同商讨后确定，具体分工为：周森承担了第1～5章的撰写工作，刘学增承担了第6～8章的撰写工作，龙平江承担了第9、10章的撰写工作。全书由周森具体组织实施并负责最后的统稿、修改及审定后定稿，由刘学增完成文字整理与校对编辑工作。

本书在成稿过程中得到了贵州省交通运输厅等单位的大力支持与协助，作者在此深表谢意，同时感谢人民交通出版社股份有限公司同仁为本书出版付出的辛勤劳动。书中有部分内容参考了有关单位或个人的研究成果，均已在参考文献中列出，在此一并致谢。

本书旨在介绍适用于贵州省典型地层的公路隧道建设理论与成套技术，这给本书编撰增加了难度。再加上作者自身水平有限，虽几经易稿，不足之处在所难免，恳请广大学者、同仁批评指正。

作　者

2015年4月于贵阳

目　录

Contents

第2篇　节理裂隙密集带公路隧道变形与稳定性分析

第3篇　岩溶区域公路隧道建设及典型案例

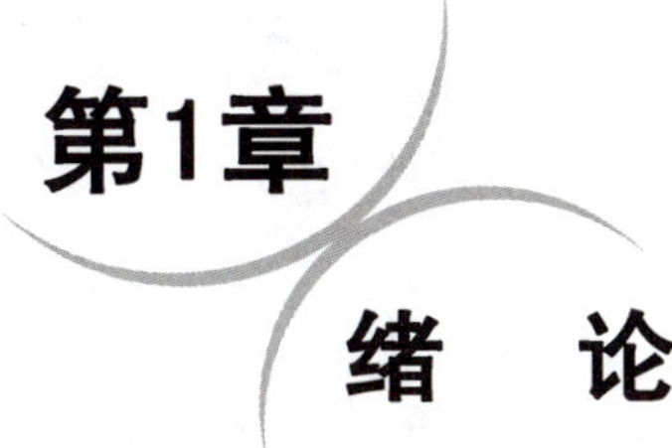

第1章 绪 论

1.1 贵州典型地层及其隧道建设面临的主要技术问题

进入21世纪后，在西部大开发战略的刺激下，贵州省公路建设投资力度逐年加大，至2014年年底，全省公路网总里程达到17.91万km，其中已建高速公路达到4 006.81km，比“十一五”末增加近2 500km。为进一步发展境内公路建设，打通外部通道，贵州省全力以赴推进“贵州省公路水路交通基础设施建设三年会战”(2013～2015)、普通国省干线公路建设攻坚等重大项目，实现境内“六横七纵八联四环”(图1.1)的高速公路规划。

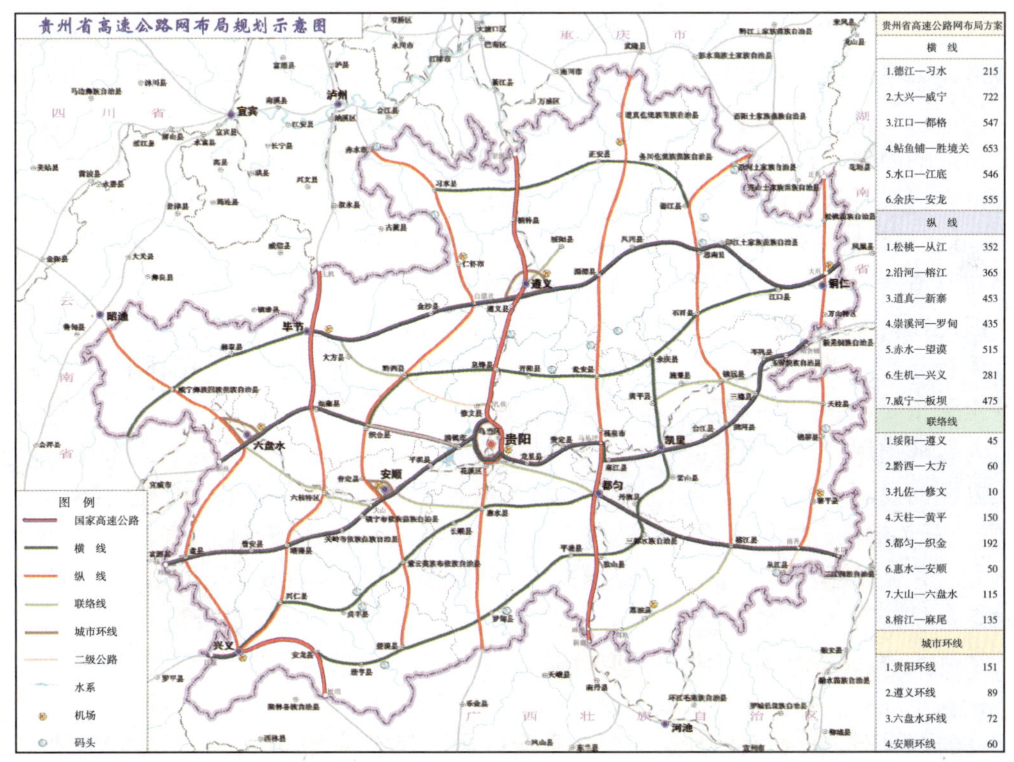

图1.1 贵州省骨干公路规划(六横七纵八联四环)

因地处云贵高原，境内多为山地、丘陵，隧道是贵州省公路建设项目中的常见结构，如国家高速公路"7918"网厦蓉高速公路（贵州境内）水口至都匀段，桥隧比极高，初步设计隧道总长71 988m共58座，隧道总长占路线总长的34.6%，是贵州高速公路建设历史上最艰巨复杂的工程；又如即将建成通车的独平高速公路，全线沟壑纵横，地质地貌复杂多变，桥隧比例达55%，其中罗汉坡隧道、虎头山隧道、大钟隧道等均是各节段的控制工程。因此，在大力兴建公路工程的同时，应加强隧道工程的建设技术研究，确保施工安全。

地质资料表明，贵州是我国唯一没有平原的多山省份，境内层峦叠嶂，绵延纵横，山高谷深，地形起伏较大，地质构造作用极为明显，浅变质碎裂岩体、节理裂隙密集带、大型褶皱区域、瓦斯煤系地层是常见的工程地质现象。另外，境内岩溶地貌发育非常典型，喀斯特地貌面积占全省国土总面积的61.9 %，进行公路隧道建设时，很难避开这类复杂地层。而工程经验与理论研究表明，隧道因深埋于地下，其受力模式及空间力学特征异常复杂，施工开挖或进出洞时会破坏围岩原有的应力平衡状态，浅变质碎裂岩体（浅埋偏压）、节理裂隙密集带、岩溶区及瓦斯煤系地层等特殊地质的存在，给贵州地区隧道的建设造成了极大困难，现简要介绍如下。

1.1.1　浅变质碎裂岩体隧道洞口修建难题

资料调研表明，与洞身相比，隧道洞口通常处于浅埋、偏压、软弱破碎围岩等复杂地质和地形条件下，加之存在边仰坡坡面，因而洞口工程不确定因素更多。洞口段隧道结构受力机理及空间力学特征比较复杂，施工中容易发生仰坡坍塌、冒顶、衬砌结构变形开裂、难于安全进洞等情况，使得隧道洞口段的设计与施工变成了整座隧道的关键，隧道洞口位置的选择常常成为决定路线走向方案的控制因素，可见隧道洞口在隧道设计与施工中占有非常重要的地位。

在坡体内开挖隧道时，斜坡和隧道通过变形协调和相互作用，形成一个整体，该结构存在整体稳定性的问题。斜坡及隧道的整体稳定性及其各自稳定性之间是既有联系又有区别的，该方面也有待进一步研究。隧道开挖改变了斜坡体的应力状态，对其稳定性产生了影响。同时，由于隧道洞口段一般处于斜坡体内，斜坡体的应力状态的调整也会影响隧道荷载的分布。斜坡体与隧道的这种相互作用及二者的稳定性构成了隧道洞口段洞坡整体稳定性分析的主要内容。因此在斜坡内开挖隧道且斜坡坡度较陡时，研究隧道施工对山体稳定性的影响、隧道结构和坡体相互作用机理及隧道结构的力学特征，对于合理进行隧道结构、山体加固和施工工艺的设计至关重要，同时也有利于正确选择隧道位置。

目前对隧道洞口尚无系统的研究，同时现行的《公路隧道设计规范》(JTG D70—2004)也无相关方面的内容，《铁路隧道设计规范》(TB 10003—2005)中尽管有少量规定，但由于未做深入的研究，关键部分内容尚无统计资料而未能完善[1-4]。目前隧道洞口段的设计与施工通常采用的方法是经验法和类比法，对于复杂地质、地形条件下的洞口段隧道围岩变形特征及受力机理缺乏系统研究和定量描述，对不同地质、地形条件下的洞口段隧道及边、仰坡的典型破坏特征还缺乏了解，设计和施工中采用的加固措施和支护参数的合理性缺乏评价依据，因而在工程实践中易出现对工程估计不足或者设计过于保守等问题。对工程估计不足易造成塌方、地表开裂、结构破坏等事故，而设计过于保守则会造成工程费用大幅增加和不必要的浪费，这些问题的出现不仅增加了工程造价，还影响隧道的施工安全和工期。

综上所述，在复杂地质地形条件下，特别是在黔东南典型的浅变质碎裂岩体中的隧道进洞技术、围岩及边坡仰坡稳定及其控制技术、施工及加固技术仍然是目前国内外隧道工程界研究热点和难点问题，较多方面仍处于摸索和经验工作阶段。诸如软弱或碎裂岩体地区偏压隧道洞口在何种情况下应采取填方反压或削方减载？什么情况下应该加强内侧或外侧加固？在浅变质碎裂岩体地区常见的高陡堆积体仰坡及沟心隧道同样存在进洞措施的选择问题，贵州省及其他地区类似工程出现的较多的重大隧道洞口坍塌及滑坡病害表明其设计和施工技术还有待深入研究。

1.1.2 节理裂隙密集带隧道修建难题

工程岩体中普遍存在着不同规模的结构面或其他软弱裂隙面，它们虽然大部分延长不远，纵深发展不大，但数目往往很多，将岩体分割成形状不一、大小不等的块体，从而致使岩体失去了原有的连续性和完整性。在隧道开挖扰动下，围岩会沿节理面滑动，产生大变形甚至造成塌方，另外，在节理发育岩体隧道开挖过程中，往往超挖严重，对工程的经济效益产生不良影响。

目前关于节理岩体隧道设计施工的研究，国内外学者多是依据室内试验、数值模拟，针对某一产状的节理，分析节理对围岩变形的影响，得到的研究结果局限性较大。同时基于节理特征对地层稳定性的影响，对节理发育段隧道初期支护合理参数的进一步量化分析研究相对较少，往往是按照围岩级别，全断面采用均一支护参数，忽略了节理特征的影响，可见支护设计体系存在诸多不合理之处。

依据区域地质志，贵州境内多山脉丘陵，地质构造作用明显，节理裂隙极度发育，原岩被切割成块甚至呈碎裂状，进行隧道设计施工时，应如何考虑节理特征对隧道结构产生的力学影响，不同围岩等级下支护体系又需作何种优化与调整，目前尚未见系统的研究，更未形成可以参考的贵州区域性规章规程。

1.1.3 岩溶区隧道修建难题

以贵州为中心的西南岩溶地区是世界上最大的一片裸露型岩溶区，土洞、溶洞、溶沟、溶槽、落水洞、暗河等岩溶形态发育，工程地质条件极其复杂，在该地区修建长大公路隧道时，完全避免穿越岩溶发育区几乎是不可能的。工程经验表明，在岩溶隧道的设计施工中存在一系列的困难：高压富水地段的隧道衬砌设计很难把握；施工阶段的突水、突泥现象对施工安全和进度造成很大威胁；位于路基面下及周边的岩溶和衬砌外的高水压都对隧道的修建及运营造成很大隐患[5-6]。由于岩溶发育的因素错综复杂，发育的形态千姿百态，尽管业内对岩溶形成的基本条件有了一定认识，但由于岩溶发育存在不均衡性和不规则性，致使岩溶区域隧道设计施工及岩溶的处治具有一定盲目性。另外，由于对运营隧道衬砌水压力的作用及规律的认识还存在争议，衬砌结构中水荷载的计算方面还无章可循，这就使得运营岩溶隧道出现多次衬砌突水中断行车现象。

基于上述调研现状，本书依托贵州境内水文—都匀高速公路、独山—平塘高速公路项目及相关课题研究成果，对贵州境内典型地层中的公路隧道修建技术进行总结，分析不同典型地层中围岩变形特征、结构受力特性，探讨合理的支护设计体系与施工工艺，并结合典型工程实例进行阐述，集成贵州典型地层中公路隧道的关键建设技术，以期为同类工程的修建提供一定的指导与参考意见。

1.2 国内外相关技术现状

1.2.1 碎裂岩体公路隧道洞口建设技术现状

目前国内外有关隧道洞口工程的文献较多,但对于隧道洞口的变形特征、设计及施工技术尚无系统全面的研究,同时现行的《公路隧道设计规范》(JTG D70—2004)尚无这方面的内容,尽管《铁路隧道设计规范》(TB 10003—2005)对隧道偏压情况进行了统计,但还不完善。

1)现行规范的主要相关要求和规定

《铁路隧道设计规范》(TB 10003—2005)对本文提及的内容进行了部分反映,但很不完善,特别是没有针对隧道洞口岩体及结构破坏特征进行分类和分析,其内容仍然停留在20世纪80年代及更早期的一些资料上,几乎没有什么突破。其具体相关描述为:

(1)对浅埋隧道的定义

当地面水平或接近水平,且隧道覆盖厚度值小于表1.1所列数值时,应按浅埋隧道设计。当有不利于山体稳定的地质条件时,浅埋隧道覆盖厚度值应适当加大。

浅埋隧道覆盖厚度值(m) 表1.1

围岩级别	Ⅲ	Ⅳ	Ⅴ
单线隧道	5～7	10～14	18～25
双线隧道	8～10	15～20	30～35

(2)对偏压隧道的定义及加固措施的建议

作用于隧道衬砌上的偏压力,应视地形、地质条件以及外侧围岩的覆盖厚度确定。一般情况下,Ⅲ～Ⅴ级围岩,地面倾斜,隧道外侧拱肩至地表的垂直距离 t 等于或小于表1.2所列数值时,应按偏压隧道设计。当 t 值等于或小于表1.3规定时,尚应在洞外采取设置地表锚杆、抗滑桩或其他支挡结构等工程措施。

2)公路隧道洞口建设相关文献研究及资料

由于公路隧道断面较铁路隧道大,尤其是连拱隧道、多车道隧道的开挖断面更大,所以公路隧道的洞口处理技术和出现的问题更加复杂和多样,目前国内针对公路隧道洞口段设计与施工技术的研究成果较多,可概括为四部分:

(1)隧道洞口边坡及仰坡稳定性研究

隧道洞口段边坡由于其特殊的地质环境条件,洞口段边坡和围岩受风化和卸荷影响较严重,岩体破碎,节理裂隙发育,甚至出现较厚堆积体。洞口段边坡复杂地形及较差的地质条件特征使得隧道在施工、运营过程中出现了一系列工程病害[7-10],如:洞口段边坡失稳、隧道内渗漏水、衬砌开裂和衬砌腐蚀等。现今对隧道洞口边坡及仰坡稳定性的研究主要是通过数值模拟分析、极限平衡分析和定性分析等开展进行的。数值模拟方面,缪荣辉、刘光东、赵德志、曾进群对某隧道口山体蠕滑的预应力锚索加固进行了三维弹塑性有限元分析[11];陆锡铭、应志民运用地质分析方法和三维有限元分析方法对隧道洞口滑坡机制进行分析[12];郑建中在现场

偏压隧道外侧拱肩山体最大覆盖厚度 t(m)　　表 1.2

地面坡度 1∶m	线别	围岩级别				示意图
		Ⅲ	Ⅳ石	Ⅳ土	Ⅴ	
1∶0.75	双线	7.0	*	*	*	
1∶1	单线	*	5.0	10.0	18.0	
	双线	7.0	*	*	*	
1∶1.25	双线	*	*	18.0	*	
1∶1.5	单线	*	4.0	8.0	16.0	
	双线	7.0	10.0	16.0	30.0	
1∶2	单线	*	4.0	6.0	11.0	
	双线	*	10.0	14.0	25.0	
1∶2.5	单线	*	*	5.5	10.0	
	双线	*	*	11.0	20.0	

注：1. Ⅵ级围岩的 t 值可通过计算确定。

2. Ⅲ、Ⅳ级石质围岩的 t 值应扣除表面风化破碎层和坡积层厚度。

3. "*"表示缺少统计资料，设计时可通过工程类比或经验设计取值。

偏压隧道外侧拱肩山体需加固的覆盖厚度限值 t(m)　　表 1.3

地面坡度 1∶m	线别	围岩级别				示意图
		Ⅲ	Ⅳ石	Ⅳ土	Ⅴ	
1∶0.75	双线	3.0	*	*	*	
1∶1	单线	*	3.0	5.0	11.0	
	双线	3.0	8.0	*	*	
1∶1.25	双线	*	*	10.0	*	
1∶1.5	单线	*	2.0	4.0	9.0	
	双线	3.0	7.0	9.0	20.0	
1∶2	单线	*	2.0	3.5	7.0	
	双线	*	6.0	8.0	17.0	
1∶2.5	单线	*	*	3.0	6.0	
	双线	*	*	7.0	14.0	

注：1. Ⅲ、Ⅳ级石质围岩的 t 值应扣除表面风化破碎层和坡积层厚度。

2. "*"表示缺少统计资料，设计时可通过工程类比或经验设计取值。

调查和岩体结构分析基础上，建立了边坡变形破坏机理的概念模型，利用 FLAC3D 模拟研究了开挖后坡体变形特征[13]；李育枢、高广运、李天斌用动力有限元法研究了偏压隧道洞口横向边坡在水平地震、垂直地震以及水平和垂直地震同时作用下的全时程动力反应规律[14]；李建林、胡兴娥、熊俊华、杨学堂运用卸荷理论及其分析方法对三峡工程地下电站进水口边坡进行了边坡岩体的位移、应力分析及其加固优化分析[15]；徐卫亚、宋晓晨、周维垣对一典型的反倾向层状结构岩质高边坡进行了非线性三维数值模拟[16]；傅少君、陈胜宏以龙滩水电站9号机进水口边坡为例，针对高边坡施工期的工程特点，模拟施工进程以及各种施工措施，以弹—黏塑性有限单元方法为基础，利用人工智能方法建立了力学参数的联合位移反分析模型，反演了进水口边坡岩体的综合力学参数，在此基础上进行了边坡变形及稳定性的实时跟踪预报[17]；彭作为、周创兵、龚玉峰、孔建利用有三维弹—黏塑性有限单元法对向家坝进水口边坡中系统锚杆的受力状况进行了模拟和分析[18]。极限平衡分析方面，许桂生、汪卫明等采用三维刚体极限平衡法对小湾电站进水口边坡进行了稳定分析与加固方案优化：首先，采用三维块体系统的自动识别方法，找出了危险滑动块体组合，计算出不加固时的安全系数，并通过对地质参数的敏感性分析，找出了控制性的滑动面和块体组合。其次，计算了最小锚固力并指出了较优的加固范围，对纯锚固方案和联合加固方案（预应力锚索加抗剪洞）的加固效果进行了比较，得出了联合加固方案较优的结论。最后，根据开挖现场最新揭露的地质产状，对边坡的稳定性重新进行分析，并调整了加固方案[19]。定性分析方面，颜育仁、杜时贵等在野外结构面定向统计测量基础上，用结构面抗剪强度经验估算方法获得其抗剪强度参数，再利用详细的工程地质资料、赤平投影定性分析及确定工程岩体的破坏模式[20]；杨绪波、黄润秋等通过对四川省紫坪铺水电站2号泄洪洞进水口高边坡的物质组成、结构特征以及边坡开挖等因素的分析研究，阐述了其变形机理，说明了这类由下软上硬岩性组成的反倾边坡，其变形破坏模式为压缩—倾倒和滑移复合型：变形首先以层间软弱岩的不均匀压缩蠕变变形为先导，下部的这种不均匀压缩变形为其上部坚硬岩体的变形提供了有利的空间，从而使上覆岩体产生自重式倾倒，其变形程度显然也是由坡面向坡内逐渐递减的，表现为岩层宏观的“弯曲”，由于坡体内顺坡向断续结构面的存在，因此，当变形较小时，这组结构面将产生拉裂；当变形发展到一定程度时，该组结构面将产生顺坡向的错动，最终导致边坡的失稳[21]。

(2)隧道洞口段设计及施工技术研究

在国内，对复杂地质条件下浅埋偏压隧道洞口安全施工及支护设计方面的研究较多，但都是针对具体工程进行经验性的研究。隧道洞口段设计及施工技术主要包括：地表预加固处理、偏压问题重新配载、超前支护施工技术、开挖方法、初期支护、仰拱施作及二次衬砌等。例如：四川二郎山隧道洞口滑坡段隧道处理，陕西长安坝隧道洞口处理，深圳汕梅高速公路在隧道洞口段应用回填反压的加固方法，普安2号在浅埋、偏压及残坡积地质条件下的隧道洞口段施工等。部分单位也做了一些相关的科研工作，如：重庆大学张永兴教授团队关于隧道信息化施工、开挖围岩动态力学特征、支护设计及稳定性分析等方面的研究，湖北沪蓉西高速公路建设指挥部关于一些特殊的隧道洞口结构的研究（分岔隧道设计施工关键技术研究）等。

(3)隧道洞口段加固措施研究

隧道洞口段加固技术研究，主要是针对具体的某个加固措施展开研究的。如超前大管棚方面：国外的Hisatake[22]、Shin[23]等采用的离心模型试验，Ocak[24]等在隧道施工现场进行的测试以及Kamata[25]等进行的一系列试验都证实了管棚预支护对开挖面上方的位移能够起到有效的控制作用。除了试验研究，还通过数值模拟[26-27]对管棚的作用机理进行了分析。国内王海涛[28]等基于Pasternak弹性地基梁理论对不同条件下管棚预支护体系的力学行为和加固效果进行了分析，并得到了管棚合适的直径为108～159mm的结论。董新平[29]等推导了管棚位移敏感度分析方程，并就如何合理的选择管棚的直径进行了分析。高健、张义同[30]采用土体极限平衡法[31-33]计算了隧道开挖面受到的有效支护压力，并考虑了地下水[34-35]条件，分析了超前注浆管棚的加固机理以及管棚加固的合理长度。刘文彬、刘保国[36]等对双连拱隧道偏压段管棚效应进行了分析。地表注浆方面，Marico muniz de Farias[37]采用三维数值模拟对隧道开挖变形的控制进行了分析，彭立敏、施成华、韩玉华[38]利用现场量测与室内模型试验研究的方法探讨了浅埋隧道地表锚杆加固的作用机理，并指出，地表锚杆的加固范围与深度的合理选择是保证加固效果的两个关键因素。彭立敏、周铁牛、韩玉华[39]利用现场量测与室内模型试验的研究方法对预加固的有关技术参数做了技术研究。杨明举[40]利用有限元数值方法模型模拟了浅埋偏压隧道地表预加固及施工影响分析。路德福[41]阐述了水平高压旋喷注浆技术的原理、施工设计以及在浅埋隧道预支护中的应用，并就该技术应用中的问题进行了探讨。昱岭关隧道地质水文条件复杂，埋深浅，节理发育，地下水丰富且存在偏压，最后利用地表注浆技术成功进行了围岩加固[42]。挡土墙和抗滑桩方面，赵乐之、刘晓峰[43]等以头道隧道为实例，考虑了工程设置偏压挡土墙的特点，对隧道进行了有限元的分析。苏沟口隧道[44]采用了预应力抗滑桩、挡土墙加固、坡面加固和坡面排水等措施，综合治理了苏沟口隧道滑坡。王军、曹平[45]等采用FLAC内嵌的FISH语言[46]对路透堡隧道进行了模拟分析，并指出采用双排抗滑桩加固，明显改善了隧道偏压带来的不利影响。朱苦竹、朱合华[47]以小曼萨河隧道为背景，分析了滑坡与隧道之间的相互促进，相互作用的过程，揭示了滑坡与隧道相互作用的机理，并提出了抗滑桩治理的措施，并通过监测分析了抗滑桩的作用。小德江2号隧道洞口段[12]位于古滑坡体上，表层为坡积层，隧道开挖易引起古滑坡体复活，利用抗滑桩进行治理后顺利进洞[48]。马蹄经隧道[49]在施工中遇到洞口30m上断面全部变形垮塌的难题，后采用了预应力锚索，抗滑桩等综合治理措施，保证了隧道施工的顺利进行。渝合高速公路尖山子隧道洞口段滑坡形成蛇状滑体，利用抗滑桩及超前小导管预注浆等综合治理措施进行治理后，顺利进洞[50]。

(4)隧道洞口段围岩监测反馈分析

加强施工全过程的监控量测，实现信息化施工，及时掌握围岩变形及支护动态，为合理支护技术和时间的选择提供参考。这方面研究成果也较多，但很少有结合研究区的工程地质条件、施工及支护设计进行系统地反馈分析。重庆大学张永兴教授团队针对湖南一高速公路偏压双连拱隧道进口段埋深浅、地质条件复杂以及隧道结构受力复杂等情况，对隧道典型断面的拱顶下沉量、中墙顶部位移和收敛位移进行现场监控量测，结合隧道开挖情况和工程地质条件分析其发展规律和产生原因，给设计和施工反馈围岩变形信息，指导现场施工。同时，对隧道的施工全过程进行有限元仿真模拟分析。刘艳青、钟世航等对招宝山隧道开挖施工过程中现场监控量测结果进行分析研究，并系统测试了爆破破坏深度及围岩松弛范围[51]。高军介绍了非接触观测技术，重点论述了系统的基本构成、观测原理及观测方法，并将此方法应用在曾家坪1号隧道施工中，获得了很好的效果[52]。于宁、朱合华将安全监测预报应用到公路隧道建设中来，综合分析现场观察、现场地质调查、现场监控量测所得到的信息，使隧道的“信息化设计和施工”的概念得到了加深，为今后隧道的建设提供有益的帮助和借鉴[53]。谭俊玲将全站仪遥测技术应用在乌鞘岭铁路隧道围岩变形监测中，取得很好的效果[54]。曾鼎华等对三角形测量在隧道变形监测中的应用进行了研究[55]。李二兵以南京市九华山隧道施工为例，对现场监控量测的结果进行分析，并提出复杂地质条件下城市公路浅埋大跨双连拱隧道施工过程中控制大变形的工程措施[56]。夏才初等以福建省鹤上隧道为实例，分析现场监控量测的结果，指出小净距隧道开挖影响的时空范围和隧道衬砌支护的最佳时机，并为支护体系的优化提供依据，可为类似条件下工程建设提供借鉴[57]。净少敏、冯峥嵘以梅关隧道为工程实例，通过对隧道的现场监测结果进行分析研究，从而在施工过程中改进了技术，提高支护参数，有效抑制了拱顶沉降速率，确保了隧道施工的安全性[58]。

纵观国内相关科研和文献资料可知，目前国内与隧道洞口段建设的相关资料和文献虽然很多，但对复杂地形条件，特别是岩体质量较差的浅变质岩地区的隧道洞口建设的关键技术进行系统和全面的分析研究的资料或成果还是较少。

1.2.2 节理发育岩体隧道建设技术现状

目前关于节理岩体对隧道稳定性影响的研究方法除现场实测外主要有模型试验和数值模拟两种[59]。

众所周知，隧道围岩是长期自然形成的地质体，它的最一般的形式是具有各种各样的不连续结构面，其中，由节理切割的岩体又是隧道围岩最常见的情况。由于节理的存在，对岩体性能显然有很大影响，如节理的间距、组数、贯通度、产状、充填胶结情况及节理面的粗糙度等都对岩体产生力学效应。所以，一般采用的弹性理论，只有在能被视为均质弹性体的某些岩体中才可使用。因此，多年来已经对具有节理的隧道围岩变形及稳定性问题进行了许多研究[60-61]。

1）节理对隧道变形影响的模型试验研究

在国外，意大利试验模型与结构研究所的文章《大型地下开挖的两向地质力学模型》、B. Sharma进行的节理化岩石中傍山隧道的模型试验[62]、N. Barton 进行的浅埋特大型洞室的模型研究[63]、D. H. 特罗洛普开展的碎块状岩体研究[64]以及 B. A. Chappell 研究的不连续介质中的荷载分布及重分布问题[65]等从模型试验方法、变形特征、应力分布和传递及反破坏理论等多方面对节理岩体特性进行了研究，这些研究为分析节理对隧道变形的影响提供了有意义的资料。

在国内，蒋爵光(1982 年、1984 年)利用长方形石膏砌成具有贯通节理和半贯通节理的岩体模型，按照贯通节理的产状，分别模拟了水平、垂直和倾斜三种情况，根据相似比例条件采用了 $C_L=20$ 的相似比模拟了铁路隧道的开挖过程，其中隧道宽度与节理间距比值约为 4：1，研究了不同构造应力作用下节理岩体隧道的稳定性和不同产状节理岩体对隧道围岩稳定性的影响[66-67]。

翟路锁(2003 年)通过加载装置模拟了在 200～700m 的开挖深度中，围岩裂隙间距分别为 3～5m 时(裂隙间距与巷道高度、宽度之比均约为 1：1)巷道的开挖，研究了具有主导控制性构造裂隙、巷道布置匹配以及裂隙分布参数变化对巷道稳定性的影响规律[68]。

吕梦蛟(2004 年)采用石膏类相似材料分析了裂隙间距、裂隙倾角及其裂隙方位和巷道轴向夹角因素对巷道围岩收敛变形的影响关系，提出在构造控制性贯通裂隙条件下保证巷道稳定及其维护的裂隙—巷道轴线匹配布置原则。该试验用石膏类相似材料完成，将围岩考虑为单一均值岩层，制作模型时预先按设计的产状分布参数铺设裂隙，用云母粉模拟裂隙[69]。

王成平(2004年)通过破碎围岩隧道的模型试验研究了不同级别围岩条件下隧道的受力及变形破坏特点，并提出了合理的施工工法。为了可靠的模拟破碎围岩岩体，采用重晶石粉、石英砂和凡士林为基材配制了模型材料，模拟了Ⅰ、Ⅱ及Ⅳ级围岩中隧道的开挖过程[70]。

杨伟峰等(2009年)采用模型试验、数值模拟计算相结合的综合研究方法，从巷道围岩裂隙的分布特征角度，探讨了裂隙因素对巷道围岩变形规律的影响，为裂隙岩体巷道变形及稳定性的定量化评价奠定了基础。在模型试验中，被模拟巷道的尺寸为4m×4m，埋藏深度为236m，通过正交试验的参数组合研究了裂隙间距取2m或3m，巷道轴线与裂隙走向方位取平行或相交，裂隙面夹角为0°、30°、60°或90°时裂隙产状对隧道稳定性的影响，其中，裂隙间距与巷道宽度相差不大[71]。

徐营、张子新(2010年)对不同倾角层理下的块裂结构岩质地下洞室进行了物理相似模拟试验，得到了洞室上覆岩层的运动行为和松动区变化规律，并对松动区界限建立了初步数学模型。该模拟试验利用金属铝模拟了岩石间无夹层的试验工况，通过电热管融化蜡门模拟洞室的开挖，并利用高速摄像机拍摄岩体的运动方式和破坏形态[72]。

2)节理对隧道变形影响的数值模拟研究

李新平等(1997年)根据断裂力学和损伤力学的理论和方法，用岩体宏观损伤张量和岩体损伤应变分析了裂隙体对岩体应力、应变的影响[73]。

山东矿业大学的王鲁明(2005年)对具有单一裂隙的巷道围岩问题，用边界元分区算法沿裂隙面将围岩分区，依据岩石断裂理论，系统地分析了裂隙几何位置、双向加载侧压比、裂隙面摩擦系数、裂隙长度等因素对围岩稳定性的影响，得出一些有价值的结论[74]。

刘君等(2007年)根据离散数值方法——DDA方法，对已有的非连续变形分析程序进行了改进，研究了不同节理倾角岩体的应力分布特性、开挖后隧洞围岩的变形和应力分布规律以及支护后衬砌的变形与应力特点[75]。

晏长根等(2009年)运用蒙特卡罗方法建立了结构面网络模型，在此基础上，利用FLAC岩土分析软件，实现了对随机节理结构面网络模型的不连续位移数值模拟[76]。

丰正伟等(2009年)运用FLAC有限差分软件模拟软弱结构面穿越隧道开挖轮廓的情况，总结出结构面两侧岩体的受力状况和围岩的力学特征和破坏模式[77]。

张承荣等(2010年)利用离散元软件UEDC对某矿山节理岩体巷道锚喷支护效果和围岩及支护结构的作用机理进行数值分析，研究了节理岩体支护的问题[78]。

任德惠、张平(1988年)通过立体模型试验，研究不同倾角结构面对巷道稳定性的影响，试验结果为：结构面倾角为45°时掘进巷道周围岩层主要是压应力，巷道稳定性好。随着倾角增大，稳定性减弱，结构面倾角为80°时，岩层出现较大拉应力，稳定性差[79]。

Bieniawski(1989年)的地质力学分类将节理产状对隧道围岩稳定的影响从“非常有利”到“非常不利”的定性描述给以不同的赋值，以调整围岩分类的总评分，见表1.4。事实证明，这种方法对于分析单一节理对隧道围岩稳定的影响是行之有效的，但对绝大多数实际工程而言，这只是一种近似的方法[80]。

Bieniawski 关于节理产状对隧道围岩稳定的影响研究　　表 1.4

节理走向与隧道轴线的关系	倾向及倾角		对工程影响的评价
垂直	顺着倾向开挖	倾角 45°～90°	很有利
		倾角 20°～45°	有利
	逆着倾向开挖	倾角 45°～90°	较好
		倾角 20°～45°	不利
平行	倾角 45°～90°		很不利
	倾角 20°～45°		较好
无关	倾角 0°～20°		较好

实际岩体中的节理是由许多条节理组合而成的，因此表 1.4 的实际应用存在一定的困难。Francis(1991 年)根据表 1.4 绘制成与极射赤平投影等密度图相配套的版图，用以分析结构面组对隧道围岩稳定的影响，如图 1.2 所示[81]。

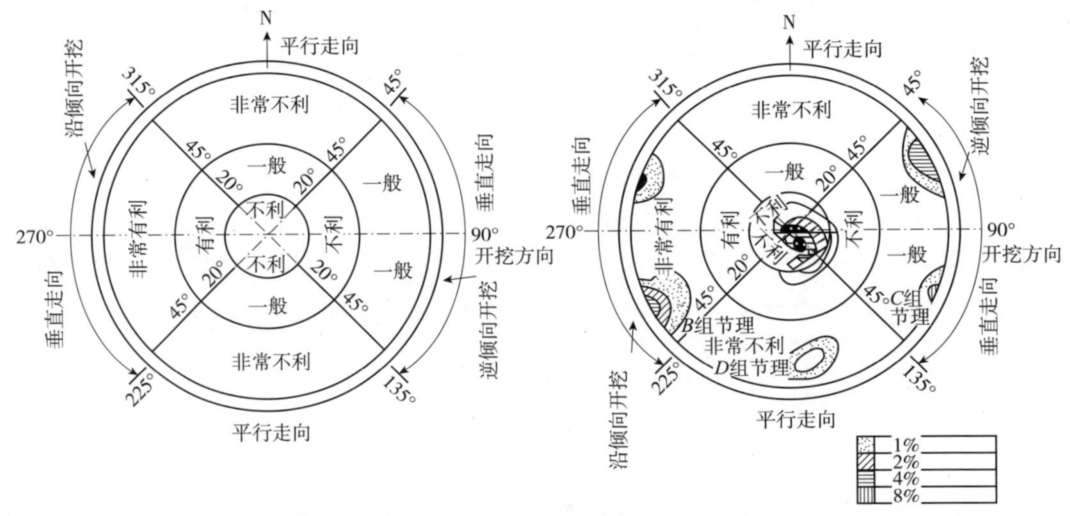

图 1.2　据表 1.4 绘制的与极射赤平投影等密度图配套的版图

宋选民(2001 年)认为：①在有裂隙条件下，巷道围岩的破坏失稳将主要受裂隙弱面的剪切强度所控制；②裂隙的组数、密度参数从总体上决定了裂隙的发育程度，即体现出裂隙因素对围岩强度削弱的影响，而方位、倾角以及裂隙空间产状与巷道布置的相互匹配关系则体现了裂隙空间展布形态对岩体强度性质的各向异性方面的影响，并且宋选民提出了适用于评价多组构造裂隙对巷道的综合影响的以夹角、间距和倾角三种因素作为评价因子的综合评价方法。但评价方法是将各组裂隙的评价结果相乘得到多组裂隙的评价结果，没能考虑到不同组裂隙之间的相互影响[82]。

杨伟峰等(2009 年)采用模型试验、数值模拟相结合的方法，探讨了裂隙因素对巷道围岩变形规律的影响，指出：①裂隙围岩稳定性随裂隙面的倾角越大而越差，裂隙间距越大，裂隙围岩的稳定性越好；②裂隙产状对围岩顶底板稳定性的重要性是有差别的，裂隙产状影响巷道稳定性的程度为：裂隙倾角＞裂隙走向与巷道轴线夹角＞裂隙面间距；③数值模拟表明，当裂隙面倾角为 30°～60°时，弱面进入塑性屈服的单元大大增加，巷道围岩易沿弱面滑动而导致失稳破坏，对巷道稳定性影响最显著。

丁万涛(2008 年)利用网络裂隙模拟技术，采用 Mento-Carlo 方法重构岩体的三维裂隙，采用编制的二阶张量损伤有限元程序，分析了随机裂隙的倾向、倾角、损伤因子及裂隙充填情况等因素对节理岩体的稳定性的影响，并通过实例分析得到裂隙的倾角对隧洞周边的损伤位移影响不同，倾角不大于 30°的裂隙对隧道的拱顶和底板的损伤位移影响较大，并与初始无损岩体隧道的拱顶和底板的位移同向；倾角大于 30°的裂隙对隧道的拱顶和顶板的损伤位移影响也较大，但是损伤位移随着损伤因子的增加而与初始无损岩体隧道的拱顶和底板的位移反向[83]。

刘磊(2010 年)运用离散单元软件对节理破碎岩体中的隧道施工进行数值模拟，结合正交试验分析的方法，指出：①随着埋深的增大和节理间距的减小，剪切滑移区范围有明显的增大；②节理面性质是隧道稳定性的主要影响因素。对于层状岩体，节理面的变形是产生剪切滑移的主要方式，节理面的法向刚度和剪切刚度是影响稳定性的主要因素；而对于块状及碎裂状岩体节理面的剪切破坏是产生剪切滑移的主要方式，节理面的内摩擦角和黏聚力是影响稳定性的主要因素；③在层状岩体中，锚杆可以提高节理面的刚度，而在块状及碎裂状岩体中，锚杆可以提高节理面的抗剪切强度，从而达到提高隧道稳定性的效果[84]。

蒋坤(2010 年)结合福州长乐国际机场高速公路二期工程魁岐 2 号特大断面小净距隧道的工程实例，据节理岩体中松动区的具体特征，对不同围岩级别中节理发育程度对围岩松动区范围的影响程度进行了研究，同时分析了节理展布特征与围岩松动区形状的关系，研究了完全破碎节理岩体、水平层状岩体、倾斜层状节理岩体以及竖直层状节理岩体，得到了几种典型节理岩体中节理展布特征与围岩松动区形状的关系[85]。

综上所述，关于节理岩体隧道施工的研究，国内外学者多是依据室内试验、数值模拟手段，分析某组或是几组节理对围岩变形的影响，研究变量较少，研究结果适用性有待商榷。此外，基于节理特征对地层稳定性的影响，进一步量化分析节理发育段隧道初期支护合理参数的研究相对较少，往往是按照围岩级别，全断面采用均一支护参数，忽略了节理特征的影响。

1.2.3 岩溶发育区域隧道建设技术现状

岩溶又称喀斯特(KARST)，主要是指水对可溶性岩石——碳酸盐岩(石灰岩、白云岩等)、硫酸盐岩(石膏、硬石膏等)和卤化物岩(岩盐)等的溶蚀作用，及其所形成的地表及地下的各种景观与现象。全球陆地上岩溶地区面积辽阔，主要分布在地中海沿岸、东欧、中东、中国南部、东南亚、美国东南部和中美洲等人口稠密的地区。据不完全统计，我国的碳酸盐岩石总面积达 300 万 km^2，其中裸露的碳酸盐类岩石面积约 130 万 km^2，约占全国总面积的 1/7；埋藏的碳酸盐岩石面积约 170 万 km^2。碳酸盐岩石在全国各省区均有分布，但是，以桂、黔和滇东地区分布最广。

这些地区人类工程活动强烈，面临的岩溶环境问题也非常突出，并已引起国际社会的普遍关注，特别是进入 20 世纪 70 年代以来，召开了多次与岩溶有关的国际会议，使世界各国的研究者有机会交流和商讨解决这一路基病害问题的经验与方法。例如，1973 年，国际工程地质协会在联邦德国汉诺威首次举行了“岩溶塌陷与沉陷：与可溶岩有关的工程地质问题”国际讨论会,会上交流的47篇论文重点讨论了欧洲地区特别是在蒸发岩地区的地面塌陷、分布规律、勘测技术和防治措施;1978年,美国在宾夕法尼亚州的赫尔锡市召开了岩溶地区工程地质讨论会,重点讨论了岩溶地面塌陷问题;1984～2003年先后在美国佛罗里达州、密苏里州、肯塔基州和阿拉巴马州举行了九届"Multidisciplinary Conference on Sinkholes and the Engineering and Environmental IMP acts of Karst(岩溶塌陷和岩溶的工程与环境影响多学科国际讨论会)";从2001年开始,美国地质调查局岩溶爱好者专题小组每年都召开一次学术论坛,讨论岩溶区的环境与工程问题;1996年,美国学者George Sowers编写了《Building on Sinkholes: Design and Construction of Foundations in Karst Terrain (塌陷上的建筑物——岩溶区的基础设计与施工)》,全面介绍了岩溶塌陷的机理和防治问题;2004年,英国学者Tony Waltham[13]等组织来自各国的20多位专家编写了《SINKHOLES and SUBSIDENCE: Karst and Cavernous Rocks in Engineering and Construction(塌陷与沉陷——岩溶与洞穴发育岩体中的工程与建设)》,系统介绍了工程活动中岩溶隐患的处置问题。

据我国铁道部门统计,截至1989年2月,全国铁路沿线发生的岩溶塌陷376处,受害较重的有54处。例如京广线的复线工程南岭双线隧道长6.1 km,在穿过石炭系的石灰岩时,隧道施工中挖露了几个岩溶洞穴,发生了大量的涌水和泥沙,其中包括承压水,给施工带来了很大的困难。施工中地面发生了30多处岩溶塌陷,河水几次断流,灌入隧道。京广线的复线工程上的大瑶山隧道在穿过F8—F9一段泥盆系石灰岩时,出现大量涌水,在断层带掘进中发生塌陷21次,大量泥沙、碎石随高压水流涌入隧道,毁坏施工设备、冲弯轨道、严重影响施工,同时在洞顶南侧的斑古坳附近连续发生岩溶塌陷和多处地面开裂。到隧道贯通时已产生塌坑100多个,影响面积1.5km^2,导致农田破坏,生活和灌溉水源枯竭。

随着我国公路事业的蓬勃发展,同铁路工程一样,很多地区也越来越多的面临岩溶问题,岩溶洞穴发育导致的隧道开挖失稳、岩溶水富含引起的突涌水等安全风险是制约我国西南地区公路建设的两大关键问题,国内外越来越多的学者开始投入大量精力,探讨岩溶发育区域隧道的建设技术[86-91]。

从近年来高速公路建设所面临的岩溶问题来看,岩溶病害可分为两大类:一类是变形引起的安全问题,另一类是水害问题。变形问题包括溶洞顶板坍塌引起的路基下沉和岩溶地面塌陷对路基稳定性的破坏;水害问题包括反复泉和间歇泉浸泡路基基底,引起路基沉陷、坍塌或冒浆,突发性地下涌水冲毁路基等。

1)岩溶区域隧道围岩稳定性研究

稳定性评价研究是在岩溶区修建隧道的重大技术难题之一。高速公路隧道围岩的稳定性影响因素主要有:岩石强度、岩石完整性程度、结构面特性、地下水特征及地应力等[92-93]。对于岩溶隧道来说,岩溶的发育破坏了岩体的完整性,降低了岩石强度,同时为地下水的流动以及进一步溶蚀创造了条件,对隧道的稳定性构成了极大的危害。许多学者、专家以模型试验作为研究岩溶的重要手段,对溶洞尺寸、溶洞距隧道的距离及溶洞空间分布对隧道稳定性的影响进行定量分析,取得了大量成就。

岩溶洞穴顶板的安全厚度及其失稳机理是目前岩溶区工程稳定性研究面临的重大课题,由于岩溶洞穴失稳过程的特殊性,使得模型试验成为重要研究手段。如:1984年,南非Stellenbosch大学J. Marius Louw采用1∶10比例尺,模拟混凝土路面在岩溶塌陷影响下的变形及破坏特征，日本学者 Nogushi（1970 年）、前苏联学者 B. П. XOMEHKO（1986 年）、美国学者 RALPH J. HODEK（1984 年）、美国学者 Thomas m. Tharp（1995 年）、俄罗斯学者 Anikeev, A. V.（1999 年）、英国 Nottingham 大学 Lu Zhengxin 先后采用物理模型试验、有限单元法和 FLAC2D 等数值分析的方法，系统研究了荷载、洞穴宽度以及洞穴高度与顶板安全厚度的关系。一般认为，在大多数岩溶地区，溶洞顶板安全厚度值应超过溶洞宽度的 70%，这个值在一般的工程荷载下是偏保守的，而对于高速公路的荷载来说则更为保守。

此外，国外一些学者还尝试采用岩土工程离心机进行洞穴塌陷试验，如：Borms 和 Bennermark（1967 年）、Marir（1984 年）专门研究了上覆软土“突入”隧道造成的地面下沉塌陷问题；Bertin（1978 年）针对佛罗里达州的土层情况，模拟了上覆砂层、粉砂层的塌陷问题；Howell 和 Jenkins（1984 年）模拟研究了英国岩盐洞穴的上覆砂层塌陷；Sterling 和 Ronayne（1984 年）试验了洞穴上覆黏土层的沉陷，但没有测量黏土的强度，也没有把结果推广到其他土层条件；在 Sterling 的基础上，Craig（1990 年）开展了洞穴上覆黏土或上覆砂层及黏土的离心机模型试验，试验结果表明，塌陷与土层强度、土层厚度、其他上覆荷载以及洞穴开口直径有关，根据试验结果建立了无量纲的安全系数（VS）的极限值，运用无量纲比率，可将结论推广到其他没有专门模拟的土层条件中，此外，他还提出了一个简单的分析模型来预测他所观测的塌陷的发育机理；以 Craig 的试验为基础，Maryland 大学的 Abdulla 和 Goodings（1996 年）运用离心机塌陷破坏机理和导致塌陷的临界组合条件，重点研究了上覆在洞穴上方的弱固结砂层的塌陷破坏与洞穴开口大小、洞穴自身强度、弱固结砂层强度厚度、上覆砂层的厚度及地表荷载的关系。

国内许多学者也对岩溶隧道围岩的稳定性进行了大量的研究，何发亮等[94]（2004 年）对我国岩溶地区 26 座铁路长隧道岩溶灾害的调查表明，岩溶引起的隧道围岩大变形和支护结构破坏是岩溶隧道的主要灾害之一。资料进一步表明，在岩溶隧道中，以揭穿性溶洞地质灾害最多，但隐伏溶洞在施工时发生的突破型岩溶灾害因其发生时间的不可预见性，危害性将更大。

李彪等[95]（2000 年）结合京珠高速公路石门坳隧道的施工，认为隧道周边溶洞将使得隧道围岩变形增加，造成隧道因变形过大而失稳。且由于溶洞的出现，隧道开挖中易出现局部坍塌、掉块和落石，危及施工人员和设备安全。王勇等[96]（2005 年）以某岩溶隧道为背景，采用二维弹塑性有限元方法对隧道开挖进行数值模拟计算，分析了隧道底部溶洞顶板安全厚度的影响因素，研究了各影响因素与安全厚度的相关变化规律，并用多元线性回归的方法得出了一个能综合体现各影响因素的溶洞顶板安全厚度预测模型，以此确定顶板的最小安全厚度。李奎（2005 年）[97]利用三维弹塑性数值模拟方法研究了桐子林隧道干溶洞在不同的围岩条件下岩溶随隧道施工过程的力学响应。

为评价地基岩溶化岩体的质量，我国水电部门采用岩体质量分级方法进行评价。对岩体质量分级通常有两种方法：以地基溶蚀程度为主的分级方法，按地基的完整性、线溶蚀率和地基岩体的渗透性，以溶蚀程度为主分为Ⅰ～Ⅴ级，溶蚀性由微弱、弱、中等、强烈至极强。另一种方法是以岩石力学性质为主的分级方法，根据岩石饱和抗压强度、变形模量、完整性系数、纯摩擦系数计算分级定量指标，按分级指标分为Ⅰ～Ⅵ类，质量依次为优、良、中、差、坏和极坏。地质因素的影响有软弱夹层、风化程度和溶蚀程度，对岩体质量分级指标进行折减，每一因素最大折减不超过 20%。

2)岩溶区域突水涌泥问题研究

隧道涌水突泥[98]是指在公路、铁路和矿井等地下工程开挖过程中由于揭露构造富水带、岩溶通道的组成部分或渗流击穿隧道洞壁而产生的涌水突泥现象。岩溶涌水突泥作为隧道及地下工程中的一种地质灾害,在施工过程中,准确预报开挖前方的地质条件并采用合理的治理措施是隧道建设者们的迫切要求,否则施工进度和施工安全根本得不到保证。

目前国外研究多集中于采用工程技术手段来保证岩溶隧道结构性能和施工过程中的安全[99-100],如日本在修建青函隧道中使用了采用全断面围岩压浆止水技术;澳大利亚学者 Zojer 以地下水平衡思想研究了在喀斯特地质条件下隧道开挖中,注浆方法与隧道内高压涌水的关系[14]。

也有很多学者通过现场调查、理论分析、模型试验和数值模拟对岩溶规模及其空间位置对隧道工程的影响进行了大量研究,得出了诸如溶洞在隧道的不同直径、不同位置对隧道有不同的影响的结论,并确定了安全施工范围。

David J. Weary 和 Randall C. Orndorff 等[101]利用岩层信息构建概念模型,以此了解岩溶地区铅锌矿对大溶泉的影响,认为沿着岩层面的溶管、溶洞提供了地下水补给、运动、排泄的通道。并通过对节理的走向进行研究,从而探究其是否控制溶洞或溶管的方向。

林国涛[102]从宏观与微观两个层面探讨了岩溶隧道突泥发生的机理,指出地质因素是岩溶隧道突泥的基础条件和内在因素,掌握地质因素的基本特征和演化运移规律是认识和揭示岩溶隧道突泥机理的先决条件,而非地质因素是诱发岩溶隧道突泥的外在因素,是制订防治岩溶隧道突泥措施的基本出发点。并指出为预防岩溶隧道突泥事故的发生,应当重视工程勘察和隧道施工作业中的超前地质预报。

吴治生[103-104]对衡广复线南岭隧道岩溶治理情况进行了介绍,该隧道地质条件复杂,涌水携带泥沙而产生大量突泥,采取封闭为主的施工方案,作者认为高压注浆在南岭隧道中是经济安全可靠的一种施工方法,应以洞内注浆为主,注浆工艺上要有一套完整注浆参数、注浆技术。

黄雄军[105]以宜万铁路马鹿菁隧道工程为例,对隧道突水突泥现象进行了分析,认为岩溶隧道突(涌)水与隧道穿越地层的岩溶空腔(溶腔、溶隙等)的静水储量大小密切相关;与溶腔内的水压高低有关;与地表及地下水系的连通性有关。隧道穿越岩溶地层时应该特别强调采取可靠的工程措施,达到“保证施工安全、确保结构稳定、保障安全运营”的目的。

李利平、李术才[106]等通过对逾百例岩溶隧道突水实例的系统统计与整理分析,将突水风险影响因素划分为孕险环境(不良地质、地下水位、地层岩性、地形地貌和岩层倾角)和致险因子(开挖和支护、超前地质预报和监控量测),并统计出各影响因素与突水概率之间的隶属函数或表征关系,发现不良地质和超前地质预报因素作为主导因素诱发突水的概率接近 50%,并建立了岩溶隧道突涌水风险的模糊层次评价模型。

刘招伟[107](2004 年)通过对圆梁山隧道突水事件的分析,将突水岩溶进行分类,并按隧道与溶管可能的空间位置关系提出了顶位交错、上位交叉等六种岩溶突水地质模式,分析了各种地质模式的岩溶突水机理,分析了各种地质模式突水的关键部位、临界距离原则及相应施工对策,在圆梁山隧道中取得了良好的实践效果。

王遇国[108](2010 年)结合工程施工,总结了岩溶地区隧道施工突水灾害的特点与发生规律:利用断裂力学和突变理论分析了岩溶隧道突水发生机理,并从断裂破坏和失稳破坏的角度给出了岩溶防突岩层安全厚度的判定方法,对岩溶隧道突水灾害的"避、绕、堵、排、固"的防治措施进行了案例分析。

徐华轩[109](2010年)研究了野三关隧道岩溶发育特征及影响因素,得到了隧道影响范围内的岩溶发育强烈,溶洞、溶管及溶隙密布等特点,并提出了采取排水、堵水、注浆、加强支护以及综合利用各单项措施的综合治理方案,得到很好效果,保证了隧道施工最终顺利完成。

孙克国[110](2010年)针对岩溶突水地质灾害采用理论分析、数值算法、计算仿真和现场试验等多种方法对突水地质灾害的防治进行了系统研究,总结了岩溶发育基本规律和主控因素,分析了突水灾害的各物理量之间的关系,并在综合地质预报和预警研究的基础上,建立了岩溶区突水地质灾害的预报预警处治三位一体防治体系,并证明了其实用性。

谢举[111](2013年)在总结前人研究成果的基础上,采用理论分析与数值分析的方法,探讨分析了岩溶隧道突水的基本力学特征及规律、突水灾变机理、突水灾害防治对策等,重点分析了不同形态溶洞对隧道围岩及其结构的力学及稳定性影响,主要针对三种类型溶洞(即顶部溶洞、底部溶洞及右侧溶洞)在不同影响因素(即溶洞与隧道间距、溶洞大小、溶洞水压)条件下对隧道围岩及其结构的影响。

贾汝涛[112](2013年)通过对叙大铁路中坝隧道的岩溶水文地质条件和岩溶发育特征的研究和调查,对隧道突水灾害机理进行综合分析,提出了岩溶隧道突水的防治原则和方案,运用三维数值模拟对隧道施工力学行为进行研究,分析了围岩级别和溶洞水压对掌子面岩盘安全厚度的影响,总结了各种超前地质预报方法对不良地质体的响应特征及优缺点,提出了岩溶地区隧道的施工建议。

3)岩溶病害的防治

在岩溶地区进行公路隧道设计时,主要是对影响围岩与结构稳定的岩溶和岩溶水进行预防和处理。主要采取的方法是:疏导、跨越、加固、堵塞和某些岩溶形态的利用。疏导措施主要用于对岩溶水的处理,采用明沟、泄水洞等处理方法。跨越处理有桥跨越、涵洞跨越和填石路堤跨越,其中桥跨越用于流量大的暗河、冒水洞或消水洞;涵洞跨越用于一般岩溶泉;填石路堤跨越用于季节性或经常性积水但水不深的溶蚀洼地。加固方法主要有洞内支撑加固、盖板加固、爆破顶板后用片石回填或跨越加固、换填加固和打桩加固等。堵塞方法主要是采用片石充填,用于路堑边坡上的溶洞。岩溶形态的利用主要有利用天生桥跨越溶洞、暗河等[113-115]。

控制排水:由于覆盖型岩溶区新塌陷的形成和土层不均匀沉降的产生大多与人类活动,特别是破坏天然条件的地面排水系统有关,因此,每一个在岩溶区工作的工程师的第一个概念就是控制好场地的排水。控制排水的常用方法是通过专门的排水渠道将暴雨雨水直接引到下伏岩溶系统中,使建筑物基础免受破坏。在高速公路中,路面所汇集的大量雨水的处理方法包括设计专门水渠直接排到地下、在基础和底基层间铺设不透水的土工膜及在底基层加设排水系统。国外的工程师极为注意将原有的塌陷坑、落水洞作为处理暴雨的排泄通道,例如,美国肯塔基 Bowling Green 市为了防止地表水的入渗造成土层塌陷,设置了引水渠道,将暴雨形成的地表径流引到落水洞中。

特殊基础:为了防治覆盖型岩溶区地面塌陷和不均匀沉降对建筑物造成危害,片筏基础和条形基础被普遍认为是最经济的基础类型而被普遍采用,其中,片筏基础则被认为是最有效的基础类型。桩基、灌浆加固等也是国外较为常用的处理岩溶病害的方法。

土工格栅:在公路建设中,用土工合成材料防治沉陷或塌陷相较于混凝土盖板所具有的优势已被认识,土工合成材料又以重型土工格栅最为有效,它的纵向抗张强度可达 400kN/m(标准的仅为 40 kN/m)。英国 1998 年在白垩地层分布区修筑公路时,发现白垩地层发育有直径达 20m、深 7m、被黏土砂砾石充填的管道。施工时,主要采用几种方案进行处理:①对于直径小于 1m、发育在桥基下的管道,彻底清除充填物,换填混凝土;②对于直径 8m 以下的管道,则采用钢筋混凝土盖板跨越,盖板尺度为两倍管道直径;③当直径超过 8m 时,则用桥跨越,桥采用桩基础,桩基到管道的间距不小于 2 倍桩径;④在有中密度砂砾石充填的小型管道上方的路基,还铺设了加强型土工格栅,以支持上面的路堤;⑤黏土充填的小型管道采用混凝土塞,大型管道则先采用振动法换填石头加强,然后再用土工格栅。

相对而言,我国岩溶病害的研究工作目前主要还是针对单一的工程实践来开展,缺乏系统的分类方法,尤其是在喀斯特地貌极为发育的黔桂地区,尚未建立或提出较为成熟的岩溶隧道建设技术。

第1篇

浅变质碎裂岩体公路隧道洞口变形与稳定性分析

第2章

浅变质碎裂岩体公路隧道洞口变形及稳定性分析

2.1 洞口段类型划分及关键力学参数

2.1.1 洞口段类型划分

调研表明，贵州境内高速公路隧道洞口段多复杂地质地形，按隧道洞口的地形和地质特征，洞口浅埋偏压段可划分为以下四类：

(1)地形偏压。由于沿线均为山地形貌，坡表浅变质全强风化碎裂岩体厚度较大，隧道一般傍山进洞，地形偏压现象普遍。由于洞口浅埋，岩体大多破碎且风化程度高，顺层等地质偏压现象很少。

(2)厚堆积体高陡仰坡。部分隧道洞口段仰坡强风化或崩坡积层非常厚，呈现大厚度堆积体特征。洞口开挖易出现仰坡滑塌和洞口坍塌病害。

(3)沟心厚堆积和偏压。沟心崩坡积层较厚，且存在不对称的沟心偏压特征。隧道进洞易于引发洞顶坍塌和斜坡滑塌病害。

(4)高陡岩体仰坡。隧道洞口处岩坡高陡，而陡壁可能存在危岩体，在进洞施工扰动下，易于崩落。另外一种情况是由于仰坡高陡，洞口施工困难，交通不便，施工机械难以停靠及工作。

2.1.2 围岩及边坡岩体参数

根据统计资料，水都高速公路沿线主要地层为浅变质砂板岩，隧道洞口岩层风化破裂极为严重，强度低，稳定性差，洞口开挖破坏了山体坡面的原有平衡状态，易于导致崩滑病害。本章针对沿线的此类浅变质岩进行了大量的室内和现场的试验研究，指出：水都线浅变质岩边坡上覆土层主要为白色亚黏土和红色坡积黏土，主要矿物成分为：白云母、高岭石和石英。浅变质岩边坡的全风化和强风化层主要以泥质板岩为主，全风化层的岩体结构破碎，岩石多为黄色。结构面发育，多数结构面张开，夹泥，基本已经成为土石混合体。强风化岩体的结构比较完整，但岩体破碎，结构面发育。这两层岩体的矿物成分主要为白云母、高岭石和石英，还含有少量的斜绿泥石。中风化层的岩体结构完整，岩石多为灰绿色或浅绿色。中风化岩体的矿物成分主要为白云母、斜绿泥石、高岭石和石英。因此，水都线浅变质边坡岩土体以黏土矿物为主,易风化破碎,强度较低,在降雨等水环境的作用下,岩土体的力学参数会因水化作用和含水率的增高而减小。根据上述研究,并结合隧道现场围岩的物理力学参数以及《公路隧道设计规范》(JTG D70—2004)的相关要求和设定,在进行概化的模型计算时统一按表 2.1 取参数。

不同围岩级别参数取值　　表 2.1

围岩级别	弹性模量(GPa)	泊松比	重度(kN/m³)	黏聚力(MPa)	内摩擦角(°)
Ⅱ	28	0.23	27	2.1	55
Ⅲ	15	0.27	25	1.5	45
Ⅳ	6	0.3	23	0.7	39
Ⅴ	1.5	0.33	20	0.4	24
Ⅵ	1	0.45	17	0.05	20

2.2 地质及地形条件对偏压隧道围岩变形稳定性的影响

目前对于偏压隧道的研究首先主要考虑偏压作用的影响,通过理论和数值方法对隧道围岩稳定性等进行分析[116-122]。其次是考虑偏压作用的影响,通过数值模拟选择合理的施工工序[123-124]。这些研究工作分析了偏压会对隧道工程产生不利的影响,对现场产生的现象及可能出现的情况进行了解释,并取得了许多有价值的结论和可借鉴的经验,但由于其都是基于某一具体隧道工程展开,因此缺乏系统性和完善性。到目前为止,并未有文献通过综合考虑对偏压隧道有重要影响的地形因素,系统全面地研究其对隧道的影响规律以及偏压随着地质(主要指围岩级别)及地形因素的变化规律。所以下述研究的主要的目的是通过较全面的考虑对隧道偏压有重要影响的地形及地质因素,找出其对隧道的影响规律,达到探求洞坡相互作用机理的研究目的。

2.2.1 地质及地形影响因素分析

研究方案中所考虑的地形因素包括侧覆土厚、横坡坡度以及最大埋深,同时考虑围岩级别的影响[68]。所考虑的因素主要包括围岩级别、地形 t 值(侧覆土厚)、横坡坡度以及最大埋深(洞顶距水平地面的距离),计算方案如表 2.2 所示。

地形偏压隧道洞口洞坡相互作用机理 2D 数值计算方案　　表 2.2

因　素	参 数 等 级				
围岩级别	Ⅵ	Ⅴ	Ⅳ	Ⅲ	Ⅱ
地形 t 值	5m	10m	15m	25m	35m
横坡坡度	20°	25°	35°	45°	60°
最大埋深	5m	10m	20m	30m	40m

以上因素全部考虑需要做 $5^4=625$ 次试验，所以要进行正交试验设计。经过正交设计最终只需要做 25 次试验即可，具体的正交试验方案如表 2.3 所示。然后利用正交试验法进行优选，对 25 种方案进行了弹塑性有限元数值计算。最终得到各因素对地形偏压隧道变形的影响规律，得知了各因素对地形偏压隧道变形影响的显著程度；并利用左右拱腰和拱脚应力差来反映地形偏压程度，分析了偏压程度与各因素之间的关系。

二维数值计算正交试验方案　　表 2.3

试验号	围岩级别	地形 t 值	横坡坡度	埋深
1	Ⅵ	5m	20°	5m
2	Ⅵ	10m	25°	10m
3	Ⅵ	15m	35°	20m
4	Ⅵ	25m	45°	30m
5	Ⅵ	35m	60°	40m
6	Ⅴ	5m	25°	20m
7	Ⅴ	10m	35°	30m
8	Ⅴ	15m	45°	40m
9	Ⅴ	25m	60°	5m
10	Ⅴ	35m	20°	10m
11	Ⅳ	5m	35°	40m
12	Ⅳ	10m	45°	5m
13	Ⅳ	15m	60°	10m
14	Ⅳ	25m	20°	20m
15	Ⅳ	35m	25°	30m
16	Ⅲ	5m	45°	10m
17	Ⅲ	10m	60°	20m
18	Ⅲ	15m	20°	30m
19	Ⅲ	25m	25°	40m
20	Ⅲ	35m	35°	5m
21	Ⅲ	5m	60°	30m
22	Ⅲ	10m	20°	40m
23	Ⅲ	15m	25°	5m
24	Ⅲ	25m	35°	10m
25	Ⅲ	35m	45°	20m

隧道模型尺寸以及计算范围：隧道半径 $R=6\text{m}$，洞高 $H=9\text{m}$，仰拱所在大圆半径 $R=16\text{m}$，两圆心距 13m，隧道距左边界约为 $5D$ 距离，距下边界为 $3D$ 距离。

隧洞围岩和混凝土按弹塑性材料考虑，屈服准则采用 Drucker-Plager 准则，初始应力为岩体的自重应力。根据水都高速公路已有的设计说明资料并参照《公路隧道设计规范》(JTG D70—2004)综合考虑确定不同围岩级别参数，各个级别围岩参数取值具体见表 2.1。

此次数值试验中，不考虑实际设计中围岩级别不同，初期支护的不同。初期支护均为 30cm 厚的 C20 喷射混凝土，最终计算得到的初期支扩混凝土位移及内力情况，通过关注各关键部位的位移及内力分布情况，分析由于地形变化引起其位移及内力变化的规律。此外，级别高的围岩一般不用施作仰拱，为了使结果具有可比性进行方案间的比较，各个情况下的隧道均设计有仰拱。锚杆加固区为 4m，用提高加固区的弹性模量、重度、黏聚力和内摩擦角 10%～20%左右进行模拟，泊松比降低 10%左右。

2.2.2 变形与稳定性分析

1)计算结果与依托工程对比分析

老寨隧道为厦蓉高速公路贵州境内的一段隧道，隧道出口段围岩破碎，浅埋偏压现象显著，围岩级别为Ⅴ级，最大埋深 30m，整体横坡坡度约 45°，侧覆土较薄，但是考虑坡侧设有挡墙并回填土石，侧覆土厚可取为 10m。因此老寨隧道整体情况与数值计算方案 7 相似。

隧道开挖后围岩向临空面产生位移，由此在支护结构上产生形变压力，通过压力盒可以量测其间的压力，即围岩与初期支护的接触压力。图 2.1 及图 2.2 是基于计算方案 7 得到的隧道开挖后 X 向及 Y 向的隧道位移图。测点布置及现场实测值如图 2.3 所示。

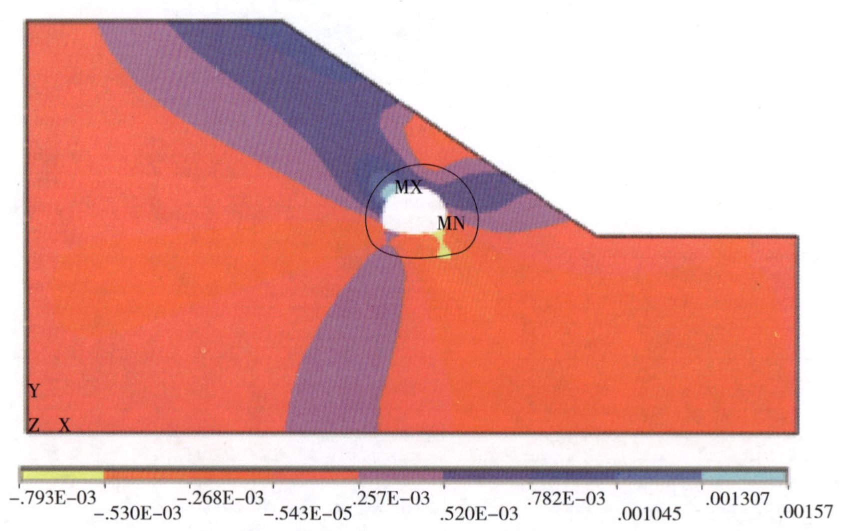

图 2.1 隧道开挖后 x 向位移

通过分析计算结果发现，隧道开挖后两侧拱腰和浅埋侧拱脚的位移相对较大，如图 2.1 及图 2.2 所示，而现场监测结果显示两侧拱腰以及浅埋侧拱脚的围岩与初期支护之间具有较大的接触压力，说明两者在规律上一致，这也可以验证所取的模型和参数较为合理。

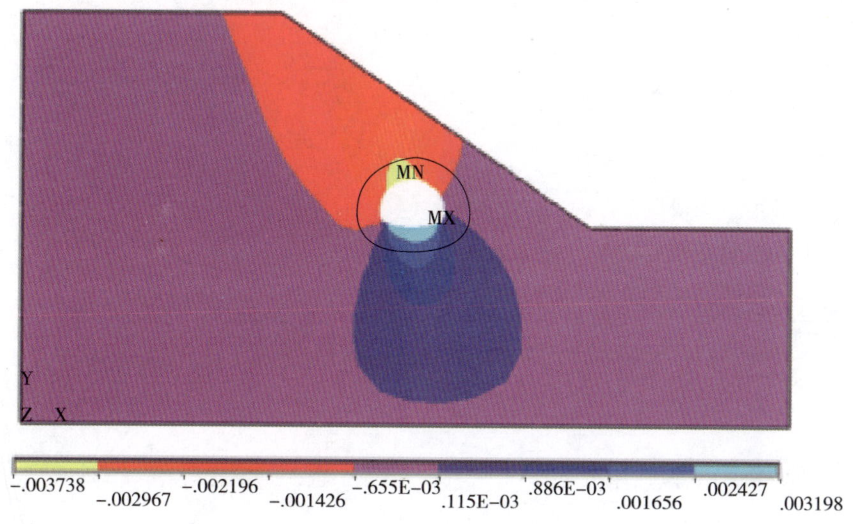

图 2.2　隧道开挖后 y 向位移

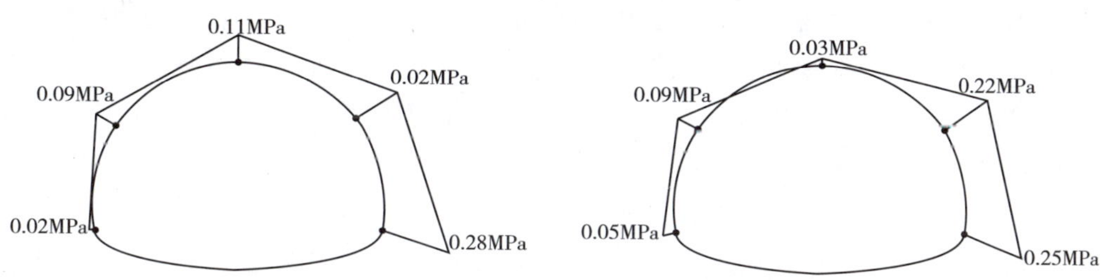

图 2.3　老寨隧道两个断面初期支护与围岩接触压力曲线图

2)隧道关键点位移分析

围岩位移与变形是围岩力学形态变化最直接的体现,因此首先选用围岩周边位移作为试验考察指标进行分析。定义隧道拱顶节点、仰拱中心节点、左右拱腰及拱脚节点为关键节点,可以得到趋势曲线如图 2.4～图 2.7 所示。

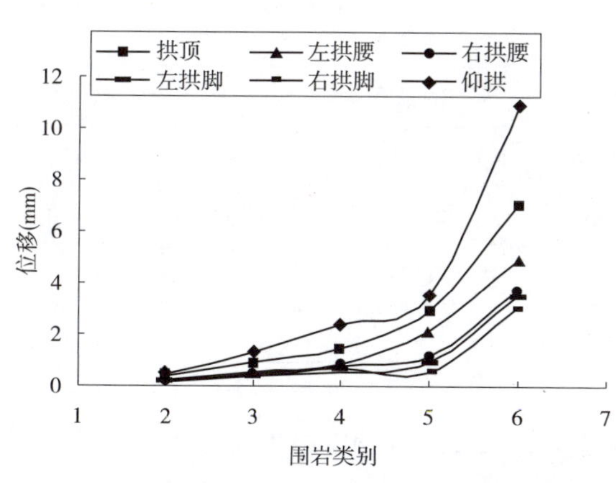

图 2.4　围岩级别与关键点位移关系

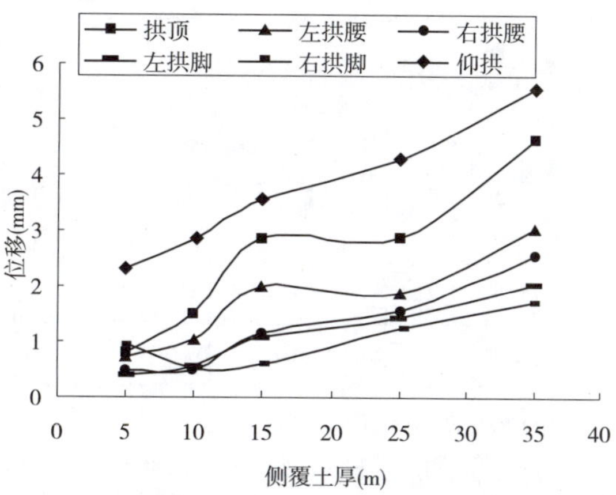

图 2.5　侧覆土厚与关键点位移关系

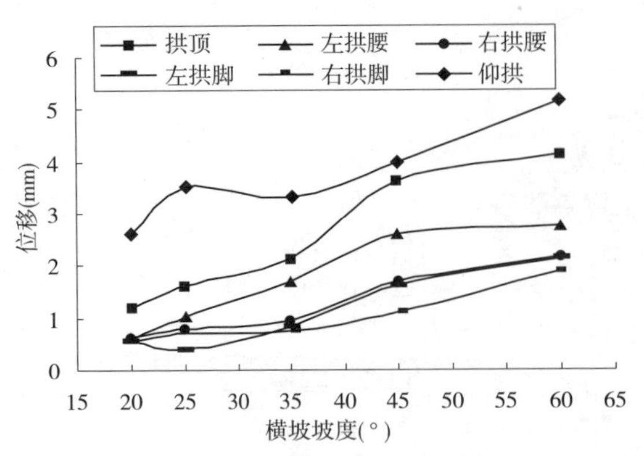

图 2.6 横坡坡度与关键点位移关系

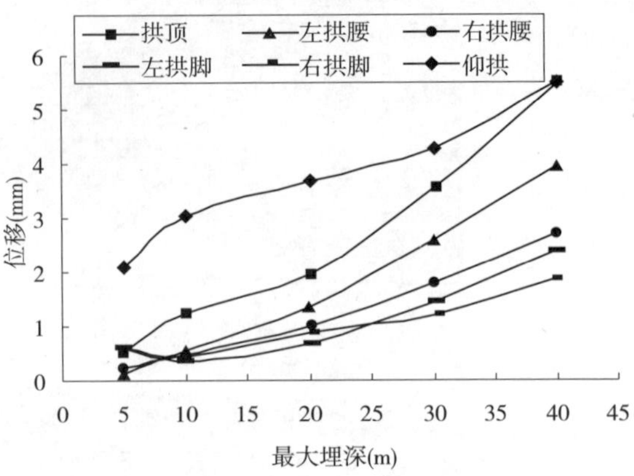

图 2.7 最大埋深与关键点位移关系

由图 2.4 可以看出，隧道各关键点位移随着围岩级别变差而变大，Ⅱ～Ⅳ级围岩变化不太显著，从Ⅳ级到Ⅴ级差距开始变大，Ⅴ级到Ⅵ级变化极为显著。由图 2.5 可知，随着侧覆土厚的增大位移也增大，从 5m 到 15m 增长趋势明显，从 15m 后增长趋势稍微变缓，达到 25m 后趋势又略微增加。从图 2.6 可以看出，对于大部分的关键点，横坡坡度从 20°到 25°以及 35°到 45°的变化会引起其位移的显著变化，而从 45°到 60°的变化趋势减缓。图 2.7 表明隧道各关键点位移随着最大埋深的增加而不断增加，而且增加趋势基本呈线性。

3)隧道关键点位移极差分析

以隧道各关键点位移为试验考察指标，经过正交试验的极差分析得到表 2.4。从表 2.4 中可以发现各因素对隧道拱顶、仰拱以及拱腰变形的影响效应最大的首先是围岩级别，余下依次是最大埋深、侧覆土厚以及横坡坡度；而对拱脚变形的影响依次是围岩级别、最大埋深、横坡坡度以及侧覆土厚。同时也可以发现，围岩级别及地形因素的变化对隧道靠近山体侧的变形影响比较显著，如表 2.4 所示，左拱腰及左拱脚的极差变化均比右拱腰及右拱脚的变化大一些。

关键节点直观分析极差表 表 2.4

因素	关键节点位移极差值(mm)					
	拱顶	仰拱	左拱腰	右拱腰	左拱脚	右拱脚
围岩级别	6.679	10.431	4.687	3.567	3.399	2.921
侧覆土厚	3.827	3.252	2.316	2.065	1.659	1.208
横坡坡度	2.943	2.568	2.154	1.552	1.757	1.359
最大埋深	4.981	3.420	3.847	2.498	2.023	1.438

4)隧道偏压程度分析

考虑若地形对称就不会引起地形偏压，即隧道左右拱腰及拱脚应力不会有所差别，因此将左右拱腰及拱脚应力差看做衡量偏压程度的一个量值。

$$\Delta\sigma = |\sigma_{左} - \sigma_{右}| \tag{2.1}$$

分别将左右拱腰及拱脚的竖向应力差和横向应力差作为试验考察指标通过正交试验直观分析得到图 2.8 和图 2.9,图示中拱腰竖向、拱腰横向、拱脚竖向以及拱脚横向分别指的是左右拱腰竖向应力差、左右拱腰横向应力差、左右拱脚竖向应力差以及左右拱脚横向应力差。

图 2.8 表明应力差随围岩性质的变差而逐渐变小,这与围岩性质变差其重度也在降低有关。从图 2.9 中可以看到,应力差随着侧覆土厚的增加一直在减少,说明偏压效应随着侧覆土厚的增加也在逐渐消失。参照《铁路隧道设计规范》(TB 10003—2005)表 1-2 和表 1-3,Ⅴ级围岩且横坡坡度 45°的情况(为表中最不利情况)下单线铁路考虑偏压作用的最大侧覆土厚为 18m,即小于 18m 要按照偏压隧道设计,而大于 18m 后可不考虑偏压作用。观察图 2.9 可以发现,在侧覆土厚达到 15m 之后偏压程度再次加速降低,偏压程度减弱明显,这与铁路设计规范中通过统计得到的数据较为吻合。对于横坡坡度而言(图 2.10),偏压程度随其逐渐增大而有所起伏,尤其显著的是 35°到 45°,偏压程度反而略微下降,但是总的趋势是增加的。图 2.11 反映随着最大埋深的变化,偏压程度先逐渐增加,当最大埋深达到 30m 之后,应力差基本不变化甚至有略微下降的趋势。说明随着最大埋深的进一步增加,偏压程度基本稳定。

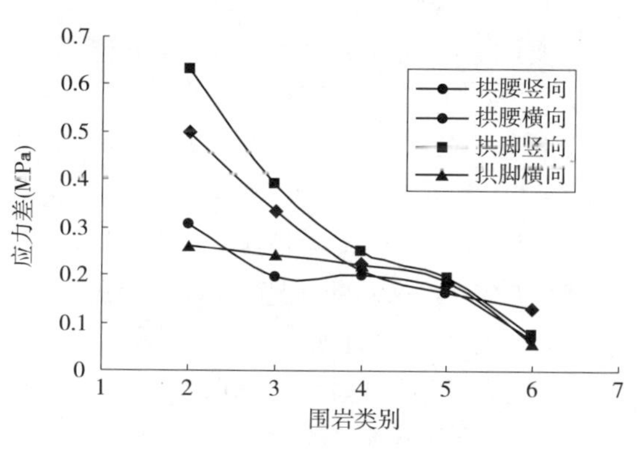

图 2.8 围岩级别与应力差关系图

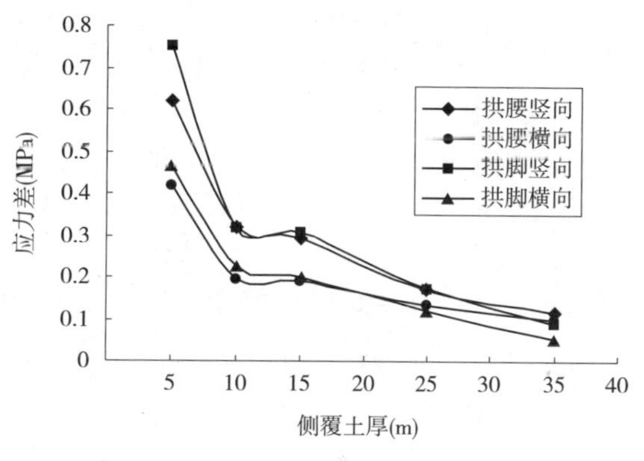

图 2.9 侧覆土厚与应力差关系图

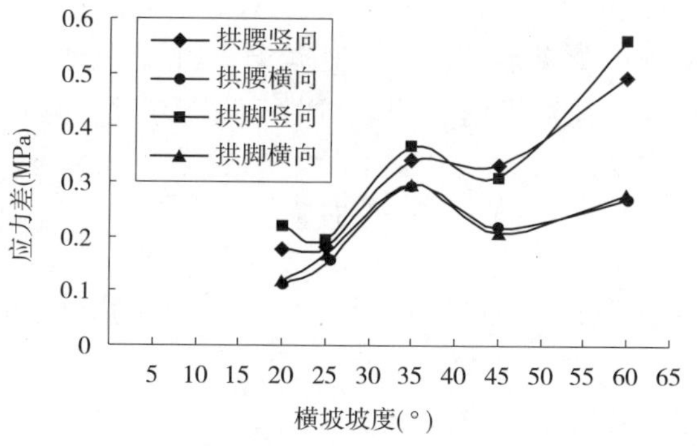

图 2.10 横坡坡度与应力差关系图

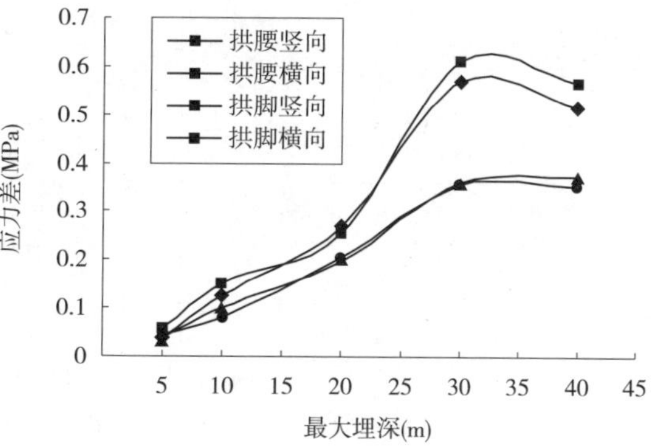

图 2.11 最大埋深与脚应力差关系图

存在地形偏压情况的隧道在建造过程中将会受到不对称荷载作用，对隧道围岩及支护结构的稳定产生不利影响，这已经引起工程界的广泛关注。上文系统的研究了地形因素与隧道变形的关系以及偏压与地形因素之间的关系，经分析可以得到如下结论：

(1)围岩级别的差异对地形偏压隧道的变形影响最为显著，其次为最大埋深。拱顶、仰拱以及拱腰的变形受侧覆土厚的变化影响较横坡坡度大，而拱脚则相反。

(2)围岩级别及地形因素的变化对隧道靠近山体侧的变形影响比较显著。同时发现存在地形偏压的浅埋隧道其底拱部位的变形较大，而随着埋深的逐渐增大，拱顶变形会逐渐变为最大。

(3)侧覆土厚从 5m 到 35m 变化时偏压程度逐渐减弱，超过 20m 后可认为偏压作用基本不存在；而对于横坡坡度而言，从 20°到 60°变化时偏压程度随其逐渐增大而有所起伏，但总趋势增加；最大埋深达到 30m 之后，两侧应力差基本不变甚至有略微下降的趋势，说明随着埋深的增大，偏压程度基本稳定。

2.3 地形偏压下软弱围岩洞坡变形特征分析

水都高速公路围岩极其碎裂，引起隧道偏压的主要因素还是地形因素，因此，下述研究在上节研究的基础上，针对地形偏压下软弱围岩洞坡变形特征进行了分析。

上节研究表明，围岩级别的差异对偏压隧道的变形影响最为显著；侧覆土厚从 5m 到 35m 变化时偏压程度逐渐减弱，超过 20m 后可认为偏压作用基本不存在；最大埋深达到 30m 之后，两侧应力差基本不变化。因此，结合水都高速公路隧道洞口的现场实际情况，对地形偏压作用下隧道的变形特征的研究方案确定为：在围岩级别和横坡坡度一定的情况下，对不同侧覆土厚的隧道开挖和加固的变形破坏特征进行研究。其中围岩级别主要分析Ⅴ级和Ⅵ级，但为了便于比较，对Ⅳ级围岩也进行了计算，横坡坡度取 30°、40°、50°，最大埋深取 30m，侧覆土厚分别取 3m、5m、7m、9m、11m、13m、15m、17m、19m 和 21m，一共有 90 组不同的模拟方案。

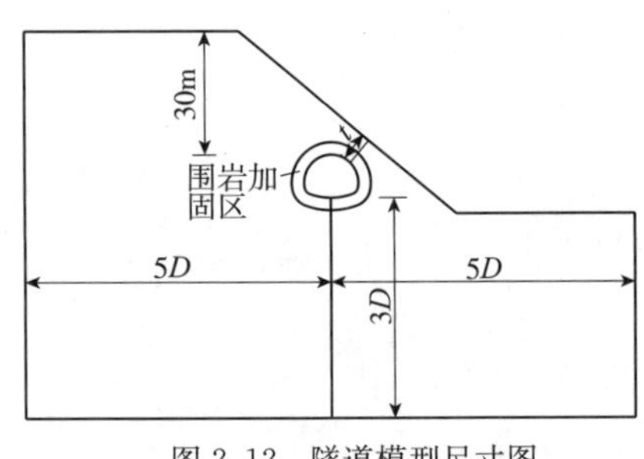

图 2.12　隧道模型尺寸图

隧道模型尺寸以及计算范围：隧道距左边界约为 $5D$ 距离，右边界取至自由坡面，距下边界为 $3D$ 距离(图 2.12)，对模型左边界、右边界以及下边界采取法向约束。计算中选择相同的支护形式，初期支护承受全部的围岩压力，对于初期支护的参数，钢拱架根据钢筋混凝土计算原理采用等效截面计算，即将钢拱架弹性模量折算给喷射混凝土，其计算方法为：

$$E'_h = E_h^0 + \frac{A_g E_g}{A_h} \tag{2.2}$$

式中：E'_h、E_h^0、A_h——考虑钢拱架作用后喷射混凝土的弹性模量、喷射混凝土的原始弹性模量和喷射混凝土的截面面积；

A_g、E_g——钢拱架的截面积和弹性模量。

锚杆加固区为 3m，用提高围岩参数的方法来进行模拟[51]，其中弹性模量、重度、黏聚力和内摩擦角提高 10%～20%，泊松比降低 10%左右。具体参数选用见表 2.1。

2.3.1　围岩为Ⅳ、Ⅴ级时计算结果及分析

图 2.13 为围岩为Ⅳ、Ⅴ级的情况时，各种不同坡度和侧覆土厚 t 情况下，隧道开挖后围岩变形等值线及矢量图。

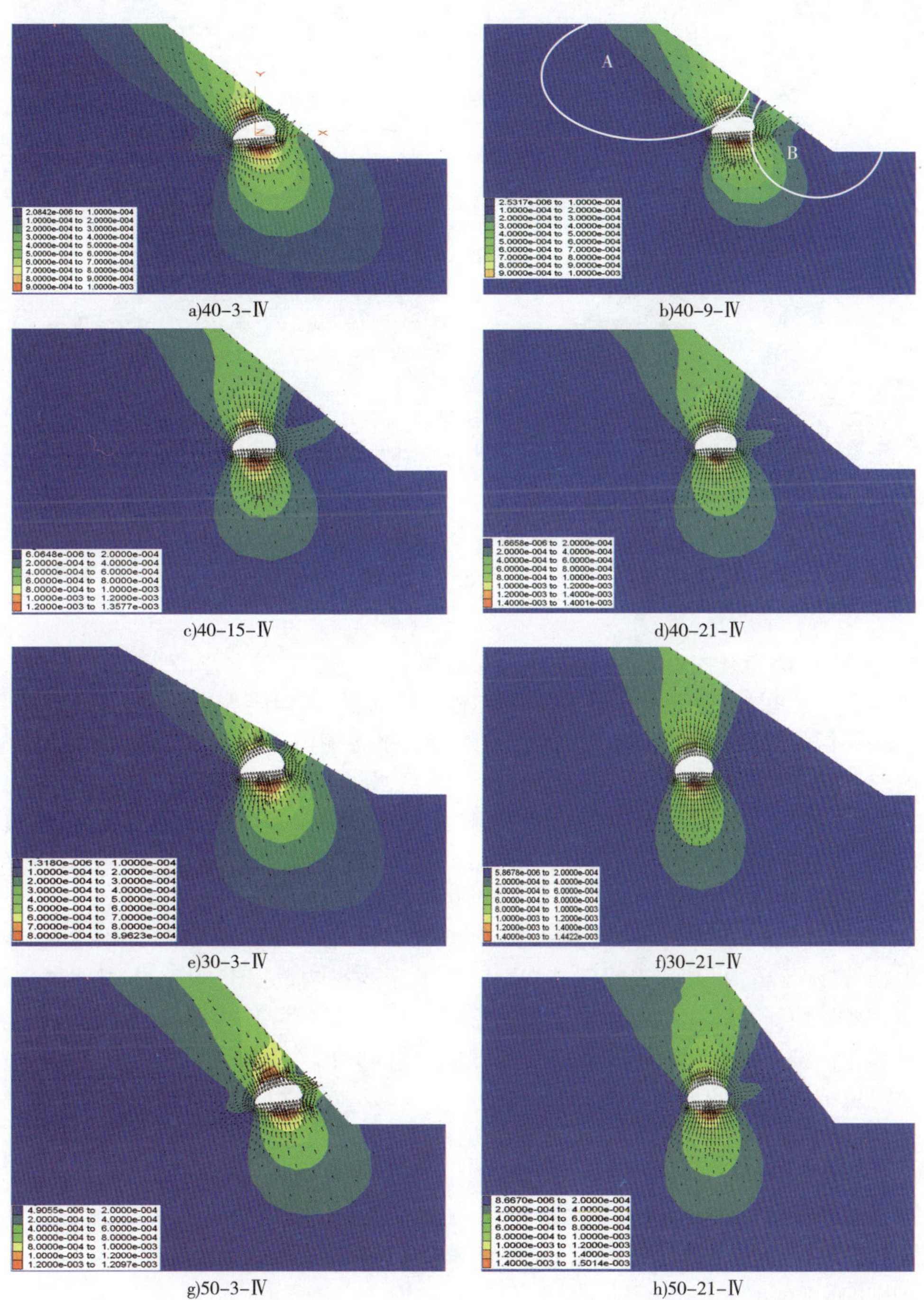

a)40-3-Ⅳ　b)40-9-Ⅳ

c)40-15-Ⅳ　d)40-21-Ⅳ

e)30-3-Ⅳ　f)30-21-Ⅳ

g)50-3-Ⅳ　h)50-21-Ⅳ

图　2.13

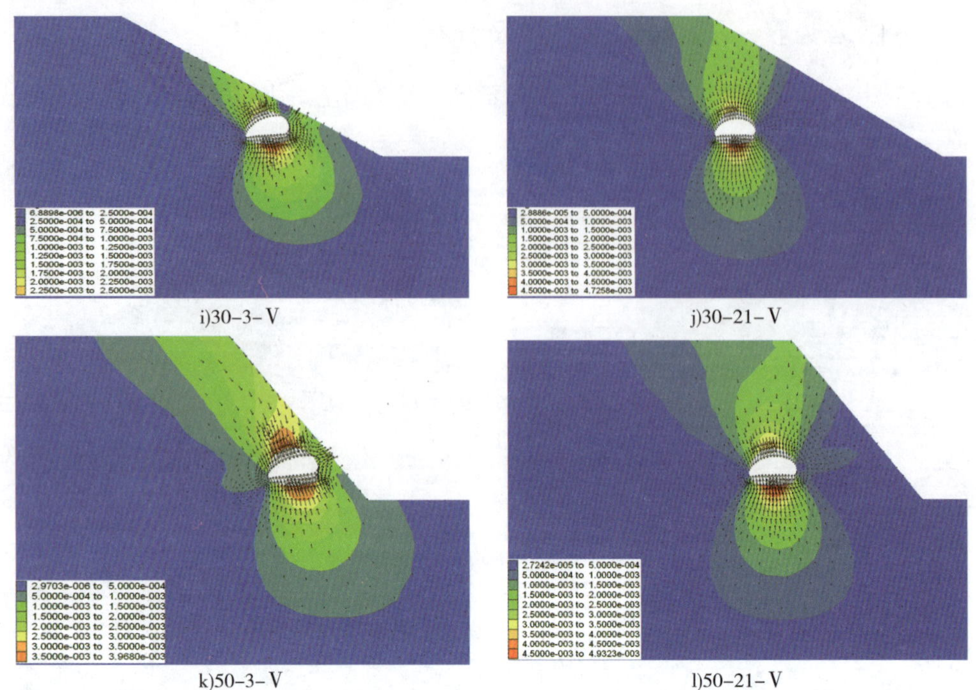

i)30-3-Ⅴ　j)30-21-Ⅴ　k)50-3-Ⅴ　l)50-21-Ⅴ

图 2.13　各种不同工况下隧道开挖后围岩变形等值线及矢量图

注："40－3－Ⅳ"表示隧道横坡为 40°，侧覆土厚为 3m 以及围岩级别为Ⅳ级时的情况。其他情况类似。另外，图 2.19 含义同此处。

图 2.13 表明，隧道开挖后，隧道洞顶上方坡体的位移场顺着坡向逐渐指向洞内，如 40-9-Ⅳ中标出的 A 区，该区域在坡顶处的位移方向大致与坡向平行，但随着向洞身的接近，各部分的位移方向逐渐指向洞内，且值也越来越大。而隧道右拱腰侧由于处在浅埋侧，该部分表现出向洞身外侧变形的趋势，如 40-9-Ⅳ中标出的 B 区，该区域的范围随着侧覆土厚 t 值的增加而减小，值也是越来越小。这主要是因为隧道的开挖使结构承受了较大的偏压荷载，若侧覆土厚 t 值很小，浅埋侧则未能对隧道结构形成有效的约束，而随着 t 值的增大，浅埋侧对隧道结构的约束越来越强，并形成了有效的反压，使得右拱腰处逐渐由向外变成向隧道内变形，也就是说隧道受到的偏压影响也越来越小，从图 2.13 可以看出，在 $t=21\text{m}$ 后，隧道结构左右侧产生的变形基本相等，水平方向相对，表明隧道基本不受偏压的影响。据上分析，本书取坡表处向外侧变形值、左拱腰总位移、左拱腰水平位移、右拱腰以及拱顶沉降作为关键点进行分析，其中拱顶沉降量和左拱腰总位移反映了隧道结构深埋侧受到的应力，而其他几个值则可以反应隧道浅埋侧给隧道结构提供的反压程度。图 2.14～图 2.18 分别为不同横坡坡度且围岩级别在Ⅳ、Ⅴ级时不同 t 值下隧道开挖后各关键点的位移图。

图 2.14 和图 2.15 表明：

(1) t 值很小时，拱顶沉降和左拱腰总位移与围岩级别和横坡坡度相关，随着 t 值的增加，拱顶沉降和左拱腰总位移增加越来越小，当 $t=21\text{m}$ 时，位移值跟横坡坡度基本没有关系，只受围岩级别的影响。

(2) 拱顶沉降和左拱腰总位移随 t 值增加而增加，而坡度为 30°时拱顶沉降随 t 值增加而增加最多，坡度为40°时增加幅度较30°时小，而坡度为50°时随t值的变化已经很小。这是因为隧道t值的增加，也增加了隧道的上覆土厚，增大了隧道受到的应力，从而造成了隧道拱顶沉降的增加，而横坡坡度为50°时变化不大的原因是由于角度很大，上覆土本来就很大的缘故。

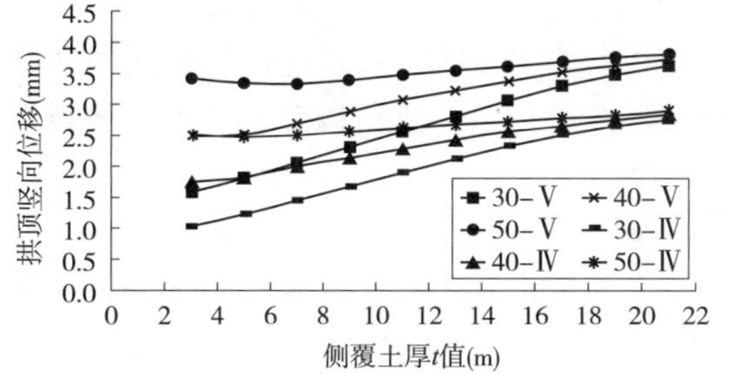

图2.14　不同工况下拱顶竖向位移曲线图

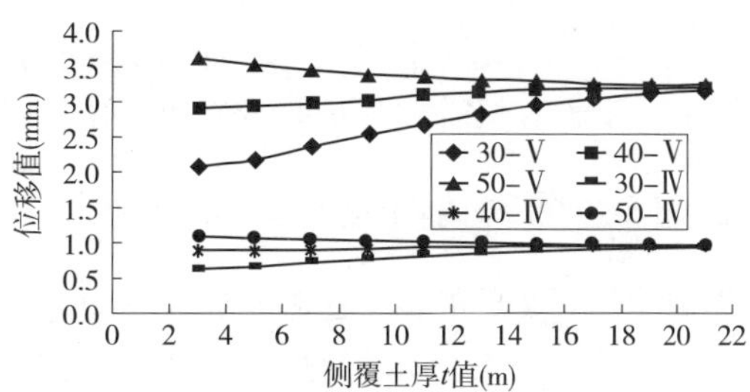

图2.15　不同工况下左拱腰总位移曲线图

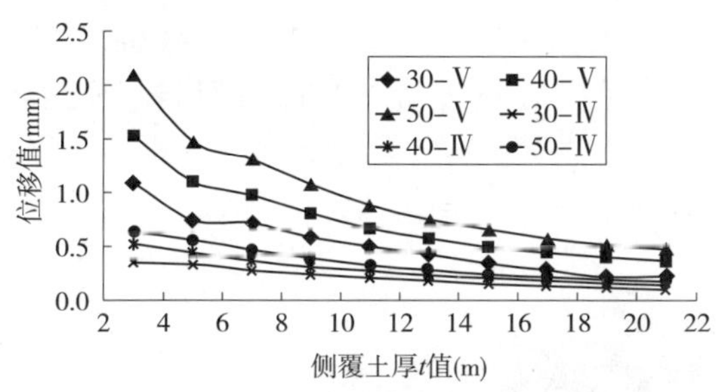

图2.16　不同工况下坡表向外最大位移曲线

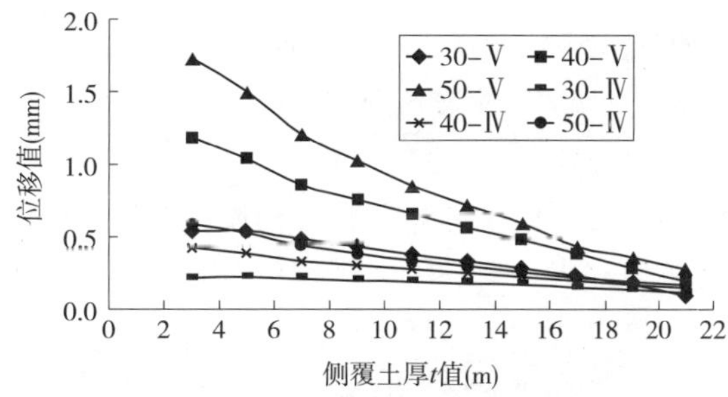

图2.17　不同工况下右拱腰水平位移曲线

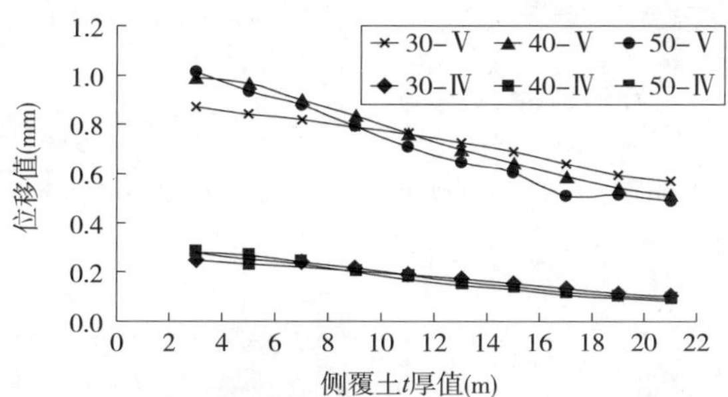

图2.18　不同工况下左拱腰水平位移曲线图

注："30-Ⅴ"表示隧道横坡为40°，围岩级别为Ⅴ级时的情况。

图2.16和图2.17表明：

(1)坡表向外最大位移、拱腰水平位移都随着t值的增加逐渐减小，而相同的t值时，围岩级别为Ⅳ级时的坡表向外最大位移比Ⅳ级时要大，而相同围岩级别时，横坡坡度越大，最大位移值越大。

(2)围岩级别为Ⅳ级时，坡表往外侧变形值都很小，且随t值变化也很小，而围岩级别为Ⅳ级时，坡表位移随t值的不同有明显的变化。计算表明，围岩级别为Ⅳ级时，$t=5$m时坡表最

大位移为 $t=3$m 时的 63%左右，这表明 $t=5$m 时比 $t=3$m 时提供了相当多的反压，而 $t=15$m 时坡表最大位移为 $t=3$m 时的 32%左右，并且增加速度随 t 值的增加越来越缓，这表明 $t=15$m 时浅埋侧已经基本能够为隧道提供足够的反压了。

综上所述，侧覆土 t 值的增加，一方面给偏压侧提供了更多的反压，但是也增加了隧道结构受力，当 $t>15$m 后，隧道拱顶沉降以及坡表最大位移变化都很小，因此可以认为侧覆土厚达到 15m 后基本不需要采取额外的预加固措施，只需按偏压隧道进行设计初期支护便可。

2.3.2 围岩为Ⅵ级时计算结果及分析

Ⅵ级围岩强度极低，隧道开挖后随开挖面向洞内移动，支撑受到强大的地压，在无支护条件下开挖后完全不能自稳。我国铁路隧道长期以来采用的标准设计中，对Ⅴ级及Ⅴ级以上的围岩都编制了相应的设计图，规范中也给定相应的支护结构参数。但是对于Ⅵ级围岩情况，隧道标准支护参数需要通过试验确定。由此可以看出Ⅵ级围岩时隧道开挖后的复杂性。

统计资料显示，很少有Ⅵ级围岩的隧道横坡坡度达到 50°的，这是因为当围岩极差时，在较大的横坡坡度下都不能自稳。但本书还是对横坡坡度为 50°时的围岩进行了计算和分析。

图 2.19 则为围岩为Ⅵ级情况时，在各种不同坡度和侧覆土厚 t 情况下，隧道开挖后围岩变形等值线及矢量图。图 2.19 表明：

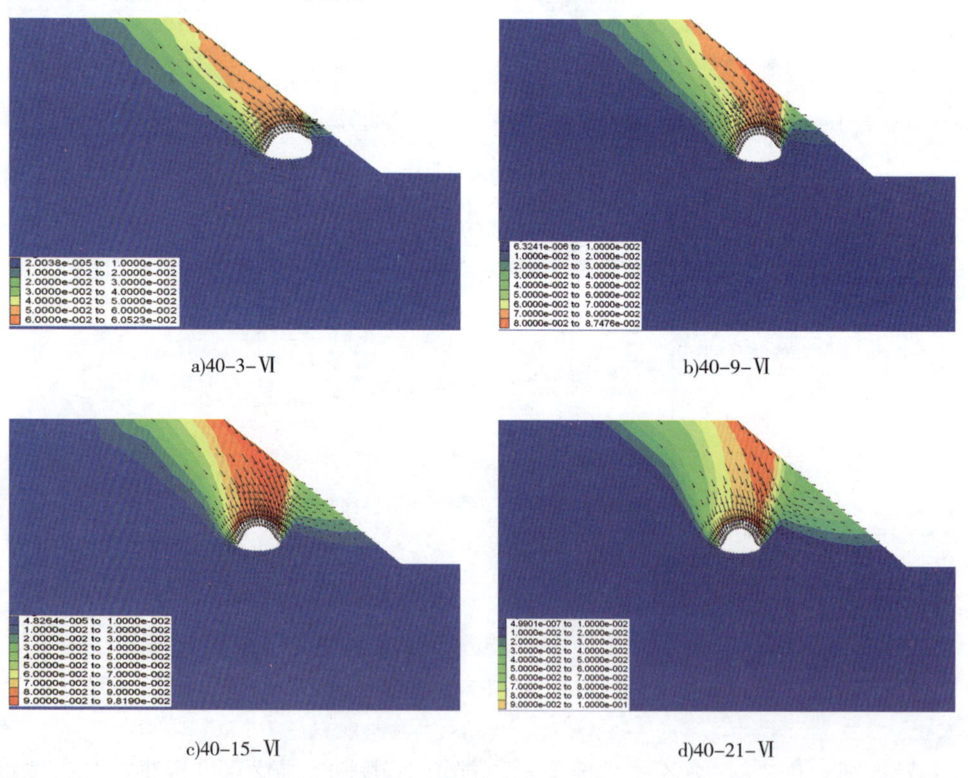

a)40-3-Ⅵ　b)40-9-Ⅵ

c)40-15-Ⅵ　d)40-21-Ⅵ

图 2.19

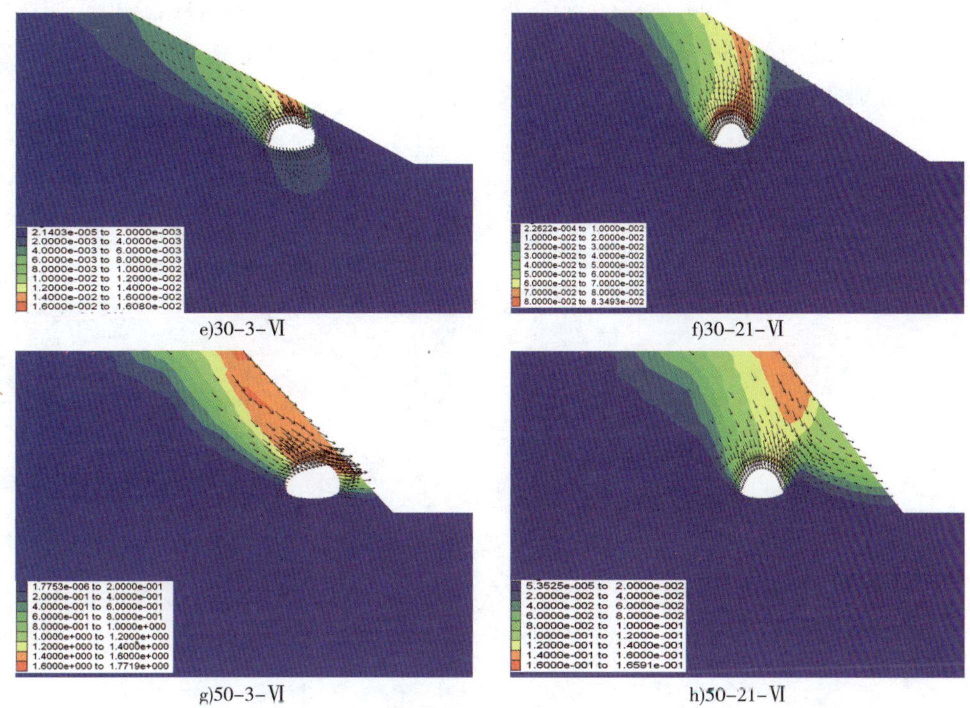

e)30-3-Ⅵ　　f)30-21-Ⅵ

g)50-3-Ⅵ　　h)50-21-Ⅵ

图 2.19　隧道开挖后围岩变形等值线及矢量图

注:图中符号含义同图 2.13。

(1)当横坡坡度为 30°和 40°时,隧道开挖后还是有上文所述的区域 A 和 B 的存在,但在横坡为 50°时,隧道开挖后整个坡表几乎从坡顶开始都有向外侧变形的趋势,即使 t 值很大,使隧道结构产生的变形趋于对称后,坡表还是会产生很大的滑移。这表明,在围岩很差的情况下,即使侧覆土给隧道提供了足够的反压,但横坡在隧道开挖时自身就会产生滑移。

(2)其他情况相同时,围岩级别为Ⅵ级时围岩产生的位移较Ⅳ、Ⅴ级时要大很多,如坡度为 40°,侧覆土厚为 7m 时计算得Ⅳ、Ⅴ级拱顶沉降分别为 1.99mm 和 3.33mm,而围岩级别为Ⅵ级时则为 70.01mm。

(3)而当横坡坡度为 50°后,不管是坡表还是拱顶位移较其他情况要大很多,如坡度为 50°,侧覆土厚为 7m 时的拱顶沉降达到了 1 294.2mm。

图 2.20～图 2.25 为围岩级别为Ⅵ级时各种不同工况下的拱顶竖向位移、左拱腰水平位移与总位移、坡表向外最大位移以及右拱腰水平位移曲线图。

由图 2.24 可以看出:

(1)横坡为 30°、40°情况时,除了右拱腰水平位移,其他关键点位移值几乎都是随 t 值增加而增加的,这点与Ⅵ级、Ⅴ级围岩情况完全不一样,而右拱腰水平位移的不同之处在于在 t 值不大时,右拱腰位移已经指向洞内,并且随 t 值的增加还在急剧的增大。

(2)横坡 50°时隧道各关键点的位移与 30°、40°时的差别又很大,从图中可以看出各关键点位移随横坡坡度有很大的变化,且位移的量值比上述所有的情况都要大得多,坡表向外最大位移将近有 3m。由此可以看出,围岩为Ⅵ级时,成洞条件差,处于这种工况下的隧道结构承受的上部荷载远远大于围岩相对好的情况。对于坡表，当侧覆土厚很小的时候，隧道受偏压的影响使得坡表会有较大的向外侧变形，而侧覆土厚增大后，隧道受偏压的影响减小，但坡表本身也会产生滑移，特别是坡度很大的时候，这种滑移会更加明显。

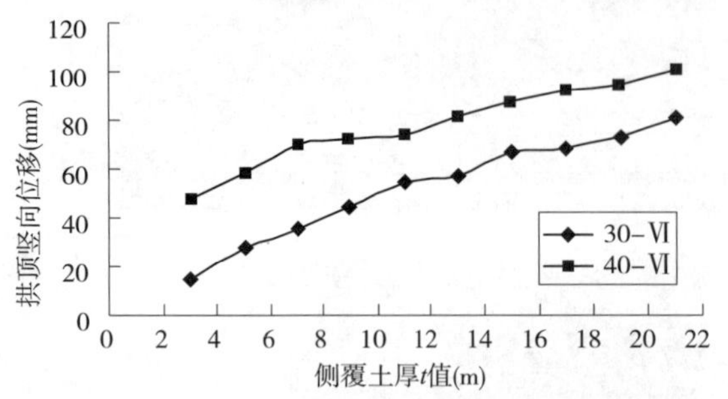

图 2.20　不同工况下拱顶竖向位移曲线图

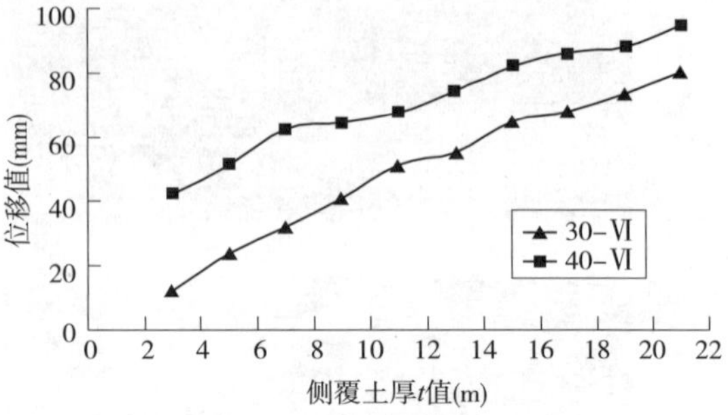

图 2.21　不同工况下左拱腰位移曲线图

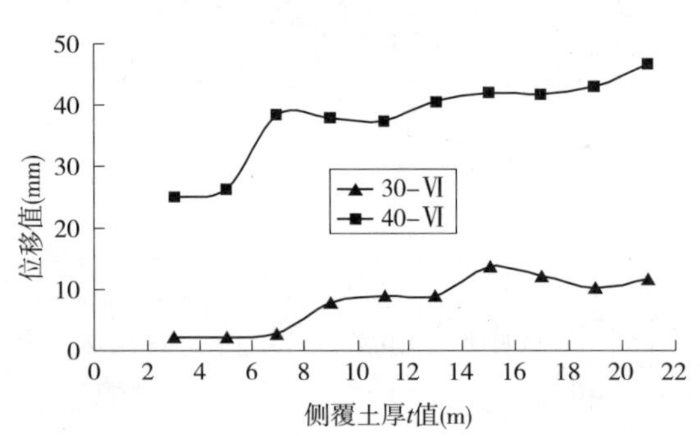

图 2.22　不同工况下坡表向外最大位移曲线

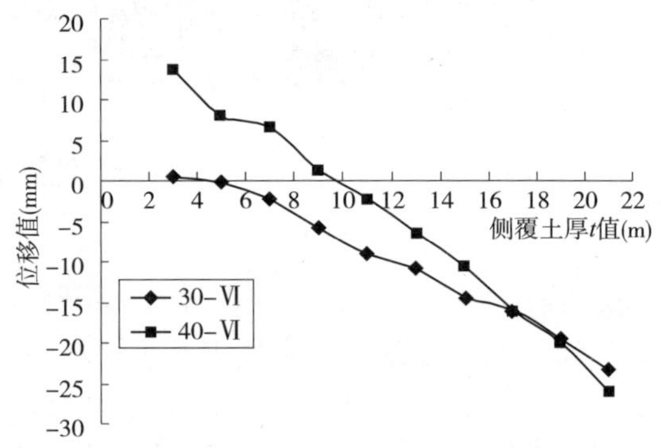

图 2.23　不同工况下右拱腰水平位移曲线

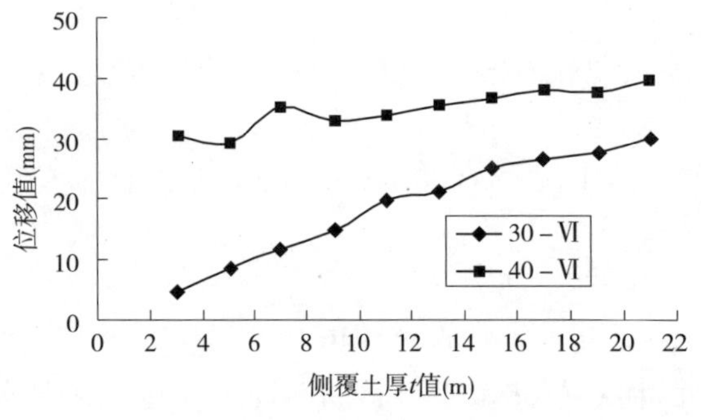

图 2.24　不同工况下左拱腰水平位移图

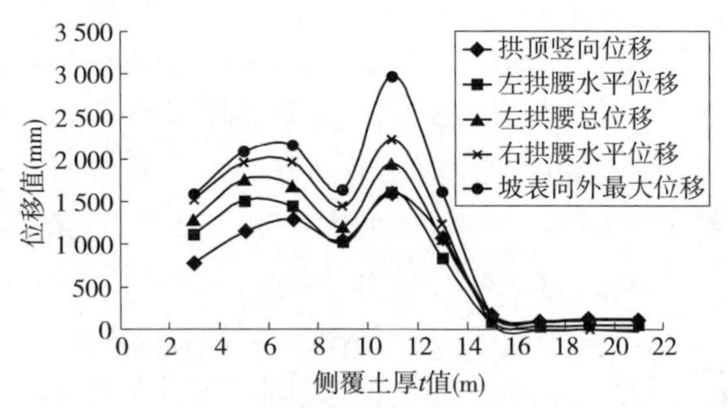

图 2.25　Ⅵ级围岩不同工况下各关键点位移图

为了了解各种不同条件下坡表向外侧位移的范围以及最大值位置，从而对之后的预加固位置做出指导，作者对此进行了统计，统计结果见表 2.5。

各种不同情况下坡表向外侧位移的范围以及最大值位置　　　　表 2.5

t 值(m)		3	5	7	9	11	13	15	17	19	21
	30—Ⅳ	59	56	54	53	47	43	43	39	37	36
		31	31	24	26	25	23	23	23	19	18
	40—Ⅳ	56	56	47	48	45	44	43	42	41	38
		33	29	23	28	23	20	18	18	16	15
	50—Ⅳ	50	46	47	44	44	41	39	39	38	37
		33	29	24	20	18	18	20	17	17	15
	30—Ⅴ	64	61	55	49	47	44	41	35	33	33
		37	27	27	21	26	22	22	19	18	16
	40—Ⅴ	60	56	47	46	45	39	38	38	35	34
		34	30	27	22	22	20	19	19	17	15
	50—Ⅴ	56	56	52	46	46	44	42	40	38	37
		28	27	21	20	20	19	17	16	15	13
	30—ⅠⅥ	36	42	43	53	52	51	57	56	55	49
		36	42	43	53	52	51	57	49	49	48
	40—ⅠⅥ	48	56	57	48	50	52	53	55	55	50
		48	56	57	48	50	52	53	55	55	50

2.4　高陡堆积体仰坡隧道洞口变形特征分析

高陡堆积体仰坡隧道洞口受隧道开挖的主要影响在于:隧道的施工往往会破坏洞口仰坡原有的自然平衡状态,而隧道不断的开挖和支护,使得仰坡一些部位重复的进行应力释放与应力重分布,从而导致了仰坡滑动、坡面坍塌以及塌方等事故的发生。

隧道模型尺寸及计算范围:计算中对模型做了概化处理,模型左右边界取至5倍的开挖跨度,洞口埋深为3m,最大埋深取30m。模型所选材料为Ⅴ级围岩,参数按表2.1选取。仰坡分别取40°、50°和60°三种情况,为了模拟隧道开挖的动态过程,数值分析中以2m为一个开挖步。

2.4.1　应力分布特征分析

图2.26～图2.29为隧道仰坡为50°的进洞过程中,不同进洞尺寸下隧道的应力分布特征。

通过对不同工况下隧道应力分布特征的分析,得出以下结论:

(1)从最大主应力分布特征来看,在隧道开始进洞后,隧道左右拱脚处出现了压应力集中,该区域似耳朵状,仰拱中心部位出现拉应力,拱腰以及拱顶处都受压应力,拱顶处最大主应力值较拱腰要小,随着隧道的掘进,仰拱处的最大主应力变为压应力,左右拱脚压应力集中部位范围向拱腰有所发展,从其量值来看,进洞6m时为－1.20MPa,进洞26m时为－1.60MPa,进洞 50m 时为−1.65MPa，由此可见，随着隧道不断的掘进，隧道开挖对洞口部分应力的影响也是越来越小。

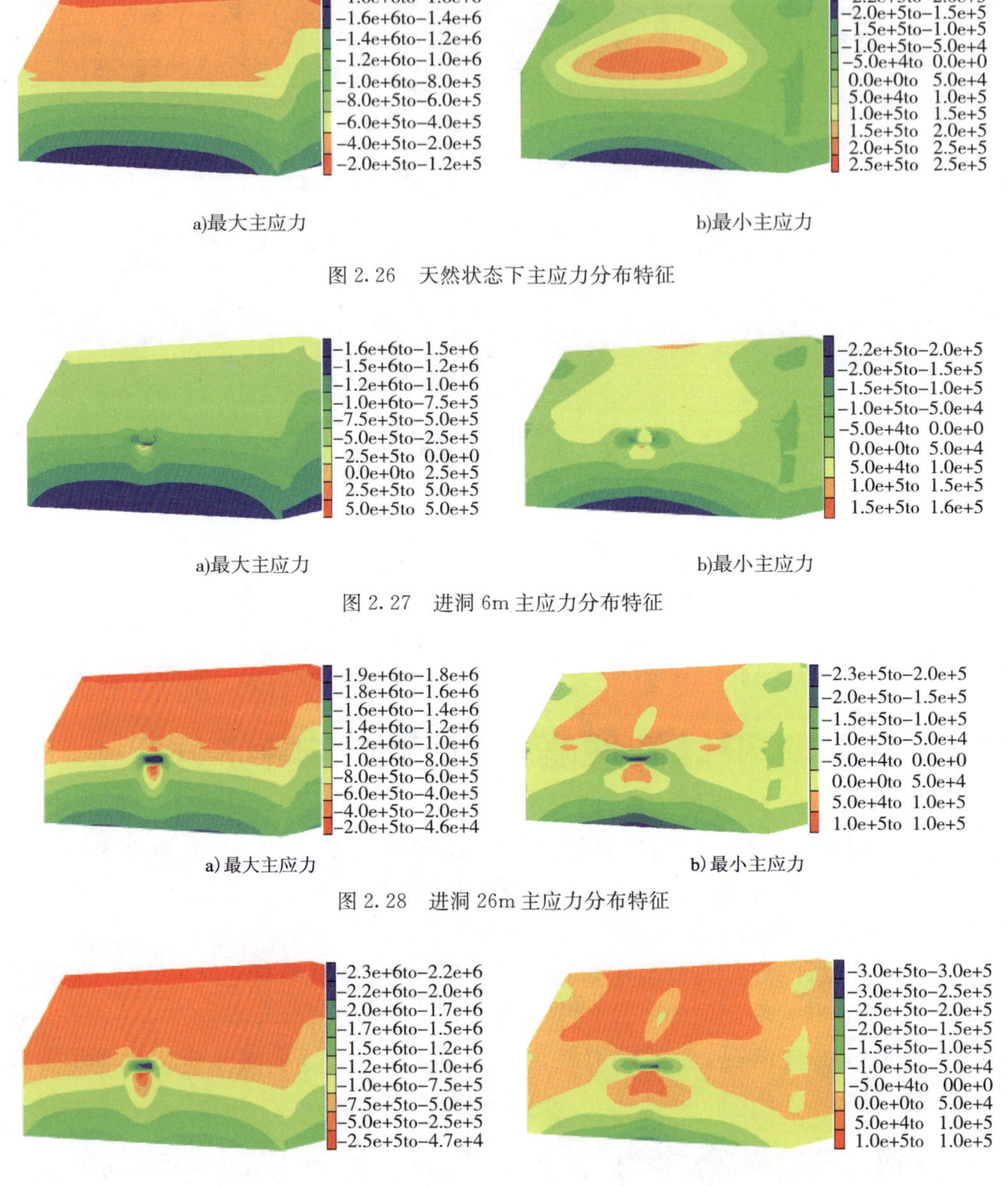

a)最大主应力　　b)最小主应力

图 2.26　天然状态下主应力分布特征

a)最大主应力　　b)最小主应力

图 2.27　进洞 6m 主应力分布特征

a) 最大主应力　　b) 最小主应力

图 2.28　进洞 26m 主应力分布特征

a)最大主应力　　b)最小主应力

图 2.29　进洞 50m 主应力分布特征

(2)从最小主应力分布特征来看，隧道左右拱脚处也出现明显的压应力集中现象，但拱顶处出现了压应力，仰拱处也出现了较为明显的拉应力集中现象；从最小主应力的发展趋势来看，在隧道进洞过程中，同样也表现出与最大主应力相同的趋势，随着隧道不断的掘进，隧道开挖对洞口部分应力的影响越来越小。

(3)仰坡分别为40°和60°时,最大主应力和最小主应力的分布特征及发展趋势与仰坡为50°的时候基本一致,但量值还是有所不同。总的来说,量值是随着仰坡坡度的增大而增大,如上面提到的拱脚应力集中时的值,仰坡为40°时,进洞6m为−0.87MPa,进洞26m为−1.20MPa,进洞50m为−1.28MPa;仰坡为60°时,进洞6m为−1.54MPa,进洞26m为−1.90MPa,进洞50m为−2.00MPa。上述数据也表明,当隧道进洞26m后,隧道洞口应力集中部位应力值的变化随隧道的掘进已越来越小。

2.4.2　关键点位移分析

围岩和坡体的变形是围岩和坡体力学形态变化最直接的体现,本节选用隧道洞顶和坡表面随隧道开挖产生的位移作为指标进行分析。本书取拱顶处平行于隧道轴线方向截取1个仰坡纵向断面,以隧道掘进方向为x向,分别取$x=0$m时隧道的拱顶和坡表,以及x为5m、10m、20m、30m、40m、50m、60m处的坡表作为关键节点,并进行了编号($A\sim I$),定义关键点及其编号如图2.30所示。从而得到各个关键节点的沉降量与开挖步的关系曲线见图2.31～图2.34。

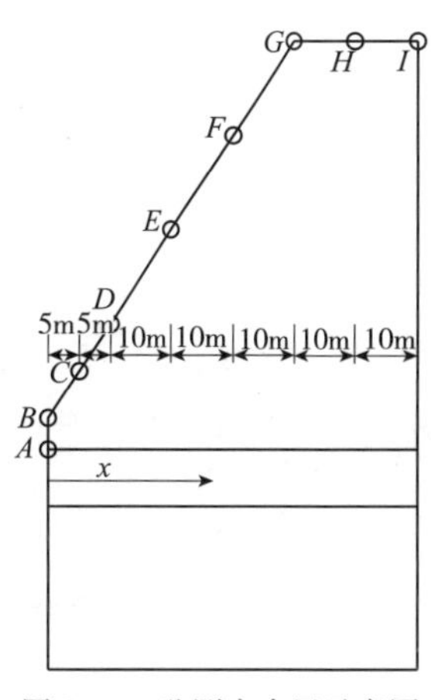

图2.30　监测点布置示意图

由图2.31～图2.33可知,在隧道开挖前25m范围内,$A\sim D$点也就是拱顶处以及坡体前缘10m的位置竖向位移增加很大,曲线呈上凸形,而当隧道进一步掘进时,该部分的竖向位移越来越趋于平缓,这表明隧道掘进25m后对洞口前缘部分的影响越来越小;而曲线$E\sim I$显示,隧道在掘进至20m之前,$x=20$m后的坡表竖向位移基本不受影响,当隧道掘进至20m后E点的竖向位移开始变大,该曲线呈轻微的上凸形,但是其随隧道掘进而增加幅度跟洞口5m、10m相比要小得多,表明随着隧道的掘进,隧道开挖对所有仰坡关键点的位移的影响逐渐减小,仰坡位移趋于平稳。而上述所有曲线在最后60m处都有一个上翘,这种情况的出现主要是在于本书模型的选取,本书模型在隧道轴线方向只取了60m,隧道挖至60m时即贯通,曲线的上翘表明在隧道贯通时,拱顶以及仰坡竖向位移都还有一个相对较大的变化,由于本书只研究着重于隧道进洞时洞口段,对这部分不做详细的分析。从图2.34可以看出,隧道洞口拱顶处竖向位移增量在掌子面掘进至20m后明显放缓,在30m后增量值基本就不发生变化。

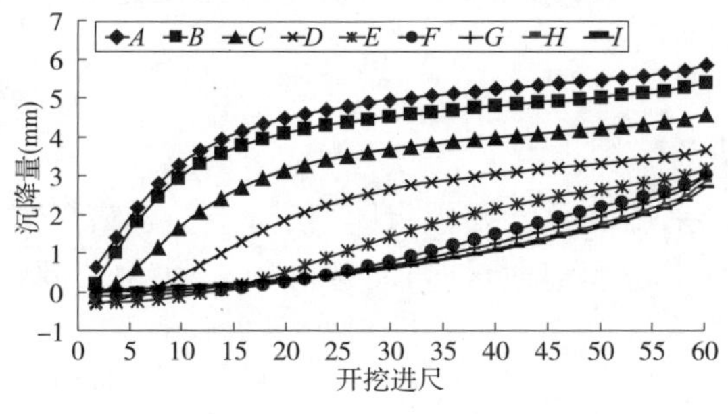

图2.31　仰坡40°各监测点沉降量

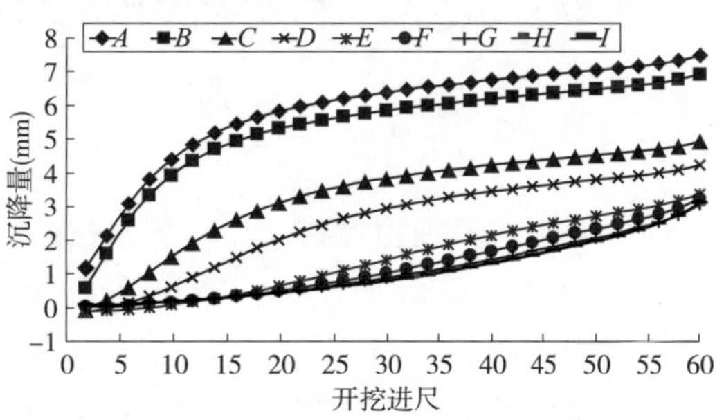

图2.32　仰坡50°个监测点沉降量

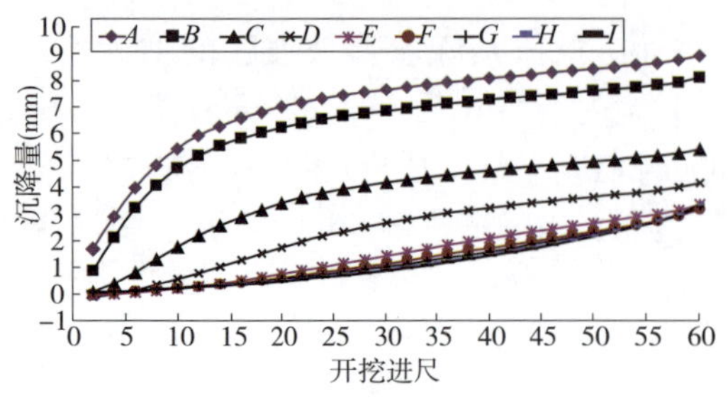

图 2.33　仰坡 60°各监测点沉降量

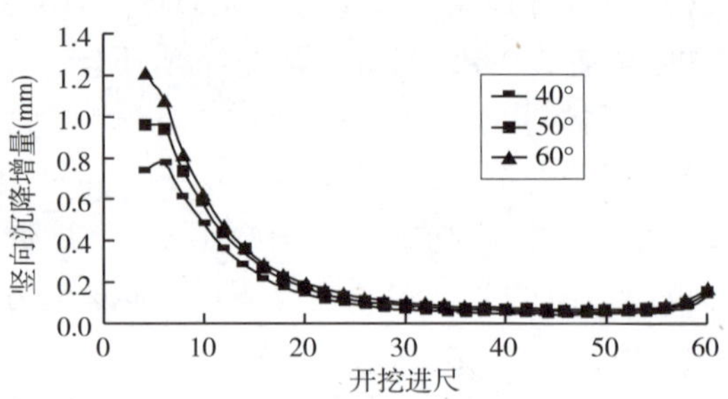

图 2.34　A 点每开挖步竖向沉降增量

2.5　仰坡坡度及与隧道轴线位置关系对隧道洞口稳定性影响规律

2.5.1　洞口段隧道开挖对不同坡角的仰坡变形的影响

模型在 x 方向，模型的右边界取至自然山谷线，向山谷方向为正方向，横坡坡度取 40°，仰坡角度分别取 30°、40°、45°、50°，隧道浅埋侧侧覆土层厚度取 5m，为自由边界；模型左边界取至 5 倍单洞开挖跨度，施加 x 方向水平约束。在 y 方向，上边界取至 5 倍隧洞开挖高度，为自由边界；底部取至距开挖洞底 4 倍隧洞开挖高度，施加 y 方向位移约束，向上为正方向。在 z 方向从进洞洞口段向洞内选取 80m 长度，后边界面（$z=-80$ 的平面）取 z 方向位移约束，指向洞内为正方向；而对于前边界面（$z=0$ 的平面），距洞底 10m 以下取 z 方向位移约束。所取模型洞口埋深为 3m。模型见图 2.35 所示。

a)30°仰坡模型

b)40°仰坡模型

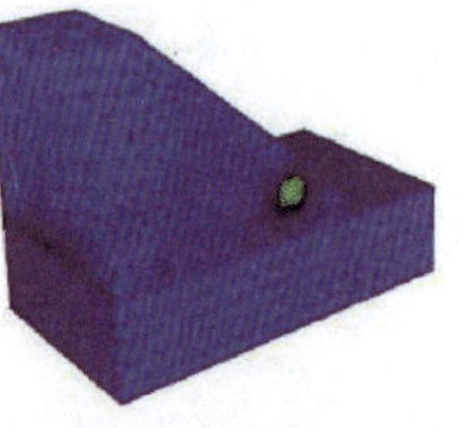
c)45°仰坡模型

d)50°仰坡模型

图 2.35　数值模拟模型

计算采用数值模拟软件 FLAC3D，初期支护采用壳单元模拟；计算模型中偏于最危险的情况考虑，忽略了锚杆的作用。隧道围岩和混凝土是弹塑性材料，屈服准则采用 M-C 准则。初始荷载均为岩土体的自重荷载。模型所选材料参数见表 2.1 所示Ⅴ级围岩。

数值模拟隧道开挖过程中，按处于最危险情况考虑，同时又能全面反映所关心的仰坡变形问题，将模型所选段按一次开挖贯通 60m 进行开挖模拟，即开挖进尺为所选隧道长度 60m。

从图 2.36～图 2.38 的应力分布图可知：

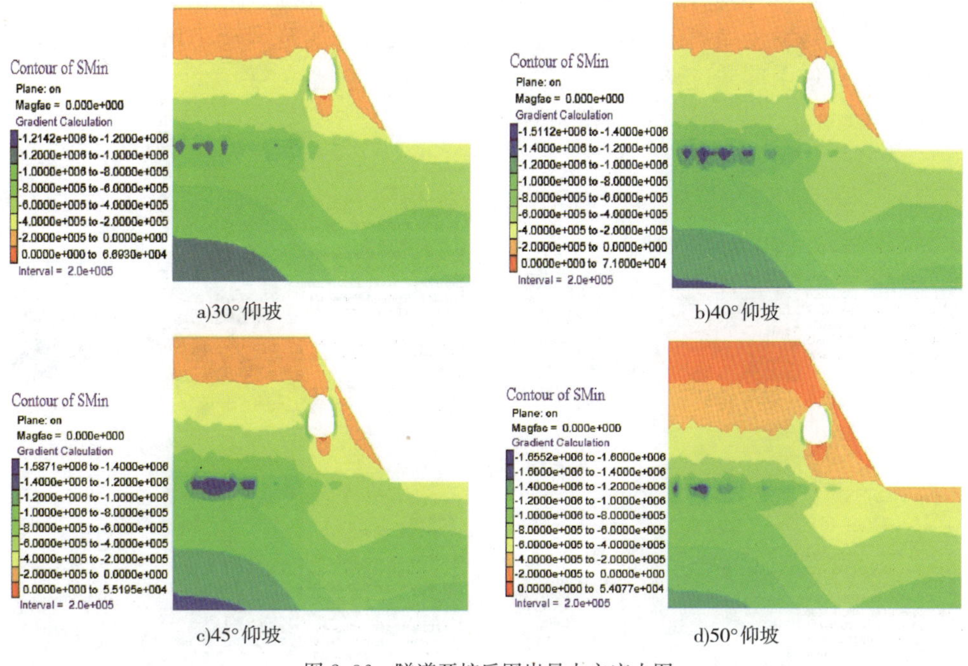

a)30°仰坡　b)40°仰坡

c)45°仰坡　d)50°仰坡

图 2.36　隧道开挖后围岩最大主应力图

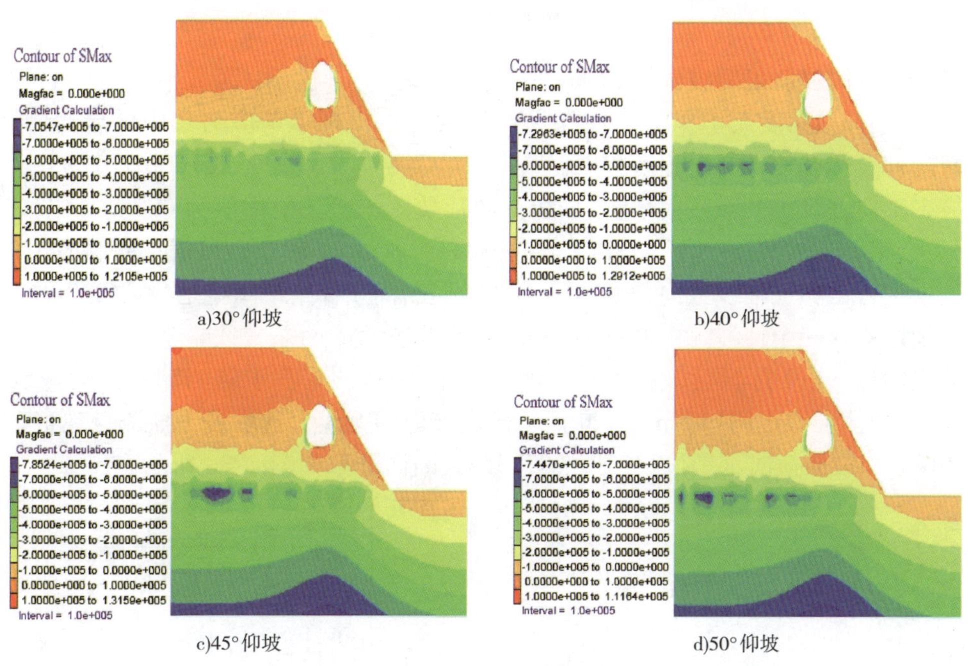

a)30°仰坡　b)40°仰坡

c)45°仰坡　d)50°仰坡

图 2.37　隧道开挖后围岩最小主应力图

(1)隧道开挖后引起围岩应力重分布,隧道开挖后与开挖之前比较,浅埋侧坡面附近岩体主应力出现拉应力区。隧道深埋侧拱脚、浅埋侧拱腰围岩主应力出现应力集中区,其中深埋侧拱脚主应力较浅埋侧要大得多,拱底部表层围岩主应力出现拉应力。随着仰坡角度增大,隧道围岩主应力相继变大，当仰坡角度大于 40°之后，洞顶最大主应力出现拉应力区域，此部分岩体在开挖过程中极易发生塌落破坏，隧道开挖引起地表沉降的范围较小角度仰坡时要大；同时深埋侧拱脚主应力集中区域逐渐扩大。

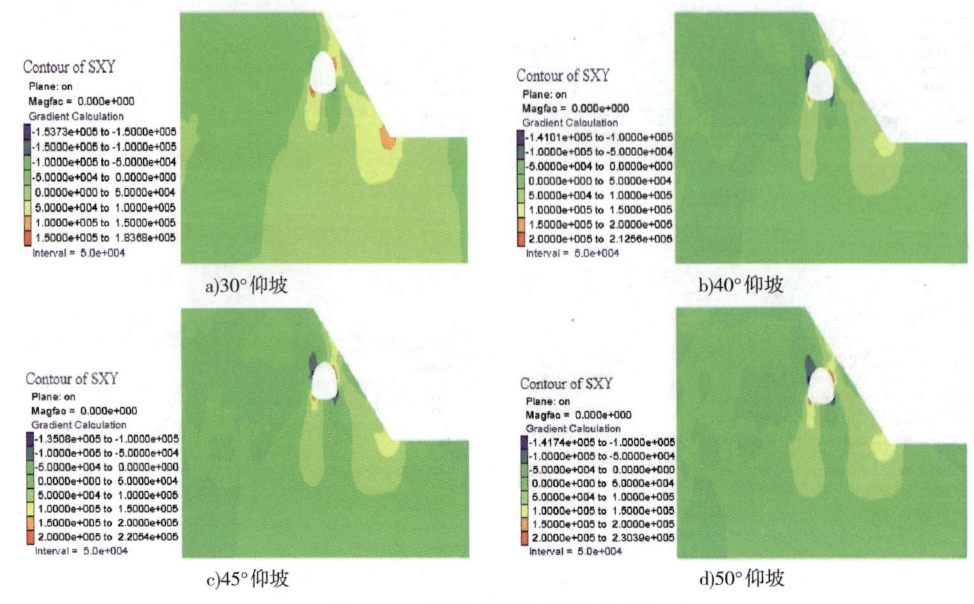

图 2.38　隧道开挖后围岩剪应力图

(2)从图中可发现，当仰坡角度为 30°时，隧道围岩剪应力集中区域出现在两侧拱脚和浅埋侧拱腰处，当仰坡角度大于 40°时，在深埋侧拱腰处也出现了剪应力集中区域，且此剪应力集中区域随仰坡角度的递增而逐渐扩展。

仰坡主轴向平行于 z 轴方向(隧道轴线方向)，坡体前缘 z 坐标值为 0。竖向位移(y 方向位移)向上为正，向下为负。水平位移(z 方向位移)正值指向隧洞外，负值指向洞内。

模型中平行于隧道轴线方向截取 1 个仰坡纵向断面（右侧距离隧道中心线 7m 一个)，过隧道中心线位置取一个仰坡纵向断面，在断面与仰坡坡面的两条交线上选取若干监测点观察仰坡坡面竖向位移(y 方向位移)和水平位移(z 方向位移)；垂直于隧洞轴线方向截取 1 个仰坡横向断面(坡体前缘距洞口 2m)，在断面与仰坡坡面的交线上选取若干监测点观察竖向位移(y 方向位移)和坡面横向水平位移(x 方向位移)。断面选取如图 2.39 所示。

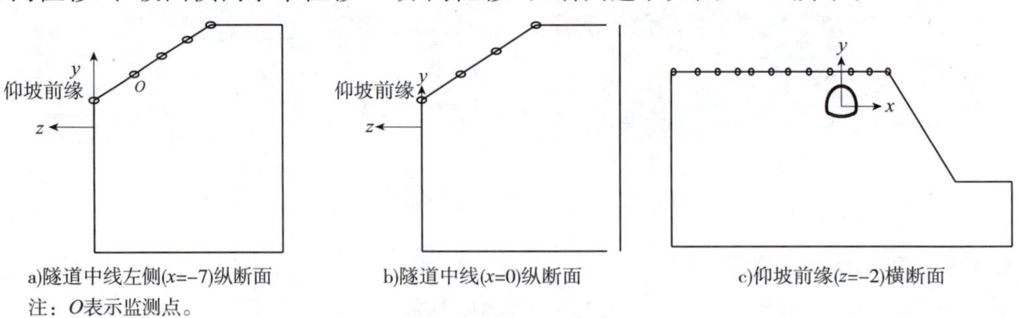

图 2.39　计算监测点布置示意图

下面的位移分析消除了自重作用下的初始位移，为模拟实际开挖过程中的变形情况。

(1)仰坡轴向位移分析(图 2.40、图 2.41)

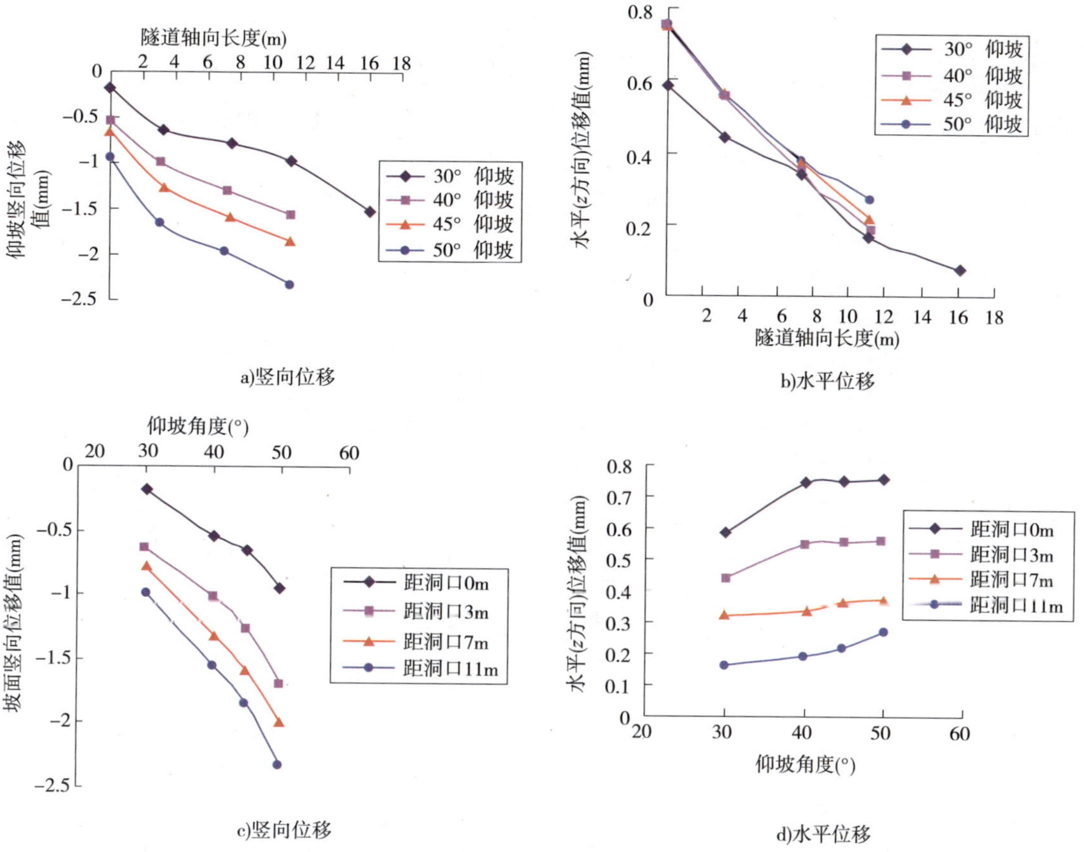

a)竖向位移

b)水平位移

c)竖向位移

d)水平位移

图 2.40 隧道山脊侧(距隧道中心线 7m)仰坡坡面轴向竖向、水平位移曲线图

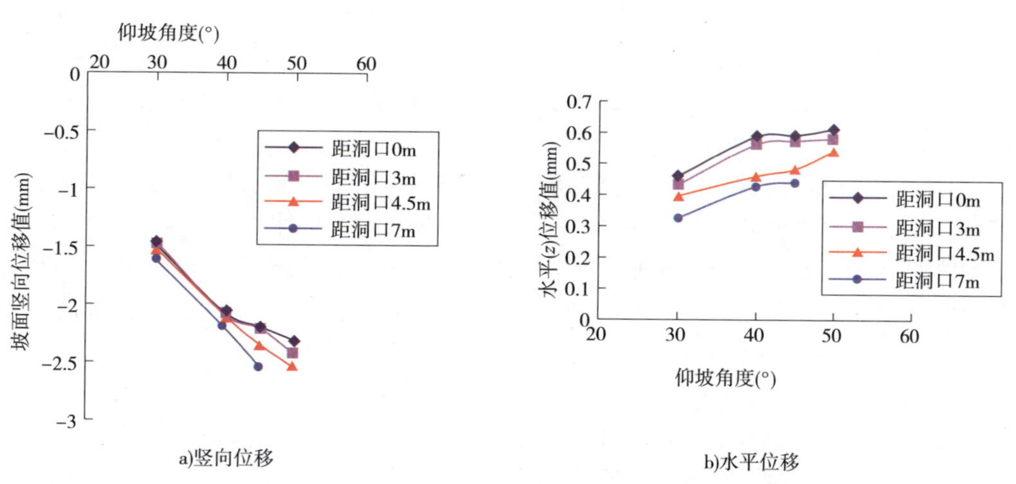

a)竖向位移

b)水平位移

图 2.41 隧道中轴线上方仰坡坡面竖向、水平位移曲线图

由图 2.40、图 2.41 可看出：

①仰坡轴线的竖向位移坡体后缘大，前缘小，水平位移前缘大，向坡外，后缘小。与这一位移模式较为吻合的是圆弧剪切滑移模式：后缘下沉并弧形滑动，所以水平位移小，前缘弧形上翘剪切滑出，所以水平位移大而垂向位移有所减小。

②隧道中心线上方仰坡坡面和山脊侧仰坡坡面水平位移比垂直位移小一个数量级，垂直位移受隧道开挖的影响比水平位移大，说明开挖引起的边坡位移主要为垂向位移，其次才是水平位移；仰坡失稳往往会从隧道上方和山脊一侧开始。

③仰坡坡面竖向位移、水平位移随着仰坡坡角的增大而增大。当仰坡坡角小于 40°时，仰坡竖向位移、水平位移随坡角增大的幅度较缓；当仰坡坡角大于 40°时，仰坡坡面竖向位移、水平位移随坡角增大的幅度变大。由此可预见，当仰坡角度大于 40°时，隧道开挖极易引起仰坡失稳。

(2)仰坡横向(x 方向)位移分析(图 2.42、图 2.43)

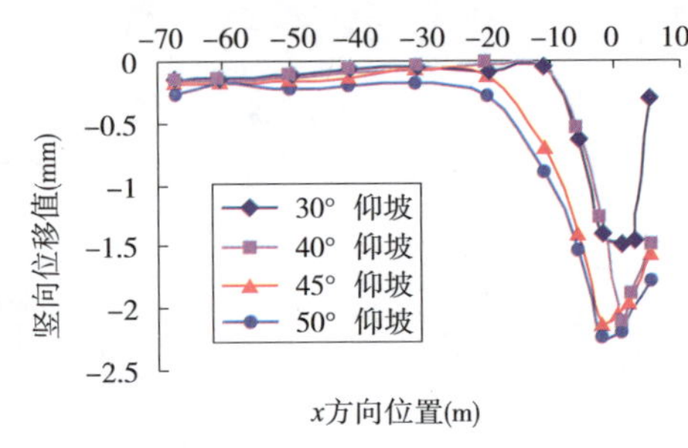

图 2.42 仰坡前缘竖向位移图

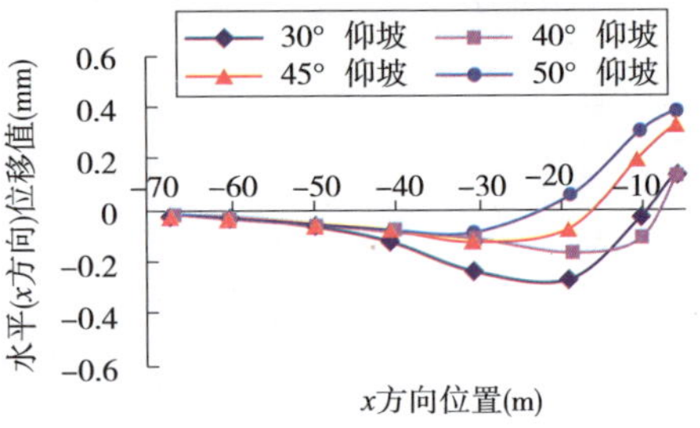

图 2.43 仰坡前缘水平位移图

由图 2.42、图 2.43 可看出：

①仰坡竖向位移、水平位移受隧道开挖的主要影响区域为隧道附近的山体部分，离隧道较远的山体所受影响相对较小。

②横向水平位移呈中部下陷的驼峰曲线，说明隧道两侧有挤向洞内的趋势。垂直位移比水平位移高一个数量级，说明隧道附近坡体的破坏模式为“塌落”模式。仰坡坡角越大，隧道附近的“塌落”越严重，且“塌落”的范围越大，当仰坡坡角大于 40°之后，影响范围的扩大幅度递增的越快。

以上分析表明：

(1)对于浅埋偏压隧道，隧道深埋侧拱脚、浅埋侧拱腰围岩主应力出现应力集中区，其中，深埋侧拱脚主应力较浅埋侧要大得多，随着仰坡角度增大，隧道围岩主应力相继变大，仰坡角度大于 40°之后，洞顶最大主应力出现拉应力区域，此部分岩体在开挖过程中极易发生塌落破坏，同时，深埋侧拱脚主应力集中区域逐渐扩大，要注意隧道洞口段开挖过程中围岩应力和仰坡变形的监测，及时反馈及发现施工中的问题。

(2)仰坡角度为 30°时，隧道围岩剪应力集中区域出现在两侧拱脚和浅埋侧拱腰处，当仰坡角度大于 40°时，在深埋侧拱腰处也出现了剪应力集中区域，且此剪应力集中区域随仰坡角度的递增而逐渐扩展。隧道变形可能会往山脊一侧“转移”，在隧道开挖过程中对山脊一侧仰坡治理应重点关注。

(3)当仰坡角度偏小(小于40°)时，隧道开挖引起的仰坡变形较小，当仰坡大于40°时，隧道开挖引起的仰坡变形随仰坡坡角增大的幅度较大，不仅要关注隧道开挖前仰坡的治理，更要注意隧道洞口段开挖过程中仰坡变形的监测，确保施工的安全。

2.5.2　不同进洞角度和开挖进尺下隧道开挖对仰坡变形的影响

由于隧道地形偏压严重，隧道埋深较浅，数值模拟模型做了概化处理，在 x 方向，模型的右边界取至自然山谷线，向山谷方向为正方向，横坡坡度取40°，为自由边界，模型仰坡角度取为45°；模型左边界取至5倍单洞开挖跨度，施加 x 方向水平约束。在 y 方向，上边界取至5倍隧洞开挖高度，为自由边界；底部取至距开挖洞底4倍隧洞开挖高度，施加 y 方向位移约束，向上为正方向。在 z 方向从进洞洞口段向洞内选取60m长度，后边界面($z=-60$ 的平面)取 z 方向位移约束，指向洞内为正方向；而对于前边界面($z=0$ 的平面)，距洞底10m以下取 z 方向位移约束。所取模型洞口埋深为3m。模型如图2.44所示。

计算采用数值模拟软件FLAC3D，初期支护采用壳单元模拟；计算模型中偏于最危险的情况考虑，忽略了锚杆的作用。隧道围岩和混凝土是弹塑性材料，屈服准则采用M-C准则。初始荷载均为岩土体的自重荷载。模型所选材料参数如表2.1所示Ⅴ级围岩。

为了研究不同进洞角度下隧道开挖对仰坡变形的影响，在数值模拟隧道开挖过程中，按处于最危险情况考虑，将模型所选段按一次开挖贯通40m进行模拟，即开挖进尺为所选隧道长度40m，见图2.44～图2.47。

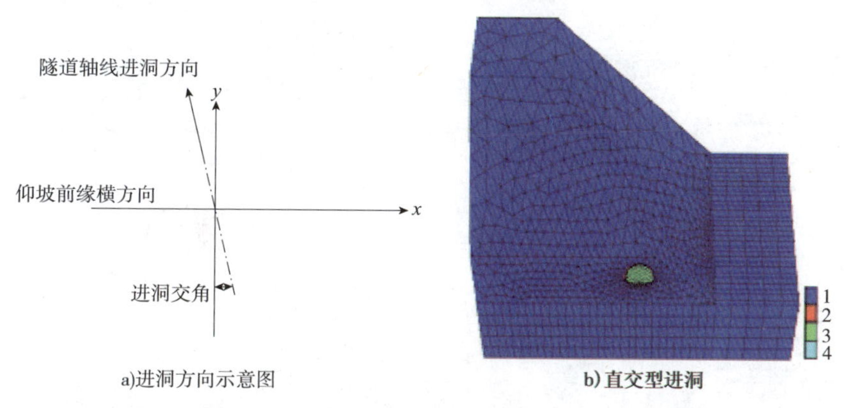

图2.44　数值模拟模型

由图2.45～图2.47可以看出：

(1)隧道开挖后引起围岩应力重分布，直交型进洞开挖后隧道深埋侧拱脚、浅埋侧拱腰围岩主应力出现应力集中区，其中深埋侧拱脚主应力较浅埋侧拱脚主应力要大得多，浅埋侧拱腰较深埋侧拱腰主应力要大，偏压现象明显。拱底部表层围岩主应力出现拉应力。

(2)当斜交角度为10°、20°时，斜交型进洞开挖后隧道深埋侧拱脚、浅埋侧拱腰和浅埋侧拱脚处围岩主应力与直交型相比相继变大；当斜交角度为30°、40°时，斜交型进洞开挖后隧道深埋侧拱脚、浅埋侧拱腰处围岩主应力与直交型相比相继减小，而浅埋侧拱脚处围岩主应力与直交型相比有较大提高，且拱腰、拱脚处围岩主应力相差不大。这可能是隧道进洞方向的调整在一定程度上缓解了直交型及小角度斜交型进洞时边坡造成的地形偏压。

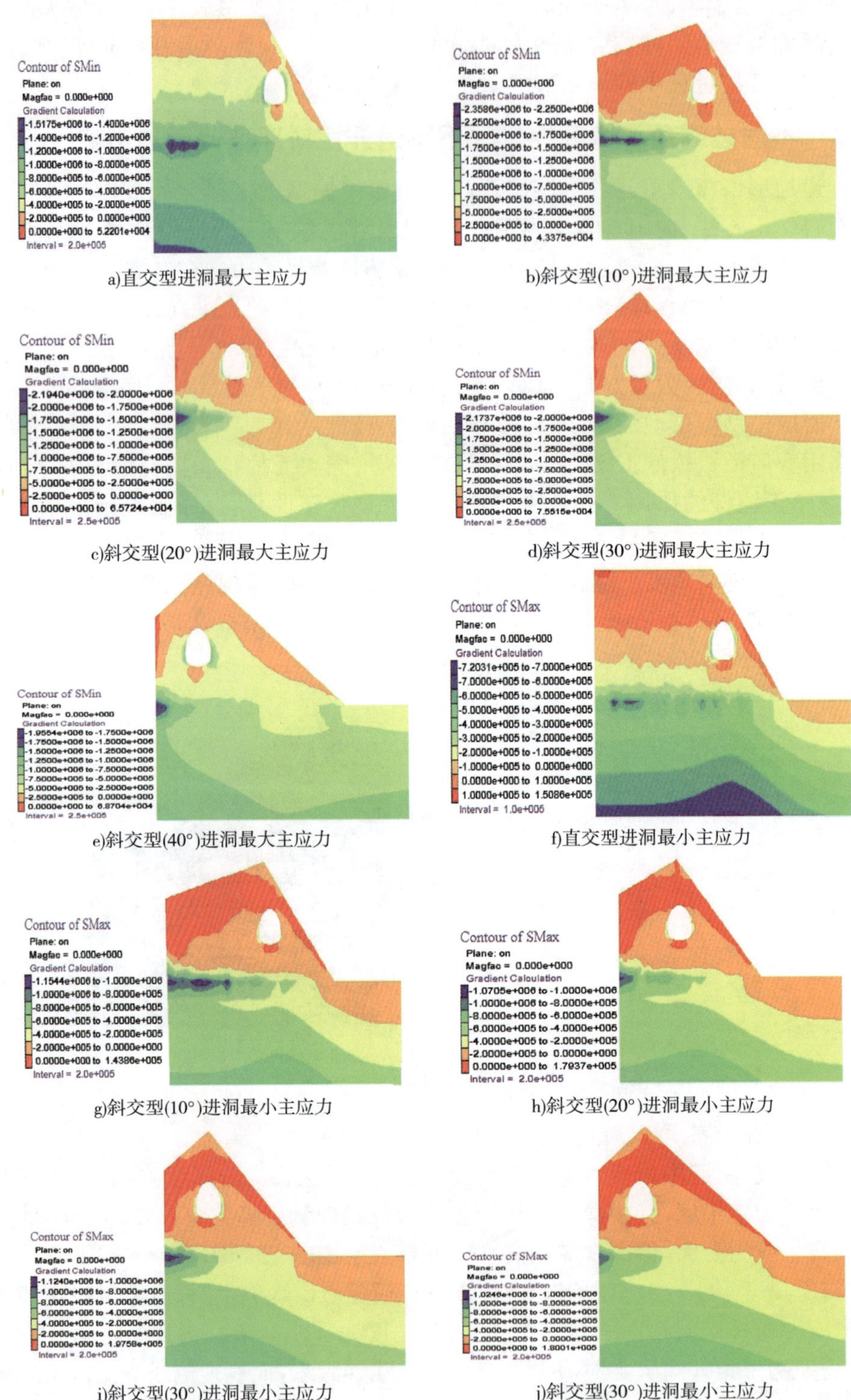

a)直交型进洞最大主应力　b)斜交型(10°)进洞最大主应力

c)斜交型(20°)进洞最大主应力　d)斜交型(30°)进洞最大主应力

e)斜交型(40°)进洞最大主应力　f)直交型进洞最小主应力

g)斜交型(10°)进洞最小主应力　h)斜交型(20°)进洞最小主应力

i)斜交型(30°)进洞最小主应力　j)斜交型(30°)进洞最小主应力

图 2.45　进洞 10m 处隧道横断面最大主应力图与最小主应力图

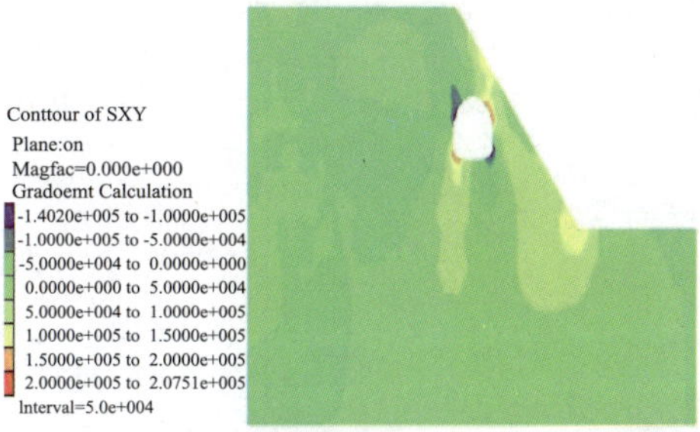

a)直交型进洞剪应力S_{xy}应力

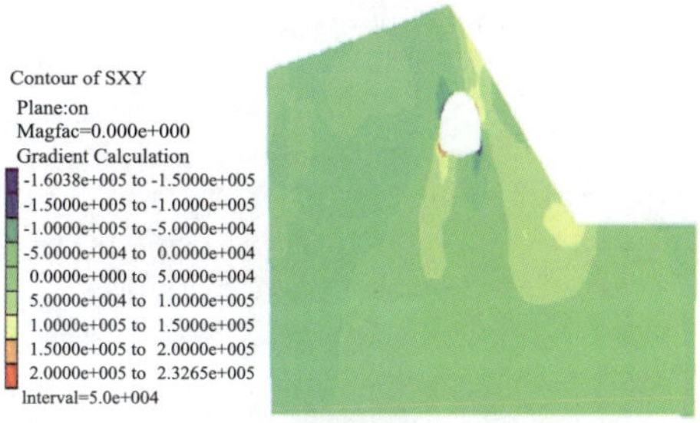

b)斜交型(10°)进洞剪应力S_{xy}应力

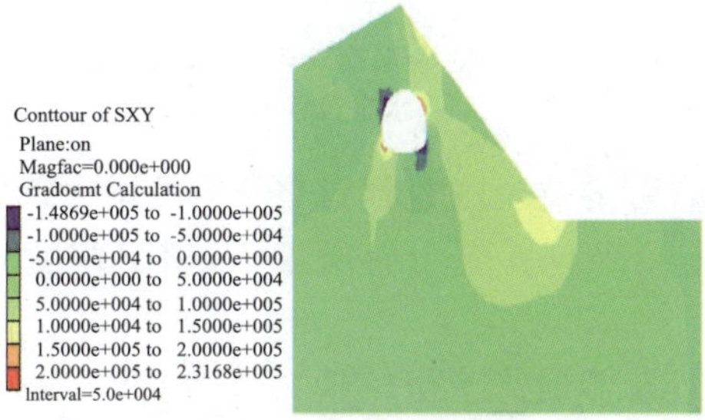

c)斜交型(20°)进洞剪应力S_{xy}应力

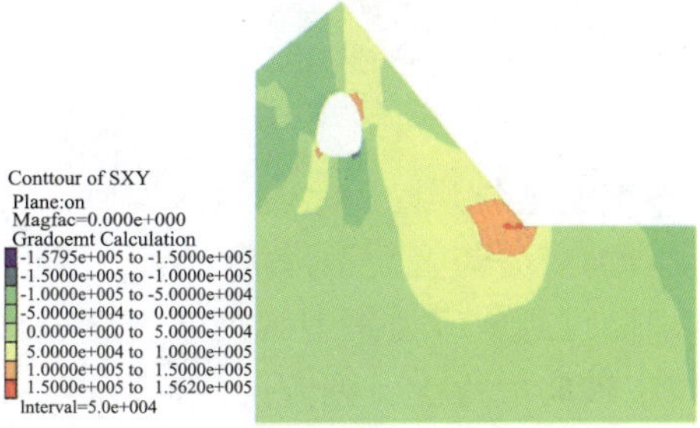

d)斜交型(30°)进洞剪应力S_{xy}应力

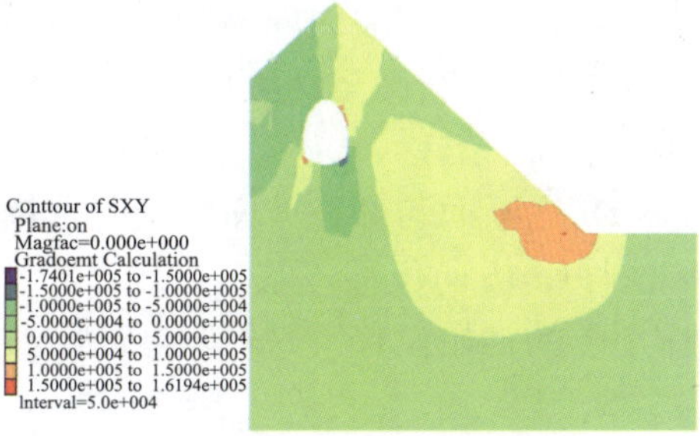

e)斜交型(40°)进洞剪应力S_{xy}应力

图 2.46　进洞 10m 处隧道横断面剪应力 S_{xy} 应力云图

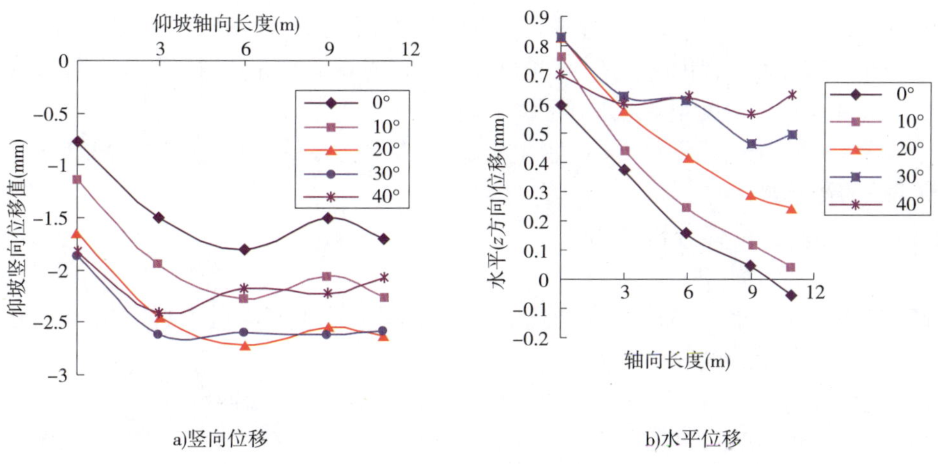

a)竖向位移　　b)水平位移

图　2.47

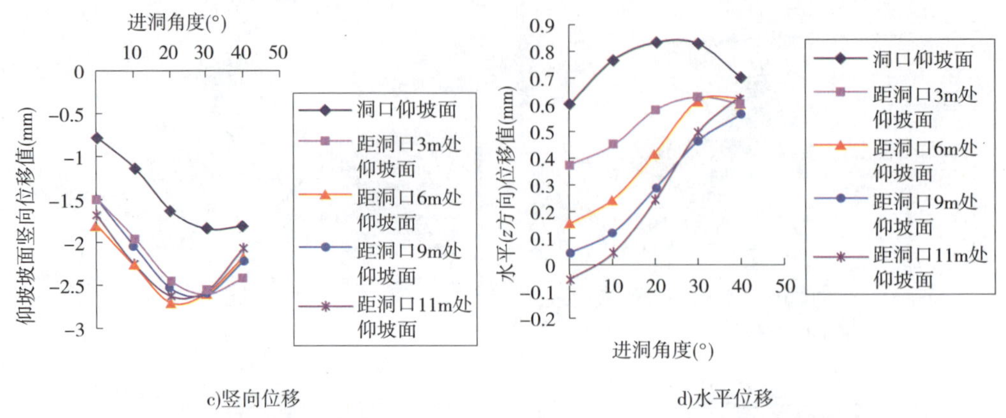

c)竖向位移　　d)水平位移

图 2.47　隧道山脊侧(距隧道中心线 7m)仰坡坡面轴向竖向、水平位移曲线图

(3)斜交型进洞开挖后后隧道深埋侧拱腰剪应力集中区域随着斜交角度的增大逐渐减小,浅埋侧拱脚剪应力与直交型进洞开挖后隧道浅埋侧拱脚剪应力有所增大,斜交角度大于 30°之后,深埋侧拱腰剪应力集中区消散。

仰坡主轴向平行于 z 轴方向(隧道轴线方向),坡体前缘 z 坐标值为 0。竖向位移(y 方向位移)向上为正,向下为负。水平位移(z 方向位移)正直指向隧洞外,负值指向洞内。

模型中平行于隧道轴线方向截取 1 个仰坡纵向断面 (右侧距离隧道中心线 7m 一个),过隧道中心线位置取一个仰坡纵向断面,在断面与仰坡坡面的两条交线上选取若干监测点观察仰坡坡面竖向位移(y 方向位移)和水平位移(z 方向位移);垂直于隧洞轴线方向截取 1 个仰坡横向断面(坡体前缘距洞口 2m),在断面与仰坡坡面的交线上选取若干监测点观察竖向位移(y 方向位移)和坡面横向水平位移(x 方向位移),监测点具体布置与图 2.44 一致。

下面的位移消除了自重作用下的初始位移,为模拟实际开挖过程中的变形情况。

仰坡轴向位移分析见图 2.48、图 2.49。

由图 2.48、图 2.49 可知:

(1)近山脊一侧仰坡坡体前缘竖向位移总体而言随斜交角度的增大而增大,在仰坡中部以上沉降值较前缘会有所减小,当斜交角度小于 30°时,仰坡沉降值随斜交角度的增大而增大,当斜交角度大于 30°时,仰坡沉降值随斜交角度的增大而减小;近山谷一侧隧道洞口上部仰坡坡面竖向位移在前缘大,后缘小,当斜交角度小于 30°时,斜交角度增大,仰坡沉降越大,当斜交角度大于 30°时,斜交角度增大,仰坡沉降值越小。

(2)近山脊一侧仰坡水平位移值在坡体前缘大,后缘小。斜交角度越大,仰坡后缘水平位移受隧道开挖的影响越大。

仰坡横向(x 方向)位移分析见图 2.49。

由图 2.49 可以看出:

(1)仰坡竖向位移、水平位移受隧道开挖的主要影响区域为隧道附近的山体部分,离隧道开挖较远的仰坡面所受影响相对较小。

(2)仰坡水平位移呈中部下陷的驼峰曲线,说明隧道两侧有挤向洞内的趋势。竖向位移比水平位移高一个数量级,说明隧道附近坡体的破坏模式为“塌落”模式。斜交角越大,隧道附近的“塌落”越严重,且“塌落”的范围向山脊一侧“移动”。

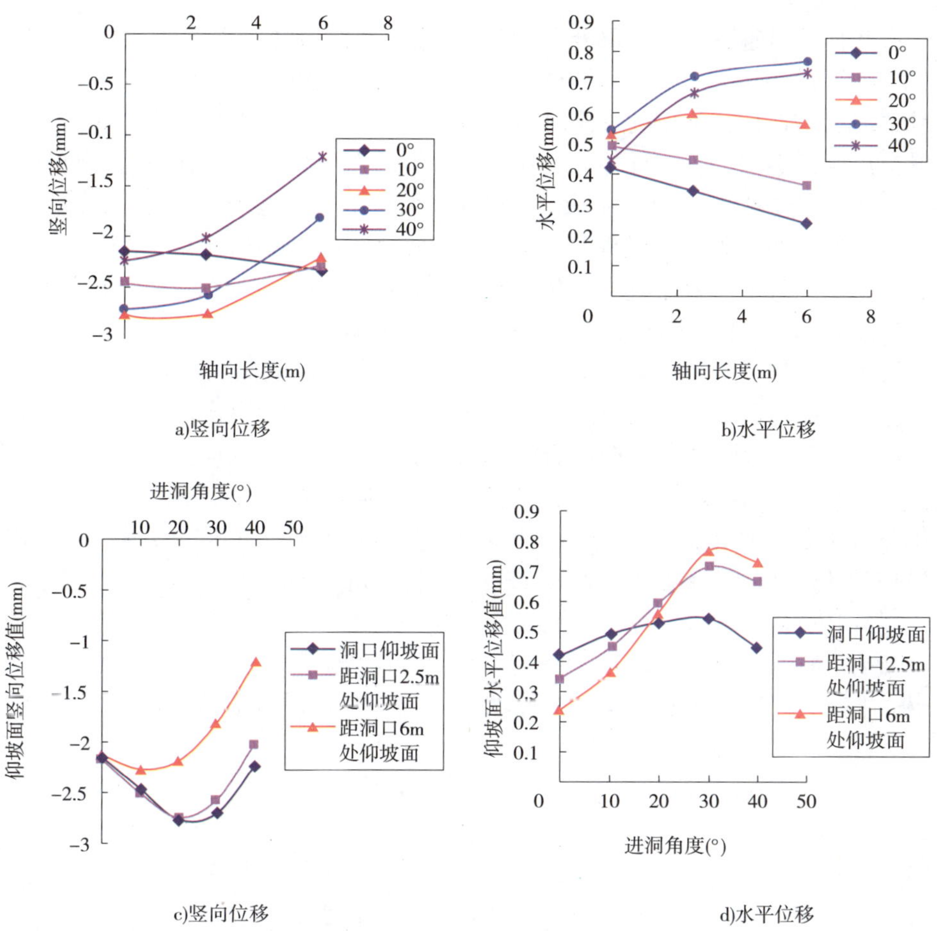

图 2.48　隧道中轴线上方仰坡坡面竖向、水平位移曲线图

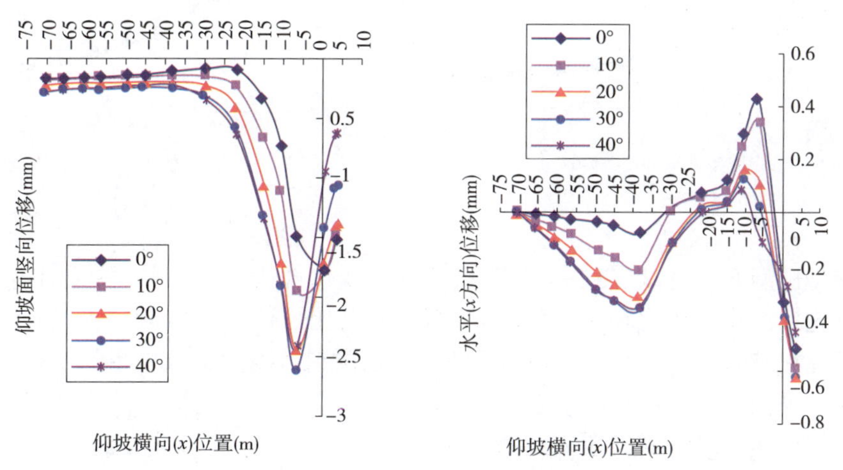

图 2.49　仰坡前缘位移曲线图

以上分析表明：

(1)隧道开挖后引起围岩应力重分布，直交型进洞开挖后隧道深埋侧拱脚、浅埋侧拱腰围岩主应力出现应力集中区，其中深埋侧拱脚主应力较浅埋侧拱脚主应力要大得多，浅埋侧拱腰较深埋侧拱腰主应力要大，小角度进洞时偏压现象明显。拱底部表层围岩主应力出现拉应力。

(2)斜交角度为10°、20°时，斜交型进洞开挖后隧道深埋侧拱脚、浅埋侧拱腰和浅埋侧拱脚处围岩主应力与直交型相比相继变大，仰坡沉降值随斜交角度的增大而增大；斜交角度为30°、40°时，斜交型进洞开挖后隧道深埋侧拱脚、浅埋侧拱腰处围岩主应力与直交型相比相继减小，而右拱脚处围岩主应力与直交型相比有较大提高，且左右拱腰处围岩主应力、左右拱脚处围岩主应力相差不大，仰坡沉降值随斜交角度的增大而减小。

(3)仰坡水平位移呈中部下陷的驼峰曲线，说明隧道两侧有挤向洞内的趋势。竖向位移比水平位移高一个数量级，说明隧道附近坡体的破坏模式为“塌落”模式。斜交角越大，隧道附近的“塌落”越严重，且“塌落”的范围向山脊一侧“移动”，这可能是隧道进洞方向的调整在一定程度上缓解了直交型及小角度斜交型进洞时边坡造成的地形偏压。

(4)单就仰坡稳定性控制而言，隧道轴线与仰坡倾向与仰坡倾向交角越小，围岩越稳定。隧道轴线与仰坡倾向近平行(即垂直坡面进洞，进洞交角0°)最为合适，因为主要是控制相对较大的变形竖向位移。

为了研究隧道不同开挖进尺对仰坡变形的影响，在数值模拟隧道开挖过程中，取每个开挖步为4m进行隧道开挖，在隧道拱顶以上仰坡面选取三个监测点监测沉降值。计算模型见图2.44。得到开挖进尺与沉降量关系曲线如图2.50～图2.54所示。

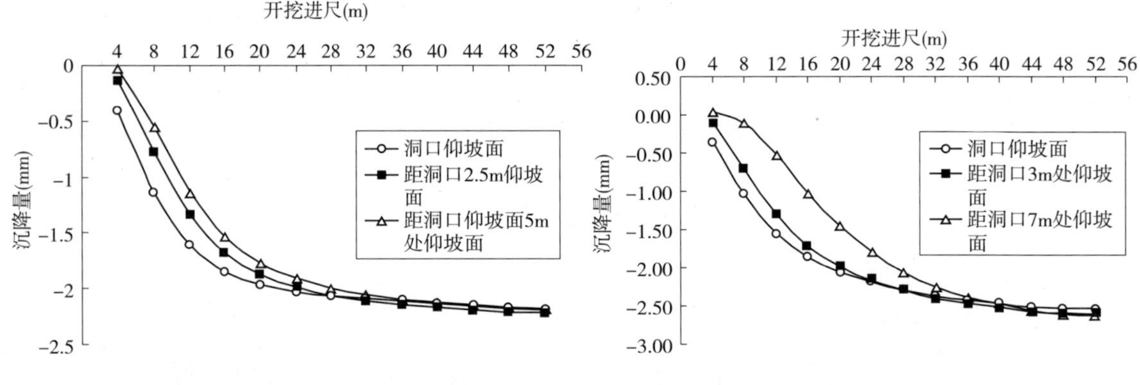

图2.50　直交型进洞仰坡沉降曲线

图2.51　斜交型(10°)进洞仰坡沉降曲线

由图2.50～图2.54可知：

(1)直交型进洞开挖，仰坡面三个监测点的沉降变化规律是一致的，隧道开挖掘进至20m之前，监测点先期沉降速率比较大；洞口仰坡面沉降量比另外两个监测点大，隧道开挖至28m之后，坡面沉降量基本稳定不变，可知进洞28m以后隧道开挖对仰坡变形影响微乎其微。

(2)斜交型进洞开挖，隧道开挖掘进至32m之前，监测点先期沉降速率比较大，随着进洞角度的递增，仰坡面沉降量增大速率逐渐变小(交角20°、30°)；洞口仰坡面沉降量依然比另外两个监测点大，隧道开挖至36m之后，坡面沉降量基本稳定不变，可知进洞36m以后隧道开挖对仰坡变形影响微乎其微(交角40°)。

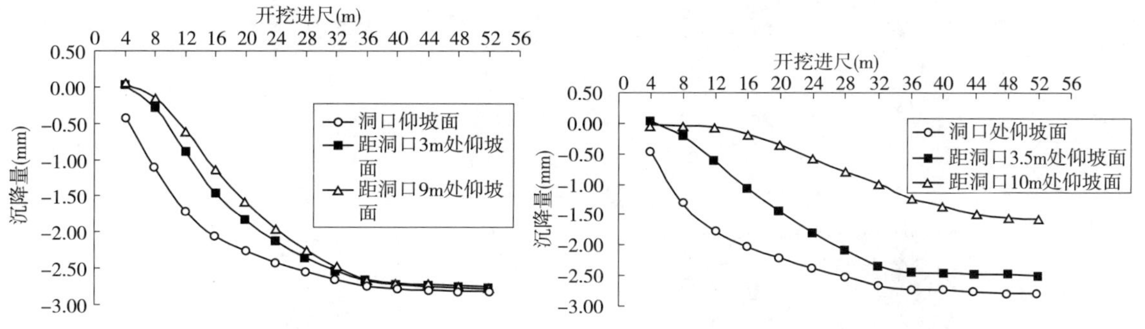

图 2.52　斜交型(20°)进洞仰坡沉降曲线

图 2.53　斜交型(30°)进洞仰坡沉降曲线

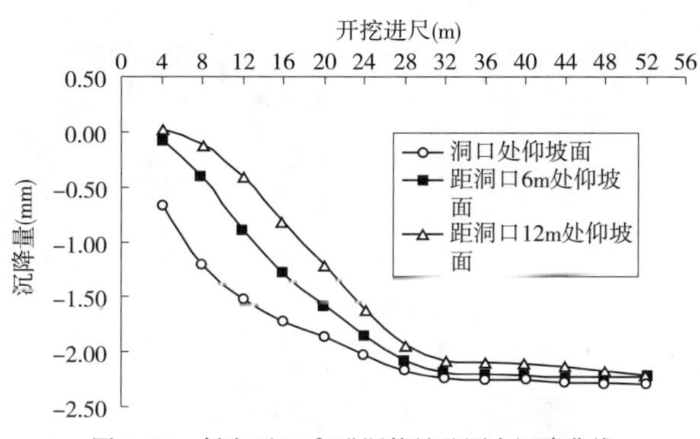

图 2.54　斜交型(40°)进洞仰坡监测点沉降曲线

2.6　沟心地形下隧道洞口变形特征

对于处于沟心地形中的隧道洞口段，工程中关注的是隧道上覆土厚及上覆土厚度达到多少时不需要采用回填的预加固措施。鉴于此，并结合水都高速公路隧道实例，建立了如下模型。隧道距左右边界约为 $5D$，距下边界为 $3D$（图 2.55），左侧坡坡度取 30°、40°、50°、60°四种不同的情况，右侧坡坡度取 40°，隧道埋深为 h，坡顶至坡脚的高度为 30m，对模型左边界、右边界以及下边界采取法向约束。

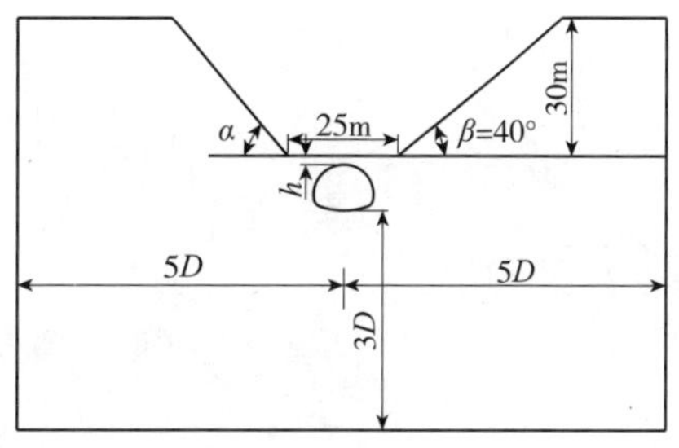

图 2.55　隧道模型尺寸图

模型中采用Ⅴ级围岩，一般情况下，坡表和沟心处都有一定范围的强风化带，但这不是模型需要关注的重点，且为了便于比对分析，模型中统一按Ⅴ级围岩进行处理，围岩参数按表 2.1 选取。

图 2.56 是在左侧坡坡度取 30°、40°、50°、60°四种不同的情况下，上覆土取 2m、3m 和 4m 时隧道洞身周围围岩变形等值线及矢量图。

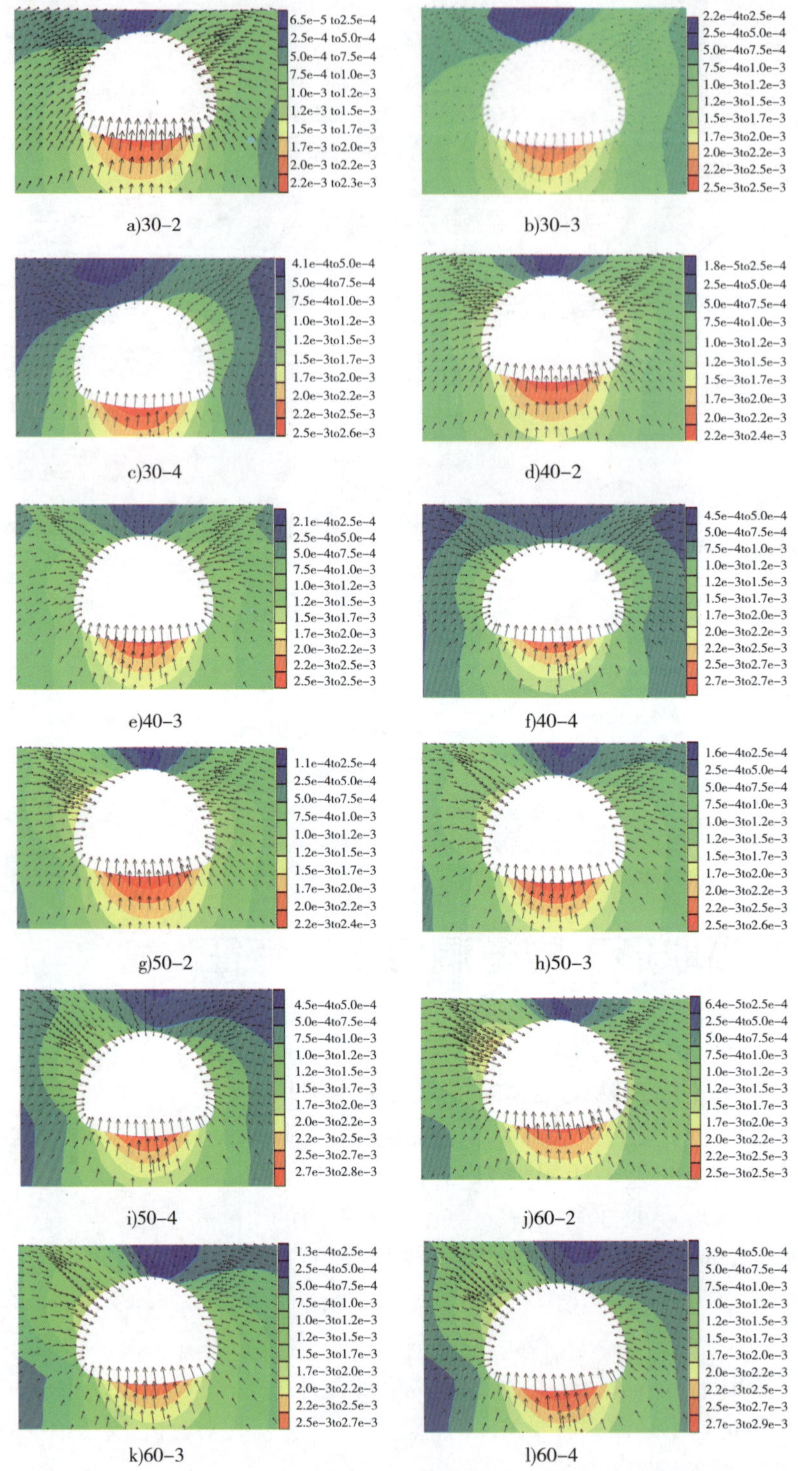

图 2.56　不同工况下隧道开挖后围岩变形等值线及矢量图

注:图中 30-2 表示左侧坡坡度为 30°,上覆土为 2m,余同。

由图 2.56 看出：

(1)当上覆土较小时，沟内地表部分会向上隆起，而随着上覆土的增加，这种隆起和范围越来越小。这是由于隧道开挖后，两侧坡体向洞内挤压，因而会在部分区域产生向上的挤压力，当上覆土很薄而不足以抵抗这种挤压力时，就会产生向上的隆起。

(2)上覆土厚 h=2m 时，不管是什么情况在拱顶处都会有向上的隆起。

(3)在对称情况(左右坡度都为 40°时)下，隆起的地方出现在坡脚处和拱顶上方。而在不对称情况下，隆起的范围主要出现在坡度较小的一侧至拱顶上方，以及坡度较大的坡脚处。

(4)上覆土厚 h=3m，拱顶上方的围岩都没有隆起，但坡脚处还有一定的向上隆起，而上覆土厚 h=4m 后，大部分情况沟心地表没有隆起，小部分向上隆起的范围和量值也是很小的。

第3章

浅变质碎裂岩体公路隧道洞口段开挖方案优化分析

目前，隧道开挖方法主要有全断面法、两台阶法、三台阶法、环形导坑预留核心土法、双侧壁导坑法、中洞法、中隔壁法（CD法）和交叉中隔壁法（CRD法）等。为了保护山体及围岩稳定，山区隧道洞口的开挖一般选择施工较为复杂、工序较为繁多的环形导坑预留核心土法、双侧壁导坑法和交叉中隔壁法（CRD法）等。目前已有诸多文献对不同方案的选择做出了分析，大部分研究主要针对不同开挖方式，通过比较围岩变形以及受力状况进行方案比选。但无论是环形导坑预留核心土法、双侧壁导坑法还是交叉中隔壁法（CRD法），由于其自身工序繁多，这些工序的合理开挖顺序也需要依据地质地形情况进行研究。本部分内容依据厦蓉高速公路贵州境内水都线的老寨隧道左幅出口（环形导坑预留核心土法）和瑞坡隧道左幅进口（CRD法）采用的开挖方式进行了三维仿真分析，得到了存在偏压的隧道洞口开挖顺序的一般性原则。并在此基础上通过大量的实例统计，运用模糊数学的理论，建立了隧道支护的综合评判模型，为隧道开挖和支护的设计与施工提出更加科学合理的要求。

3.1 环形导坑预留核心土法开挖工序分析

3.1.1 工程背景简述

老寨隧道洞口段浅埋偏压情况极为突出，隧道侧覆土厚不到5m，而边坡最大坡度超过50°，因此，在隧道洞口设计了偏压挡墙。边坡表层为约2m厚的亚黏土，其下覆为4～10m厚的强风化变余砂岩，经设计提出按Ⅴ级围岩支护。隧道区地处贵州水口至归密断裂北盘，岩层倾向南西，综合产状为222°∠31°，洞口段发育最不利节理面为338°∠25°，因此可不考虑地质偏压。

计算模型范围：沿隧道轴线方向取50m，隧道左侧横坡为实际地形情况，右侧取洞径的5倍约60m，下边界取3倍的洞径约40m。模型左边界、右边界、后边界以及前面的隧道开挖面以下部分边界均施加法向约束，底部边界施加三个方向的约束。隧道洞口开挖断面以上直至地表为自由边界。下半部分围岩和隧道衬砌均采用八节点六面体单元加以模拟，上半部分山体采用四节点四面体单元进行模拟，共有三个地层。模型共划分有48 813个节点和114 741个单元，三维计算模型如图3.1所示。

计算采用三维弹塑性分析，围岩材料采用摩尔—库仑模型，初期支护及二次衬砌采用弹性模型，锚杆用提高加固区的围岩参数的方法进行模拟。围岩参数根据老寨隧道设计说明并参照《公路隧道设计规范》(JTG D70—2004)综合考虑确定。对于衬砌的参数，由于钢拱架与喷射混凝土实际上是紧裹在一起，共同变形、共同受力，所以根据钢筋混凝土计算原理采用等效截面计算钢拱架，即将钢拱架弹性模量折算给喷射混凝土，同样二次衬砌也依此考虑其计算方法。最后得出的围岩与支护结构的物理力学参数，如表3.1所示。

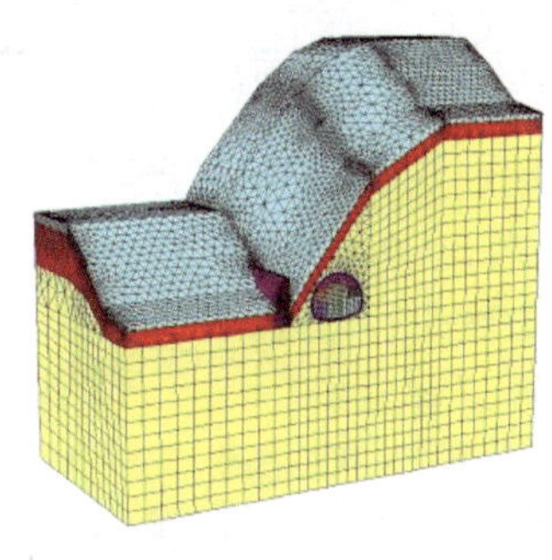

图3.1　老寨隧道三维数值计算模型图

围岩与支护的物理力学参数　　表3.1

材料类型	弹性模量(Pa)	泊松比	重度(kN/m^3)	黏聚力(kPa)	内摩擦角(°)
亚黏土	9.00×10^6	0.45	16	20	15
强风化砂岩	1.0×10^9	0.32	21	200	28
弱风化砂岩	1.8×10^9	0.30	22	600	31
初期支护	2.4×10^{10}	0.20	22	—	—
二次衬砌	3.25×10^{10}	0.20	25	—	—
挡墙	2.80×10^{10}	0.20	23	—	—
浆砌片石	2.10×10^{10}	0.20	22	—	—

老寨隧道围岩性质较差，为Ⅴ级围岩，采用环形导坑预留核心土法进行开挖。拱部开挖12m后，开挖中台阶导坑，拱部继续开挖。左右侧导坑保持4m错距，中台阶和下台阶开挖保持8m错距。为节省计算时间，中台阶与下台阶的核心土部分是同时开挖的。对比分析方案如下：方案一：拱部开挖约12m后，先进行左侧(浅埋侧)的施工，再施工右侧(深埋侧)，施工顺序为$A\rightarrow L_1\rightarrow R_1\rightarrow L_2\rightarrow R_2\rightarrow$C；方案二：拱部开挖约12m后，先进行右侧(深埋侧)的施工，再施工左侧(浅埋侧)，施工顺序为A$\rightarrow R_1\rightarrow L_1\rightarrow R_2\rightarrow L_2\rightarrow C$，施工顺序示意如图3.2与图3.3所示。

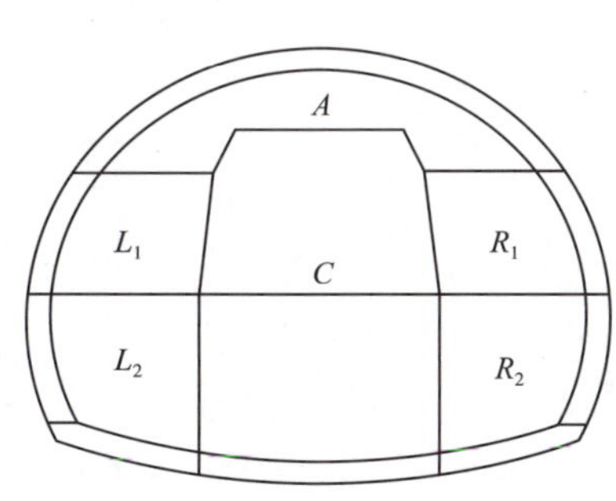

图3.2　隧道开挖示意图

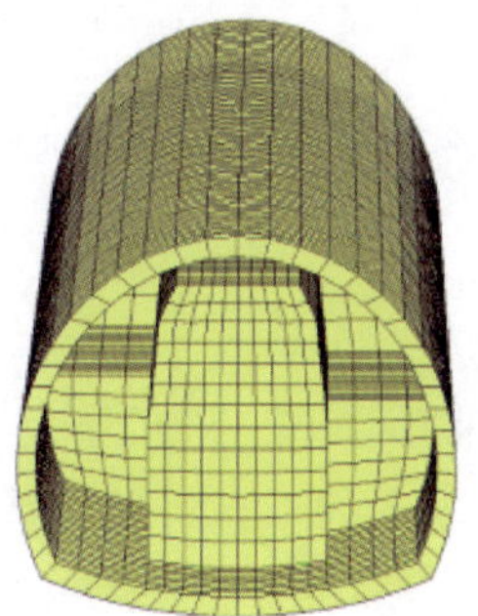

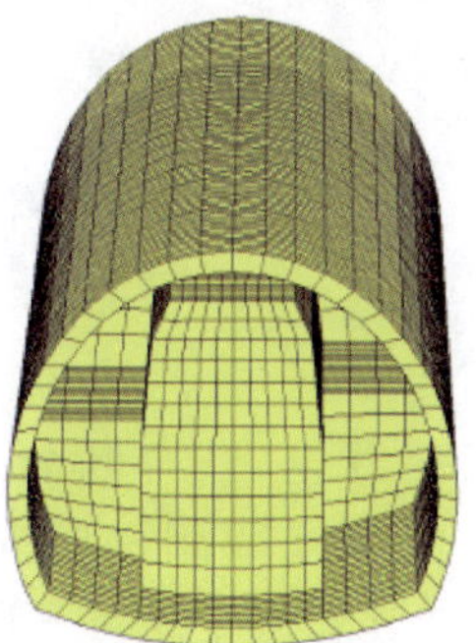

图3.3　隧道模拟开挖方案

3.1.2 不同施工工序下支护结构力学响应

浅埋偏压隧道洞口施工工序繁多，由于围岩多次扰动，围岩应力及支护受力情况复杂，因此，选择合理的开挖工序对保证隧道洞口段围岩及山体稳定具有重要意义。通过对上述两种开挖方案进行对比，计算结果分析如下。

1)位移分析

(1)拱顶下沉分析

隧道进口桩号为 ZK38＋870，在洞口段布置了三个断面进行监测，分别为 ZK38＋862、ZK38＋853 和 ZK38＋840。不同施工方案的隧道拱顶下沉与开挖步关系曲线如图 3.4 所示。

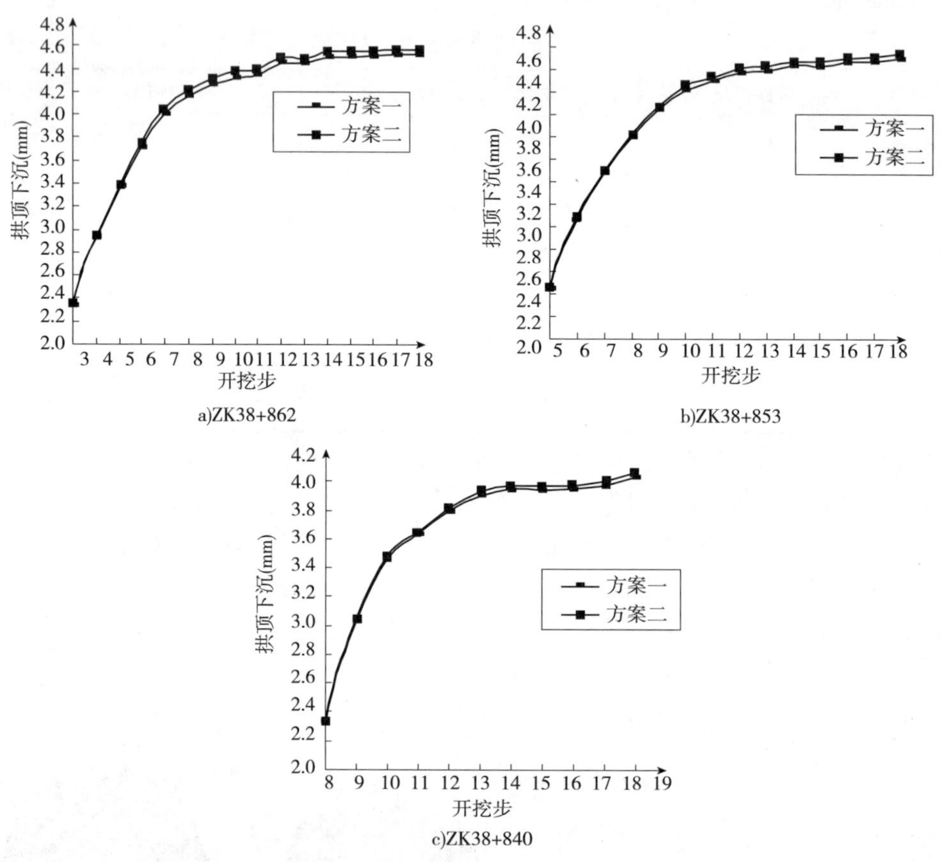

a)ZK38+862

b)ZK38+853

c)ZK38+840

图 3.4 隧道拱顶下沉与开挖步关系图

按照方案一开挖，三个断面的拱顶下沉分别为 3.52mm、3.50mm 和 3.04mm，而按照方案二开挖，三个断面的拱顶下沉分别为 3.57mm、3.54mm 和 3.06mm，各断面均表现出先开挖浅埋侧拱顶沉降较小，但是两种方案差别很小。原因在于该隧道为超浅埋隧道，拱顶上部覆土很薄，拱顶沉降本来就不大。同时，浅埋偏压隧道的特征主要在于左右荷载不对称，因此，对所选的两种开挖方案对比，拱顶下沉差别应该不是很大，下面就拱脚的水平收敛位移做出分析。

(2)拱脚水平收敛位移分析

隧道开挖后，断面有向邻空面收敛的趋势，为了保证隧道及支护结构的稳定，要么围岩位移本身很小，要么隧道周边位移收敛一致，不产生过大差异。图 3.5 为三个监测断面的拱脚水平收敛曲线图，拱脚水平收敛指左右拱脚水平位移差。如图 3.5 所示，方案二各断面的拱脚水平收敛最大值分别为 0.31mm、0.51mm 和 0.5mm，而对于相同开挖步，方案一各断面的拱脚水平收敛值分别为－0.009mm、0.14mm 和 0.23mm，两者的差别分别是 33.4 倍、3.64 倍和 2.17 倍，可见，按照方案一开挖较为合理，而按方案二开挖会引起左右拱脚水平位移的差距较大，对隧道的整体稳定不利。

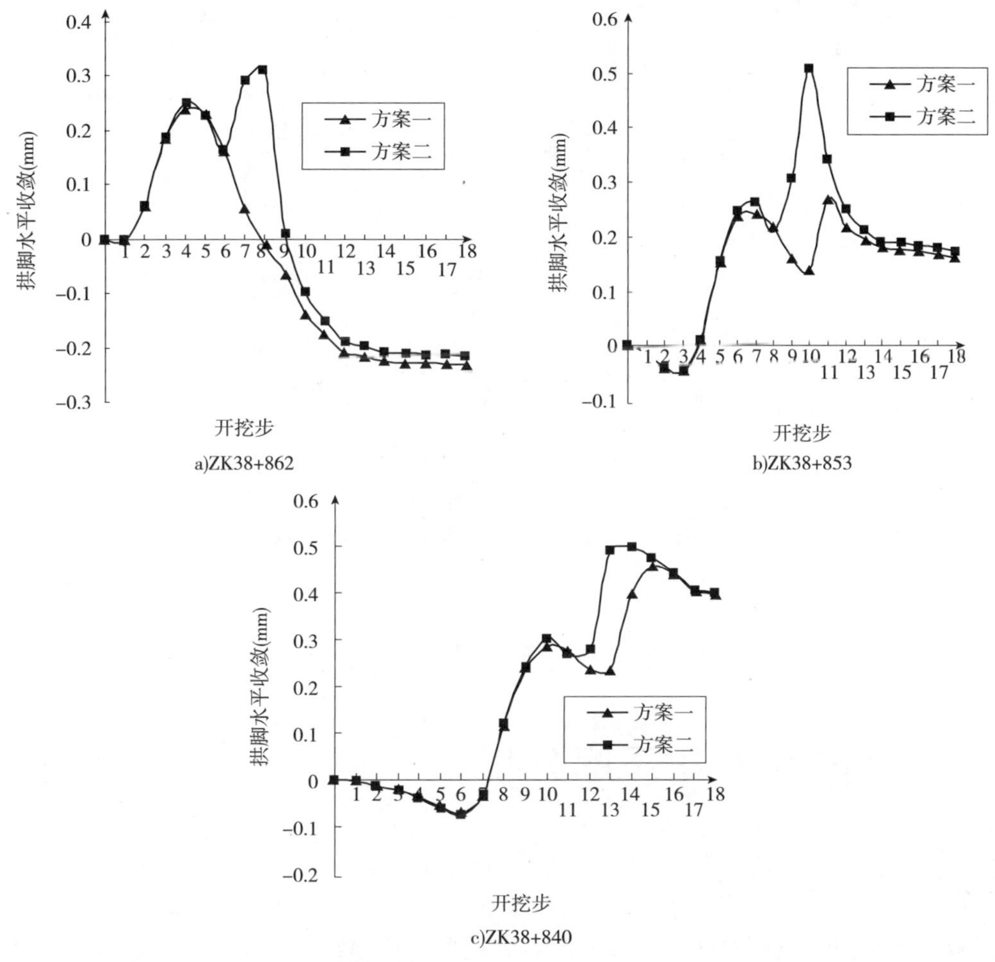

图 3.5　隧道拱脚水平收敛位移与开挖步关系图

2)应力分析

各监测断面拱腰处水平应力与开挖步的关系变化曲线如图 3.6 所示。曲线图中的 a、b 分别代表左右拱腰。由图可知，ZK38＋862 和 ZK38＋853 断面在两种开挖方式下的隧道浅埋侧拱腰最大应力相差 0.1MPa 左右，方案一较方案二合理，但是随着隧道开挖面前进，由于侧覆土厚逐渐增加而使偏压效应减弱，两种开挖方式已基本无差别。图 3.6 显示左右拱腰水平应力收敛值逐渐靠近，也说明随着隧道的深入偏压情况减弱。

此外需要指出的是，图 3.6 中 ZK38＋853 隧道右侧拱腰无论采用哪一种开挖方式，均会在开挖过程中出现较大的水平应力，接近 1.0MPa，而其他两个断面分别是 0.15MPa 和 0.45MPa。对比现场发现 ZK38＋862～ZK38＋855 段附近由于右侧拱腰出现较大压力致使钢支撑出现过大变形。

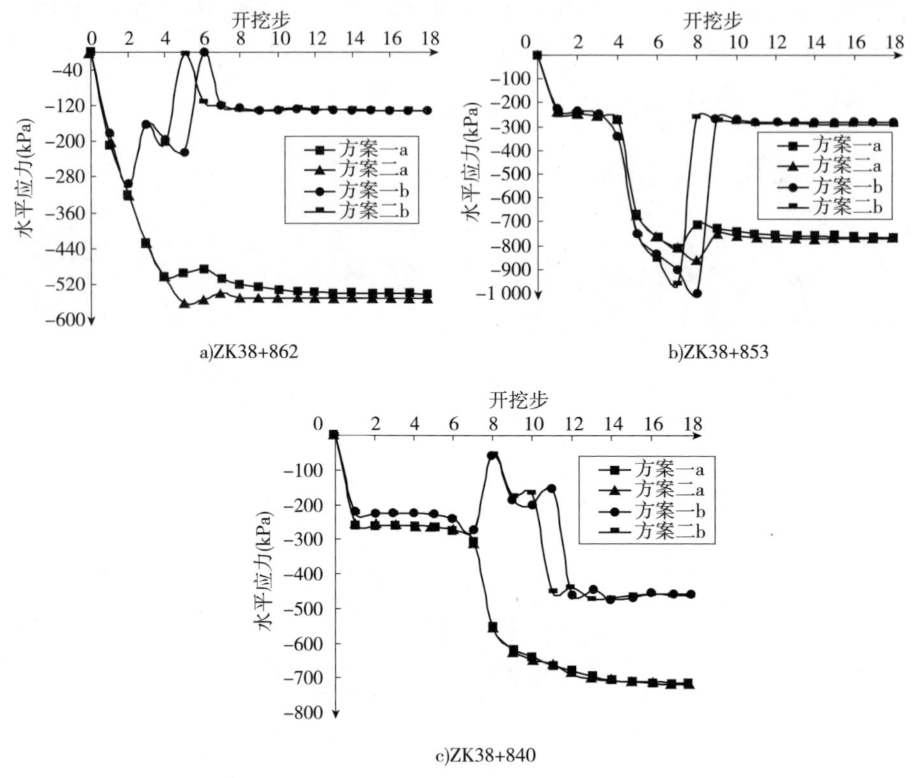

图 3.6　隧道拱腰水平应力与开挖步关系图

3.2　CRD 法开挖工序分析

3.2.1　工程背景简述

瑞坡隧道洞口段浅埋偏压情况极为突出，隧道侧覆土厚约 5m，围岩极其破碎，经设计按Ⅵ级围岩支护，侧坡设有抗滑桩。隧道所处围岩表层为全风化层板岩，岩石风化强烈，大部分风化呈土状，厚 4～6m；其下为强风化层板岩，局部夹变余砂岩，节理裂隙极发育，厚 7～28m；再下为中风化层板岩。本次数值分析取全风化层和强风化层进行模拟。

计算模型范围：沿隧道轴线方向取 72m，隧道右侧横坡为实际地形情况，左侧取洞径的 5 倍约 65m，下边界取 3 倍的洞径约 40m。模型左边界、右边界、后边界以及前面的隧道开挖面以下部分边界均施加法向约束，底部边界施加三个方向的约束。隧道洞口开挖断面以上直至地表为自由边界。模型共划分有 23 113 个节点和 63 519 个单元，三维计算模型如图 3.7 所示。

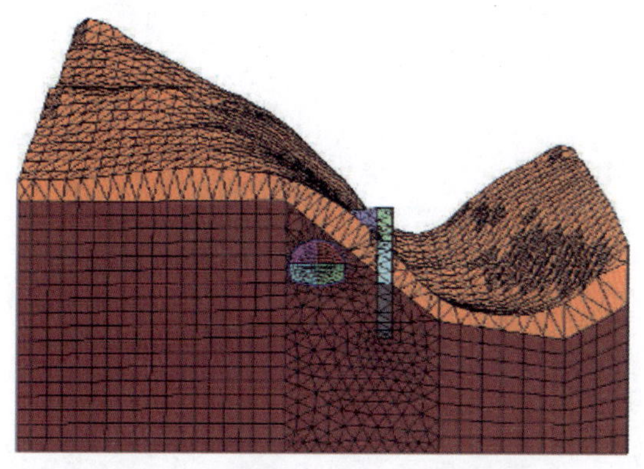

图 3.7　瑞坡隧道三维数值计算模型图

计算采用三维弹塑性分析，围岩材料采用摩尔—库仑模型，初期支护及二次衬砌采用弹性模型，锚杆用提高加固区的围岩参数的方法进行模拟。围岩参数根据瑞坡隧道设计说明并参照《公路隧道设计规范》(JTG D70—2004)综合考虑确定。对于衬砌的参数，由于钢拱架与喷射混凝土实际上是紧裹在一起，共同变形、共同受力，所以钢拱架根据钢筋混凝土计算原理采用等效截面计算，即将钢拱架弹性模量折算给喷射混凝土，同样二次衬砌也依此考虑。最后得出的围岩与支护结构的物理力学参数如表 3.2 所示。

围岩与支护的物理力学参数　　表 3.2

材料类型	弹性模量(Pa)	泊松比	重度(kN/m³)	黏聚力(kPa)	内摩擦角(°)
全风化板岩	0.8×10^{9}	0.4	18	50	20
强风化板岩	2×10^{9}	0.35	23	150	27
初期支护	2.4×10^{10}	0.20	22	—	—
二次衬砌	3.25×10^{10}	0.20	25	—	—
抗滑桩	3.25×10^{10}	0.20	25	—	—
回填土石	2.10×10^{10}	0.20	22	—	—

瑞坡隧道围岩性质极差，为Ⅵ级围岩，设计采用 CRD 法进行开挖。由老寨隧道数值分析结果可知，对于存在偏压的隧道洞口先开挖浅埋侧为较优方案，下面对 CRD 法开挖方案进行分析，依据前面研究结论先开挖右上部分，即浅埋侧上部，然后分两种情况分析右断面先成型较优，还是上断面先成型较优。对比分析方案如下：方案一施工顺序为右上→右下→左上→左下；方案二：施工顺序为右上→左上→右下→左下，施工顺序示意如图 3.8 所示。

3.2.2　不同施工工序下支护结构力学响应

浅埋偏压隧道洞口施工工序繁多，由于围岩多次扰动，围岩应力及支护受力情况复杂，因此选择合理的开挖工序，对保证隧道洞口段围岩及山体稳定具有重要意义。通过对上述两种开挖方案进行对比，计算结果分析如下。

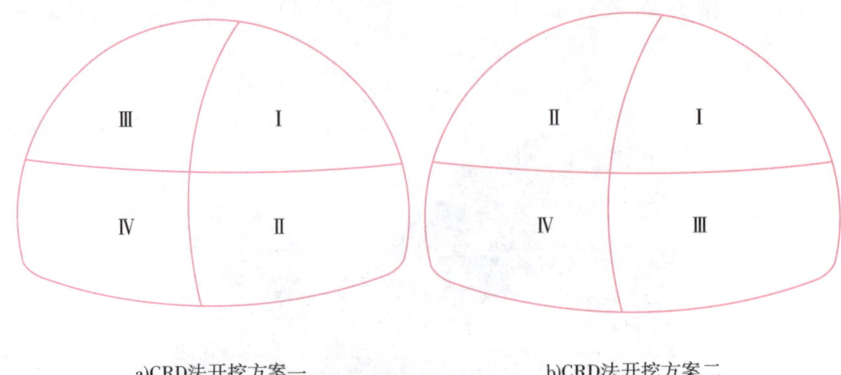

图 3.8　隧道模拟 CRD 法开挖方案示意图

1)位移分析

(1)拱顶下沉分析

隧道进口桩号为 ZK49＋892 断面不同施工方案的隧道拱顶下沉与开挖步关系曲线如图 3.9所示。

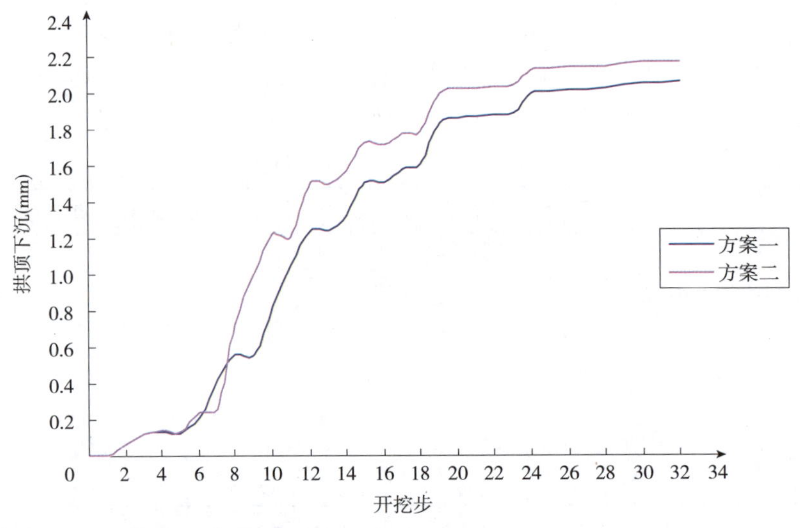

图 3.9　隧道 ZK49＋892 断面拱顶下沉与开挖步关系图

按照方案一开挖，ZK49＋892 断面的拱顶下沉为 2.054mm，而按照方案二开挖为 2.167mm，从控制拱顶下沉来看，方案一较为合理，但总的来说两种方案差别较小，方案二的拱顶下沉仅比方案一大 5.5%。

(2)拱脚水平收敛位移分析

隧道开挖后，断面有向邻空面收敛的趋势，为了保证隧道及支护结构的稳定，要么围岩位移本身很小，要么隧道周边位移收敛一致，不产生过大差异。图 3.10 为 ZK49＋892 断面的拱脚水平收敛曲线图，拱脚水平收敛指左右拱脚水平位移差。如图 3.10 所示，方案二的拱脚水平收敛最大值为－0.115mm，而对于相同开挖步，方案一的拱脚水平收敛值为－0.175mm，从控制拱脚水平收敛位移来看，方案一的拱脚水平收敛比方案二大 52%，可见按照方案二开挖较为合理。

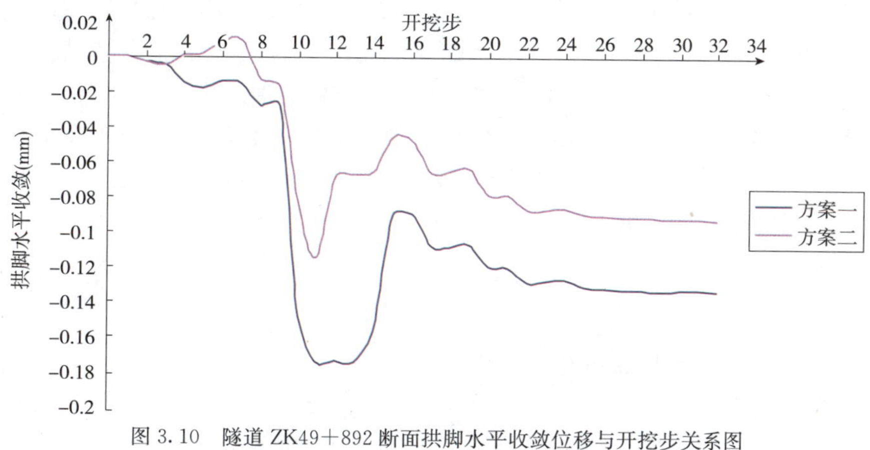

图 3.10　隧道 ZK49+892 断面拱脚水平收敛位移与开挖步关系图

2)应力分析

由上述分析可知，从控制拱顶下沉来看，方案一较方案二合理，但是从控制拱脚水平收敛位移来看，按照方案二开挖较为合理。下面从开挖完成后隧道围岩的应力情况来分析两种开挖方案哪一种更为合理。

图 3.11 为按照方案一开挖完后 ZK49+892 断面最大主应力图，图 3.12 为按照方案二开挖完后 ZK49+892 断面最大主应力图。从图 3.11 可以看出，按方案一开挖隧道完成后 ZK49+892 断面周边围岩会出现最大约 0.21MPa 的拉应力（拱顶和仰拱）和 0.23MPa 的压应力（左拱脚和右拱腰），而从图 3.12 可以看出，按方案二开挖隧道完成后 ZK49+892 断面周边围岩会出现最大约 0.17MPa 的拉应力（拱顶和仰拱）和 0.2MPa 的压应力（左拱脚和右拱腰）。由此可知，按照方案二开挖可以使隧道周边围岩的应力较小，对保证围岩稳定有利，说明方案二较方案一合理。

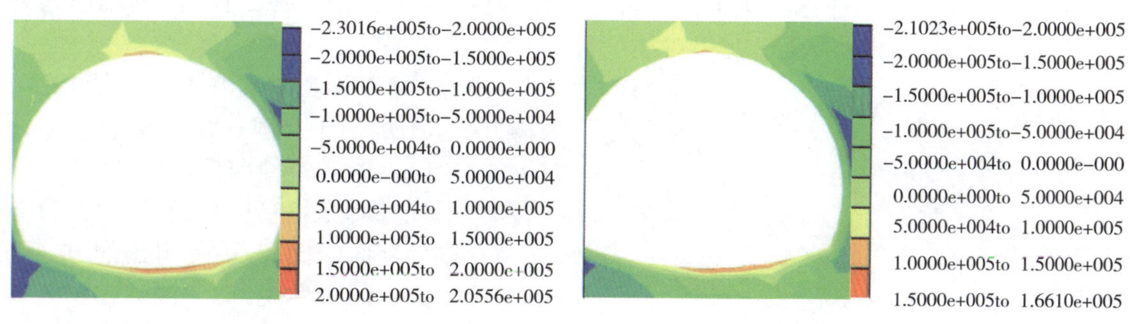

图 3.11　断面最大主应力图（方案一）　　图 3.12　断面最大主应力图（方案二）

3.3　合理开挖方式的确定原则

上述研究结论表明，老寨隧道采用环形导坑预留核心土开挖方法先开挖浅埋侧较为合理。由此可见，对于采用同种施工方法的浅埋偏压隧道，无论连拱隧道还是非连拱隧道，研究结论大都显示出先浅埋侧后深埋侧的开挖方案为较优方案。其原因可以做如下解释：

隧道开挖后，挖除部分对位于其上部岩体的支撑作用卸除，使洞顶下沉，对其下部岩体的压力卸除，使仰拱回弹。若进行分部开挖，初期支护及时而且刚度足够，足以提供挖除部分对其上部岩体的支撑作用，那么先开挖任意一侧结果不会有差别。事实上，在隧道开挖中，支护及时不可能实现，同时按照新奥法的理论，初期支护是柔性支护，它并不绝对限制围岩的变形。所以在隧道开挖后，初期支护提供一部分承载力，通过应力调整，围岩也要发挥自身的承载能力。挖除部分的释放荷载由下式计算：

$$\{F\}=\sum_{i=1}^{NE}\int \boldsymbol{B}^{\mathrm{T}}\boldsymbol{\sigma}\mathrm{d}v \tag{3.1}$$

式中：NE——该级开挖面被挖去的单元总数；

$\boldsymbol{B}$——单元应变矩阵；

$\boldsymbol{\sigma}$——单元应力矢量；对于第一级开挖，为单元初始应力。

以开挖方式为例，若先开挖深埋侧，因为其初始地应力较大，依据上式可知释放荷载也较先开挖浅埋侧大，由前所述释放荷载并不仅由初期支护承担，围岩也会承受一部分。浅埋偏压隧道围岩破碎，承载能力较弱，所以应该先开挖浅埋侧并进行初期支护，这就使得释放荷载较小，围岩变形也较小。同时，在现场施工中，先施工浅埋侧的初期支护可以让初喷混凝土有足够的时间使其强度提高，然后再开挖深埋侧岩体，即使释放荷载较高，此时已是初期支护加围岩的组合承担，而不仅是围岩自己承担。可见先开挖浅埋侧是对地形偏压的一种施工主动控制，它是通过施工调整来减少偏压的影响。

此外，应力场可以用主应力迹线表示，而主应力迹线与水的稳态流光滑迹线具有近似相似性。浅埋偏压隧道由于地形的原因，坡面附近初始地应力场主应力迹线如图 3.13 所示，假设开挖后隧道为放入流场中的一个类圆形障碍物，其应力向两侧分流，由于浅埋侧岩体风化严重，承载能力较小，若先开挖深埋侧，分流而来的应力将使其产生较大的变形，而先开挖浅埋侧并进行初期支护后再开挖深埋侧，由于初期支护的原因，分流而来的应力使浅埋侧围岩产生的变形就相对小一些。

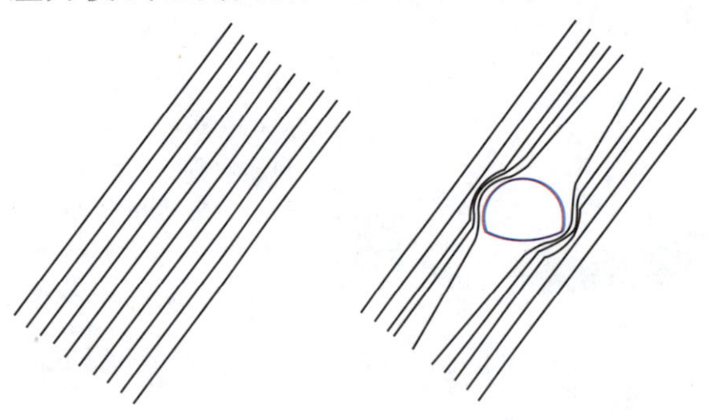

图 3.13 隧道开挖前后坡面附近主应力迹线示意图

通过对老寨隧道和瑞坡隧道合理开挖工序的研究表明，对于合理方案的选择，方案之间的比较应该考虑多种因素，在经济条件一样的情况下，从变形和应力以及塑性区分布等情况进行全面的比较，由此得出的方案才是较优方案。同时发现，对于浅埋偏压隧道合理的开挖步骤应该是先完成拱部开挖，在保证拱部开挖并支护后，余下的各部应该先开挖浅埋侧的围岩较为合理。

第4章

洞口段（预）加固措施对变形与稳定的影响

目前隧道提倡的自然进洞的原则，即在进洞前采取一些诸如大管棚、挡土墙、抗滑桩等预加固措施，不破坏洞口自然坡面，从而实现提前进洞。本章在对隧道洞口加固技术综合分析的基础上，针对不同类型的洞口段，采用 FLAC3D 软件对采取各种预加固措施后的隧道洞口进行了模拟计算分析，通过与未进行预加固和进行不同的预加固时隧道应力、变形特征的对比，得到了与隧道类型相适应的预加固措施的选取原则，并在此基础上提出了浅变质碎裂岩地区不同类型隧道洞口段的设计和施工的技术要点。

4.1 地形偏压下洞坡加固措施对隧道洞口变形与稳定的影响分析

目前，针对隧道偏压而在隧道进洞前采取的预加固措施主要有以下几种：①挡土墙，该措施主要适用于围岩破碎带或偏压带，能够为隧道结构提供一定的反压作用，由于其工艺简单，对于偏压以及落石较多时很有效，因而应用广泛；②抗滑桩，该措施的加固机理与挡土墙差不多，也主要适用于滑坡带、偏压带等，但其抗滑能力更强，花费也相应较大；③减载反压技术，该措施主要是采用刷坡进行减载，然后取土反压，这样一方面减小了深埋侧的荷载，另一方面又对浅埋侧进行了反压，但由于该措施施工很容易引发深层滑动，因而要确定减载反压的最佳部位，避免引发深层的滑动；④注浆技术，该方法主要是利用压力将能固化的浆液通过钻孔注入岩土孔隙或建筑裂隙中，使其物理力学性能得到改善的一种方法。

根据第 2 章分析，可将隧道分为如下几种不同的情况：①围岩级别为Ⅴ级且相对较好，侧覆土厚 $t<15$m；②围岩级别为Ⅵ级，但横坡坡度相对较缓；③围岩级别为Ⅵ级横坡坡度较陡。由于Ⅵ级围岩情况下隧道需要解决的不仅仅是偏压的问题，还有上覆土荷载过大以及边坡易滑动的问题。鉴于围岩级别为Ⅵ级时的特殊性，下面对围岩为Ⅴ级时的情况做了系统的分析，对围岩为Ⅵ级时只选取了几种典型工况进行了分析。

4.1.1 围岩为Ⅴ级、t 小于 15m 的情况

此种情况下需要关注的问题有两个，一个是 t 值很小时，隧道浅埋侧提供的反压不够，第二个问题则是当 t 值增大后，可能增加了隧道结构的受力。针对上述问题，一般有两种处理方

式，①在浅埋侧进行反压平衡措施，如采取挡土墙(图 4.1)、抗滑桩等措施，从而加强浅埋侧的反压能力；②对深埋侧进行减载取土反压(图 4.2)，减小深埋侧产生的应力。

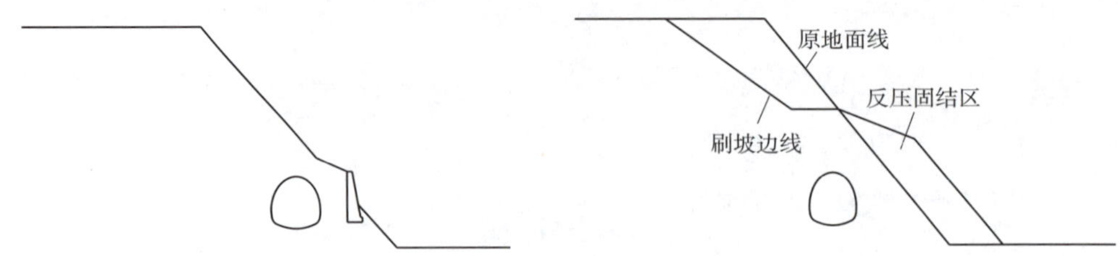

图 4.1 挡土墙加固示意图　　图 4.2 减载反压示意图

本书根据表 2.5 提出的区域，对不同情况下的隧道洞口段采取了反压挡土墙加固计算。图 4.3 和图 4.4 分别为横坡 40°、t=5m 以及围岩级别为Ⅴ级时隧道未进行反压挡土墙加固时的位移图和进行挡土墙加固后的位移图。从图可以看出，进行挡土墙加固后，坡表向外侧变形的值有明显的减小，而且部位主要是在挡土墙以及墙背回填土上，表明挡土墙的存在对隧道有效地进行了反压，减小了偏压对隧道的影响，当然由于墙背回填土也有向外移动的趋势，因此在施工必须注意回填土的质量。

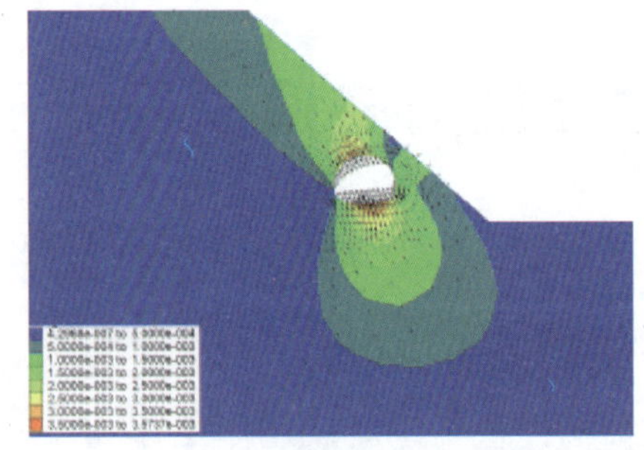

图 4.3 40-5-Ⅴ情况下隧道位移图

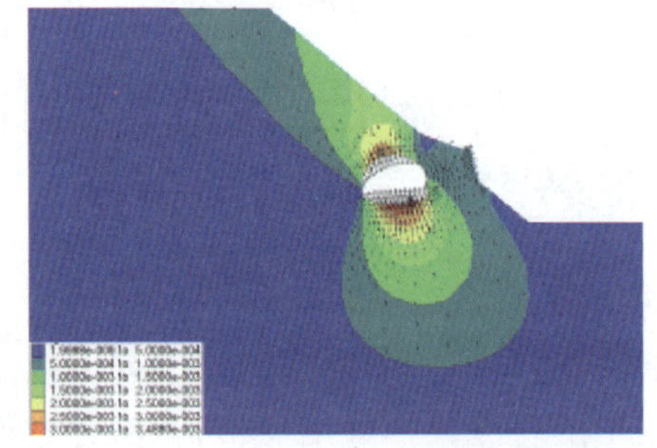

图 4.4 40-5-Ⅴ时挡土墙加固后开挖位移图

图 4.5～图 4.9 分别为围岩为Ⅴ级时隧道在进行挡土墙加固措施后隧道开挖引起的拱顶竖向位移、左拱腰位移、坡表向外侧最大位移、右拱腰水平位移以及左拱腰水平位移与未进行挡土墙加固时相对应的位移值对比曲线图。

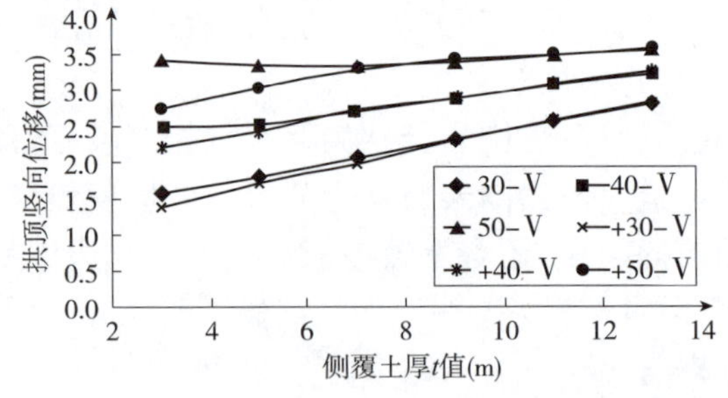

图 4.5 不同工况下拱顶竖向位移曲线图

注："30－Ⅴ"表示的是横坡 30°，围岩Ⅴ级时未加挡土墙的情况，"＋30－Ⅴ"表示横坡 30°，围岩为Ⅴ级时进行挡土墙加固后的情况，其他类似。另外，图 4.6～图 4.9 含义同此

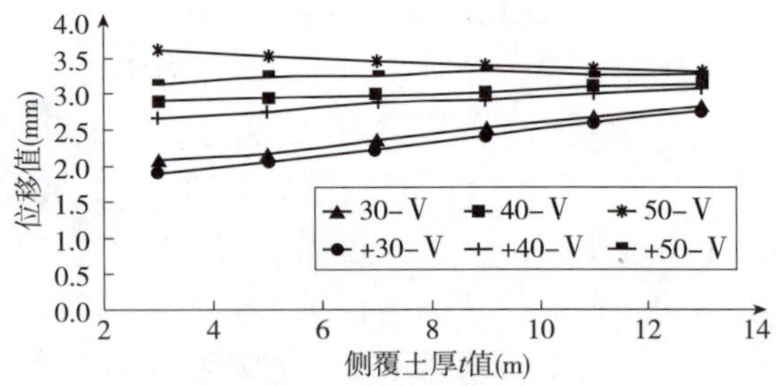

图 4.6 不同工况下左拱腰位移曲线图

由图 4.5～图 4.9 可以看出，①在进行挡土墙加固后，各个位置的位移都较未进行预加固的时候有一定的减小，挡墙反压效果明显。其中坡表向外最大位移和右拱腰水平位移的减小量是最大的，如横坡 50°，侧覆土厚 3m 且未进行挡土墙加固时的最大位移为 2.10mm，而进行挡土墙加固后，坡表最大位移为 1.01mm，量值只达到了未进行挡土墙加固时的 48%，而此时右拱腰的位移值为 1.17mm，也只达到了未进行挡土墙加固时相应位置位移的 67%。②随着侧覆土厚的增加，进行挡土墙加固比未进行挡土墙加固时相对应点位移值的减小量越来越小，这是因为随着 t 值的增加，浅埋侧本身提供的反压越来越多的缘故。③拱顶以及左拱腰位移随着 t 值增加而增加，而且挡土墙加固措施的作用只是在 t 值很小的时候有一定显示，从拱顶来看，基本上在 t=5～7m 后，拱顶竖向位移与挡土墙加固的关系已经不大，这是侧覆土 t 值增加后，隧道受到深埋侧更大应力的缘故。

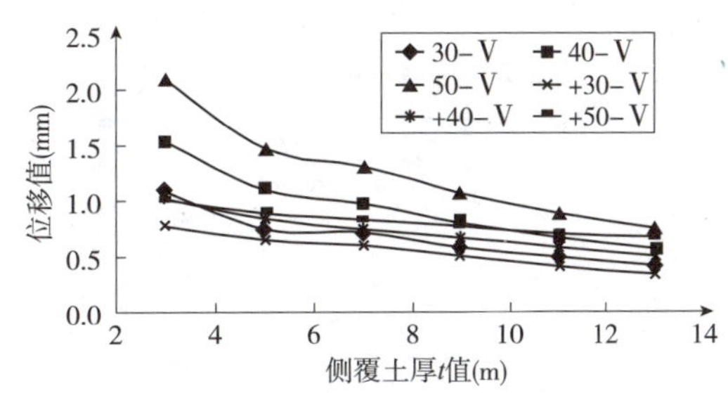

图 4.7　不同工况下坡表向外侧最大位移曲线

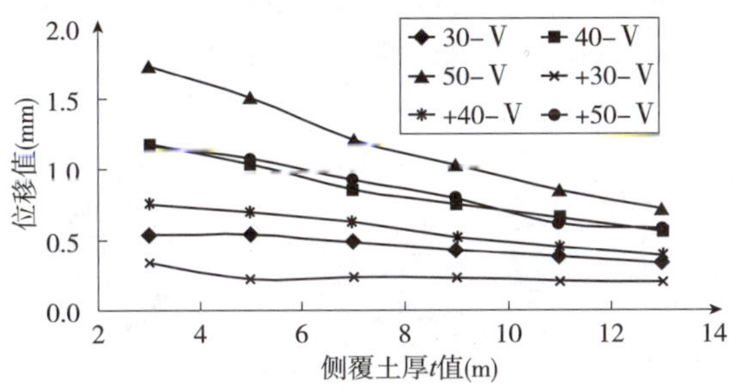

图 4.8　不同工况下右拱腰水平位移曲线

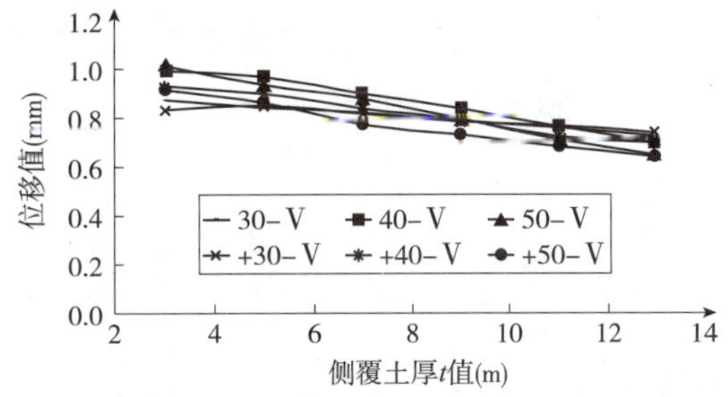

图 4.9　不同工况下左拱腰水平位移曲线

根据上述分析，侧覆土厚大于 5～7m 后，这时隧道深埋侧可能有较大的荷载，为了突出减载的作用，本书对 t 值大于 5～7m 的情况只进行了减载措施的计算模拟，分析结果如下。

图 4.10 和图 4.11 分别为横坡 30°、t=11m 以及围岩级别为Ⅴ级时隧道未进行减载时的开挖位移和进行减载措施后的开挖位移。从图 4.10 和图 4.11 可以看出，进行减载加固措施后，围岩以及坡表的位移较为减载时都有相应的减小，表明减载起到了减小隧道偏压的效果。

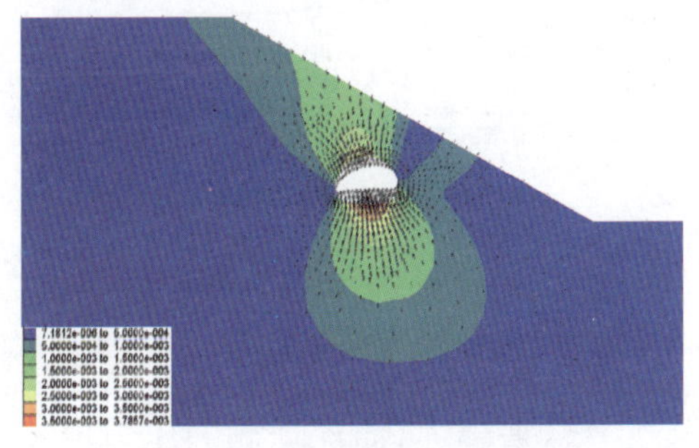

图 4.10　40-5-Ⅴ隧道开挖位移

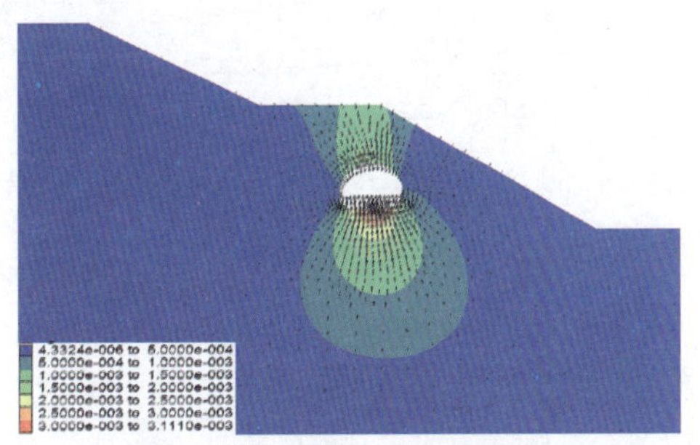

图 4.11　40-5-Ⅴ减载后隧道开挖位移

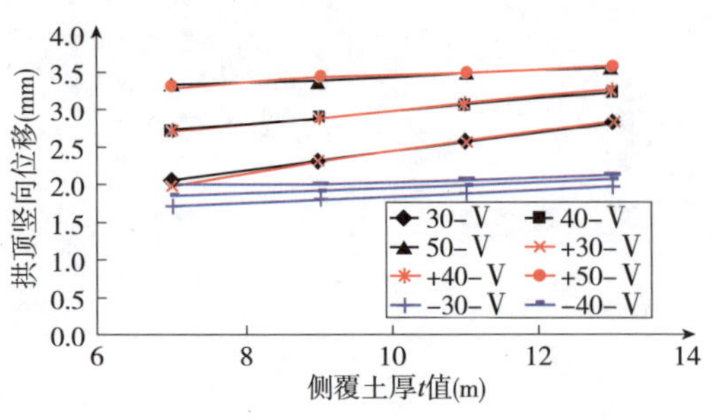

图 4.12　不同工况下拱顶竖向位移曲线

注:"30-Ⅴ"表示的是横坡 30°,围岩Ⅴ级时进行减载措施后的情况,其他同上。另外,图 4.13～图 4.16 含义同此。

图 4.12～图 4.16 分别为围岩级别为Ⅴ级时隧道在进行挡土墙加固措施后和进行减载措施后隧道开挖引起的拱顶竖向位移、左拱腰位移、坡表向外侧最大位移、右拱腰水平位移以及左拱腰水平位移以及未进行挡土墙加固时相对应的位移值对比曲线图。由图 4.12～图 4.16 可以看出,①进行减载后,拱顶和左拱腰的位移基本不随 t 值的变化而变化,而且值比进行挡土墙加固后都要小很多,如在横坡 50°、侧覆土厚 7m 的情况下,未进行加固时拱顶竖向位移为 3.33mm,加挡土墙后的拱顶竖向位移为 3.28mm,而进行减载措施后拱顶竖向位移则为1.72mm。这表明减载措施对减小隧道结构受力作用显著。②减载后,坡表向外侧最大位移、左右拱腰的水平位移也有一定的减小,但减小量相对拱顶位移和左拱腰总位移要小很多,这表明减载对偏压隧道的最大作用还是体现在对深埋侧应力的减小。③减载后,坡表向外侧最大位移、左右拱腰的水平位移比进行反压挡土墙加固后的位移值还要小,特别是 $t=9\text{m}$ 后减小量还要更多,这表明减载的效果要好于反压挡土墙加固措施。

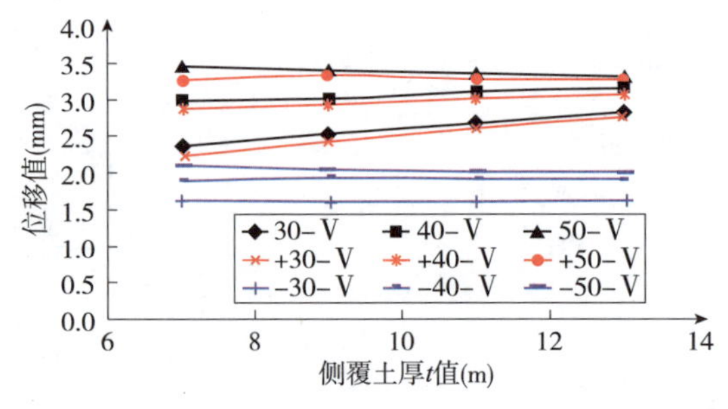

图 4.13　不同工况下左拱腰位移曲线

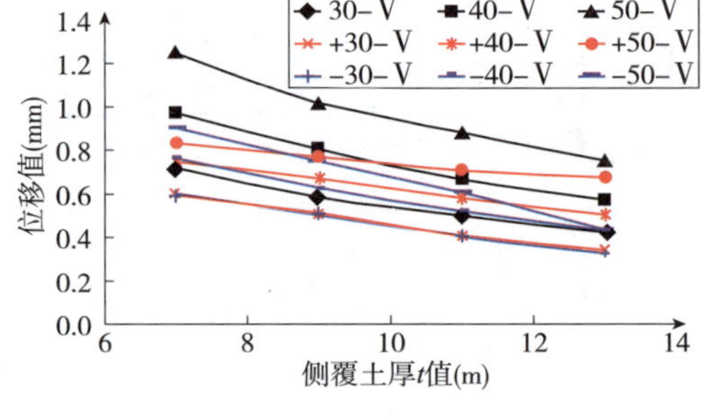

图 4.14　不同工况下坡表向外侧最大位移曲线

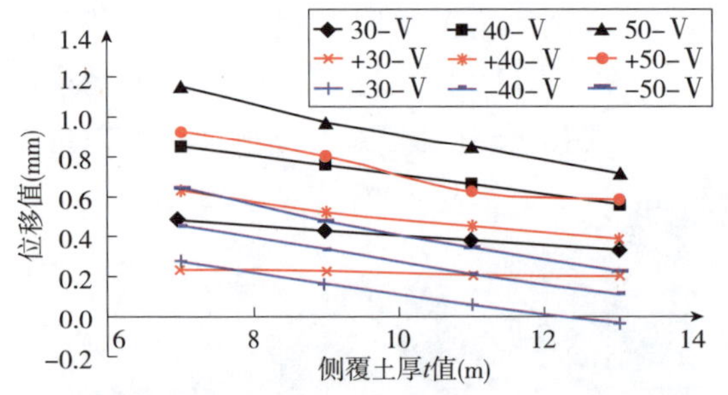

图 4.15　不同工况下右拱腰水平位移曲线

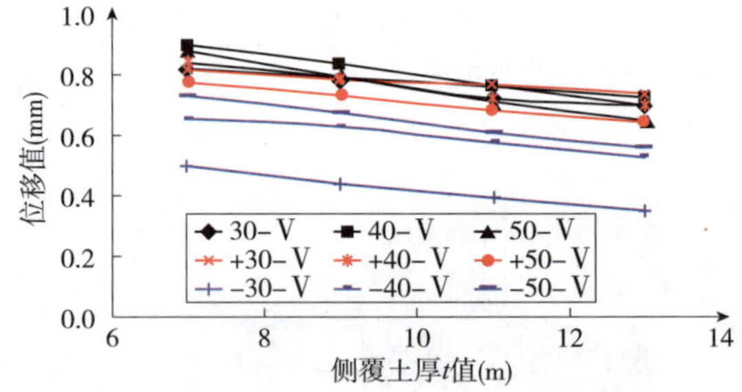

图 4.16　不同工况下左拱腰水平位移曲线

根据上述分析,可以得到如下结论:

(1)随着侧覆土厚 t 值的增加,隧道浅埋侧反压能力越来越强,而深埋侧的压力也越来越强,计算分析表明,可将 $t=5\sim7\text{m}$ 时作为一个界限,侧覆土小于 5～7m 时,主要需要解决的是浅埋侧反压能力不够的问题，而大于 5～7m 时，需要解决的问题则是深埋侧压力过大的问题。

（2）对于浅埋侧反压能力不够时的加固措施，可采用反压挡土墙等加固措施，此时需要注意保证回填土的质量。而对于深埋侧压力过大的问题，可采用减载等措施。

4.1.2　围岩为Ⅵ级的情况

本书选取了横坡 30°、侧覆土厚为 3m 和横坡 40°、侧覆土厚为 9m 的情况进行了计算分析。

1）横坡 30°、侧覆土厚为 3m

拱周附近各点位移都是指向洞内的，这是由于围岩差，不能自稳导致的，由于坡度很缓，浅埋侧上覆土也作为松动压力直接作用在初期支护上。因此，该工况下最大的问题还是围岩差不能自稳，从而导致初期支护将受到很大的荷载，特别是深埋侧，而坡表处虽然也有部分向外变形，但只是局部的，而且值相对也较小（最大值为 2.08mm）。因此针对上述情况，本书选取了减载和注浆的加固措施，其中，注浆范围主要是根据计算出来的位移矢量图确定的，因为坡表处局部还有向外侧变形，因此在该部位也进行了注浆的处理，加固示意图如图 4.17 所示。进行计算后的位移矢量图如图 4.18 所示。计算表明进行上述加固后，拱顶沉降量为 2.963mm，较未加固时减小了 80%，坡表向外最大位移为 1.04mm，较未加固时减小了 50%，表明加固效果良好。

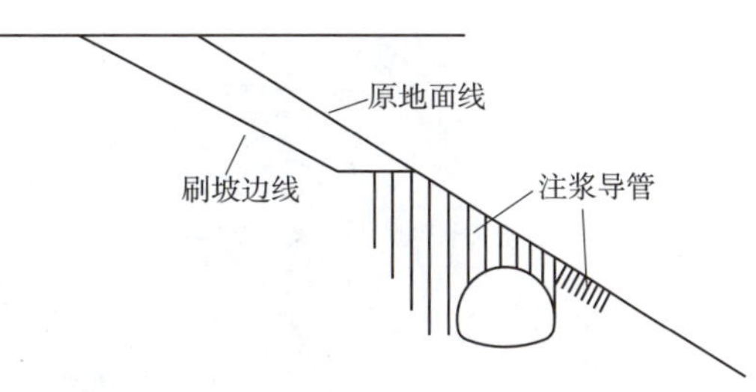

图 4.17　加固措施示意图

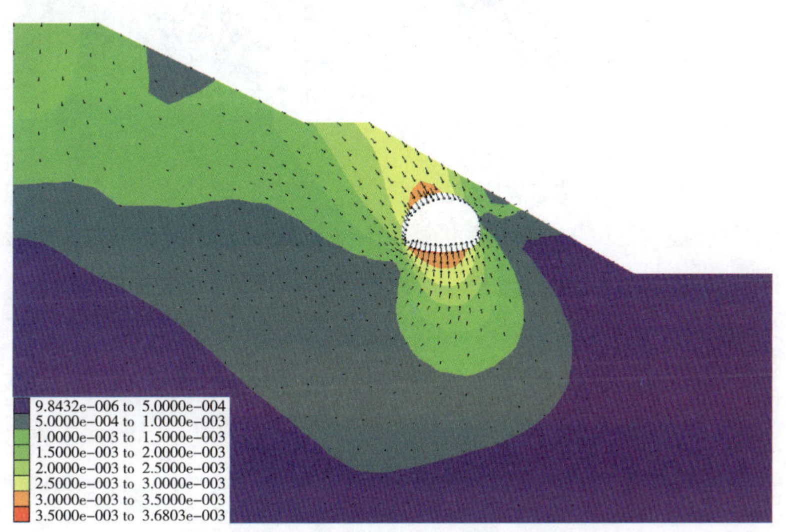

图 4.18　30-3-Ⅵ情况下加固后隧道开挖位移图

2）横坡 40°、侧覆土厚为 9m

左右拱腰位移基本对称，但值都很大，说明上部荷载还是过大，而与横坡 30°工况不同的是隧道右拱腰上部有滑移的趋势。针对上述情况，本书采取了挡土墙、减载和地表注浆措施相结合的方法(图 4.19),并进行了计算,计算结果如图 4.20 所示。计算结果表明,进行上述加固后,拱顶沉降量为 3.6mm,较未加固时减小了 95%,坡表向外最大位移为 1.2mm,较未加固时减小了 96%,表明加固效果良好。

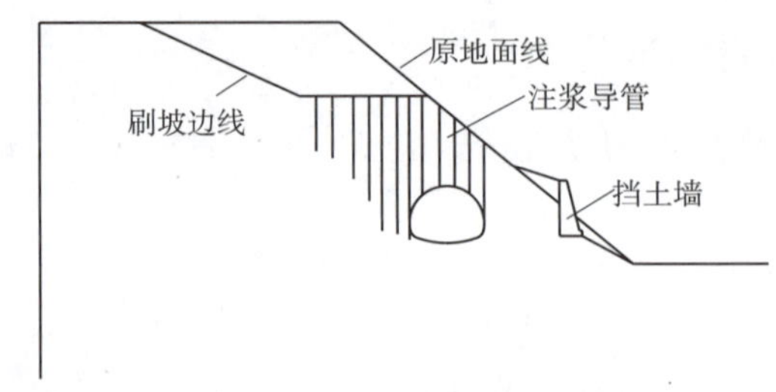

图 4.19 加固措施示意图

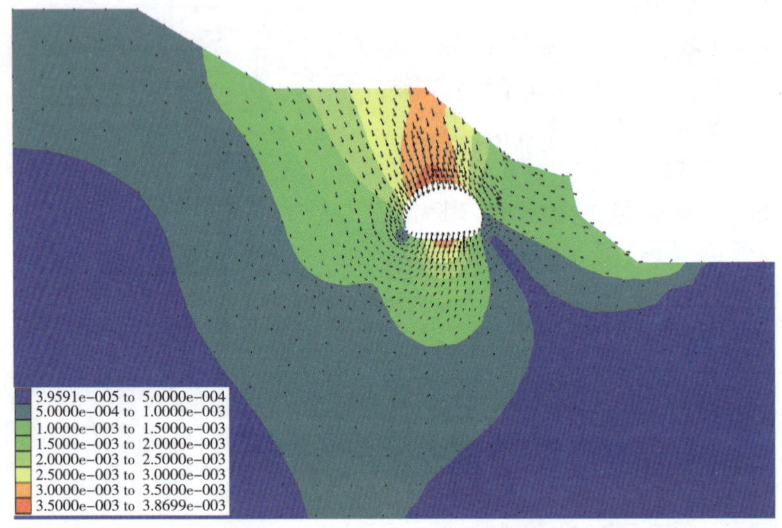

图 4.20 40-9-Ⅵ加固后隧道开挖位移图

通过上述分析,可以得到如下结论:

由于围岩自稳能力差,因而造成隧道结构承受了较大的松动荷载,因此,需要对深埋侧采取减载和注浆加固等处理措施,而横坡坡度较小时,边坡只有局部向外侧变形,因此,只需对该部分进行坡表加固,当横坡坡度较大时,隧道除了受到较大荷载外,边坡也很有可能发生滑动,并且这种滑动是随坡度的增大而加大的,此时,除了减载和注浆外,还需要设置挡土墙或抗滑桩等。特别对于横坡坡度大于 50°后,由于隧道变形的剧烈增大,因此此时采取的措施要较 40°时的更强,比如采取抗滑桩而非挡土墙。

4.2 厚堆积体高陡仰坡加固措施对隧道洞口变形与稳定的影响分析

目前工程中普遍采用超前大管棚的预加固措施来减小或消除隧道开挖对隧道洞口仰坡的影响。管棚的作用机理主要体现在两个方面:

(1)梁效应。由于现行设置了钢管,使得隧道掘进时在掌子面前方围岩和后方钢拱架的支撑下形成梁结构,以防止围岩崩塌和松弛。

(2)加强效应。通过钢管上的孔向围岩注入水泥、水玻璃或泡沫尿烷等材料,以改善围岩状况,保证掌子面稳定。

本节就超前大管棚的这种作用进行了数值模拟计算。在分析计算中,将超前大管棚注浆加固围岩的效果视为在隧道围岩中形成了约 0.3～0.6m 厚的环状加固圈,采用改善围岩参数的方法进行考虑,将管棚简化为 30m 长、0.5m 厚的预支护结构进行模拟,如图 4.21所示。

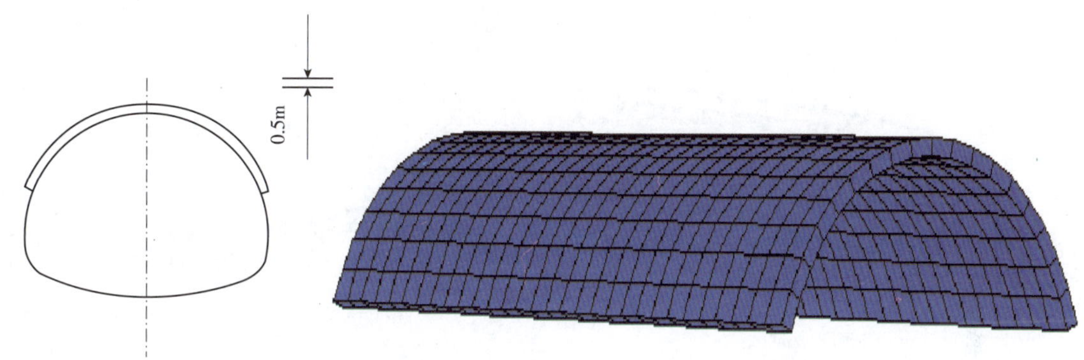

图 4.21　管棚等效加固圈示意及模拟图

对隧道进行超前大管棚支护措施后,对上述模型进行了模拟计算,计算中,注浆钢管的计算参数综合考虑了充填砂浆的作用,等效加固圈的弹性模量和重度由管壁与充填砂浆综合而成。超前管棚采用等效参数法来模拟,即通过提高管棚加固区域地层参数来等效模拟。

图 4.22 和图 4.23 为进行超前大管棚预加固后且隧道仰坡为 50°时的进洞过程中,不同进洞尺寸下隧道的应力分布特征。分析结果表明:管棚承受了较大的压应力,并且在拱腰处有一定的应力集中,从量值上看,在隧道进洞 50m 时为−3.8MPa,比没有加管棚时该部位的受力大,但其相对于管棚的强度来说还是很小的,而且隧道在进洞时在拱脚处没有出现拱脚应力集中的现象,这说明由于管棚承受了由于开挖卸荷导致的上部岩体松动压力,使得隧道结构周围岩体的受力出现了较大的改观。

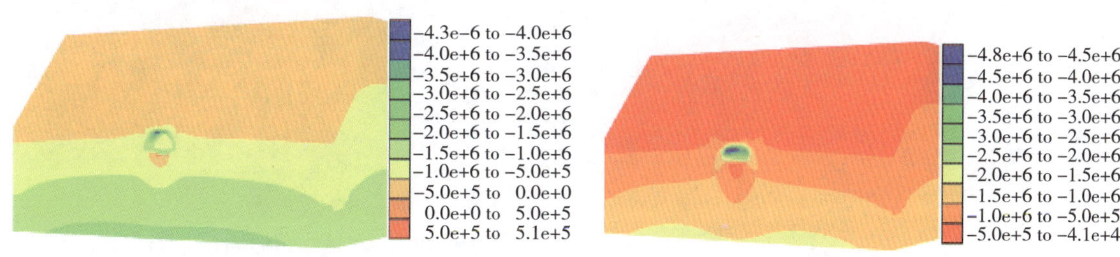

图 4.22　进洞 6m 最大主应力图

图 4.23　进洞 50m 最大主应力图

对模型选取与上节相同的关键点进行分析。分析结果表明：

(1)在进行超前大管棚预加固措施后，各关键点竖向位移随隧道掘进没有明显的变化，但竖向位移值都有较明显的减小，如仰坡坡度为50°，隧道进洞4m时，洞口拱顶在有无管棚情况下的竖向位移分别为1.26mm和2.12mm，拱顶上侧坡表处分别为1.59mm和1.04mm，两关键点的竖向位移在进行超前大管棚支护措施后比未进行措施时要减少40%和36%。

(2)仰坡不同的情况下，各个关键点竖向位移比未加管棚时减小的量值是不一样的，但减小的百分比基本是差不多的，如仰坡坡度为40°的隧道贯通时关键点B的竖向位移在加管棚相对于不加管棚时的减小量为11.6%，而仰坡坡度为50°和60°时的减小量为11.2%和11.1%。

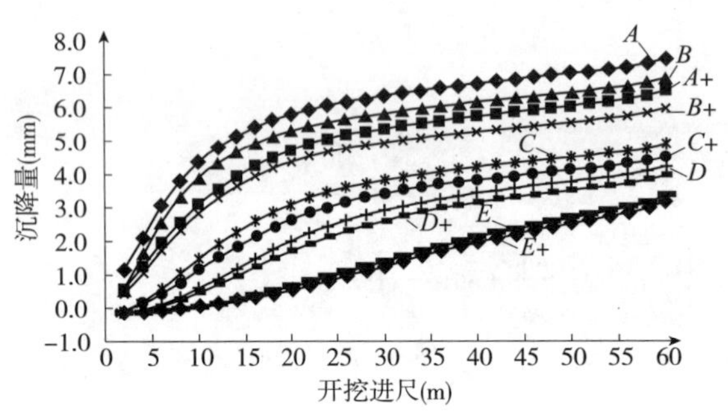

图4.24　有无管棚A～E竖向位移

注：上图为仰坡50°的情况，图中A表示未加管棚时A点竖向位移，A+表示加管棚后A点竖向位移，图4.25含义同此处。

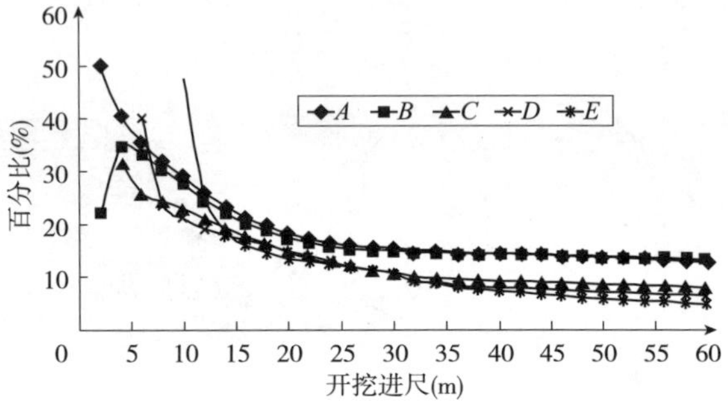

图4.25　加管棚A～E竖向位移减小比率

根据上述分析可以得到如下结论：隧道开挖后，管棚有效地支撑了开挖区域的土体(管棚上部土体)，并使其保持三维受力状态，有效地改变了隧道周围岩体的受力，并有效地减小了拱顶以及仰坡由于隧道开挖产生的变形。隧道进洞20～30m后仰坡基本不受影响，因此管棚的有效深度约为30m。

第5章 典型工程示例分析

本章在对厦蓉高速公路水都段以及贵州境内相类似的典型工程实例进行大量统计的基础上，通过现场监测、三维数值计算等手段，对具体的典型工程进行施工动态力学行为分析，为前文理论分析和计算提供论证和补充，且为类似工程提供参考。

5.1 老寨隧道左幅出口段建设工程实例分析

5.1.1 工程概况

老寨隧道左幅隧道起讫桩号为 ZK38＋425.00、ZK38＋870.00 段，全长 445m。其中 ZK38＋725～ZK38＋870 段，为隧道出口段，长 145m，隧道埋藏较浅，约 0～46m，覆盖层较薄，厚 1.0～3.0m，强风化层厚 3.5～15.5m，洞身穿越强～弱风化变余砂岩。岩体节理裂隙极发育，岩体破碎～较破碎，呈松散碎裂结构，[BQ]＝168，属Ⅴ级围岩。隧道出口 YK38＋850 断面，存在偏压，且发育最不利节理(338°∠25°)面。图 5.1 和图 5.2 分别为 ZK38＋870 断面工程地质横断面图和左幅隧道工程地质纵断面图。

老寨隧道左幅从出口进洞，洞口段横坡大于 50°，侧覆土厚小于 5m，属于典型的浅埋偏压隧道洞口段。

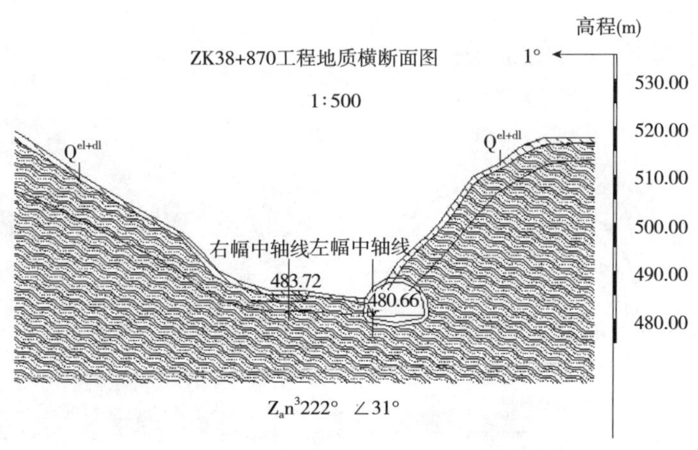

图 5.1 ZK38＋870 断面工程地质横断面图

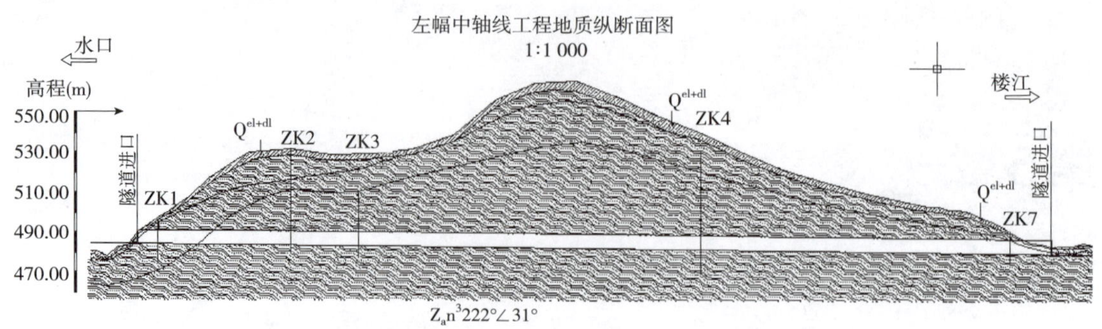

图 5.2　左幅隧道工程地质纵断面图

5.1.2　进洞开挖及加固措施

隧道在进洞前采取了如下的进洞措施：

(1)在坡脚浅埋侧施做 C20 抗偏压挡土墙，以抵抗由于偏压造成的不均衡水平推力。

(2)超前大管棚：ϕ108mm，壁厚 6mm，节长 3m、6m，环向间距 50cm。

(3)边仰坡防护采用锚网喷，具体采用 $\phi 50\times4$ 注浆小导管，长度为 6m，间距 1.5m×1.5m；采用 ϕ8 钢筋网，间距为 20cm×20cm；C20 喷射混凝土，厚度 8cm，如图 5.3 和图 5.4 所示。

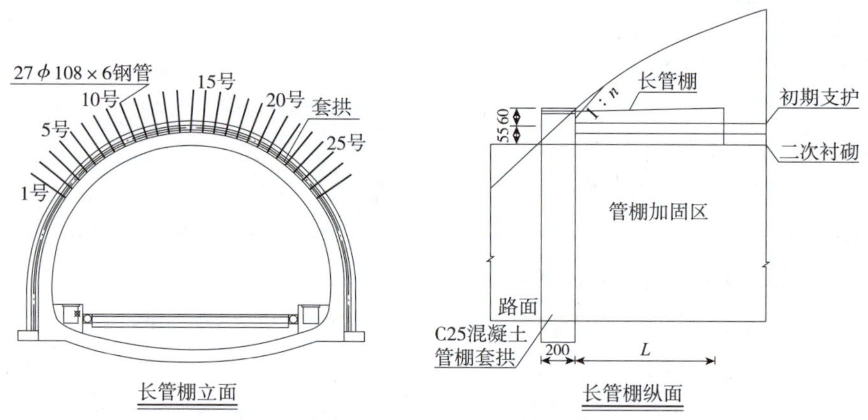

图 5.3　大管棚立面和纵面图(尺寸单位：mm)

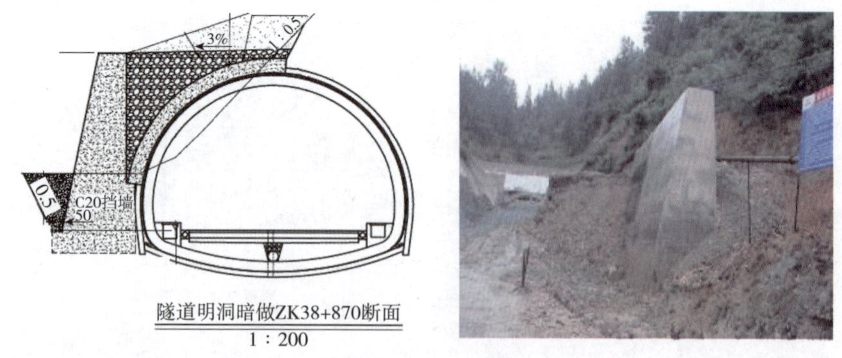

图 5.4　挡土墙图

隧道洞身开挖采用三台阶七部法(图 5.5)，隧道掘进遵循“短进尺、弱爆破、勤支护、早封闭”的原则，以利于开挖面的稳定。

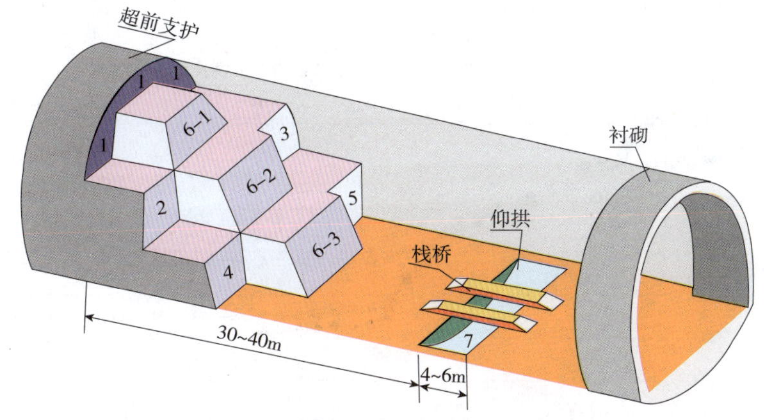

图 5.5　左幅隧道洞口段施工程序示意图

5.1.3　施工监测分析

1)拱顶沉降变化分析

图 5.6～图 5.8 分别为 ZK38＋865 断面、ZK38＋859 断面、ZK38＋850 断面拱顶下沉量测图。

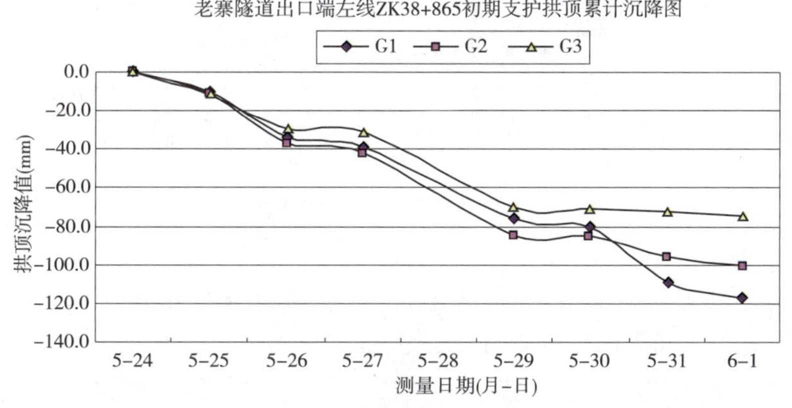

图 5.6　ZK38＋865 拱顶下沉量测图

从上图可以看出：

(1)整个洞口段拱顶沉降值都很大，每个断面的最大沉降量均超过 100mm，其中 ZK38＋859 断面整个拱顶下沉量达到了 500mm，即隧道初期支护产生了严重的侵限。三个断面中，ZK38＋865 断面拱顶沉降是最小的，只是由于 6 月 2 日对 ZK38＋865～ZK38＋872 断面进行了二次衬砌的施作，及时施作的二次衬砌有效地控制了拱顶的下沉。

(2)由于 5 月 30 日开始的将近一个月的持续降雨，使得 ZK38＋859、ZK38＋850 断面一开挖便产生了急剧增大的位移，特别是 6 月 26 日在全天下大雨的情况下，监测发现，已开挖但未施作二次衬砌的部分出现了拱顶下沉突然急剧增加的情况，之后紧急采取了临时支撑等措施，监测的拱顶沉降量的情况表明，ZK38＋859 和 ZK38＋850 断面在采取了临时支撑的措施后，拱顶的下沉量得到了非常有效的控制。

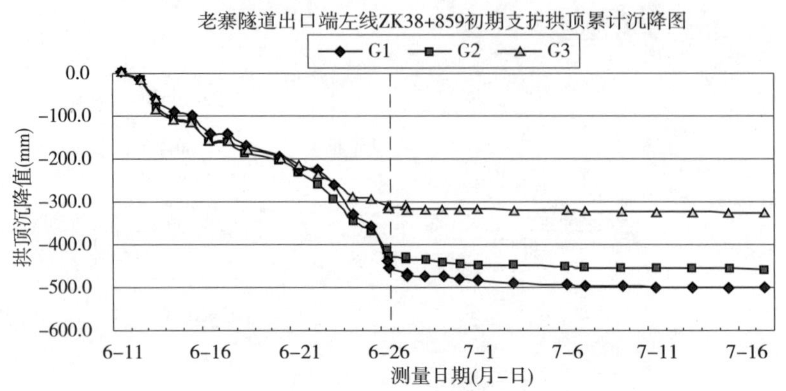

图 5.7　ZK38＋859 拱顶下沉量测图

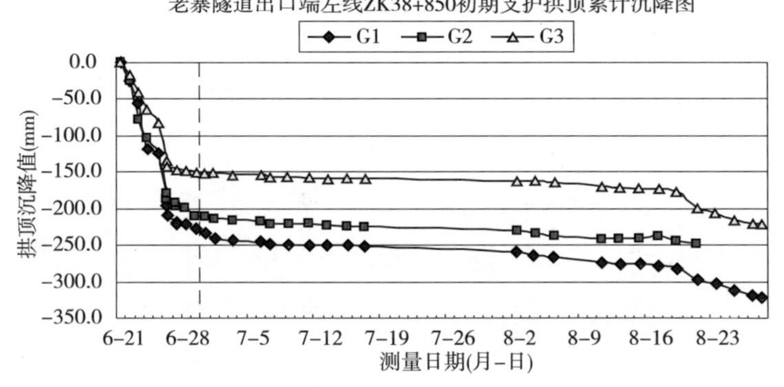

图 5.8　ZK38＋850 拱顶下沉量测图

2）支护结构受力分析

图 5.9 为现场对 ZK35＋862 断面、ZK38＋853 断面和 ZK38＋840 断面的围岩与初期支护间接触应力进行量测而得的接触应力分布图。

由图 5.9 可知，隧道明显承受不均匀压力，基本规律是隧道在内侧拱顶至拱腰范围内较大压力作用下，支护结构向外侧变形，因此深埋侧拱脚的围岩压力都不是很大，3 个断面 ZK35＋862、ZK38＋853、ZK38＋840 深埋侧拱脚处的压力分别为 0.02MPa、0.05MPa 和 0.03MPa。

由于现场情况复杂，使得 ZK38＋862 断面的部分仪器损坏。经计算后，另外两个断面 ZK38＋853、ZK38＋840 的钢支撑弯矩分布图如图 5.10 所示。

由图 5.10 可知，ZK38＋853 断面由于深埋侧压力较大，使得钢支撑有向浅埋侧位移的趋势，所以浅埋侧的钢支撑承受较大内力，左拱腰处达到 41.6 kN · m。到 ZK38＋840 断面后，也有类似趋势，但是由于偏压效应减弱，左右拱腰的内力分别为 15.8kN · m 和 7.9 kN · m，两者差值较 ZK38＋853 断面小。

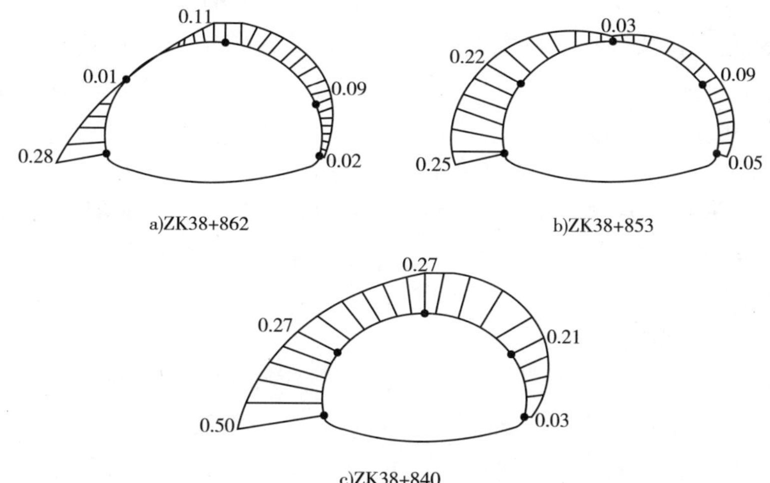

图 5.9　隧道各监测断面围岩与初期支护接触压力分布图(单位:MPa)

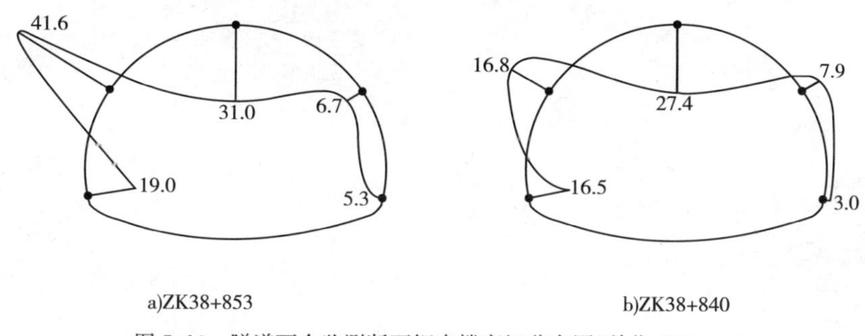

图 5.10　隧道两个监测断面钢支撑弯矩分布图(单位:kN·m)

图 5.11 为现场对 ZK35+862 断面、ZK38+853 断面和 ZK38+840 断面的初期支护与二次衬砌间接触应力进行量测而得的接触应力分布图。

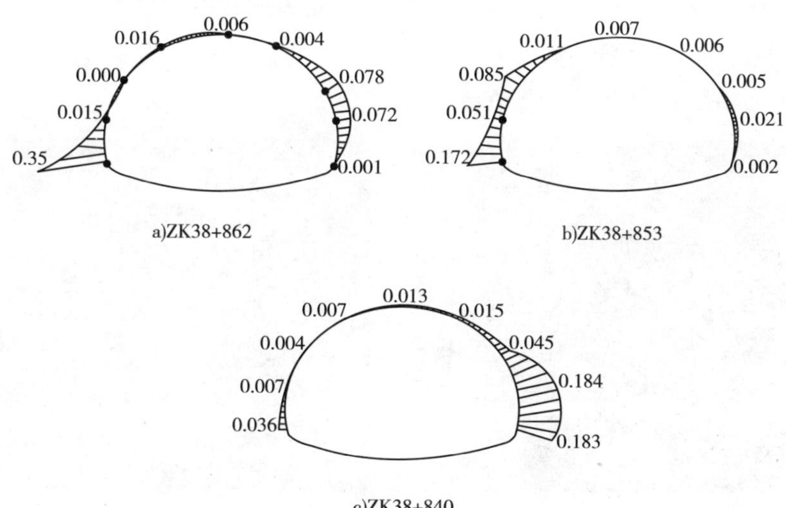

图 5.11　隧道各监测断面初期支护与二次衬砌接触压力图(单位:MPa)

由图 5.11 可知，由于 ZK38＋853 监测断面附近钢支撑出现变形过大，在进行相应处理时围岩压力得以释放，所以传到二次衬砌深埋侧墙的压力并不是很大，而 ZK38＋862 和 ZK38＋840 断面深埋侧墙也会承受较大压力，最大值分别达到 0.078MPa 和 0.184MPa。ZK38＋862 和 ZK38＋853 断面浅埋侧墙附近的较大压力是由于浅埋侧挡墙进行了反压回填。初期支护与二次衬砌的接触压力表明二次衬砌两侧墙部位受力相对较大，说明钢支撑主要承受了来自拱顶及拱腰部位的围岩压力，而二次衬砌分担了部分围岩两侧传来的围岩压力。因此在现场施工中要注意钢支撑锁脚锚杆的施作，以提高钢支撑两侧承载能力的发挥。

3)表观变形监测分析

监测期间，隧道表观变形监测情况如下：

2009 年 5 月 31 日和 6 月 1 日，隧道掌子面掘进至 ZK38＋840 断面附近，隧道所在地出现了连续两天的大雨天气，观测出现了隧道护拱开裂、拱顶沉降显著以及边仰坡开裂等现象。边仰坡变形如图 5.12 所示。

图 5.12　隧道边仰坡开裂图

2009 年 6 月 26 日，前方掌子面施工达 ZK38＋850 断面时，深埋侧 ZK38＋860 附近拱间工字钢变形严重，在 2h 内向洞里突出 0.6cm，拱顶附近及其他地方开裂较大，造成停工。并且调查表明整个 ZK38＋862～ZK38＋855.7 断面的初期支护发生严重变形，喷射混凝土崩裂掉块，反压挡墙下侧出现明显裂缝，整个型钢拱架向浅埋侧挤压变形明显，左右侧拱腰处变形最大达到了 67cm。现场观测如图 5.13 所示。

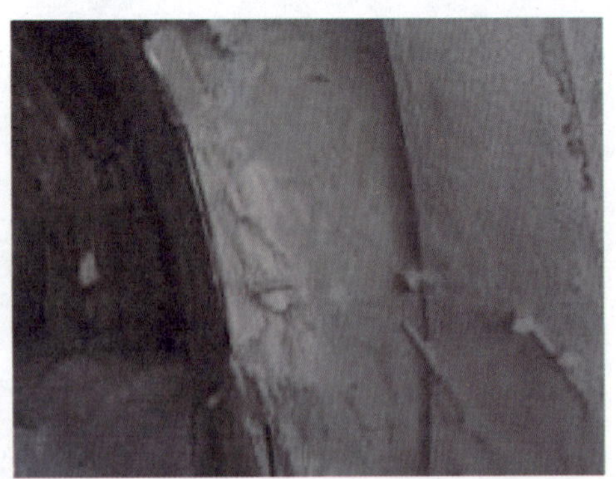

图 5.13　初期支护变形侵限图

对监控量测数据进行分析，造成老寨隧道初期支护破坏的原因主要有以下几点：

(1)地质条件、围岩质量差，隧道洞口段为强风化的变余砂岩并夹杂黏土，岩体节理裂隙极发育，岩体松散碎裂，自稳能力差。

(2)浅埋偏压的影响，按理论计算在未考虑预加固效果的情况下内侧围岩平均压力甚至是外侧的7倍多，主要受地面坡度角的影响，两侧壁均布围岩压力差值极大，对隧道构成了极为显著的偏压荷载。而根据现场量测结果表明，深埋侧拱腰压力值平均为浅埋侧拱腰压力值的10.7倍。表明实际中隧道受偏压情况更为严重。

(3)降雨的影响，5月31日出现了持续的降雨天气，隧道边仰坡出现裂缝，挡土墙下侧出现较大的裂缝，且洞内初喷混凝土出现剥落、掉块。岩体风化和破碎程度高，并且在大量雨水下渗弱化岩土力学参数和增加附加孔隙水压力使得围岩质量进一步劣化，是造成围岩较大变形的主要原因。

根据上述分析和现场的实际情况，考虑到病害情况紧急，处理方案必须临时强支护与长远稳定措施相结合，既要保证处理过程中的安全，又要满足结构永久安全的要求。采取了如下的处理措施：

(1)临时支撑(图5.14)，对变形严重地段立即施作临时支撑，支撑就地取材采用20b工字钢，排距为1m，每根(排)均采用L10×10cm角钢进行纵横连接牢固，连接件间距取1m，底座采用槽钢支垫牢固。要求支顶和落脚处必须紧贴，不应出现单点受力现象，以达到整体受力的效果。

(2)减载反压回填及排水，对仰坡进行刷坡减载，取土对隧道外侧反压，平衡偏压荷载，见图5.15。施工中应对减载后的边坡及时采用钢筋网、注浆小导管和喷射混凝土进行防护，避免因减载反压引起的深层次的滑动。并做好地表排水的截水沟，并在坡体表面喷射混凝土，防止雨水的下渗。

图5.14 临时支撑图

图5.15 现场进行减载反压图

(3)替换变形过大部分，上述措施落实到位并施工结束后至7月29日，洞身变形已处于相对稳定状态，边仰坡没有出现任何异常时，此时拆去临时支撑，并对变形过大段的初期支护进行替换。经过上述处理措施后，工程重新开工。

采取了以上技术措施后，监控量测表明替换后的钢支撑受力最大值与替换前钢支撑同部位受力值比较如表5.1所示。由表得出新替换上的钢支撑受力较之前要明显减小，且从现场观测，重喷的混凝土没有出现明显裂缝，表明采取的措施取得了良好的效果。

初期支护替换前后钢支撑受力最大值对比表 表5.1

项目名称（单位）	拱顶	右拱腰
替换前钢支撑轴力值（kN）	729	67
替换后钢支撑轴力值（kN）	189	44
替换前钢支撑弯矩值（kN·m）	19.1(下侧受拉)	5.6(上侧受拉)
替换后钢支撑轴力值（kN·m）	10.4(下侧受拉)	0.2(上侧受拉)

监测分析表明：三个断面都是浅埋侧部分受力相对较大，特别是左拱脚部分。在偏压严重的进口段，设计、施工时对远离山体的一侧拱脚处要进行认真地考虑。

5.1.4 施工动态力学响应分析

对隧道施工阶段力学行为的研究主要有二维平面和三维空间两种分析手段。二维数值模拟采用平面应变假设对隧道施工阶段的力学行为进行研究，其主要的特点是计算所需的时间少，对计算机的硬件要求低，可以在较短的时间内对多种施工工况和不同的支护参数进行对比分析，其缺点主要是不能模拟围岩和支护结构纵向的应力和变形随施工全过程的变化情况，同时也不能完全将空间效应模拟出来，故计算结果具有一定的误差，此法对于隧道洞身的模拟研究比较适合；三维数值模拟的主要优点是能够将时间和空间效应完全地再现出来，将围岩和支护随施工过程的变化以及纵向力学效应完全模拟出来，缺点是对计算机的硬件要求也相对较高，计算所需时间太长，但是对于隧道洞口段的模拟研究比较适合。因此本章对所选取的三个典型工程实例均采用岩土工程专业分析软件FLAC3D进行计算分析。老寨隧道计算模型范围，计算采用本构模型以及围岩、支护等参数均同3.1.1。

为了全面了解老寨隧道在施工过程中围岩、初支以及二衬等结构的受力变形特性，对方案一的施工全过程隧道的施工力学行为进行分析。为了清楚的看出隧道围岩和结构的应力、应变特征，选取一个特定的研究面(ZK38＋862)进行分析。

1)围岩应力及屈服特征

(1)围岩的应力特征

从图5.16中可以发现拱顶部开挖时，拱顶范围偏深埋侧出现约0.1MPa的拉应力，下部未开挖区会出现约0.3MPa的拉应力。由于开挖引起围岩应力重分布，与未开挖时比较浅埋侧坡面附近也会出现拉应力。浅埋侧中台阶开挖使拱顶范围拉应力区数值增大至0.2MPa，此后直至隧道开挖完毕，拱顶拉应力值变化不大。开挖过程中基本规律是浅埋侧拱脚出现拉应力，而深埋侧拱脚出现压应力集中。隧道开挖完后，隧道仰拱偏浅埋侧范围会出现大小约为0.2MPa的拉应力区。从图5.17可以发现，浅埋侧拱腰其最小主应力在拱顶开挖后达到－1.8MPa，此后至开挖完毕量值达到－2.5MPa；深埋侧拱腰最小主应力在拱顶开挖后达到－1.2MPa，至开挖完毕量值达到－2MPa。但深埋侧最小主应力达到－2MPa的范围要比浅埋侧大很多。

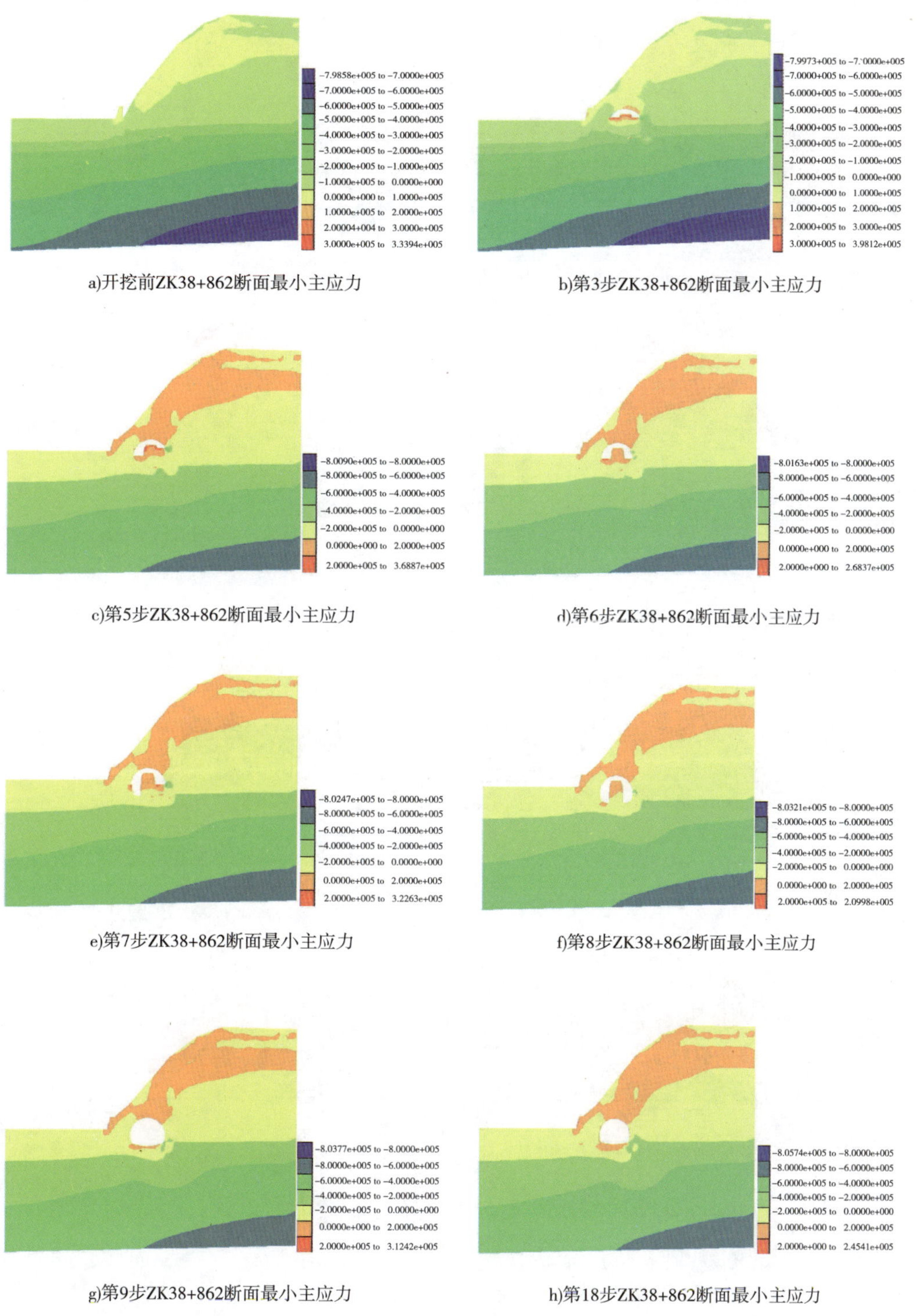

a)开挖前ZK38+862断面最小主应力　　b)第3步ZK38+862断面最小主应力

c)第5步ZK38+862断面最小主应力　　d)第6步ZK38+862断面最小主应力

e)第7步ZK38+862断面最小主应力　　f)第8步ZK38+862断面最小主应力

g)第9步ZK38+862断面最小主应力　　h)第18步ZK38+862断面最小主应力

图 5.16　ZK38＋862 断面各开挖步最小主应力

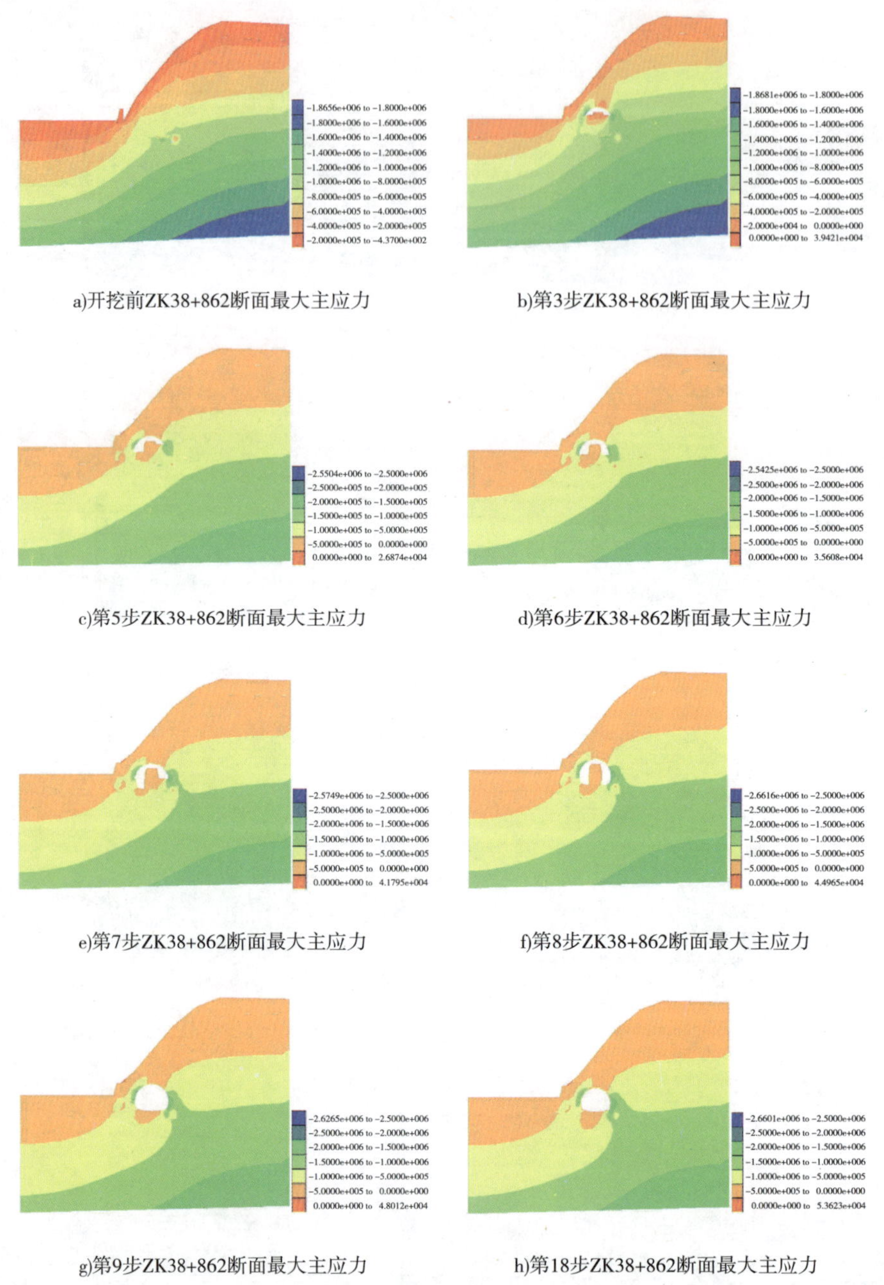

a)开挖前ZK38+862断面最大主应力　　b)第3步ZK38+862断面最大主应力

c)第5步ZK38+862断面最大主应力　　d)第6步ZK38+862断面最大主应力

e)第7步ZK38+862断面最大主应力　　f)第8步ZK38+862断面最大主应力

g)第9步ZK38+862断面最大主应力　　h)第18步ZK38+862断面最大主应力

图 5.17　ZK38＋862 断面各开挖步最大主应力

(2)围岩的塑性区分布特征

依然选取 ZK38＋862 断面作为研究面，得到该断面开挖完毕各阶段的塑性区，如图 5.18 所示。从图 5.18 中可以看出，隧道开挖过程中主要的塑性区出现在坡面附近，以剪切破坏为主，有少许的拉破坏。在隧道分步开挖中，隧道各拐角处由于应力集中会出现塑性区，但是隧道开挖轮廓线以外的围岩中未出现塑性区。这主要是由于隧道采取了分步开挖的方式，使得围岩剪应力大大减小，从而使相应的剪应变减小；另外，由于隧道及时施作了初期支护，且初期支护设计参数合理，使得围岩处于良好的受力状态，所以未出现塑性区。

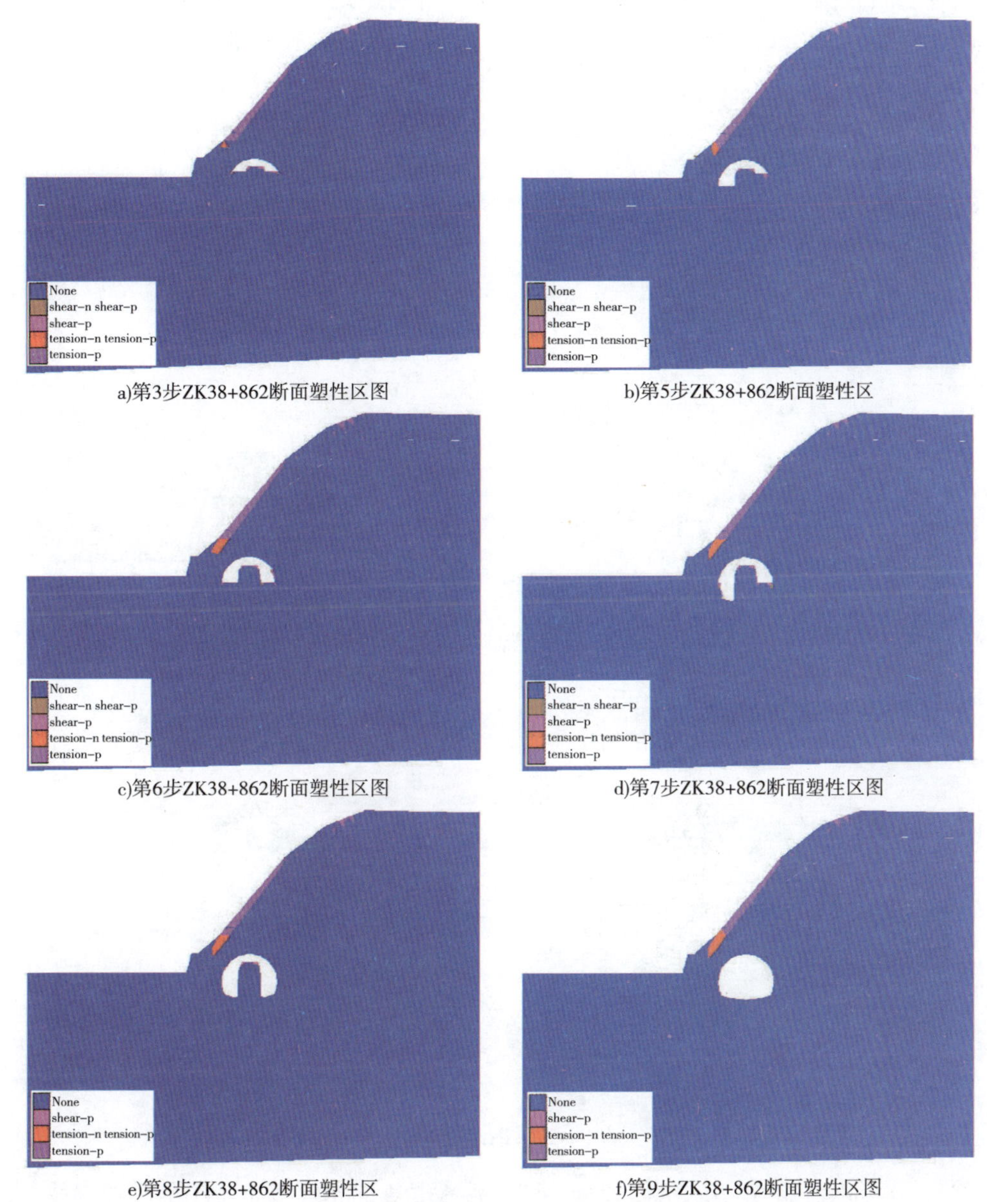

a)第3步ZK38+862断面塑性区图　b)第5步ZK38+862断面塑性区

c)第6步ZK38+862断面塑性区图　d)第7步ZK38+862断面塑性区图

e)第8步ZK38+862断面塑性区　f)第9步ZK38+862断面塑性区图

图 5.18　ZK38＋862 断面各开挖步塑性区

2)围岩变形特征

定义隧道开挖轮廓线附近拱顶、左拱腰、右拱腰、左拱脚、右拱脚为隧道关键点，同样选取ZK38＋862 断面为研究面，该断面竖向位移云图如图 5.19 所示，隧道关键点水平及竖向位移与开挖步的关系曲线如图 5.20 和图 5.21 所示。通过图 5.19 及图 5.21 发现，隧道拱顶在开挖未通过 ZK38＋862 断面前已产生沉降，占总沉降的 16％，ZK38＋862 断面拱部开挖(第 3

步)产生的下沉量占拱顶总沉降量的 35%,该断面全部开挖完后(第 9 步)拱顶下沉占拱顶总沉降量的 78%,此后开挖推进 12m 后(至第 12 步),拱顶沉降达到总沉降的 98%,这说明隧道继续开挖对该断面位移已无影响。为了保护隧道围岩的稳定,也为了保证二次衬砌施工的效果,可认为距掌子面 12m 的距离为隧道洞口段二次衬砌施工的适宜时机。

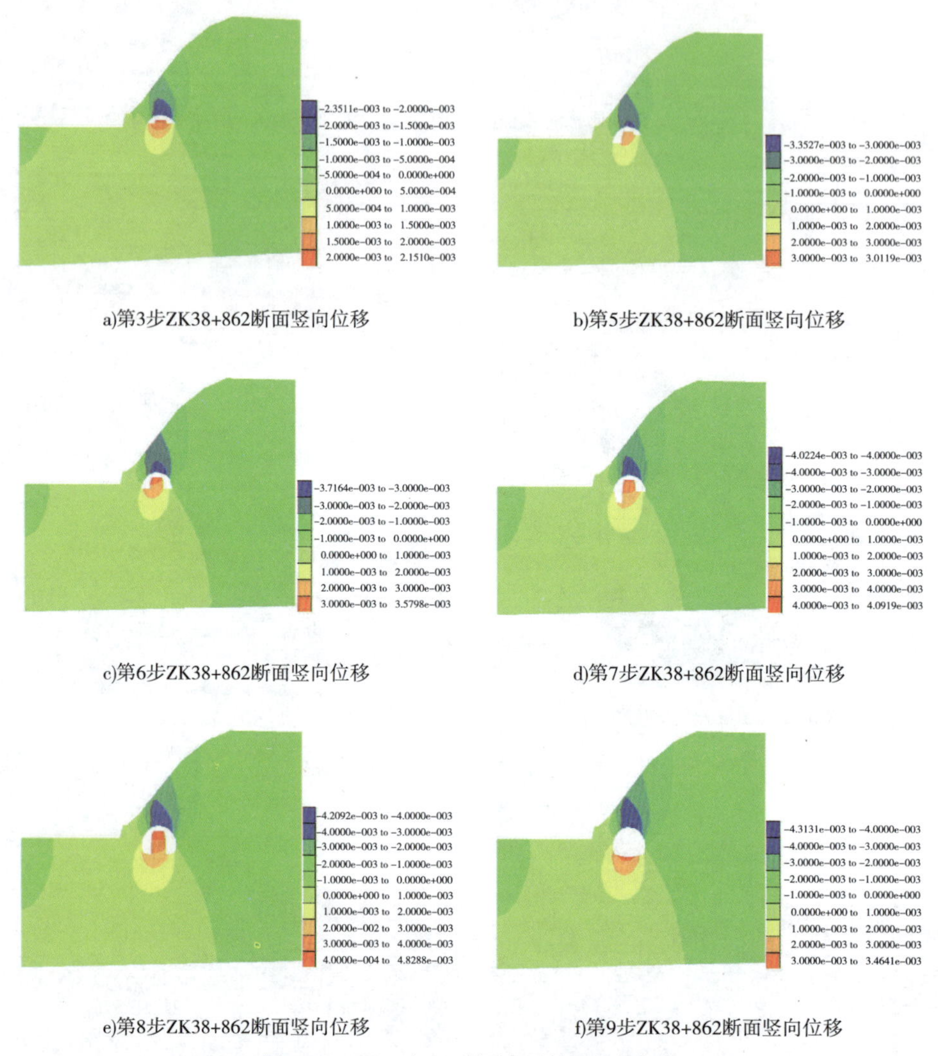

a)第3步ZK38+862断面竖向位移　　b)第5步ZK38+862断面竖向位移

c)第6步ZK38+862断面竖向位移　　d)第7步ZK38+862断面竖向位移

e)第8步ZK38+862断面竖向位移　　f)第9步ZK38+862断面竖向位移

图 5.19　ZK38+862 断面各开挖步竖向位移

从图 5.20 可以看出,隧道拱顶以及左右拱腰产生负的水平位移,且左拱腰最大,拱顶次之。而左右拱脚产生正向的水平位移,且右拱脚较大。说明由于偏压作用,整个隧道上部受挤压向左变形,为了适应上部的变形,隧道两拱脚部位向深埋侧变形。从图 5.21 可以发现,隧道拱顶沉降最大,而由于深埋侧竖向应力较大使得右拱腰的竖向位移较左拱腰大 3 倍,左拱脚会产生向上的竖向位移,而右拱脚的竖向位移非常小。综上所述,偏压隧道的变形特征为拱顶及深埋侧拱腰下沉,浅埋侧拱腰向临空侧突出,拉动浅埋侧拱脚向上变形。这与现场测得的钢支撑受力变形趋势基本一致。

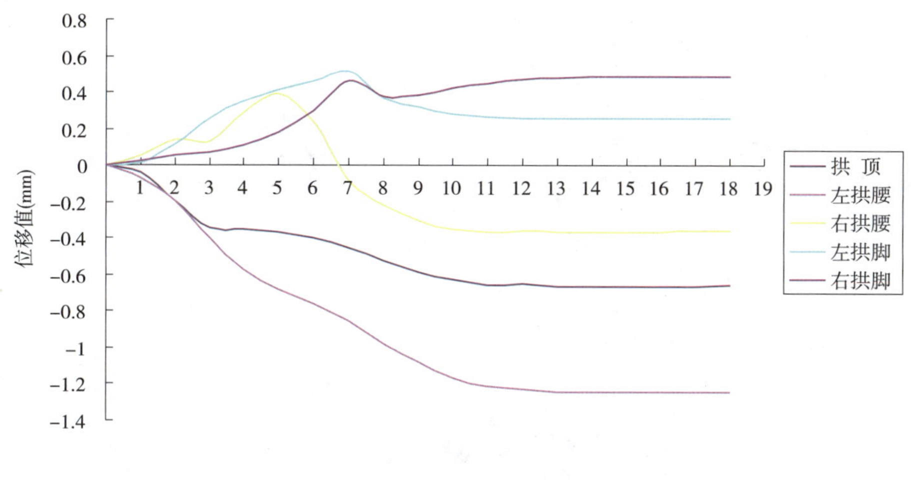

图 5.20　隧道关键点水平位移与开挖步关系曲线

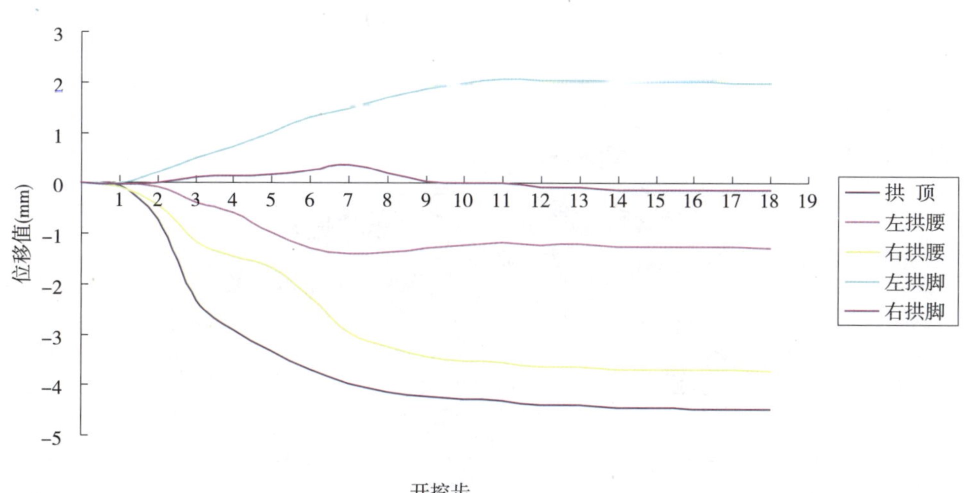

图 5.21　隧道关键点竖向位移与开挖步关系曲线

3)初期支护受力特征

隧道第 3、8 开挖步的初期支护弯矩及轴力图如图 5.22 和图 5.23 所示。可以发现,拱顶大部分至深埋侧拱腰范围内初期支护弯矩为负,在开挖完成后最大弯矩能达到约 −30kN·m,而浅埋侧拱腰附近弯矩为正,在开挖完成后最大弯矩能达到约 10kN·m,这主要是由于深埋侧岩体变形较大,使初期支护受到较大压力下凹产生负弯矩,而浅埋侧初期支护受到挤压向外凸出产生正弯矩,这与现场测得的钢支撑的受力变形特征一致。经计算,现场钢支撑拱顶至深埋侧拱腰范围内的实测值最大达到 −31kN·m,与数值分析值接近;浅埋侧拱腰钢支撑实测值最大达到 41kN·m,比数值分析值要大,但两者处于同一数量级。从图 5.24 可以发现,随着开挖不断进入侧覆土厚增加,左右初期支护受力特征差异减小。

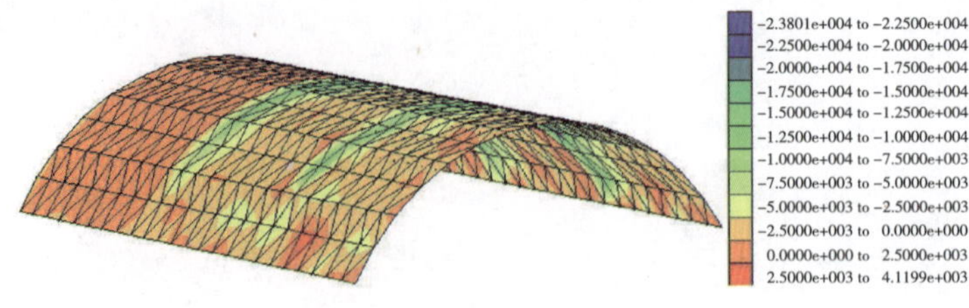

a)第3步初期支护浅埋侧y方向弯矩

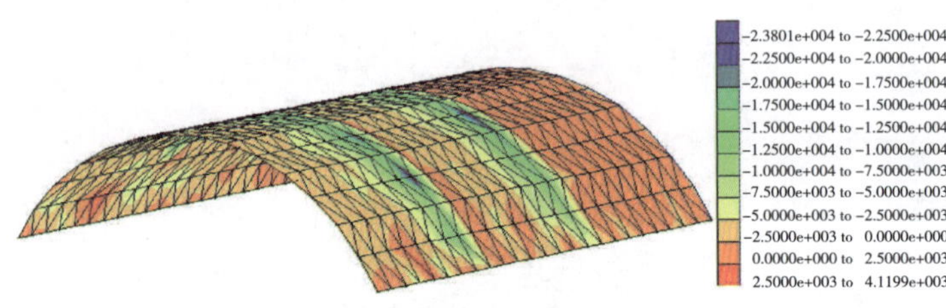

b)第3步初期支护深埋侧y方向弯矩

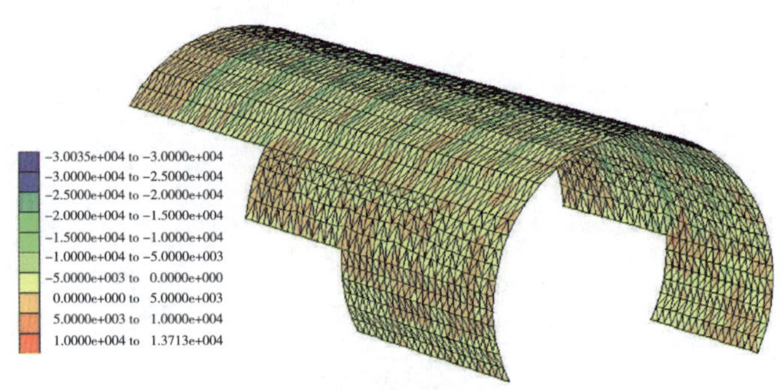

c)第8步初期支护浅埋侧y方向弯矩

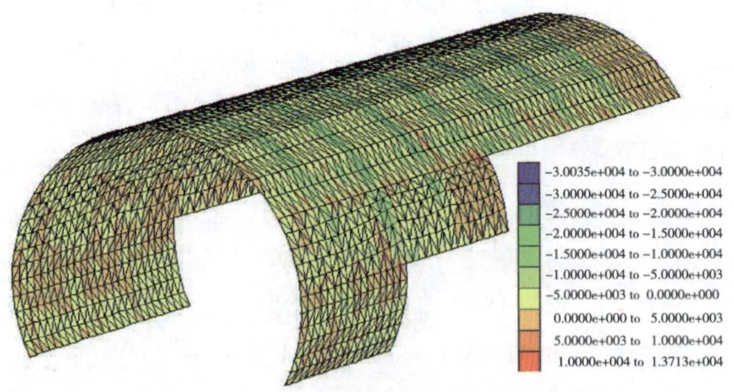

d)第8步初期支护深埋侧y方向弯矩

图 5.22 初期支护 y 方向弯矩

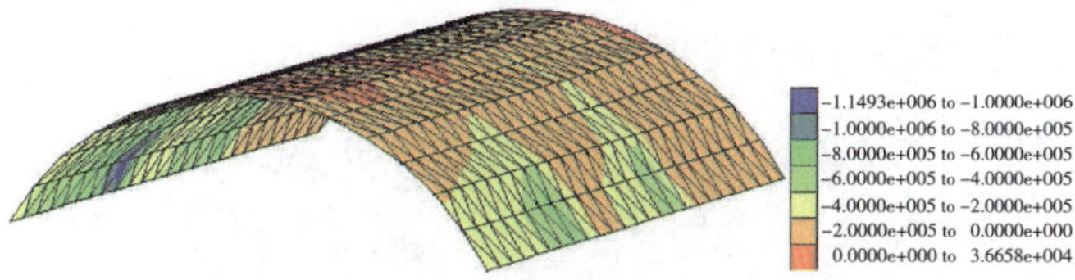

a)第3步初期支护x方向轴力

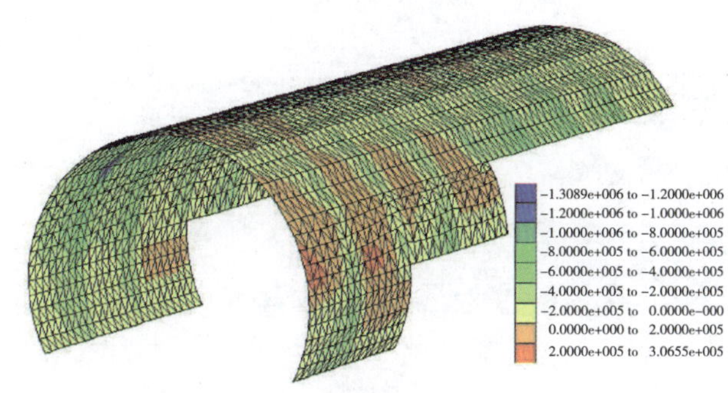

b)第8步初期支护x方向轴力

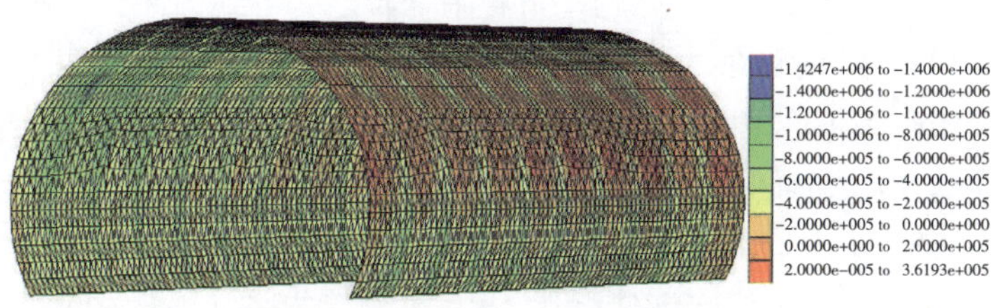

c)第18步初期支护深埋侧x方向轴力

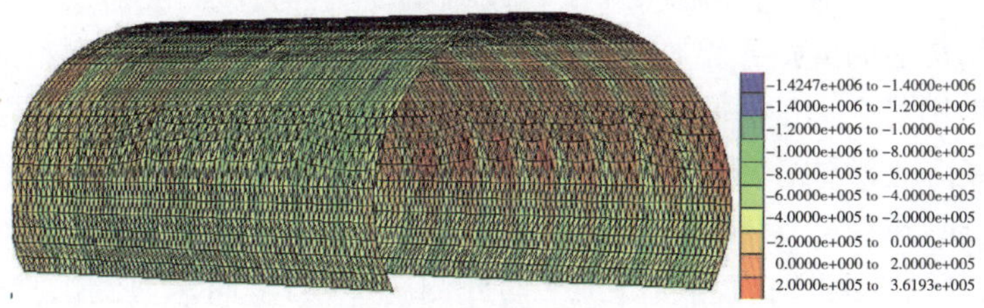

d)第18步初期支护浅埋侧x方向轴力

图 5.23　初期支护 x 方向轴力

a)初期支护最大主应力

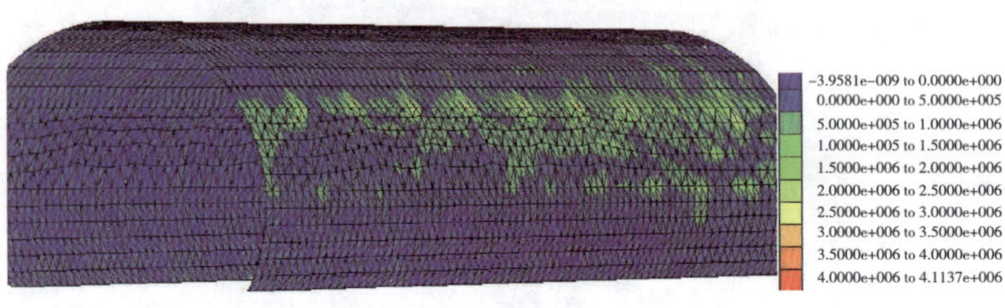

b)初期支护最小主应力

图 5.24　初期支护主应力

从图 5.23 可以看出，拱部围岩开挖后，浅埋侧拱腰附近最大轴力约－1.149MPa，深埋侧拱腰附近最大轴力为－0.8MPa，左右两侧存在偏压。等到开挖完成后，如图 5.23c)、图 5.23d)所示，浅埋侧拱腰附近最大轴力达到－1.42MPa，出现在偏压明显的隧道洞口 ZK38＋865 断面附近，而相应断面深埋侧拱腰最大轴力变为 0.3MPa，两者相差达到 1.7MPa，而在隧道约 ZK38＋840 断面附近，深埋侧拱腰轴力为 0.36MPa，浅埋侧拱腰轴力为 0.2MPa，两者相差仅为 0.1MPa，这也说明了偏压效应随着侧覆土厚的增加在减弱。从图 5.24b)可以看出，在 ZK38＋855 断面附近初期支护深埋侧拱腰会出现最大为 3.11MPa 的拉应力，此断面附近需重点关注。

4)二次衬砌受力特征

设计中二次衬砌作为安全储备考虑，因此二次衬砌施工是在围岩位移基本收敛后施作。从图 5.25 可以发现，与初期支护相比，二次衬砌结构受力很小，二次衬砌拱脚会出现拉应力，最大值约为 0.05MPa，所以从受力来看二次衬砌的拱脚为结构的控制面。靠近洞口 ZK38＋860 断面附近浅埋侧拱腰会出现较大的压应力，最大值达到－0.13MPa。依据模拟开挖完成后二次衬砌的位移情况，可以得到与现场监测断面相应的二次衬砌位移矢量图(图 5.26)，从图 5.26 中可以发现，在偏压明显的 ZK38＋862 断面，其二次衬砌的变形特征是：拱顶及深埋侧二次衬砌下沉，仰拱向上隆起，浅埋侧拱腰向外侧变形较大，而深埋侧拱脚略微向内侧变形。ZK38＋853 断面有类似变形特征，但是不甚明显，到了 ZK38＋840 断面后，拱顶范围的变形依然是深埋侧略大于浅埋侧，但是浅埋侧拱腰向外侧的变形大大减小，说明随着隧道侧覆土厚的增加，偏压效应在逐渐减弱，这与上面通过其他途径分析得到的结论一致，与现场钢支撑的受力变形特征也是一致的。

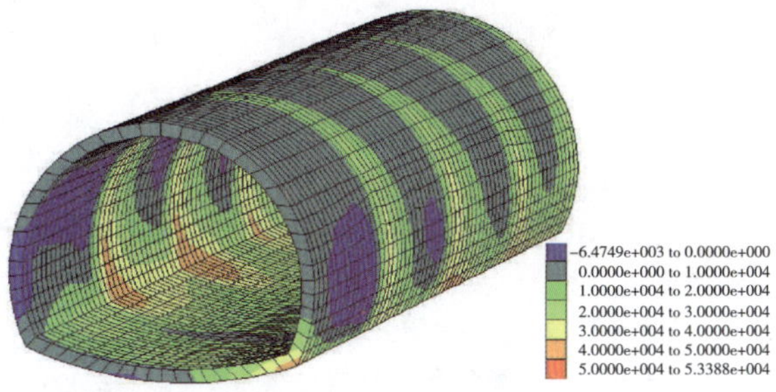

a)二次衬砌深埋侧最小主应力

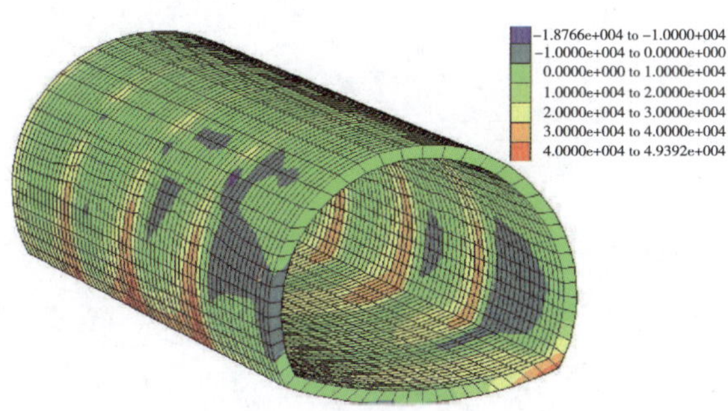

b)二次衬砌浅埋侧最小主应力

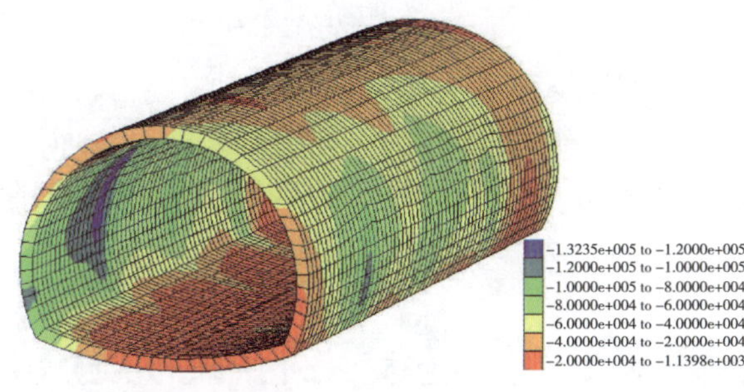

c)二次衬砌深埋侧最大主应力

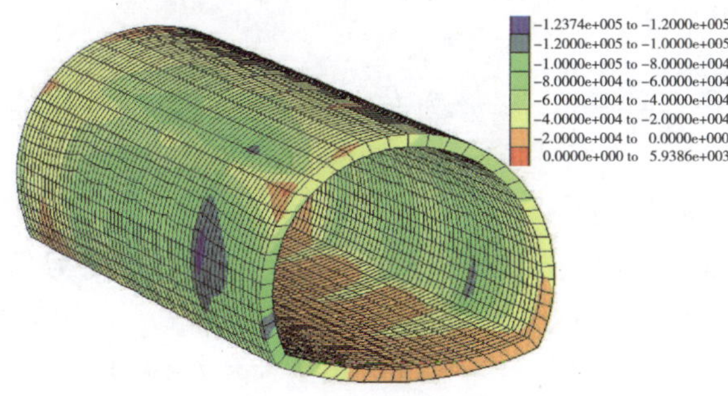

d)二次衬砌浅埋侧最大主应力

图 5.25　二次衬砌主应力

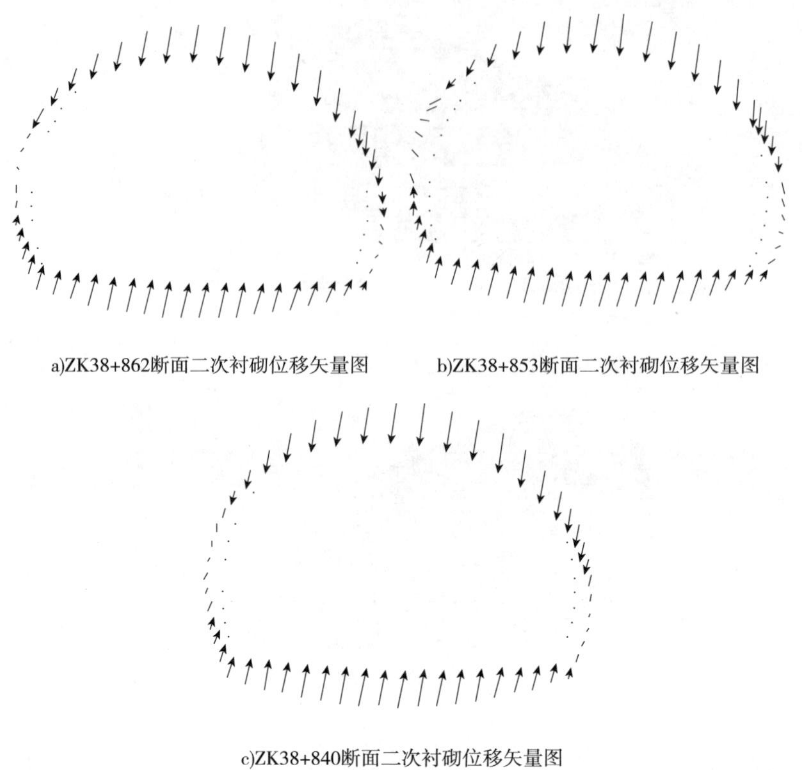

a)ZK38+862断面二次衬砌位移矢量图　　b)ZK38+853断面二次衬砌位移矢量图

c)ZK38+840断面二次衬砌位移矢量图

图 5.26　二次衬砌位移矢量图

老寨隧道洞口段的研究表明，浅埋偏压隧道承受不均匀压力，在深埋侧隧道拱顶至拱腰范围内较大围岩压力作用下，钢支撑有向浅埋侧运动的趋势，使得浅埋侧的钢支撑内力较大。浅埋偏压隧道洞口段的钢支撑能够并且主要承受了围岩拱顶及拱腰范围的压力，而二次衬砌主要分担了部分侧边墙部位的围岩压力。

5.2　平寨隧道洞口段建设工程实例分析

5.2.1　工程概况

隧址区位于贵州省丹寨县平寨沟，分为左、右幅，分别位于公路测设里程 ZK173＋776～ZK173＋944、YK173＋752～YK174＋005，为短隧道。隧道洞室左幅长 168m，右幅长 253m，左幅最大埋深 43.2m，右幅最大埋深 60.5m。

隧道穿越区为构造隆升低山工程地质区，山体为南北走向，地势总体北低南高，山脊与隧道近于直交，隧道穿越断山体浑圆，两侧低，中间高。左幅地形高程介于 690～775m 之间，相对高差约为 85m，右幅地形高程介于 685～788m 之间，高差约为 105m，隧道进口地形较陡，仰坡坡角约为 45°。分布的底层有第四系全新统坡残积碎石土、中泥盆统泥质灰岩，进口段岩层产状 90°∠55°，岩层层厚约 0.5～3m，隧道轴线方位角为 305°。隧道左、右幅工程地质纵断面图如图 5.27 所示。

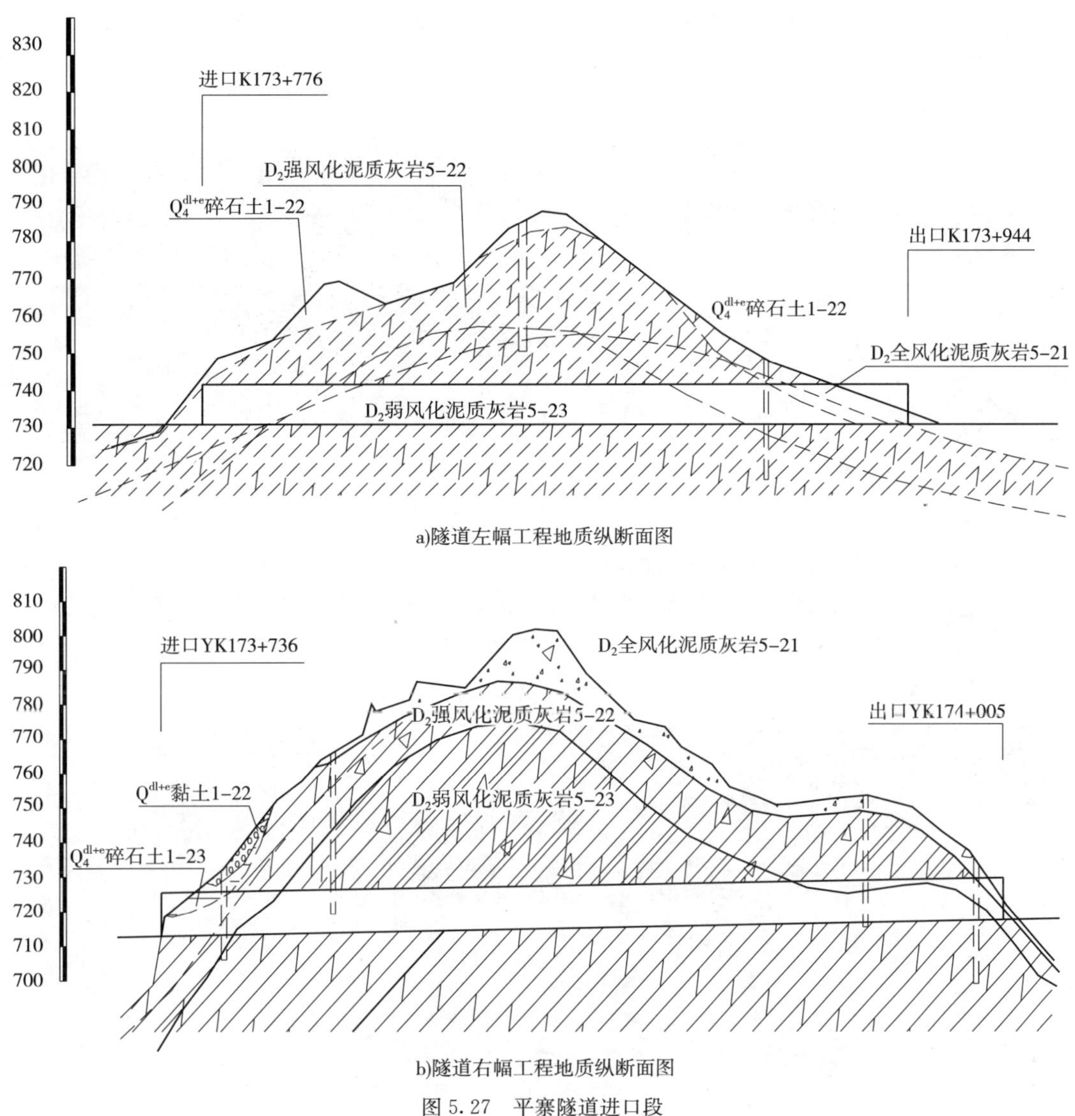

图 5.27　平寨隧道进口段

5.2.2　进洞开挖及加固措施

平寨隧道洞口最大的特点在于左洞进口属于高陡岩体仰坡，左洞进口段山体地势险要，在正向进洞条件下，洞口爆破岩石难以控制，容易滑落，落石对在涵洞和路基施工中的机械、人员造成重大安全隐患，苦于场地限制，无法正向进洞；隧道左幅出口有大片居民区，也受到场地限制，仍然无法进洞。隧道左洞开挖前地形地貌图如图 5.28 所示。

为了确保工期，当正、反向不具备进洞条件，在无法正常进洞的情况下，施工考虑通过修筑横向导洞进洞，反向开挖左洞，变进洞为出洞，避开洞口处不良的地形条件，这样不仅可以最大限度的保护洞口环境，避免洞口爆破的落石对在涵洞和路基施工中的机械、人员造成重大安全隐患，实现快速进洞，而且横向导洞还可以作为通风、出渣等的通道，有利于施工的开展。

基于以上考虑，隧道先从右洞开挖，在右洞 YK173＋845 段垂直向左洞打一条横向导洞，横向导洞如图 5.29 所示。通过横向导洞进行平寨隧道左幅施工，克服了左洞正向进洞难的问题，确保了隧道的正常建设，同时也避免了洞口施工给洞口周围机械、人员造成的重大安全隐患。

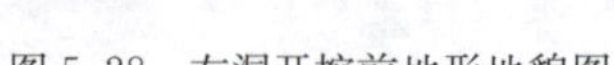
图 5.28　左洞开挖前地形地貌图

图 5.29　横向导洞

隧道在右洞进洞前采取了如下的进洞措施：

(1)隧道进口进洞开挖前，对地表进行注浆加固，注浆范围：横向隧道中心线两侧各 15m。纵向 YK173＋742～YK173＋763 从原地表直至仰拱底以下 3.0m 处。注浆管采用 ϕ50×5PVC 塑料花管，管壁每隔 15cm 交错布眼，眼孔直径为 8mm。注浆管间距 2m，如图 5.30 所示。

图 5.30　平寨隧道进口段地表注浆图

(2)在隧道右洞进口进洞开挖前，YK173＋745 处做三根 15m 长，横截面为 2m×3m 钢筋混凝土抗滑桩，以免在隧道施工时山体出现滑坡，如图 5.31 所示。

图 5.31　平寨隧道进口段抗滑桩图

(3)边仰坡防护采用 $\phi22$ 砂浆锚杆，锚杆采用梅花形布置，同排间距 2.4m，排间距1.2m，锚杆长度 4m；挂 $\phi8$ 钢筋网，间距 20cm×20cm；边仰坡喷射 C20 混凝土，厚 10cm。

(4)边仰坡锚喷支护等处理后，在进行洞口开挖进洞。隧道洞口存在偏压时，施工顺序按先开挖山外侧洞，后开挖山内侧洞进行，施工采用套拱法施工。施工方法为拱部以上明挖部分为人工风钻打眼，非电毫秒雷管起爆，人工清刷边坡；下半部为人工风钻打眼，装载机装车，自卸车运输。坡面防护工程可随开挖一并完成。洞口开挖成型后，进行隧道洞身开挖施工。

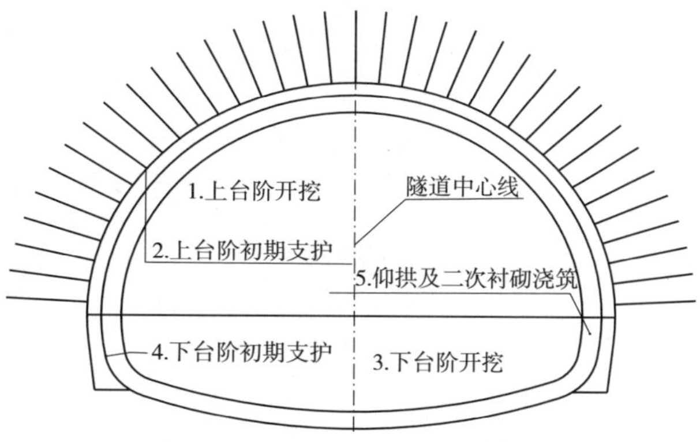

图 5.32　左幅隧道洞口段施工程序示意图

隧道洞身开挖采用上下台阶法进行(图 5.32)，隧道掘进遵循“短进尺、弱爆破、勤支护、早封闭”的原则，以利于开挖面的稳定。

5.2.3　施工监测分析

1)支护结构受力分析

图 5.33～图 5.35 为 ZK173＋780 、ZK173＋910 和 ZK173＋925 断面的拱顶沉降时程曲线图，其中线条①表示为隧道下台阶开挖至量测断面的时间。从图 5.33～图 5.35 可以看出：

(1)上台阶开挖后，进口段量测断面 ZK173＋780 拱顶沉降值在最初的几天下沉值比较大，随后出现小范围的波动，而后随着下台阶开挖面的迫近沉降量显著增大；当下台阶开挖到量测断面时，拱顶沉降量达到 2.8mm，占总沉降量的 60%；下台阶开挖完成后，最初几天仍保持较大的下沉速率，而后很快趋于收敛，总沉降量约为 3.7mm。

(2)出口段量测断面 ZK173＋910 在上台阶开挖后，拱顶沉降速率很大，随后的几天出现小范围的波动，而后随着下台阶开挖面的迫近沉降量显著增大；当下台阶开挖到量测断面时，拱顶沉降量达到 3.4mm，占总沉降量的 55%；下台阶开挖完成后，最初几天仍保持较大的下沉速率，而后很快趋于收敛，总沉降量约为 5.1mm。

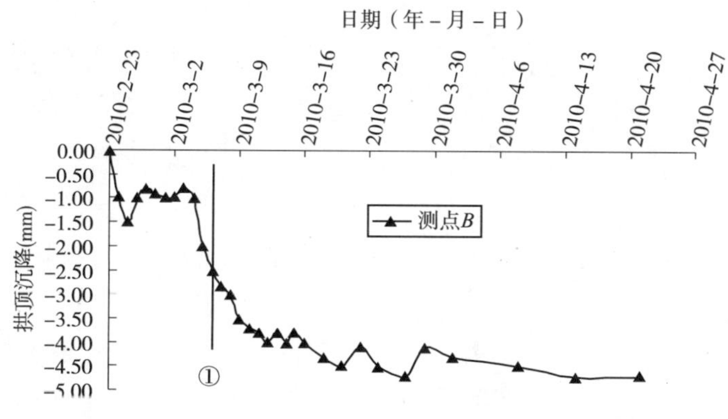

图 5.33　ZK173＋780 断面拱顶沉降时程曲线

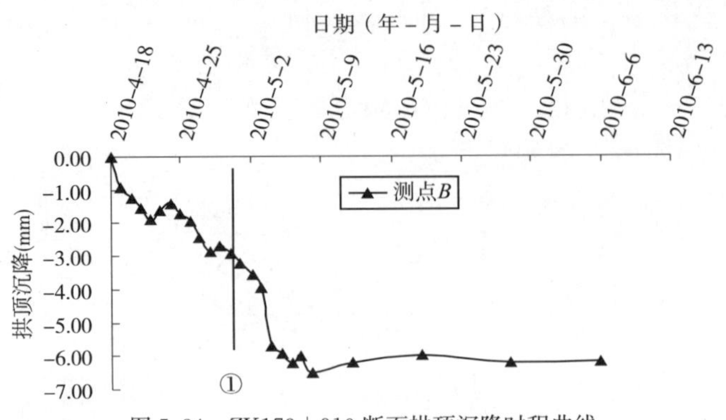

图 5.34　ZK173＋910 断面拱顶沉降时程曲线

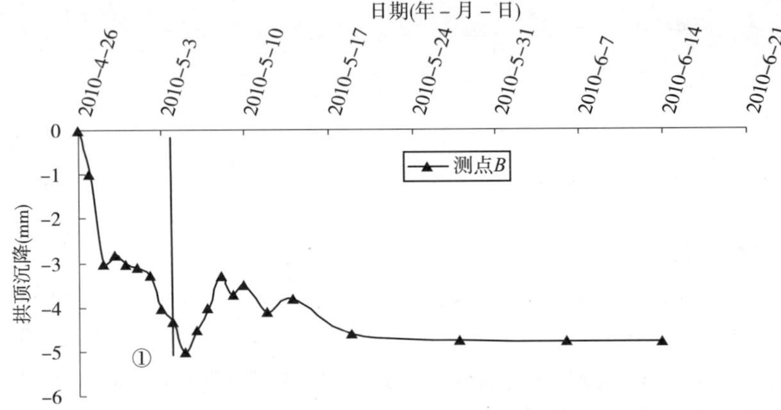

图 5.35　ZK173＋925 断面拱顶沉降时程曲线

(3)出口段量测断面 ZK173＋925 上台阶开挖后，拱顶沉降速率较大，开始的几天出现小范围的波动，而后随着下台阶开挖面的追近沉降量显著增大；当下台阶开挖到量测断面时，拱顶沉降量达到 3.3mm，占总沉降量的 83%；下台阶开挖完成后，拱顶沉降先减小后又逐渐增大，而后很快趋于收敛，总沉降量约为 3.8mm。

2)周边收敛规律分析

图 5.36～图 5.38 为 ZK173＋780、ZK173＋910 和 ZK173＋925 断面洞周围岩收敛时程曲线图。

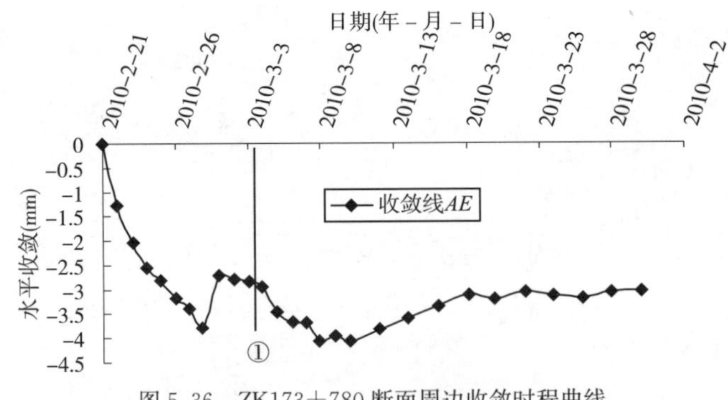

图 5.36　ZK173＋780 断面周边收敛时程曲线

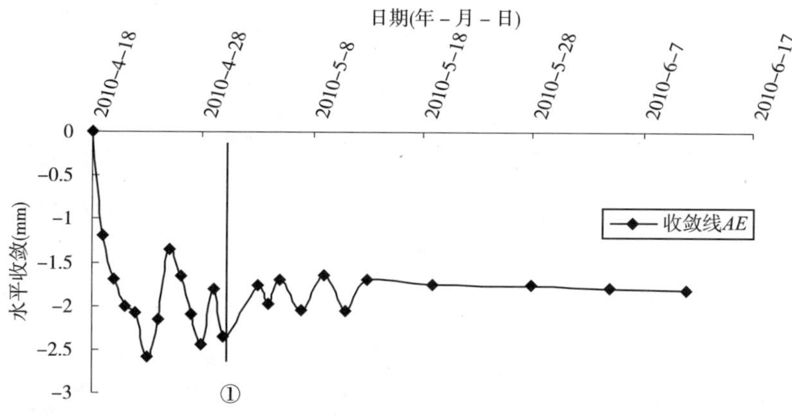

图 5.37　ZK173＋910 断面周边收敛时程曲线

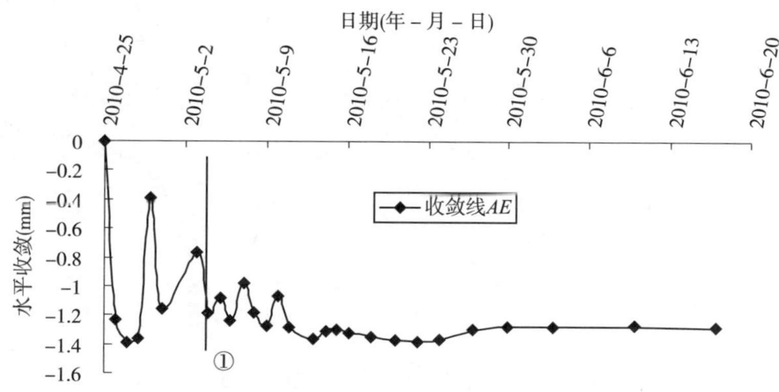

图 5.38　ZK173＋925 断面周边收敛时程曲线

由图可以看出：

(1)由图 5.36 可知，隧道开挖和爆破震动对水平收敛的影响很大，上台阶开挖过量测断面后最初的几天洞周收敛值以比较大的速率迅速增加。当下台阶逐渐靠近监测断面时，收敛值减小；到下台阶开挖过监测断面后，收敛值先增大后减小，最终趋于收敛。最大水平收敛值为－3.07mm，最后收敛值为－3.03mm。

(2)由图 5.37 和图 5.38 可知，隧道开挖和爆破震动对水平收敛的影响很大，上台阶开挖过量测断面后最初的几天洞周收敛值以比较大的速率迅速增加。当下台阶逐渐靠近监测断面时，收敛值出现波动；到下台阶开挖过监测断面后，最初的几天收敛值波动仍然较为频繁，随后缓慢趋于收敛。量测断面 ZK173＋910 最大水平收敛值为－2.6mm，最后收敛值为－1.82mm，量测断面 ZK173＋925 最大水平收敛值为－1.37mm，最后收敛值为－1.28mm。

水平收敛基本上经历了“急剧变化—波动—基本稳定”的过程。水平收敛变形主要来自山体两侧，表明偏压隧道围岩水平挤压变形在开挖初期变化明显。分析收敛值跳动的原因可能是由开挖后围岩内力重分布、洞口段岩体产状与隧道轴线存在一定的夹角及有裂隙存在、洞口受地形偏压作用等原因及在围岩内力释放时各种原因相互作用所致。

3)支护结构受力分析

图 5.39、图 5.40 分别为左洞出洞口段 ZK173＋910 断面、ZK173＋925 断面围岩与初期支护间压力监测结果。由图分析可知：

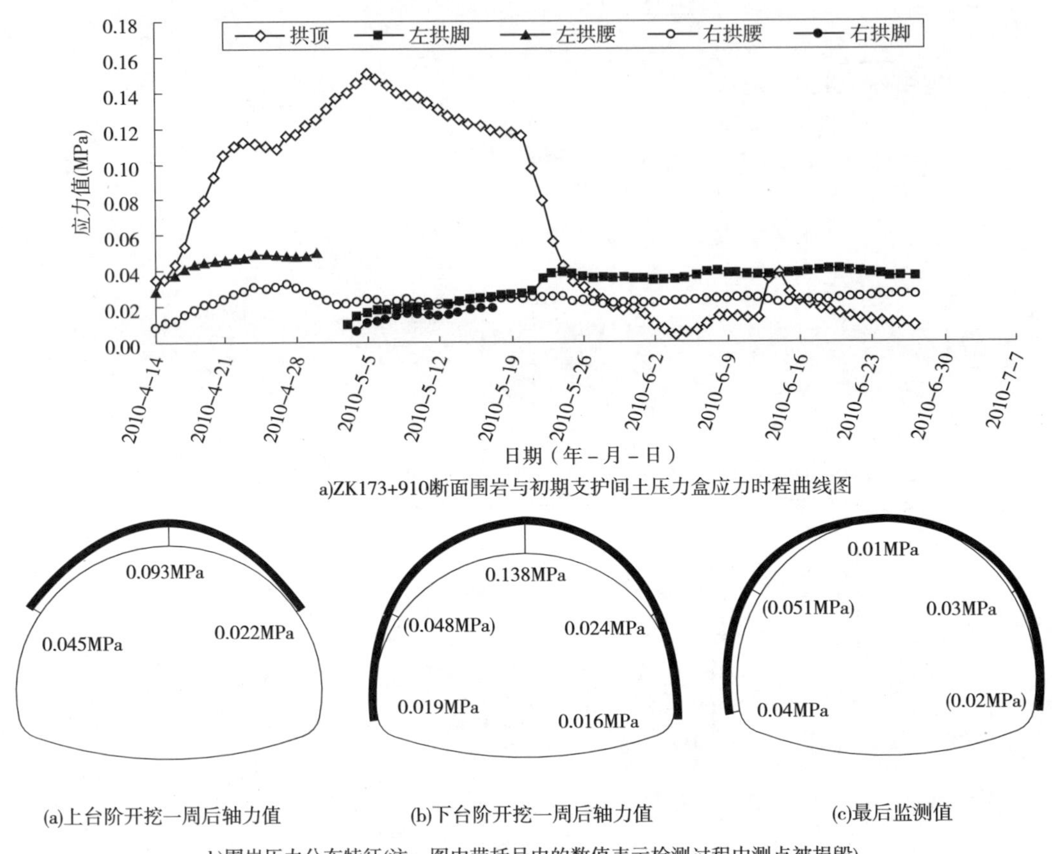

a)ZK173+910断面围岩与初期支护间土压力盒应力时程曲线图

(a)上台阶开挖一周后轴力值　(b)下台阶开挖一周后轴力值　(c)最后监测值

b)围岩压力分布特征(注：图中带括号内的数值表示检测过程中测点被损毁)

图 5.39　ZK173＋910 断面围岩与初期支护间压力监测结果

(1)在量测断面开挖大约一周内，围岩与初期支护之间接触压力变化呈直线上升，说明开挖初期的压力增加速率非常大，随着开挖的不断进行变化速率又逐渐趋于稳定的状态。

(2)ZK173＋910、ZK173＋925 断面围岩与初期支护间接触应力最大值均在拱顶位置，分别为 0.15MPa、0.3MPa。左、右拱腰围岩压力差别比较小，左拱腰处压力值较右拱腰处压力值稍大，主要是在左洞出口段偏压不明显，所以左、右拱腰围岩压力值差距不是很大。在隧道上台阶开挖后，隧道围岩压力一直在增大，且拱顶的增加幅度要大于其余部位的增加幅度；下台阶开挖后，拱顶的围岩压力有所减小，但变化幅度很小，而后随着隧道开挖掌子面的远离逐渐趋于稳定。

(3)围岩压力值在 6 月份时有小幅度的增长波动，可能由于 6 月份隧道所在地出现了长时间的降雨，降雨使得围岩体内部出现应力增长，表现为监测的围岩压力值在这一时段内有波动，而后逐渐回归稳定状态。

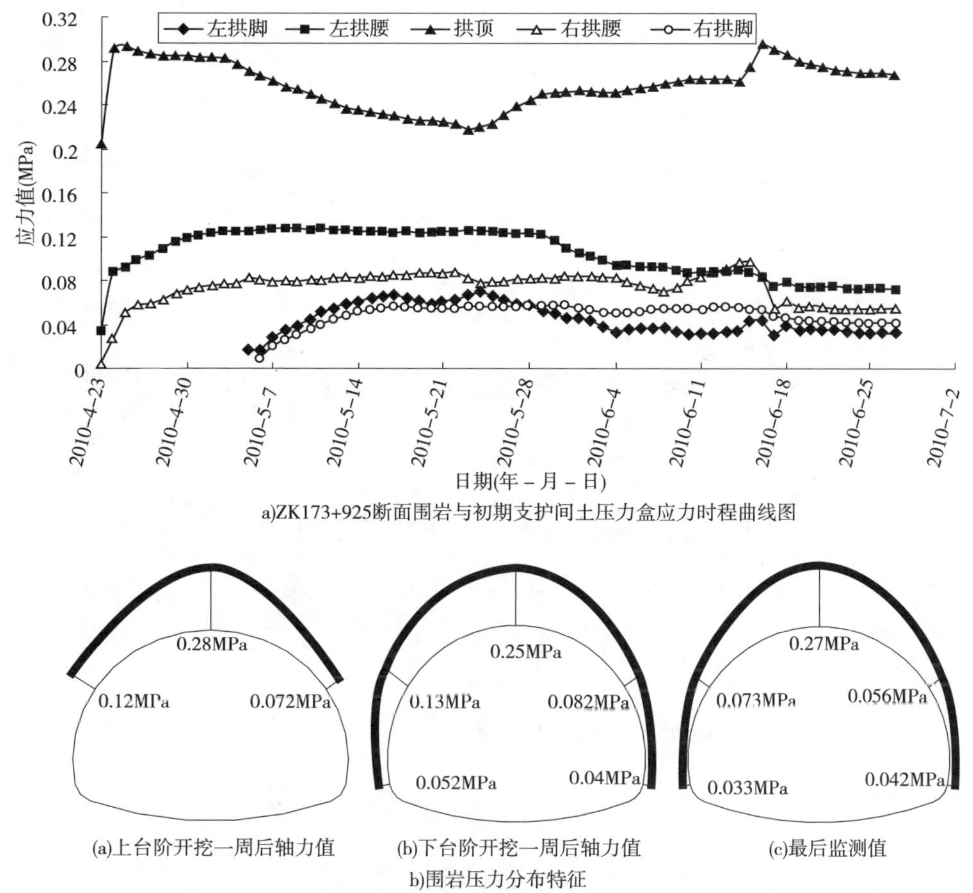

a)ZK173+925断面围岩与初期支护间土压力盒应力时程曲线图

(a)上台阶开挖一周后轴力值　(b)下台阶开挖一周后轴力值　(c)最后监测值

b)围岩压力分布特征

图 5.40　ZK173＋925 断面围岩与初期支护间压力监测结果

图 5.41 为 ZK173＋780 断面初期支护的应力监测成果，图 5.42 为钢支撑监测内力分布特征。由图分析可知：

(1)ZK173＋780 断面，该断面钢支撑最大应力在右拱脚处，为－107.48MPa。在 2010 年 3 月 5 日，当下台阶开挖后，钢支撑受力状况有变化，但深埋侧比浅埋侧显著，这种内外侧内力变化的不一致，说明隧道钢支撑左右两侧的压力并不相等。2010 年 6 月，当发生较大降水后，使断面各监测点受力出现了一定的波动。这是由于，持续的降雨致使围岩强度的降低，增加了钢支撑的受力。

(2)量测断面初期支护与二次衬砌间接触应力值都不大，最大值在左拱脚处，约为－0.05MPa。

(3)由图 5.42a)钢支撑轴力分布图可知，上台阶开挖过量测断面一周后，拱顶、左右拱腰钢支撑轴力值均为负值，左拱腰轴力值约为－67kN，右拱腰轴力值约为－78kN，拱顶钢支撑轴力值最大，其值约为－98kN，右拱腰轴力值较左拱腰轴力值略大；下台阶开挖过量测断面一周后，拱顶、两侧拱腰处布置的检测仪器被损坏。左拱脚轴力值约为－41kN，右拱脚轴力值约为－93kN；从最后监测数据来看，与图 5.42a)-(b)对比，两侧拱脚轴力值进一步增大，左拱脚轴力值约为－231kN，右拱脚轴力值约为－100kN。

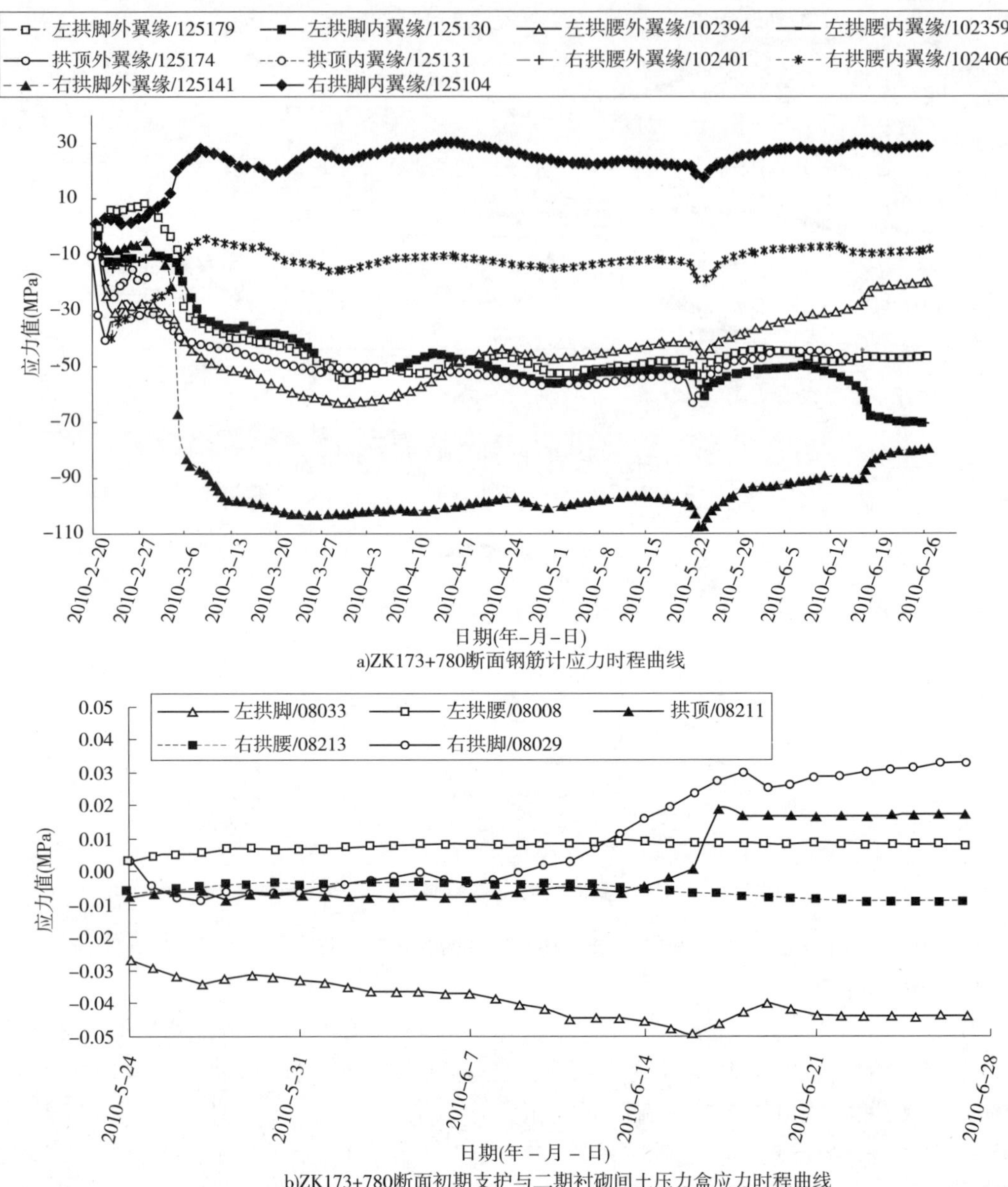

a)ZK173+780断面钢筋计应力时程曲线

b)ZK173+780断面初期支护与二期衬砌间土压力盒应力时程曲线

图 5.41 ZK173+780 断面初期支护监测曲线

由图 5.42b)钢支撑弯矩分布图可知，上台阶开挖过量测断面一周后，拱顶处弯矩值较大，为－3.05kN・m，左拱腰处弯距值约为 3.2kN・m，钢支撑外侧受拉。右拱腰弯矩值约为－2.69kN・m，钢支撑内侧受拉；下台阶开挖过量测断面一周后，拱顶、两侧拱腰处布置的检测仪器被损坏。左拱脚弯矩值约为－0.77kN・m，右拱脚弯矩值约为 3.62kN・m，钢支撑两侧拱脚弯矩值差距很明显；最后监测数据如图 5.42b)-(c)所示，左拱脚弯矩值增大幅度较大，其值约为－3.99kN・m，右拱脚弯矩值也适当增大，弯矩值约为 3.95kN・m。

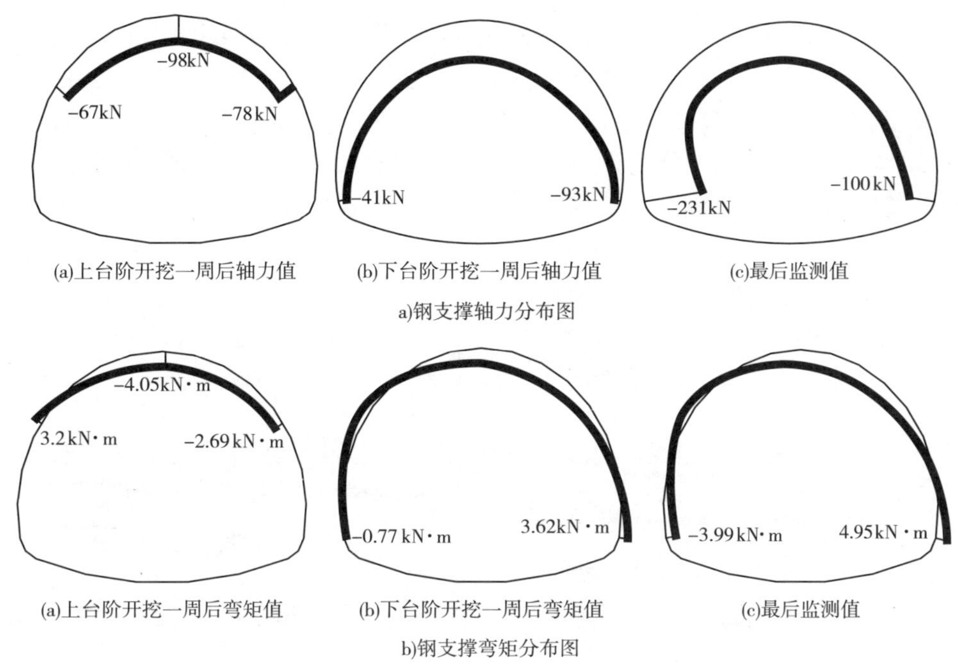

图 5.42　ZK173＋780 断面钢支撑内力分布

ZK173＋780 断面地形偏压较为严重，侧覆土层厚度又很小，从监测结果分析可知，在隧道开挖初期产生的围岩压力偏压现象是很明显的，深埋侧拱脚初期支护内力值普遍较其他部位内力值要大，说明在开挖过程中这些部位的初期支护是最易发生破坏的关键位置。

图 5.43 为 ZK173＋910 断面初期支护的应力监测成果，图 5.44 为钢支撑监测内力分布特征。

由图 5.43、图 5.44 可知：

(1)钢支撑最大应力在拱顶处，为－38.28MPa。2010 年 6 月，当发生较大降水后，使断面各监测点受力出现了一定的波动。

(2)量测断面初期支护与二次衬砌间接触应力值都不大，初期支护与二次衬砌间接触应力最大值在左拱腰处，为 0.03MPa。

(3)由图 5.44a)钢支撑轴力分布图可知，上台阶开挖过量测断面一周后，拱顶、左右拱腰钢支撑轴力值均为负值，左拱腰轴力值约为－0.8kN，右拱腰轴力值约为－40kN，拱顶钢支撑轴力值最大，其值约为－56kN，右拱腰轴力值较左拱腰轴力值大得多；下台阶开挖过量测断面一周后，拱顶、左拱腰轴力值变化较为明显，其值分别为－46kN、－16kN，深埋侧拱腰轴力值减小较大，约为－4kN，左拱脚轴力值约为－3kN，右拱脚轴力值约为－10kN；从最后监测数据来看，与图 5.44a)-(b)对比，两侧拱腰、拱脚轴力值转变为正值，变化较为明显，左拱脚轴力值约为 42kN，右拱脚轴力值约为 27kN，左拱腰轴力值约为 24kN，右拱腰轴力值约为 10kN。拱顶轴力值有所减小，仍然为负值，其轴力值为－20kN。

由图 5.44b)钢支撑弯矩分布图可知，上台阶开挖过量测断面一周后，拱顶处弯矩值较大，为－5.83kN·m，左拱腰处弯距值约为－2.83kN·m，右拱腰弯矩值约为－1.75kN·m；下台阶开挖过量测断面一周后，与图 5.44b)-a)对比，拱顶、左拱腰弯矩值增大，拱顶处弯矩值约为−7.02kN·m，左侧拱腰弯矩值为−3.98kN·m，深埋侧拱腰弯矩值约为1.11kN·m，两侧拱腰弯矩值差距有些大。左拱脚弯矩值约为0.31kN·m，右拱脚弯矩值约为0.18kN·m，钢支撑两侧拱脚弯矩值差距不明显；最后监测数据如图 5.44b)-c)，拱顶弯矩值有一定程度增大，其值约为−7.43kN·m，左拱腰弯矩值约为−3.51kN·m，右拱腰弯矩值减小至−0.12kN·m，两侧拱腰弯矩值差距增大。左拱脚弯矩值增大为1.54kN·m，右拱脚弯矩值基本不变，其值约为0.2kN·m。

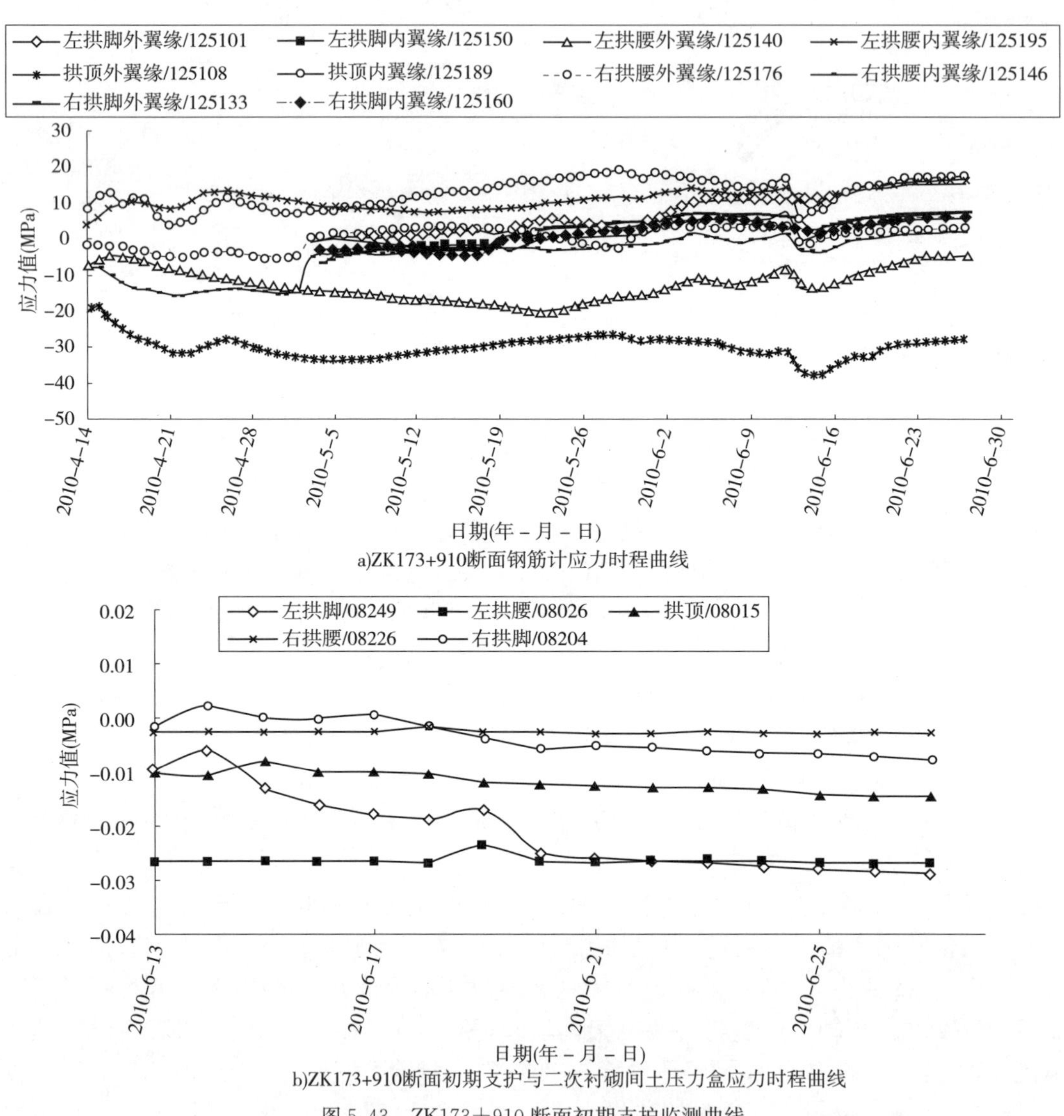

a)ZK173+910断面钢筋计应力时程曲线

b)ZK173+910断面初期支护与二次衬砌间土压力盒应力时程曲线

图 5.43 ZK173+910 断面初期支护监测曲线

ZK173+910 断面地形偏压不明显，从监测结果分析可知，在隧道开挖过程中产生的围岩压力有一定的偏压现象，拱顶初期支护内力值较其他部位内力值要大，说明在开挖过程中拱顶部位是最易发生破坏的关键位置。

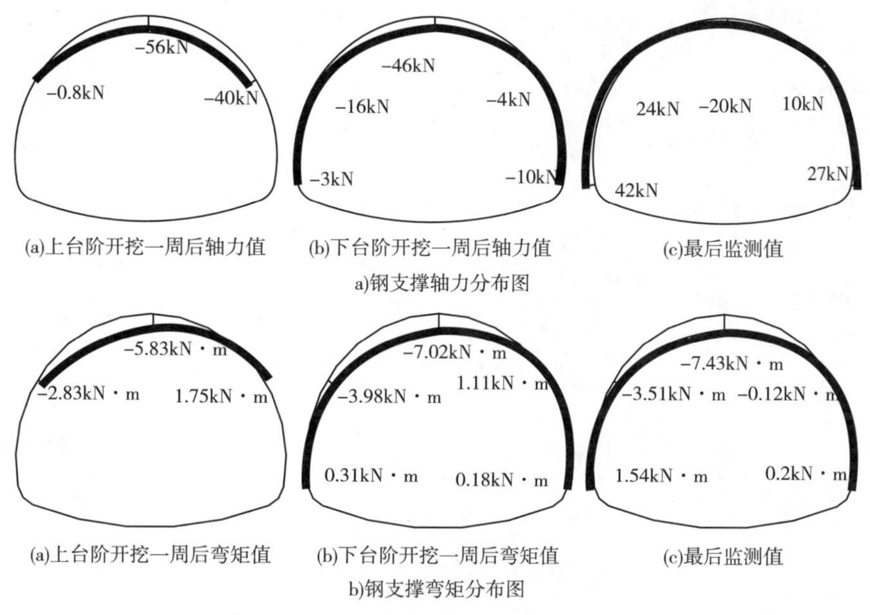

图 5.44　ZK173＋910 断面钢支撑内力分布

图 5.45 为 ZK173＋925 断面初期支护的应力监测成果，图 5.46 为钢支撑监测内力分布特征。

由图 5.45、图 5.46 可知：

(1)量测断面钢支撑应力变化较为平缓，最大应力值在拱顶处，为－91.96MPa，量测断面下台阶的开挖并未对上部的围岩压力和钢支撑受力产生较大的影响。

(2)量测断面初期支护与二次衬砌间接触应力值都不大，初期支护与二次衬砌间接触应力最大值在左拱脚处为 0.04MPa。

(3)由图 5.46a)钢支撑轴力分布图可知，上台阶开挖过量测断面一周后，拱顶、左拱腰钢支撑轴力值均为负值，左拱腰轴力值约为－58kN，拱顶钢支撑轴力值最大，其值约为－238kN，右拱腰轴力值为正值，约为 79kN；下台阶开挖过量测断面一周后，拱顶、左右拱腰轴力值都有变化，其值分别为－196kN、－70kN、69kN，主要表现为左拱腰轴力增大，而拱顶和右拱腰则变小。左拱脚轴力值约为－31kN，右拱脚轴力值约为－71kN；从最后监测数据来看，与图 5.34a)-(b)对比，各监测部位轴力值的均变化较为明显，左拱脚轴力值改变符号，约为 32kN，右拱脚轴力值减小幅度很大，轴力值约为－4kN，左拱腰轴力值减小至－10kN，右拱腰轴力值增大至 116kN，拱顶轴力值有所减小，仍然为负值，其轴力值为－162kN。

由图 5.46b)钢支撑弯矩分布图可知，上台阶开挖过量测断面一周后，拱顶处弯矩值较大，为－8.99kN・m，左拱腰处弯距值约为－0.82kN・m，右拱腰弯矩值约为－3.55kN・m；下台阶开挖过量测断面一周后，与图 5.46b)-(a)对比，左右拱腰弯矩值增大，左拱腰处弯矩值约为－1.58kN・m，右拱腰处弯矩值为－5.51kN・m，两侧拱腰弯矩值差距有些大。拱顶出弯矩值变化不大，弯矩值约为－8.67kN・m。左拱脚弯矩值约为 2.29kN・m，右拱脚弯矩值约为 0.78kN・m；最后监测数据如图 5.46b)-(c)所示，个别监测部位弯矩值有一定程度减小，但减小的幅度不大。

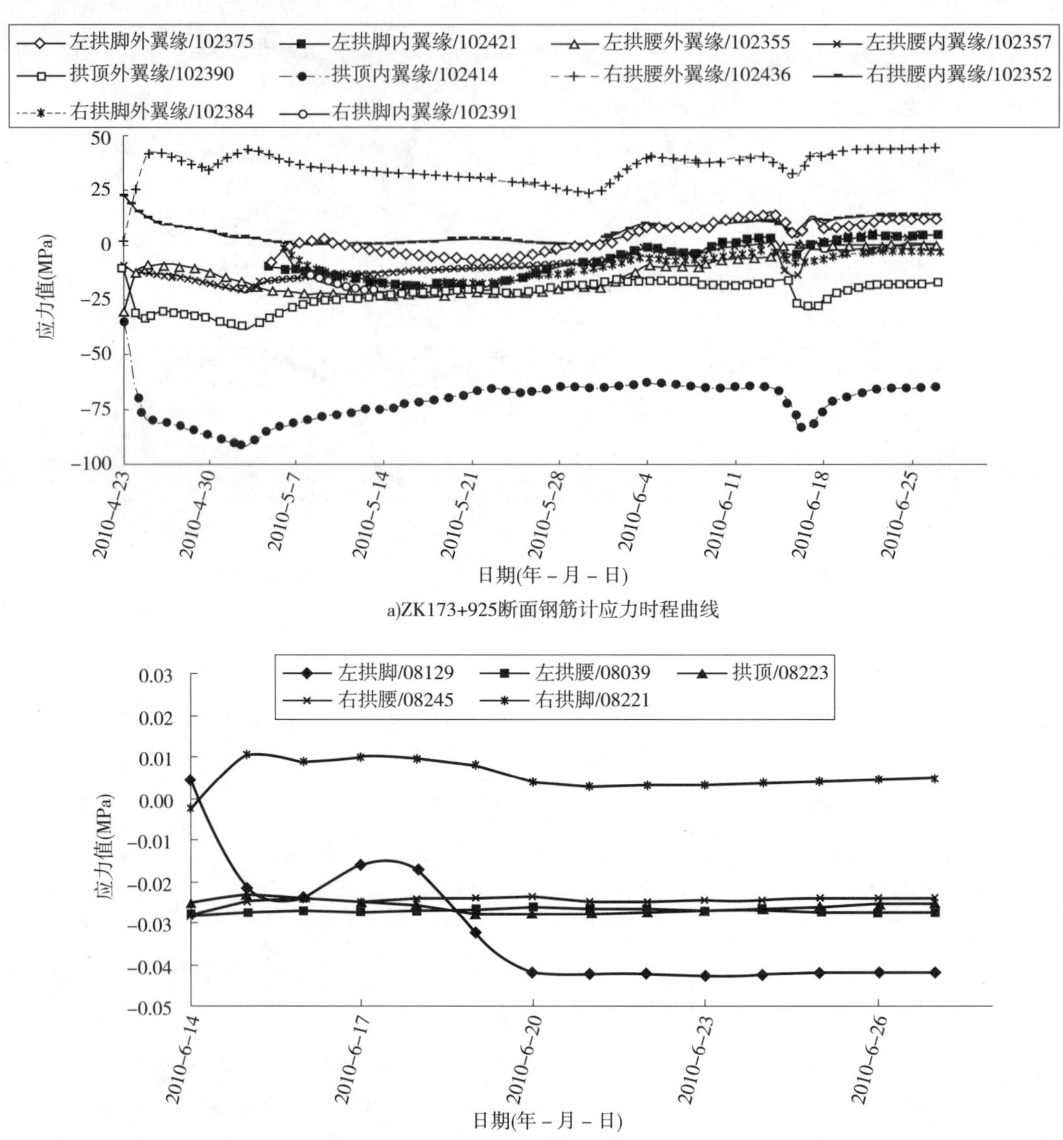

a)ZK173+925断面钢筋计应力时程曲线

b)ZK173+925断面初期支护与二次衬砌间土压力盒应力时程曲线

图 5.45 ZK173＋925 断面初期支护结构监测曲线

ZK173＋925 断面地形偏压不明显，从监测结果分析可知，在隧道开挖过程中产生的围岩压力有一定的偏压现象，拱顶初期支护内力值较其他部位内力值要大，说明在开挖过程中拱顶部位是最易发生破坏的关键位置。

(1)左洞进口段二次衬砌内力分析

图 5.47 为 ZK173＋780 断面二次衬砌混凝土结构监测结果。

由图 5.47a)可知：随着量测断面二次衬砌的浇筑完成后，二次衬砌逐渐参加工作，围岩压力逐渐传递。

由图 5.47b)可知：在开始阶段，二次衬砌浇筑一周后，量测断面各监测部位都受压力作用，最大轴力出现在右拱腰，其值为－714kN，左拱脚出现最小轴力值，其值为－164kN。后期量测断面轴力值有明显变化，左拱腰处轴力值转变为拉力值，其最终值约为 221kN，其余量测部位均为压力值，深埋侧拱腰拉力值相应减小为－663kN，左拱脚轴力值增大到－291kN，右拱脚最终值约为－197kN。

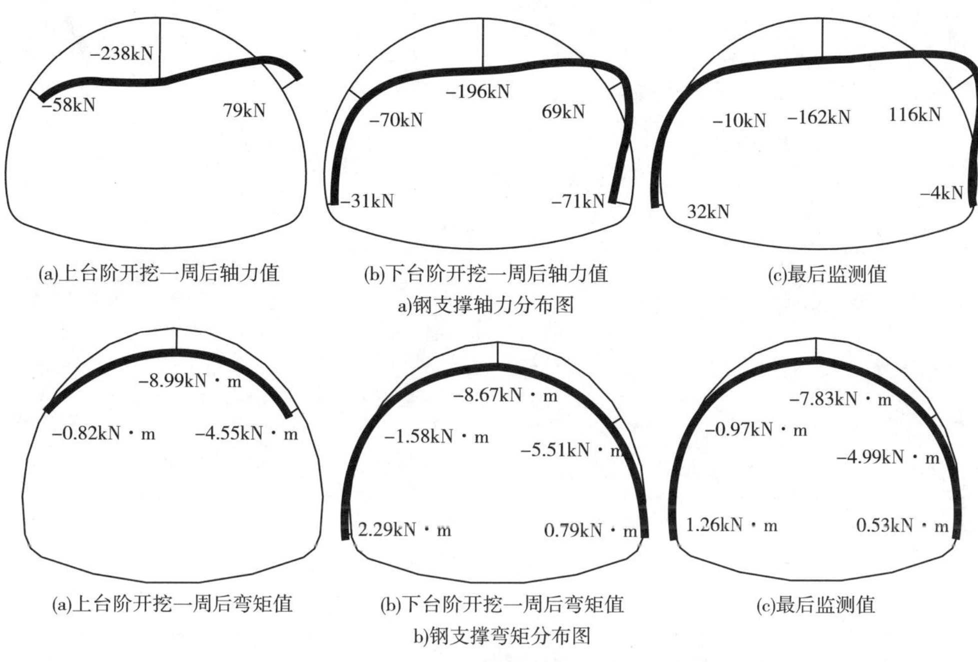

(a)上台阶开挖一周后轴力值　(b)下台阶开挖一周后轴力值　(c)最后监测值

a)钢支撑轴力分布图

(a)上台阶开挖一周后弯矩值　(b)下台阶开挖一周后弯矩值　(c)最后监测值

b)钢支撑弯矩分布图

图 5.46　ZK173＋925 断面钢支撑内力分布

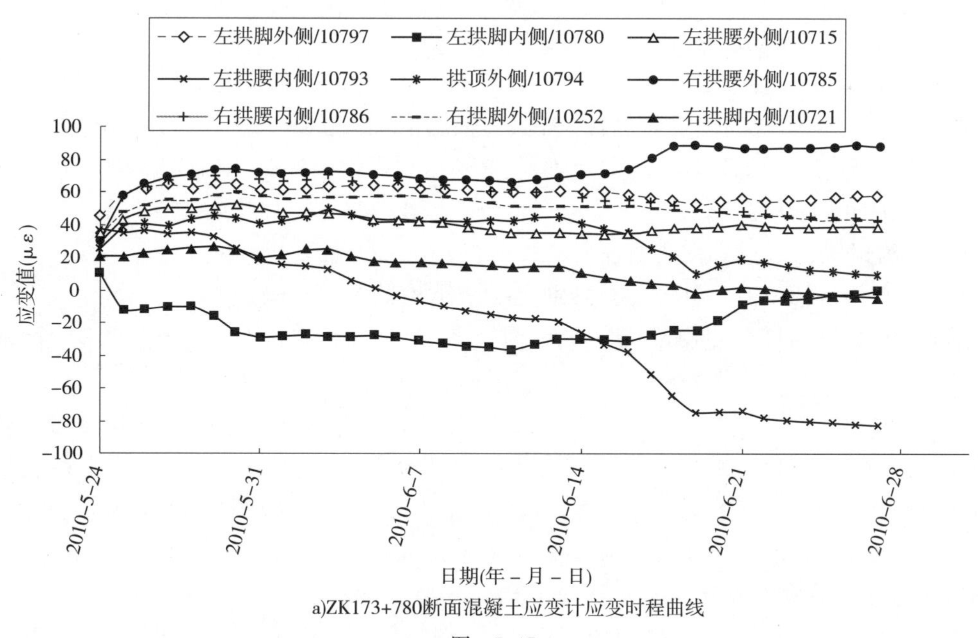

a)ZK173+780断面混凝土应变计应变时程曲线

图　5.47

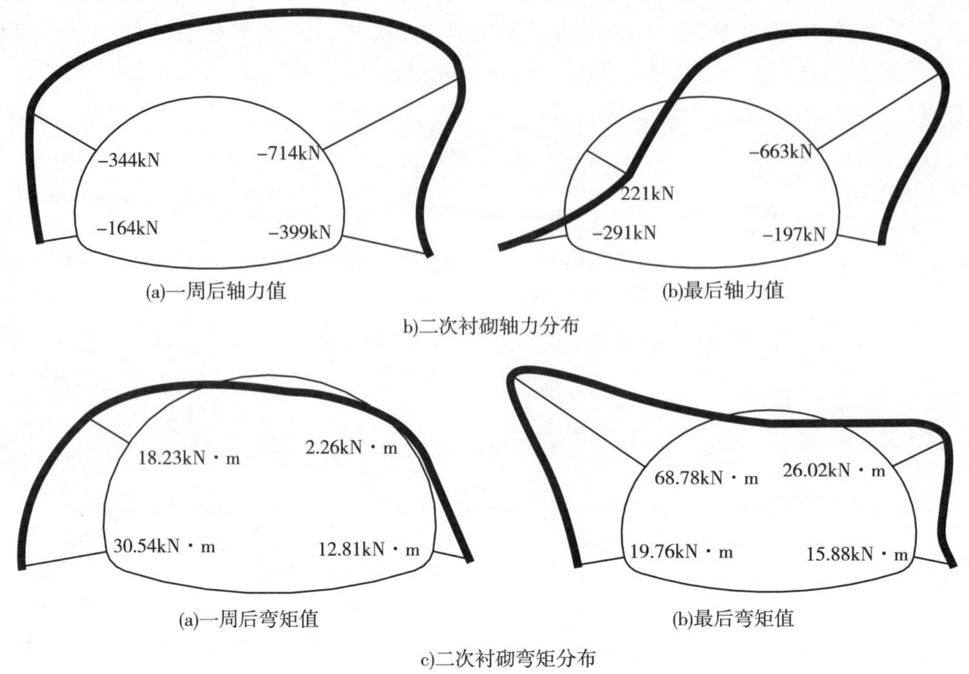

b)二次衬砌轴力分布

c)二次衬砌弯矩分布

图 5.47　ZK173＋780 断面二次衬砌混凝土监测结果

由图 5.47c)可知：随着二次衬砌的浇筑完成一周后，二次衬砌逐渐参加工作，围岩压力逐渐传递，使其内力迅速增大，最大弯矩出现在左拱脚部位，其弯矩值约为 30.54 kN·m。后期量测断面弯矩值有明显变化，左、右拱腰部位弯矩增长幅度较大，其最终值分别约为 68.78kN·m、25.02kN·m。

左幅进洞口段偏压严重，且埋深很浅，ZK173＋780 断面二次衬砌内力分布图显示，深埋侧拱腰及拱顶埋深大于浅埋侧拱腰埋深，右拱腰轴力值轴力值远大于浅埋侧拱腰轴力值，拱顶及深埋侧二次衬砌承受上部岩体压力较大，迫使浅埋侧拱腰向外侧凸出变形较大，故而浅埋侧拱腰产生较大的正弯矩值。

(2)左洞出口段二次衬砌内力分析

图 5.48 为 ZK173＋910 断面二次衬砌混凝土结构监测结果。

由图 5.48a)可知：随着量测断面二次衬砌的浇筑完成后，二次衬砌逐渐参加工作，围岩压力逐渐传递。

由图 5.48b)可知：在开始阶段，二次衬砌浇筑一周后，量测断面左拱脚部位为轴力值为拉力，其值约为 50kN，其余监测部位都受压力作用，最大压力出现在拱顶部位，其值为－860kN，右拱脚部位拉力值最小，其值为－283kN。后期量测断面轴力值有明显变化，左拱脚处轴力值增长幅度明显，其最终值分别为 150kN，其余量测部位均为压力值，拱顶拉力值相应减小为－791kN，左、右拱腰最终值分别为－384kN、－536kN。

由图 5.48c)可知：随着二次衬砌的浇筑完成一周后，二次衬砌逐渐参加工作，围岩压力逐渐传递，使其内力迅速增大，拱顶及两侧拱脚部位为正弯矩，拱顶弯矩值为 0.85kN·m，左拱脚为 11.51kN·m,右拱脚为 5.75 kN·m。其余部位为负弯矩区,最大负弯矩出现在左拱腰部位,其弯矩值约为−1.79kN·m,深埋侧拱腰弯矩值为−0.27 kN·m。后期量测断面弯矩值变化不大,最大正弯矩仍然出现在左拱脚部位,其弯矩值较之前有少许增大,最终值约为 11.86kN·m。

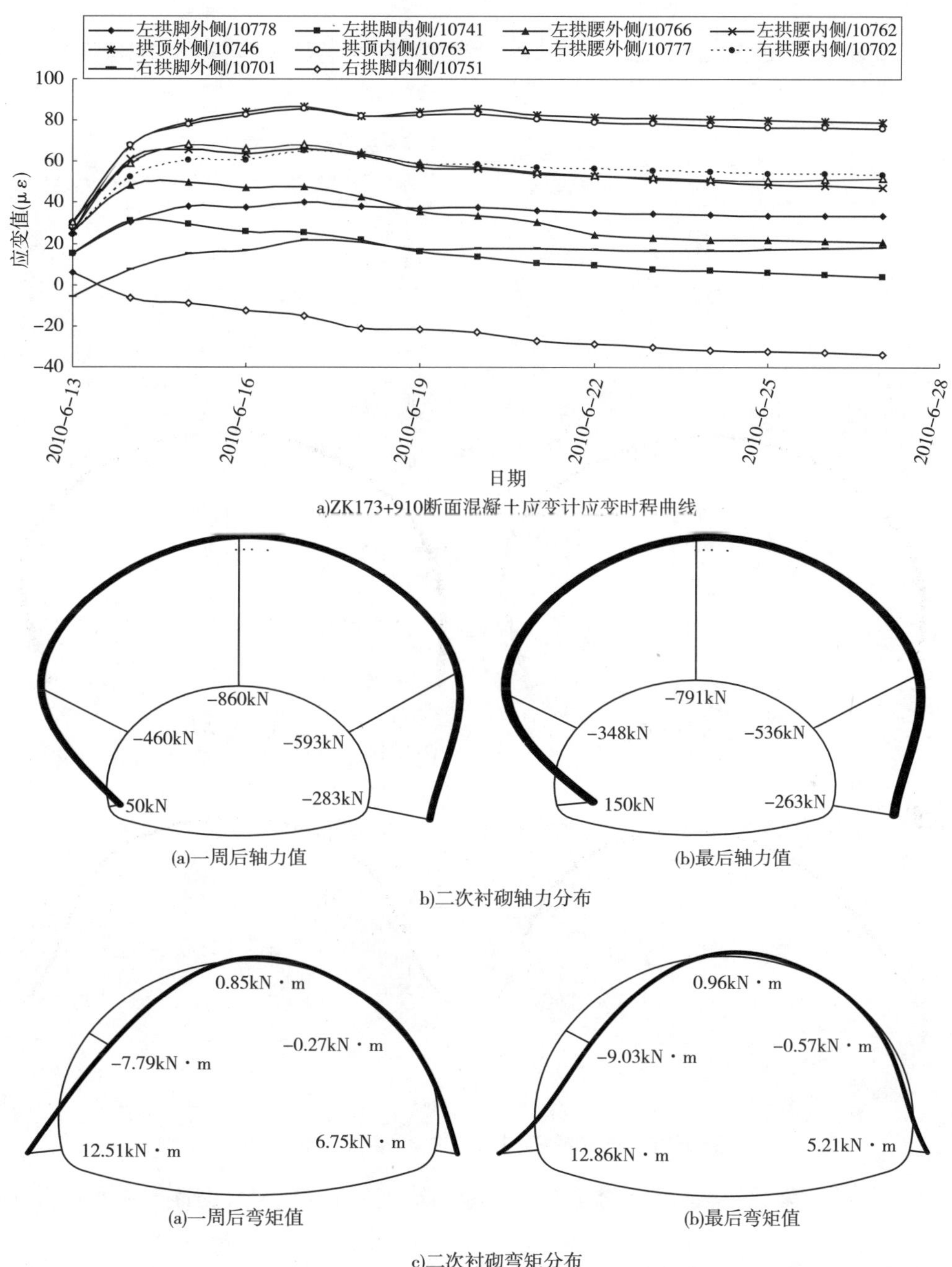

a)ZK173+910断面混凝土应变计应变时程曲线

(a)一周后轴力值　(b)最后轴力值

b)二次衬砌轴力分布

(a)一周后弯矩值　(b)最后弯矩值

c)二次衬砌弯矩分布

图 5.48　ZK173+910 断面二次衬砌混凝土监测结果

图 5.49 为 ZK173+925 断面二次衬砌结构监测结果。

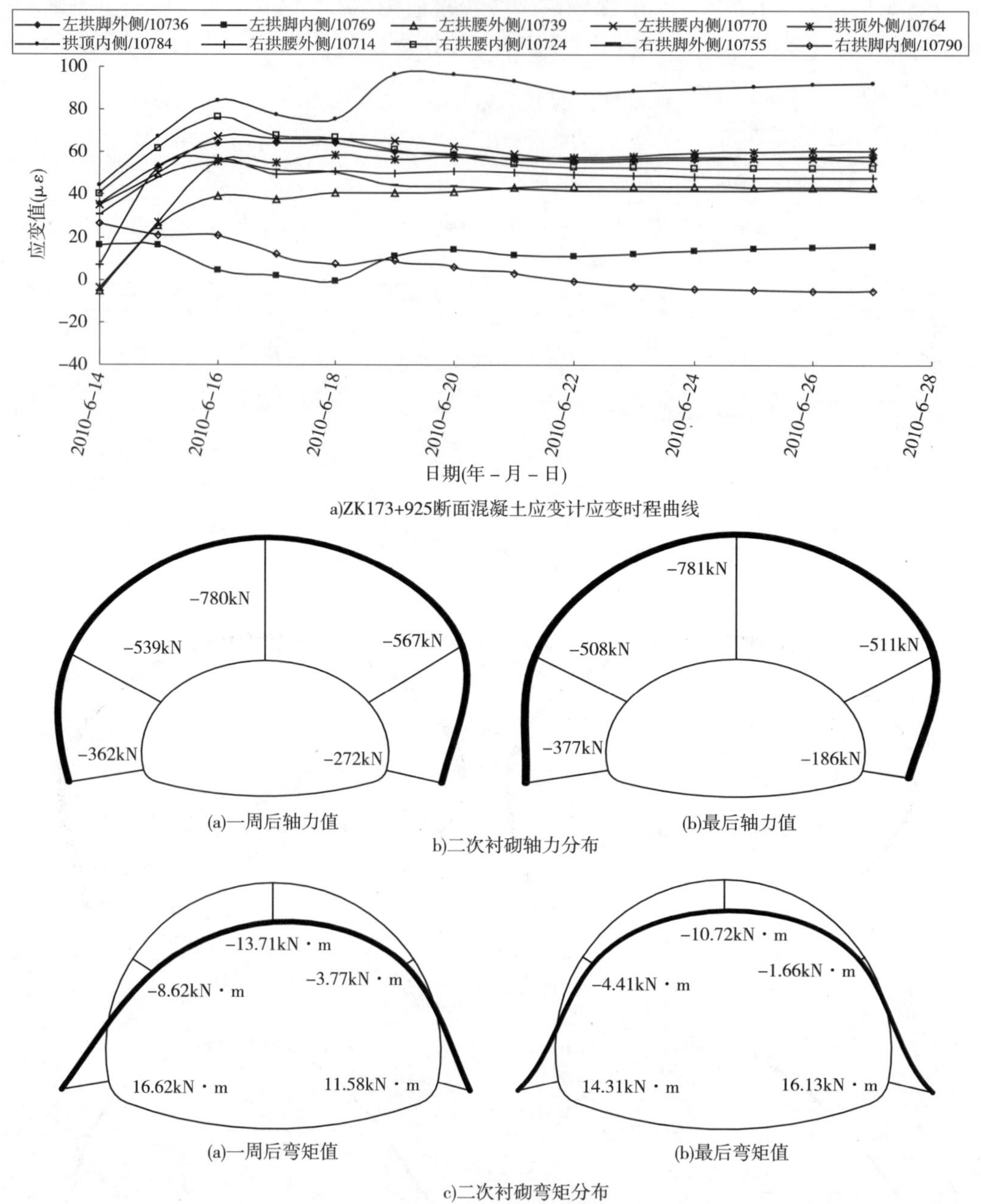

a)ZK173+925断面混凝土应变计应变时程曲线

(a)一周后轴力值　(b)最后轴力值

b)二次衬砌轴力分布

(a)一周后弯矩值　(b)最后弯矩值

c)二次衬砌弯矩分布

图 5.49　ZK173+925 断面二次衬砌混凝土监测结果

由图 5.49a)可知：随着量测断面二次衬砌的浇筑完成后，二次衬砌逐渐参加工作，围岩压力逐渐传递。

由图 5.49b)可知：在开始阶段，二次衬砌浇筑一周后，量测断面各监测部位都受压力作用，最大压力出现在拱顶部位，其值为－780kN，右拱脚部位压力值最小，其值为－272kN。后期量测断面轴力值有变化不大，右拱脚处轴力值有一定的减小幅度，其最终值分别为－186kN。

由图 5.49c)可知：随着二次衬砌的浇筑完成一周后，二次衬砌逐渐参加工作，围岩压力逐渐传递，使其内力迅速增大，左、右拱脚部位为正弯矩，其弯矩值分别约为 15.62kN・m、10.58kN・m。其余部位为负弯矩，最大负弯矩出现在拱顶部位，其弯矩值约为－11.71kN・m。后期量测断面弯矩值有明显变化，最大负弯矩仍然出现在拱顶部位，其弯矩值较之前有一定减小，最终值约为－10.72kN・m，右拱脚处正弯矩值约为 15.13kN・m。

在出洞口段地形偏压不明显，左、右两侧拱腰内力值差距不大。拱脚部位的弯矩值普遍比其他位置的弯矩值要大。

通过对量测结果进行详细分析研究，探讨浅埋偏压隧道洞口段的施工力学特征，主要得出以下几点认识：

(1)通过监测数据分析，洞口段隧道上台阶开挖引起的围岩变形速率以及变形值比较大，大约在监测 30 天之后，围岩变形基本趋于稳定。下台阶开挖至量测断面时，拱顶沉降超过总沉降的 50％，ZK173＋780、ZK173＋910、ZK173＋925 断面分别 60％、55％、83％；隧道水平收敛值的变化基本上先期增大，监测中期出现波动，后期收敛值减小，最终趋于收敛。基本上经历了“急剧变化—波动—基本稳定”的过程。

(2)从围岩和初期支护结构的监测数据来看：在地形偏压较为严重的 ZK173＋780 断面，侧覆土层厚度又很小，隧道开挖过程中初期支护产生偏压现象是很明显的，左右两侧拱腰初期支护内力值差距较为明显；在出口段 ZK173＋910、ZK173＋925 断面，地形偏压不明显，隧道开挖过程中产生的围岩压力偏压现象不显著，拱顶初期支护内力值较其他部位内力值要大，说明在开挖过程中拱顶部位是最易发生破坏的关键位置。

(3)从二次衬砌的监测数据分析可知：左幅进洞口段偏压严重，且埋深很浅，如图 5.47 所示，在二次衬砌浇筑后大约一周时间，深埋侧拱腰及拱顶弯矩值明显小于浅埋侧拱腰及两拱脚弯矩值；在出洞口段地形偏压不明显，但埋深比进口段大，如图 5.48 和图 5.49 所示，二次衬砌两拱脚位置弯矩值比较大，可见二次衬砌施作时拱脚是关键位置；从内力值数值上看，三个量测断面二次衬砌的内力值都较大，所以洞口段二次衬砌的设计不能简单的将其视为安全储备，应进行必要的力学计算。

4)表观变形监测分析

图 5.50 是在隧道整个施工过程中对隧道施工过程中出现的一些裂缝和病害进行观测的结果。图 5.50 a)是隧道右洞开挖后隧道边仰坡图，从图中看出，未开挖的左洞受偏压影响显著，且浅埋侧山下住有村民，如果采取直接进洞还会遇到机械不方便进洞等情况，考虑这些因素，最终施工中采取了在右洞打车行横洞从里面向外的掘进方式。监测数据显示，浅埋侧洞口段受力情况良好，说明采取的方式取得了良好的效果。图 5.50 a)、b)是深埋侧洞口段边仰坡出现的裂缝图，其中仰坡喷射混凝土出现的裂缝较多，且多为横向裂缝。通过对深埋侧洞口段的监测数据进行分析表明，裂缝出现主要是由喷浆的质量不高及隧道进洞过程中的爆破震动引起的，隧道衬砌没有出现受力上的突变，对整个隧道的结构安全影响不大。图 5.50d)是隧道在右洞全部挖通后 YK173＋985 断面出现的裂缝，以竖向裂缝居多，且当时的监测数据显示整个断面受力有突变情况。鉴于此，现场指挥中心及时采取了临时支撑的加固措施，避免了裂

缝的继续发展。图 5.50e)是在浅埋侧隧道出洞过程中发生的地表塌陷图。由于 ZK173+918 断面埋深只有 2m 左右,且施工当天出现了降雨的天气,隧道的爆破开挖导致了塌方的出现。于是现场紧急采取了临时支撑和对地表进行喷浆加固等措施,取得了效果良好。图 5.50e)中的地表塌陷是图 5.50d)中小洞发展的结果,当时整个左洞的初期支护已经完成,由于连续几天的强暴雨天气,边坡的土体迅速饱和,加上之前的坍塌形成的部分真空,形成了图示中的深坑。在对上述塌方原因进行分析后,监测组建议在浅埋隧道洞门上方除设置竖向锚杆或注浆管以外,还应设置水平超前的锚杆或其他加固洞顶边界的措施,以防止山体向洞口端的滑移。

a)左洞未开挖时隧道地形图

b)右洞地表出现裂缝图

c)洞口段喷浆支护出现裂缝图

d)YK173+985断面初期支护出现裂缝图

e)左洞出洞时出现小型塌方时洞顶地表出现的塌陷

图 5.50

f)左洞出口处上述塌陷发育成长宽约4m、高度约1m的深坑

图 5.50　表观变形调查照片

以上的监测分析表明：

(1)对浅埋偏压软弱破碎围岩隧道，施工中应加强现场监控量测，特别是洞口段，监测内容包括地质和支护状况观察、爆破振动监测、应力变化监测和围岩弹性波监测，以保证施工顺利进行。

(2)ZK173＋910 和 ZK173＋925 断面的对比、YK173＋980 和 YK173＋980 断面的对比显示，越接近洞口，隧道支护所承受的围岩压力越大。

(3)深埋侧出口段在洞口只设置了垂直的砂浆锚杆，这有效地防止了山体向外侧的水平滑移，但没有做防止山体向洞口端滑移的措施，导致了塌方的形成。因此，在浅埋隧道洞门上方除设置竖向锚杆或注浆管以外，还应设置水平超前的锚杆或其他加固洞顶边界的措施，以防止山体向洞口端的滑移和塌方的形成。

(4)实际施工中是在右洞 YK173＋850 段垂直向左洞打一条车行横洞，然后从车行横洞对左洞进行的开挖。ZK173＋780 处偏压显著，且围岩破碎，整个钢支撑受力较其他断面都大，最大值为右拱脚的－107.48MPa，而初期支护和二次衬砌间的压力值表明，整个钢支撑起到了很好的承载作用，表明采取车行横洞的这种进洞方式取得了很好的效果。这种反向施工方法避免了直接接触破碎的边仰坡，对洞口外为悬崖陡坎段以及无施工场地、且边仰坡覆盖层极度破碎的隧道很适用。

(5)降雨对隧道的支护影响显著。5 月份、6 月份隧道所在地发生了多次大暴雨天气，而监测数据在暴雨前后有较明显的变化，如 2010 年 6 月 18 日，当发生较大降水后，本已接近收敛的 ZK173＋780 和 ZK173＋910 断面等多个断面受力出现了一定的波动。因此在隧道的施工中应注意降雨特别是长时间的强降雨对隧道的支护所造成的影响。

5.2.4　施工动态力学响应分析

由于地形条件的限制，平寨隧道右幅进口采用从山内向山外出洞的施工方案，为了从理论上对平寨隧道施工中围岩应力的变化、支护结构的应力和变形的特征及实际的开挖方案进行分析和评价，对平寨隧道的施工情况进行了数值模拟计算。

1)数值分析方法及模型建立

(1)模型的建立

计算模型范围的确定：为保证计算的可靠性，消除边界效应的影响，三维有限元模型的边界范围取为隧道有效高(宽)度的3倍以上,为模拟分析施工对隧道围岩体的影响,沿隧道轴线方向(Y方向)取整条隧道长度即250m,模型地表面为实际地形情况,左、右侧(X方向)边界距洞边各取洞跨的5倍距离约68m,下边界(Z方向)取5倍的隧道开挖高度约45m,上边界取至地表面。模型左边界、右边界、后边界、底部边界以及前面的隧道开挖面以下部分边界均施加法向约束,地表面取为自由边界。隧道开挖部分及衬砌均采用八节点六面体单元加以模拟,其余岩体部分采用四节点四面体单元进行模拟,共有两个地层,上层为Ⅴ级围岩,下层为Ⅳ级围岩。三维计算图如图5.51所示。

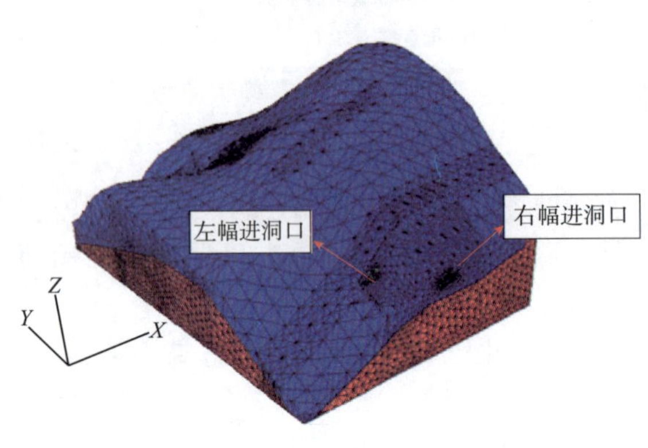

图5.51　平寨隧道三维数值计算模型图

(2)模型材料参数的选取

计算采用三维弹塑性分析,围岩材料采用摩尔—库仑模型,初期支护及二次衬砌采用弹性模型。围岩参数根据平寨隧道工程地质勘察报告并参照《公路隧道设计规范》(JTG D70—2004)综合考虑确定。对于衬砌的参数,由于钢拱架与喷射混凝土实际上是紧裹在一起,共同变形、共同受力,所以钢拱架根据钢筋混凝土计算原理采用等效截面计算,即将钢拱架弹模折算给喷射混凝土,同样二次衬砌也依此考虑。最后得围岩和支护参数取值见表5.2。

材料参数表　　表5.2

材　料	体积模量 K(Pa)	剪切模量 G(Pa)	ρ(kg/m³)	泊松比 μ	内聚力 c(Pa)	内摩擦角 φ(°)	抗拉强度 σ_t(Pa)	厚度 t(m)
Ⅴ级围岩	1.47×10^{9}	5.64×10^{8}	2 000	0.33	3.00×10^{5}	35	1.50×10^{5}	—
Ⅳ级围岩	1.33×10^{9}	8.00×10^{8}	2 200	0.25	5.00×10^{5}	40	2.50	—
Ⅴ级初期支护	2.50	—	2 200	0.2	—	—	—	0.26
Ⅳ级初期支护	2.40×10^{10}	—	2 200	0.2	—	—	—	0.2
Ⅴ级二次衬砌	1.39×10^{10}	1.04×10^{10}	2 500	0.2	—	—	—	0.4
Ⅳ级二次衬砌	1.81×10^{10}	1.35×10^{10}	2 500	0.2	—	—	—	0.5

平寨隧道围岩性质较差,隧道穿越两类围岩,进、出口断为Ⅴ级围岩,隧道中部为Ⅳ级围岩,采用上下台阶法进行开挖,上下台阶保持20m错距。计算中,洞口部分每步开挖5m,隧道中部每步开挖20m。对比分析方案如下:方案一:无中导横洞进洞方式,先开挖右洞,再从左洞进口段正向开挖左洞的进洞方式。方案二:有中导横洞的开挖方式,先开挖右洞,再从右洞开挖中导横洞,利用中导横洞开挖左洞,变进洞为出洞的开挖方式开挖左洞。施工顺序示意如图5.52所示。

2)施工方案对比分析

浅埋偏压隧道洞口施工工序繁多,由于围岩多次扰动,围岩应力及支护受力情况复杂,洞口段经常会因地形条件的限制无法正向进洞,因此选择合适的开挖方式对保证隧道洞口段围岩及山体稳定、洞口附近施工机械及人员的安全具有重要意义。在左右幅进、出口段分别布置了三个断面进行监测,断面桩号分别为 ZK173＋780、ZK173＋910 和 ZK173＋925;YK173＋762、YK173＋980 和 YK173＋990。对上述两种开挖方案进行对比分析。两种方案最大的区别在于开挖左洞进洞口部分,数值模拟选取左洞进洞口断面 ZK173＋780 做分析研究,下文所指量测断面均指次断面。

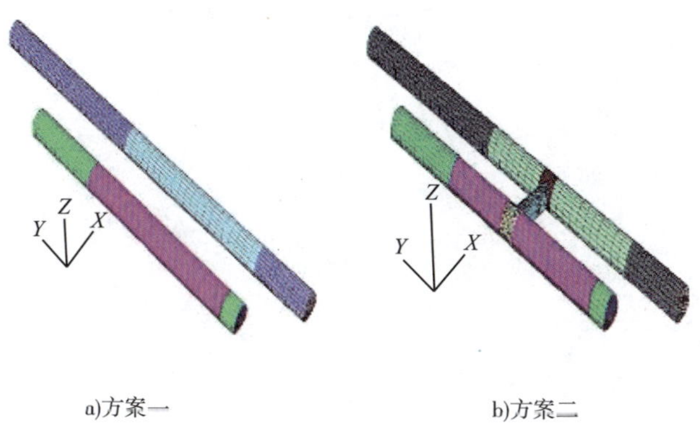

图 5.52　隧道模拟开挖方案图

(1)拱顶下沉分析

对比所选断面在两种施工方案过程中隧道拱顶下沉与开挖步关系曲线,如图 5.53 所示。

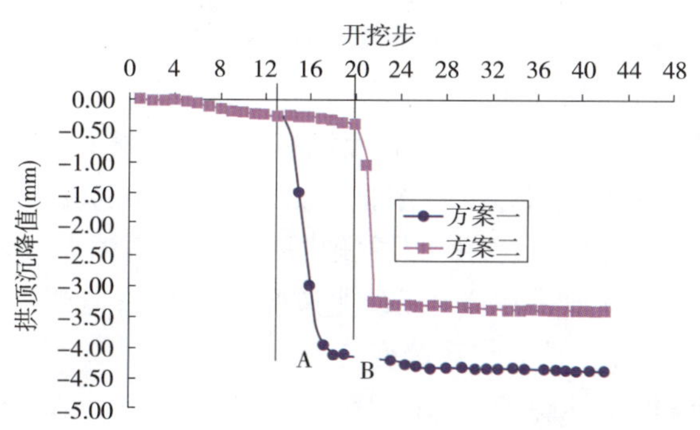

图 5.53　ZK173＋780 断面拱顶下沉与开挖步关系图

注:A-方案一掌子面开挖至量测断面;B-方案二掌子面开挖至量测断面。

按照方案一开挖,量测断面的拱顶下沉收敛值为 3.36mm,按照方案二开挖下沉收敛值为 3.51mm,方案二相对较小。

(2)拱脚水平收敛位移分析

图 5.54 为量测断面的拱脚水平收敛曲线图,拱脚水平收敛指左右拱脚水平位移差,正号表示收敛,负号表示拉伸。如图 5.54 所示,随着开挖断面迫近量测断面,井挖爆破震动对拱脚

水平收敛值的影响越来越大，隧道开挖过量测断面后，断面有向邻空面收敛的趋势，为了保证隧道及支护结构的稳定，要么围岩位移本身很小，要么隧道周边位移收敛一致，不产生过大差异。按方案二开挖时，量测断面的拱脚水平收敛最大值为 0.93mm，而按方案一开挖时，量测断面的拱脚水平收敛值为 1.0mm，两者最大收敛值几乎没有差别，可见按照方案一和方案二开挖引起左右拱脚水平位移的差距不大。可知，当无法采用方案一开挖左洞洞口段时，方案二是值得采用的方式。

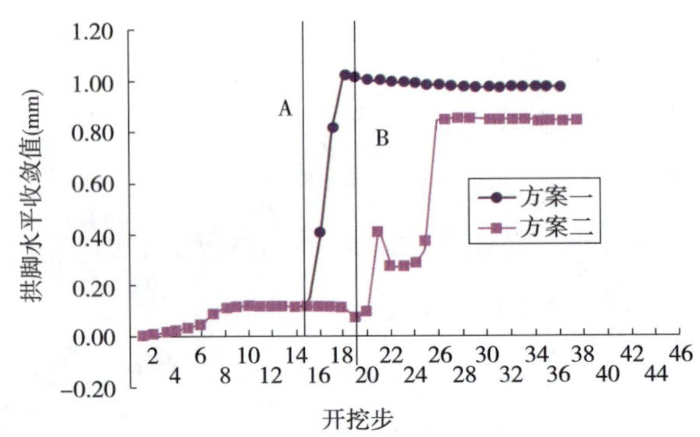

图 5.54 ZK173＋780 断面拱脚水平收敛位移与开挖步关系图

注：A-方案一掌子面开挖至量测断面；B-方案一掌子面开挖至量测断面。

(3)应力分析

量测断面拱腰处水平应力、竖向位移与开挖步的关系变化曲线如图 5.55 所示。曲线图中的 a、b 分别代表浅埋侧、深埋侧(左、右)拱腰。由图 5.55a)可知，按方案二开挖，量测断面浅埋侧拱腰最大水平应力应力值较方案一要大，相差 0.13MPa，但是方案二随着隧道开挖面前进，浅埋侧拱腰水平应力有所减小；深埋侧拱腰水平应力最大值方案二较方案一大，但方案一开挖掌子面通过量测断面后出现拉应力。

由图 5.55b)可知，按方案二开挖，量测断面钱埋侧、深埋侧拱腰竖向应力均比按方案一开挖时要大，但开挖掌子面过量测断面之后，按方案二开挖，量测断面两侧拱腰竖向应力值逐渐接近，差别不大；而按方案一开挖，量测断面两侧拱腰竖向应力值差别较大。

上述研究结论表明平寨隧道采用方案二开挖方法，即利用先开挖好的右洞开挖一中导横洞，将左洞进洞开挖方式由原来的正向开挖变为反向开挖是可以实现的，也是合理的。由此可见对于采用同类条件的浅埋偏压隧道，在由于洞口段地形条件限制不能正向开挖的条件下，可选择利用先开挖的隧道开挖一中导横洞变正向开挖为反向开挖的方案。这样可以确保工期，极大地消除正向开挖中因洞口爆破岩石滑落，落石对正在洞口施工中的涵洞和路基机械人员造成重大的安全隐患。

3)施工全过程隧道力学行为分析

为了全面了解平寨隧道在施工过程中围岩、初期支护以及二次衬砌等结构的受力变形特性，对方案二的施工全过程隧道的施工力学行为进行分析。为了清楚的看出隧道围岩和结构的应力、应变特征，选取典型断面 ZK173＋780、ZK173＋910、ZK173＋925 断面进行分析研究。

围岩的应力特征分析：岩体内部天然状态的应力场特征与开挖后的应力重分布有着密切

的关系，同时与隧洞进洞开挖后围岩及隧道洞口段坡体的变形破坏有着密切的关系。因此，研究洞口段坡体天然状态下的应力场特征，对于分析进洞开挖后隧道围岩变形破坏特征具有重要意义。

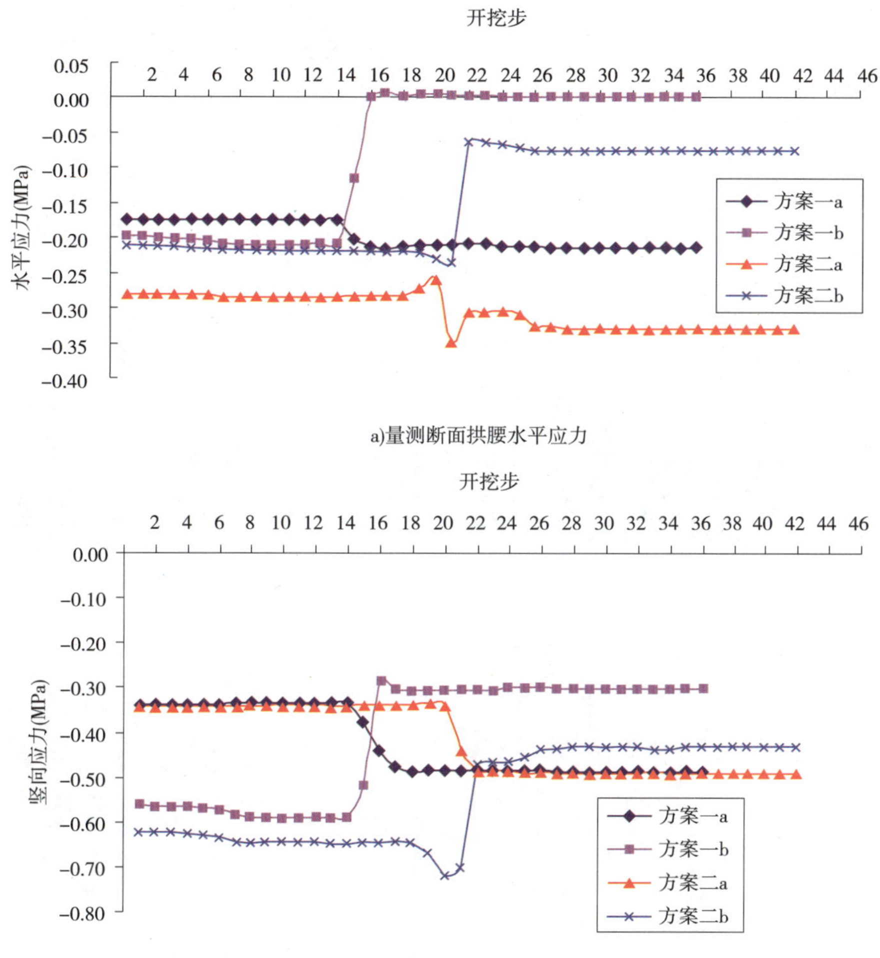

b)量测断面拱腰竖向应力

图 5.55　ZK173+780 拱腰水平应力、竖向位移与开挖步关系图

图 5.56 为选测断面天然状态下的主应力分布特征。由图 5.56 可知：

(1)从图中最小主应力的分布特征可以看出，最小主应力分布特征总体上表现为随岩体深度的增加而逐渐增大的趋势，由于坡体地形地貌以及坡体结构特征的影响，在陡坡和坡度变化较大部位的坡面出现拉应力现象，但是拉应力区域的范围较小。拉应力量值最大值约为0.1MPa。从以往的实际工程经验来看，这些拉应力区域往往是坡体面受拉开裂的多发区。

(2)从图中最大主应力分布特征来看，最大主应力分布受岩体埋深影响仍然明显，也表现出随岩体深度的增加而逐渐增大的趋势，最大主应力无拉应力区域出现，总体上表现为压应力，最大量值约为−2.24MPa。

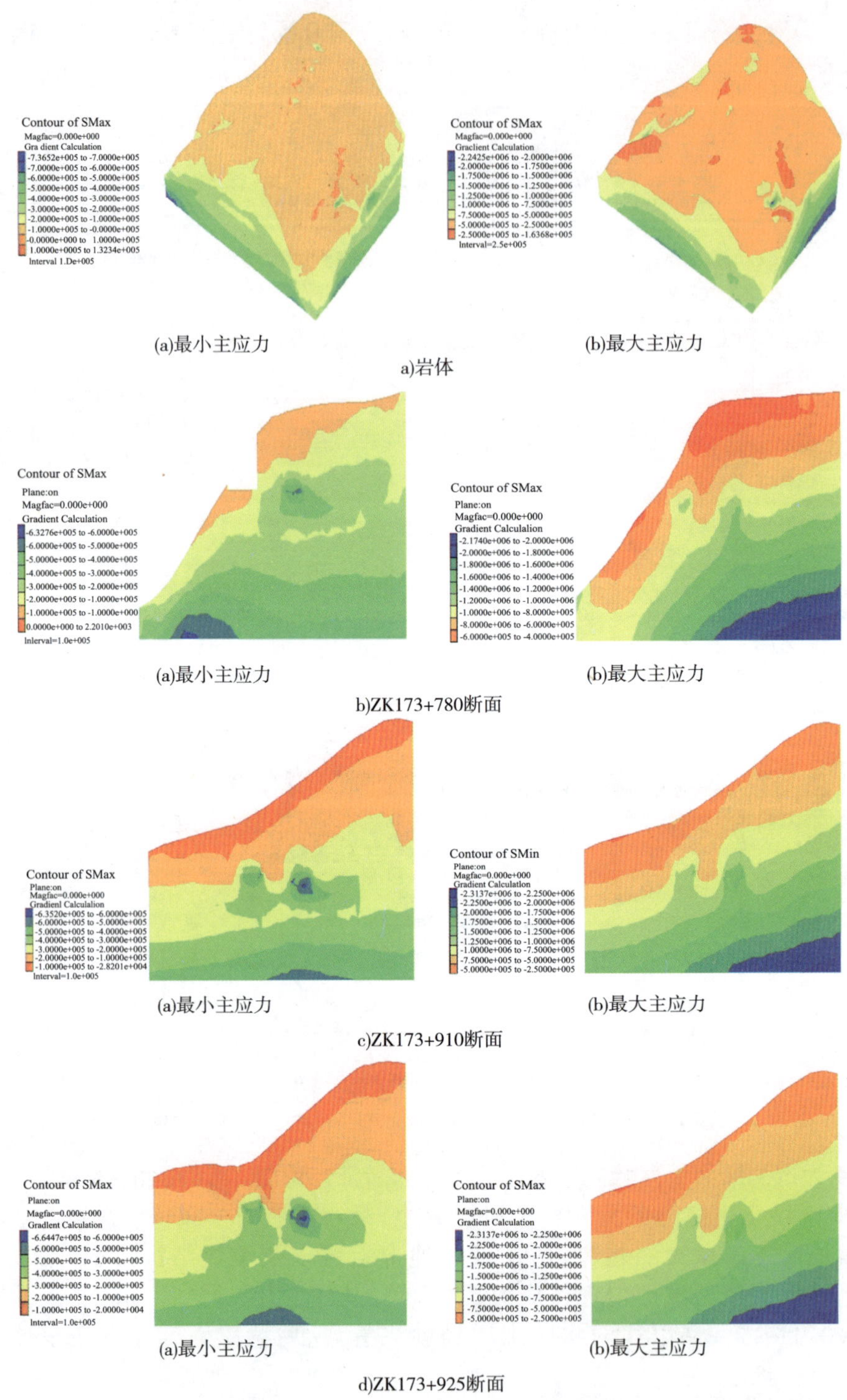

(a)最小主应力 (b)最大主应力

a)岩体

(a)最小主应力 (b)最大主应力

b)ZK173+780断面

(a)最小主应力 (b)最大主应力

c)ZK173+910断面

(a)最小主应力 (b)最大主应力

d)ZK173+925断面

图 5.56 天然状态下主应力分布特征

图 5.57 为 ZK173＋780 断面开挖后的主应力分布特征。由图 5.57 可知：

(1)从最小主应力分布特征来看，量测断面上台阶开挖时，由于开挖引起围岩应力重分布，与未开挖时比较，靠近隧道浅埋一侧拱腰处的边坡上沿出现拉应力，左洞下台阶表层出现大范围的拉应力区域，最大拉应力值约为 0.12MPa。拱顶偏深埋侧为拉应力区，此拉应力区向上延伸至边坡一定范围，应力值约为 0.1MPa。浅埋侧拱腰为压应力区，应力值约为－0.3MPa，左洞上台阶深埋侧拱脚出现压应力集中现象，其值约为－0.8MPa；量测断面下台阶开挖后，左洞下台阶深埋侧拱脚部位出现压应力集中区，其数值约为－0.88MPa，拱顶偏深埋侧拱腰部位的拉应力值有所减小，拉应力数值约为 0.09MPa。浅埋侧拱腰压应力值约为－0.3MPa。从图中对比应力值可看出两侧拱腰和拱脚偏压现象均较为明显。

(2)从最大主应力发展趋势来看，隧道围岩均无拉应力出现，量测断面上台阶开挖后，左洞上台阶深埋侧拱脚处压应力较大，其数值约为－2.5MPa。浅埋侧拱腰压应力值约为－1.5MPa，深埋侧拱腰压应力值约为－1.0MPa，偏压现象较为明显。拱顶偏深埋侧位置压应力值约为－0.5MPa；量测断面下台阶开挖后，左洞下台阶深埋侧拱脚部位压应力集中显著，其值约为－3.0MPa，其余部位应力值较拱脚部位要小，浅埋侧拱腰较深埋侧拱腰应力值要大，相差约为 0.5MPa，表现出明显的偏压特征。

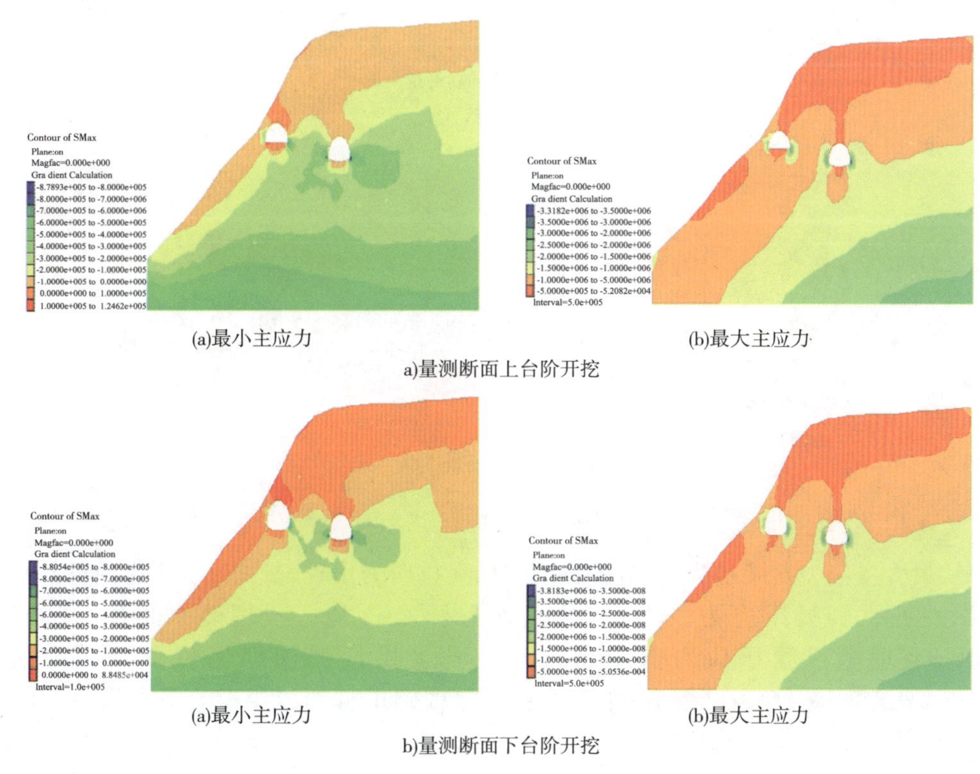

(a)最小主应力　(b)最大主应力

a)量测断面上台阶开挖

(a)最小主应力　(b)最大主应力

b)量测断面下台阶开挖

图 5.57　ZK173＋780 断面主应力分布特征

图 5.58 为 ZK173＋910 断面开挖后的主应力分布特征。图示结果表明：

(1)从最小主应力分布特征来看，量测断面上台阶开挖时，由于开挖引起围岩应力重分布，与未开挖时比较，左洞下台阶表层出现小范围的拉应力区域，拉应力值不大，最大拉应力值约为0.04MPa。拱顶偏深埋侧以上部位压应力值较为均匀，应力值约为－0.2MPa。两侧拱腰压应力值相当，浅埋侧拱腰应力值约为－0.4MPa，深埋侧拱腰应力值约为－0.2MPa。左洞上台阶两侧拱脚出现压应力集中现象，其值约为－0.8MPa，深埋侧范围较浅埋侧稍大；量测断面下台阶开挖后，左洞下台阶深埋侧拱脚部位出现压应力集中区，其数值约为－1.4MPa，拱顶偏深埋侧部位压应力值变化不大，数值约为－0.2MPa。浅埋侧拱腰压应力值约为－0.4MPa，深埋侧侧拱腰应力值约为－0.2MPa。从图中对比可看出两侧拱腰出现一定程度的偏压现象。

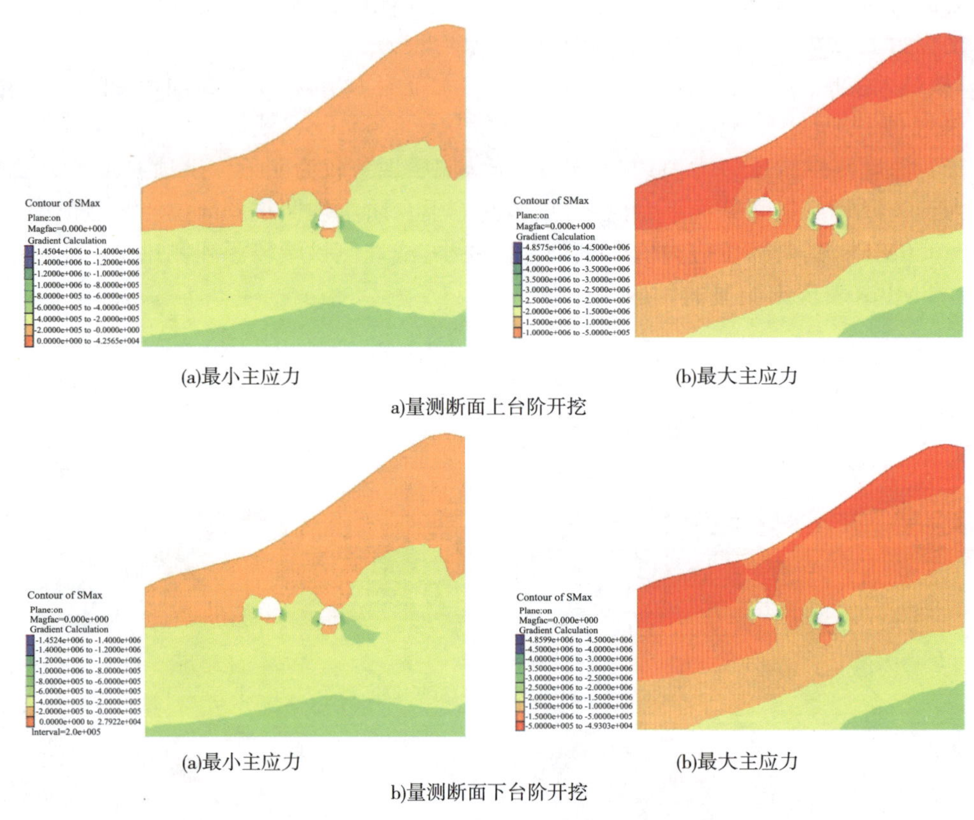

(a)最小主应力　　(b)最大主应力

a)量测断面上台阶开挖

(a)最小主应力　　(b)最大主应力

b)量测断面下台阶开挖

图5.58　ZK173＋910断面主应力分布特征

(2)从最大主应力发展趋势来看，隧道围岩均无拉应力出现，量测断面上台阶开挖后，左洞上台阶深埋侧拱脚处压应力较大，其数值约为－3.0MPa。浅埋侧拱腰压应力值约为－1.5MPa，深埋侧拱腰压应力值约为－1.3MPa。拱顶偏深埋侧位置压应力值约为－1.0MPa；量测断面下台阶开挖后，左洞下台阶深埋侧拱脚部位压应力集中显著，其值约为－3.85MPa，其余部位应力值较拱脚部位要小，两侧拱腰应力值相差不大，相差约为0.2MPa，表现出一定程度的偏压特征。

图5.59为ZK173＋925断面开挖后的主应力分布特征。图示结果表明：

(1)从最小主应力分布特征来看，量测断面上台阶开挖时，由于开挖引起围岩应力重分布，与未开挖时比较，左洞下台阶表层出现小范围的拉应力区域，拉应力值不大，最大拉应力值约为 0.037MPa。拱顶以上部位压应力值较为均匀，应力值约为－0.2MPa。两拱腰压应力值相当，浅埋侧拱腰应力值约为－0.4MPa，深埋侧拱腰应力值约为－0.2MPa。左洞上台阶两侧拱脚出现压应力集中现象，其值约为－0.8MPa，深埋侧范围较浅埋侧稍大；量测断面下台阶开挖后，左洞下台阶深埋侧拱脚部位出现压应力集中区，其数值约为－1.43MPa，拱顶以上部位压应力值变化不大，数值约为－0.2MPa。左拱腰压应力值约为－0.4MPa，深埋侧拱腰应力值约为－0.2MPa。从图中对比可看出，两侧拱腰出现一定程度的偏压现象。

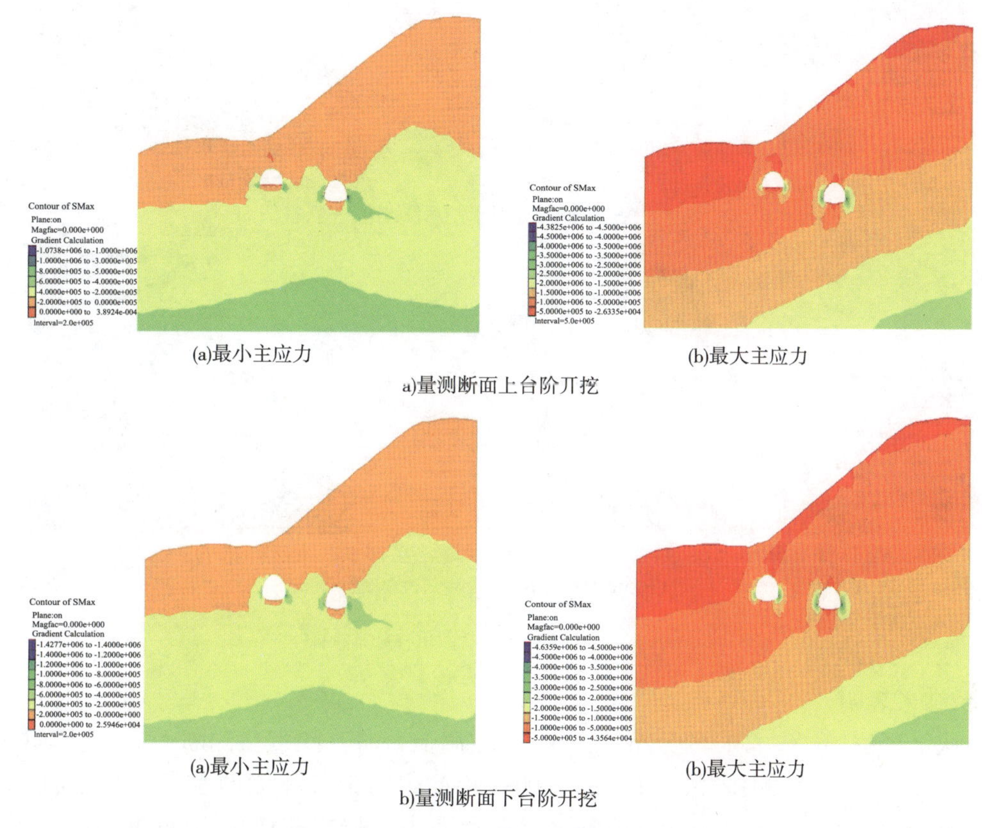

(a)最小主应力　(b)最大主应力

a)量测断面上台阶开挖

(a)最小主应力　(b)最大主应力

b)量测断面下台阶开挖

图 5.59　ZK173＋925 断面开挖后的主应力分布特征

(2)从最大主应力发展趋势来看，隧道围岩均无拉应力出现，量测断面上台阶开挖后，左洞上台阶深埋侧拱脚处压应力较大，其数值约为－2.5MPa。浅埋侧拱腰压应力值约为－1.5MPa，深埋侧拱腰压应力值约为－1.3MPa。拱顶偏深埋侧位置压应力值约为－0.5MPa；量测断面下台阶开挖后，左洞下台阶深埋侧拱脚部位压应力集中显著，其值约为－3.64MPa，其余部位应力值较拱脚部位要小，拱顶偏深埋侧以上部位压应力值有所减小，最小值约为 0.043MPa，并延伸向上至边坡表面，有发展成拉应力带的趋势，在这一应力带极易在岩体内部受拉破坏。两侧拱腰应力值相差不大，相差约为 0.2MPa，表现出一定程度的偏压特征。

围岩位移特征：在隧道开挖轮廓线附近的拱顶、左拱腰、右拱腰、左拱脚、右拱脚位置设置监测点。

图5.60为ZK173+780断面围岩位移分布云图，图5.61为该断面监测点位移与开挖步关系曲线图。

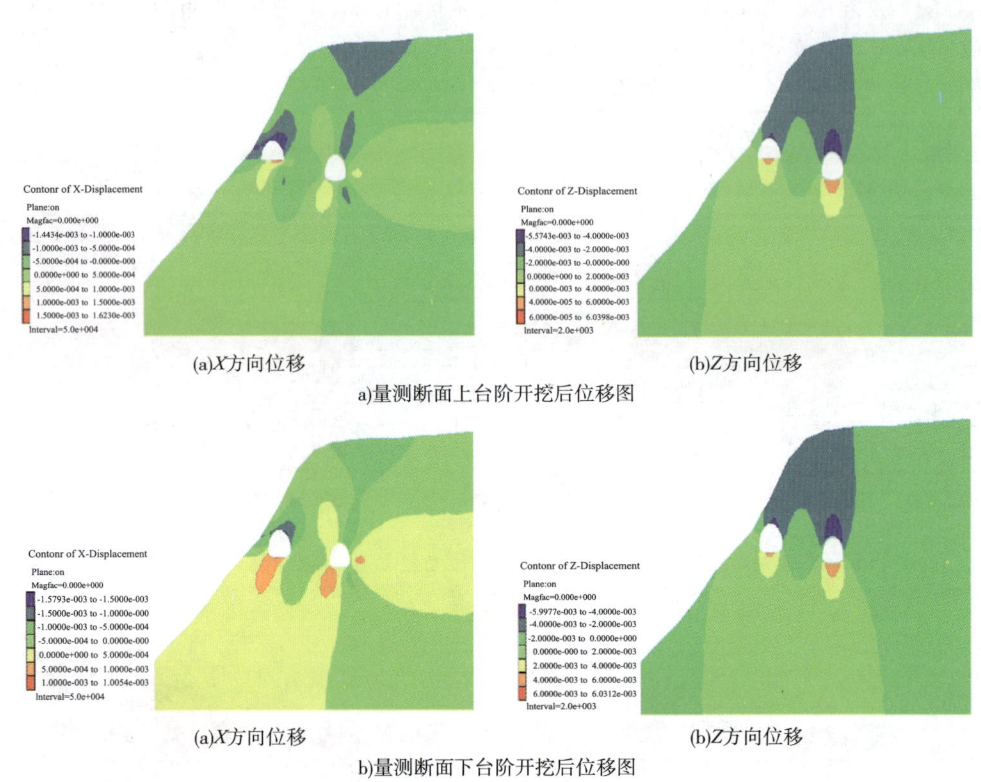

(a)X方向位移　(b)Z方向位移

a)量测断面上台阶开挖后位移图

(a)X方向位移　(b)Z方向位移

b)量测断面下台阶开挖后位移图

图5.60　ZK173+780断面位移分布特征

图示结果表明：

(1)从水平位移(X方向)的分布特征来看，左洞上台阶开挖过量测断面后，隧道进洞开挖卸荷效应引起左洞浅埋侧拱腰、拱顶、深埋侧拱腰产生向山谷一侧的水平位移，其值分别为－1.03mm、－1.34mm、－1.39mm，两侧拱脚在断面未开挖之前产生X负方向的水平位移，随着掌子面的开挖，产生正向的位移，其值分别约为0.35mm、0.08mm；左洞下台阶开挖过量测断面后，浅埋侧拱腰、拱顶以及深埋侧拱腰水平位移值增长较小，分别达到－1.04mm、－1.4mm、－1.58mm。浅埋侧拱脚水平位移有少许发展，数值达到0.46mm。深埋侧拱脚水平位移转变为负方向，即朝向山谷一侧，位移值达到－0.56mm，拱脚水平收敛达到－1.02mm。

(2)从竖向位移的分布特征和竖向位移与开挖步的关系看，左洞上台阶开挖后，两拱脚产生向上位移，左拱脚位移值较大，达到1.44mm，右拱脚为0.02mm。隧道拱顶及左、右拱腰沉降在上台阶开挖掌子面未通过量测断面时已经产生，拱顶沉降值约为总沉降的23%，浅埋侧拱腰沉降值约占总沉降值的16%，深埋侧拱腰沉降值约占总沉降值的30%；上台阶开挖过量测断面后，拱顶沉降值约为总沉降的93%，浅埋侧拱腰沉降值约占总沉降值的86%，深埋侧拱腰沉降值约占总沉降值的95%;下台阶开挖过量测断面后,拱顶沉降值约为总沉降的94%,浅埋侧拱腰沉降值约占总沉降值的86%,深埋侧拱腰沉降值约占总沉降值的95%。此后随着开挖掌子面远离量测断面,隧道开挖对隧道关键点沉降的影响较小。最终拱顶沉降值最大,为−3.36mm,两侧拱腰分别为−1.67mm和−3.27mm,左右侧拱脚分别为1.34mm和−0.58mm。左右拱腰沉降值差距明显,这是由于左右两侧拱腰埋深差别较大,存在明显的偏压引起的。

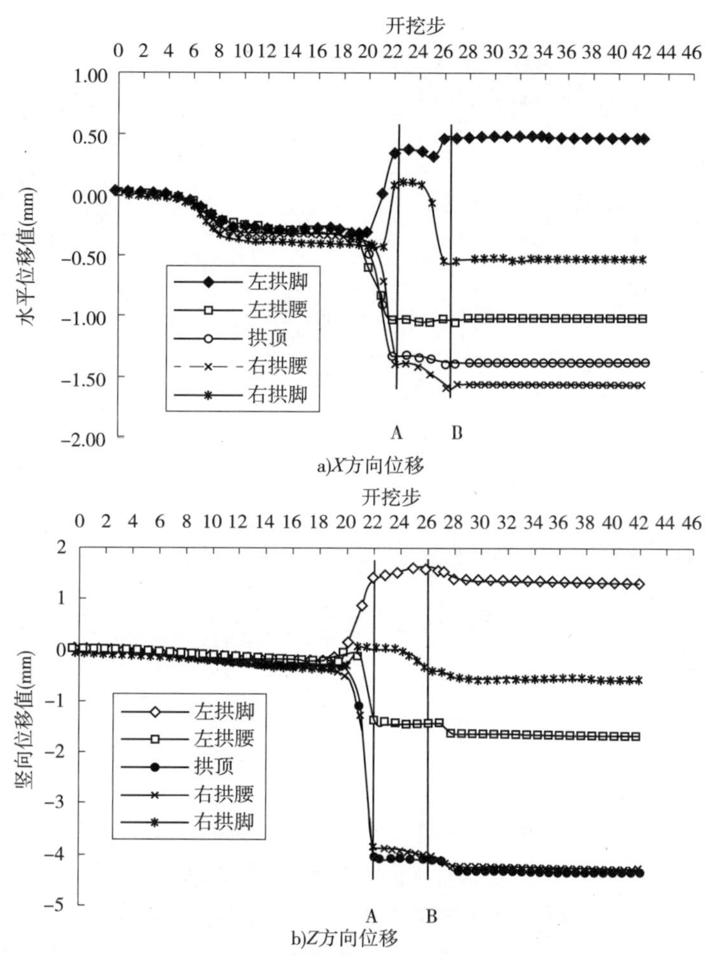

图5.61 ZK173+780断面监测点位移与开挖步关系曲线

注:A-上台阶掌子面开挖过量测断面;B-下台阶掌子面开挖过量测断面。

图5.62为ZK173+910断面位移分布云图,图5.63为该断面监测点位移与开挖步关系曲线图。

图示结果表明:

(1)从水平位移(X方向)的分布特征,左洞上台阶开挖过量测断面后,隧道进洞开挖卸荷效应引起左洞拱顶、深埋侧拱腰以及深埋侧拱脚产生向山谷一侧的水平位移,其值分别为−0.71mm、−1.4mm、−0.25mm,浅埋侧拱脚在断面未开挖之前产生X负方向的水平位移,随着掌子面的开挖，产生正向的位移，其值分别约为 0.48mm，浅埋侧拱腰产生正向水平位移，位移值约为 0.22mm；左洞下台阶开挖过量测断面后，拱顶、深埋侧拱腰以及深埋侧拱脚水平位移值有一定程度的增长，分别达到－0.81mm、－1.71mm、－0.69mm。浅埋侧拱脚水平位移值达到 1.06mm。浅埋侧拱腰水平位移值达到 0.29mm。

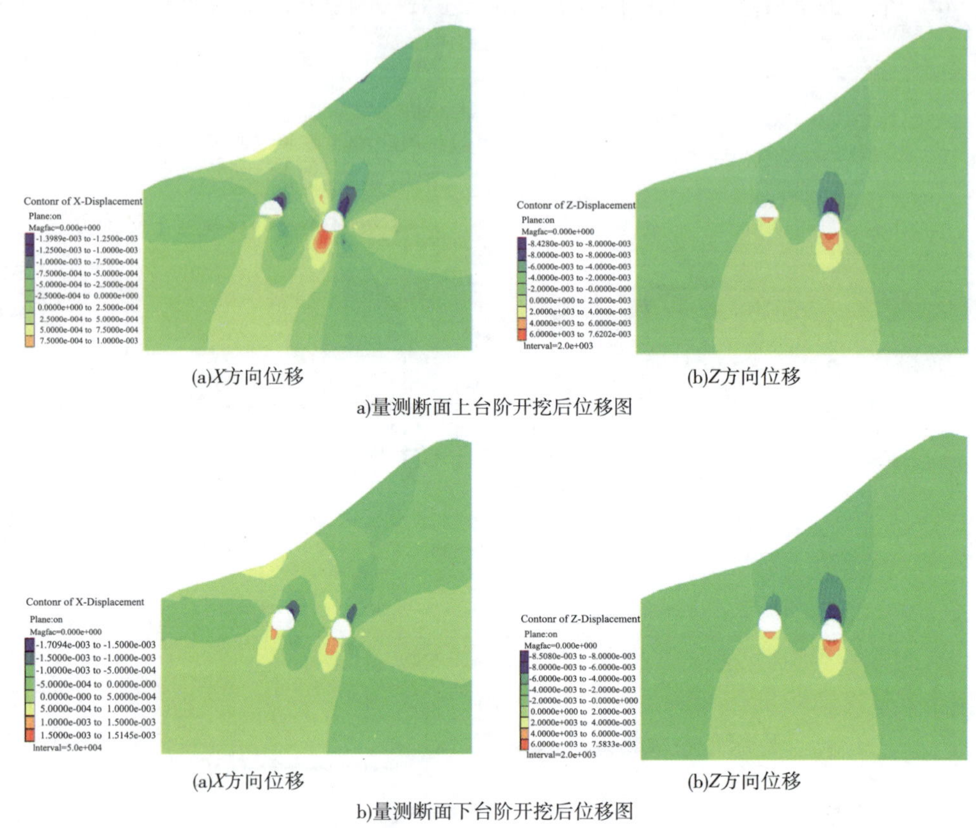

(a)X方向位移　(b)Z方向位移

a)量测断面上台阶开挖后位移图

(a)X方向位移　(b)Z方向位移

b)量测断面下台阶开挖后位移图

图 5.62　ZK173＋910 断面位移分布特征

(2)从竖向位移的分布特征和竖向位移与开挖步的关系看，左洞上台阶开挖后，左拱脚产生向上位移，其值约为到 0.69mm，深埋侧拱腰在上台阶开挖掌子面接近量测断面的过程中，其沉降值由负值逐渐转变为正值，到开挖过断面后，位移值达到 0.1mm。隧道拱顶及左、右拱腰沉降在上台阶开挖掌子面未通过量测断面时已近产生，拱顶沉降值约为总沉降的 32％，浅埋侧拱腰沉降值约占总沉降值的 32％，深埋侧拱腰沉降值约占总沉降值的 33％；上台阶开挖过量测断面后，拱顶沉降值约为总沉降的 76％，浅埋侧拱腰沉降值约占总沉降值的 73％，深埋侧拱腰沉降值约占总沉降值的 75％；下台阶开挖过量测断面后，拱顶沉降值约为总沉降的 95％，浅埋侧拱腰沉降值约占总沉降值的 93％，深埋侧拱腰沉降值约占总沉降值的 94％。此后随着开挖掌子面远离量测断面，隧道开挖对隧道关键点沉降的影响较小。最终拱顶沉降值最大，为－5.82mm，左右侧拱腰分别为－3.4mm 和－5.23mm，左右侧拱脚分别为 0.34mm 和－0.56mm。左右拱腰沉降值差距明显，这是由于左右两侧拱腰埋深差别较大，存在一定程度的偏压引起的。

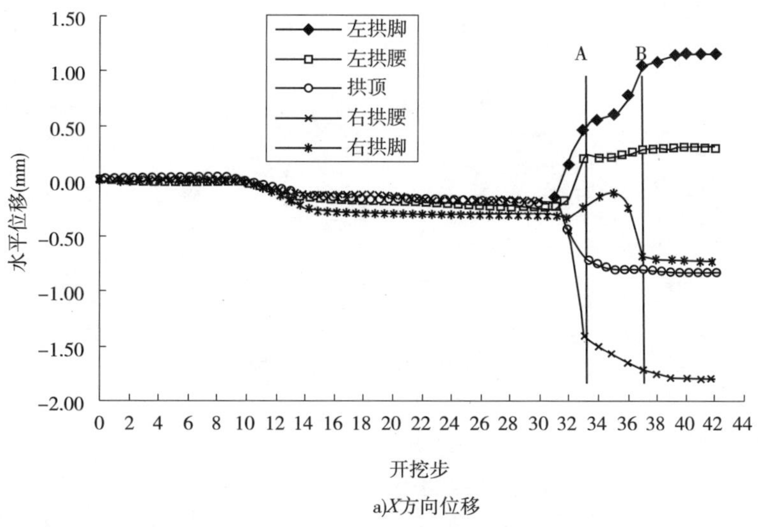

a)X方向位移

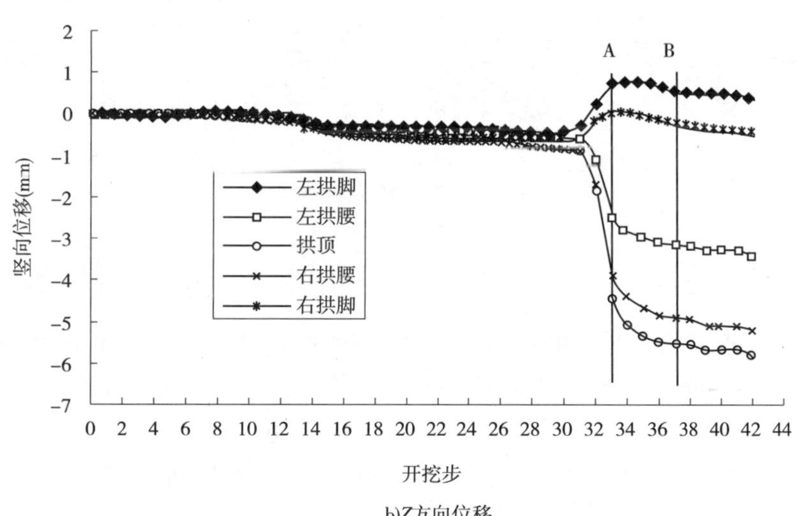

b)Z方向位移

图 5.63　ZK173＋910 断面监测点位移与开挖步关系曲线

注：A-上台阶掌子面开挖过量测断面；B-下台阶掌子面开挖过量测断面。

图 5.64 为 ZK173＋925 断面位移分布特征，图 5.65 为该断面监测点位移与开挖步关系曲线图。

(1)从水平位移(X 方向)的分布特征，左洞上台阶开挖过量测断面后，隧道进洞开挖卸荷效应引起左洞拱顶、深埋侧拱腰以及深埋侧拱脚产生向山谷一侧的水平位移，其值分别为－0.66mm、－1.43mm、－0.33mm，浅埋侧拱脚、浅埋侧拱腰在断面未开挖之前产生 X 负方向的水平位移，随着掌子面的开挖，产生正向的位移，其值分别约为 0.46mm、0.32mm；左洞下台阶开挖过量测断面后，拱顶、深埋侧拱腰以及深埋侧拱脚水平位移值有一定程度的增长，分别达到－0.77mm、－1.77mm、－1.02mm。左拱脚水平位移值达到 0.98mm。浅埋侧拱腰水平位移值达到 0.4mm。拱脚水平收敛值达到－2mm。

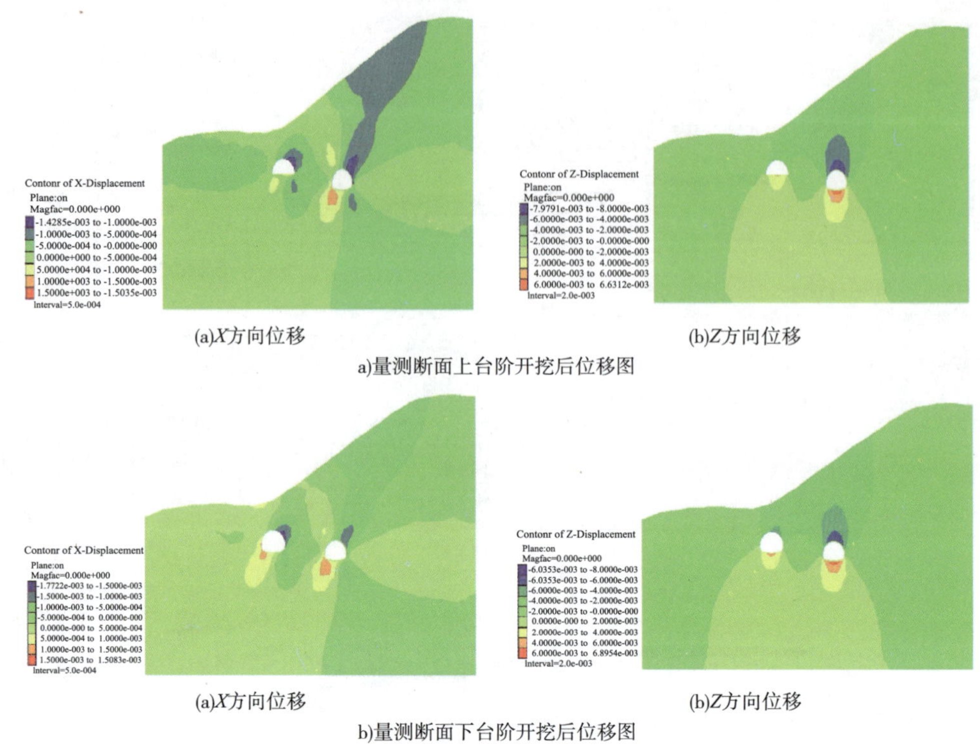

(a)*X*方向位移　　(b)*Z*方向位移

a)量测断面上台阶开挖后位移图

(a)*X*方向位移　　(b)*Z*方向位移

b)量测断面下台阶开挖后位移图

图 5.64　ZK173+925 断面位移分布特征

(2)从竖向位移的分布特征和竖向位移与开挖步的关系看，左洞上台阶开挖后，左拱脚在上台阶开挖掌子面接近量测断面的过程中，其沉降值由负值逐渐转变为正值，到开挖过断面后，位移值达到 0.59mm，深埋侧拱脚沉降值在上台阶开挖面靠近量测断面的过程中先增大后减小，而后随着下台阶开挖迫近量测断面，下沉值逐渐增大。隧道拱顶及左、右拱腰沉降在上台阶开挖掌子面未通过量测断面时已近产生，拱顶沉降值约为总沉降的 30%，浅埋侧拱腰沉降值约占总沉降值的 25%，深埋侧拱腰沉降值约占总沉降值的 33%；上台阶开挖过量测断面后，拱顶沉降值约为总沉降的 79%，浅埋侧拱腰沉降值约占总沉降值的 77%，深埋侧拱腰沉降值约占总沉降值的 77%；下台阶开挖过量测断面后，拱顶沉降值约为总沉降的 99%，浅埋侧拱腰沉降值约占总沉降值的 98%，深埋侧拱腰沉降值约占总沉降值的 98%。此后随着开挖掌子面远离量测断面，隧道开挖对隧道关键点沉降的影响较小。最终拱顶沉降值最大，为 −3.51mm，左右侧拱腰分别为 −2.61mm 和 −3.58mm，左右侧拱脚分别为 0.44mm 和 −0.65mm。左右拱腰沉降值差距明显，这是由于左右两侧拱腰埋深差别较大，存在一定程度的偏压引起的。

4)初期支护受力特征

由以上分析得知，左洞进洞口段偏压现象显著，是施工过程中需要特别关注的施工段。为了分析初期支护的受力特征，现选取存在偏压的左洞洞口段作为研究对象，选择监测断面为 ZK173+780、ZK173+910、ZK173+925。针对所选取的断面，得到分析结果如下：

(1)进口段 ZK173+780 断面初期支护应力分析

①隧道洞口段量测断面 ZK173+780 初期支护弯矩如图 5.66 所示,从图可以看出:上台阶支护后,在量测断面附近初期支护弯矩值在左拱腰处为正直,其值约为 1kN·m,拱顶和右拱腰部位初支弯矩值为负值,其值约为-1kN·m;在下台阶开挖完成后浅埋侧拱腰弯矩有所减小,弯矩值约为 0.44kN·m,右拱腰到拱顶部位弯矩值数值上变大,拱顶弯矩值与约为-2kN·m,深埋侧拱腰约为-1.5kN·m,两侧拱脚弯矩值相差较大,左拱脚约为-0.05kN·m,深埋侧拱脚弯矩值约为-2kN·m;最终弯矩值与下台阶支护完成后的弯矩值相比较而言,基本维持不变。右侧为深埋侧,左侧为浅埋侧,左洞进口段偏压较为严重,洞顶至深埋侧岩体变形较大,初期支护受到较大压力下凹产生负弯矩,而浅埋侧初期支护受到挤压向外凸出产生正弯矩。

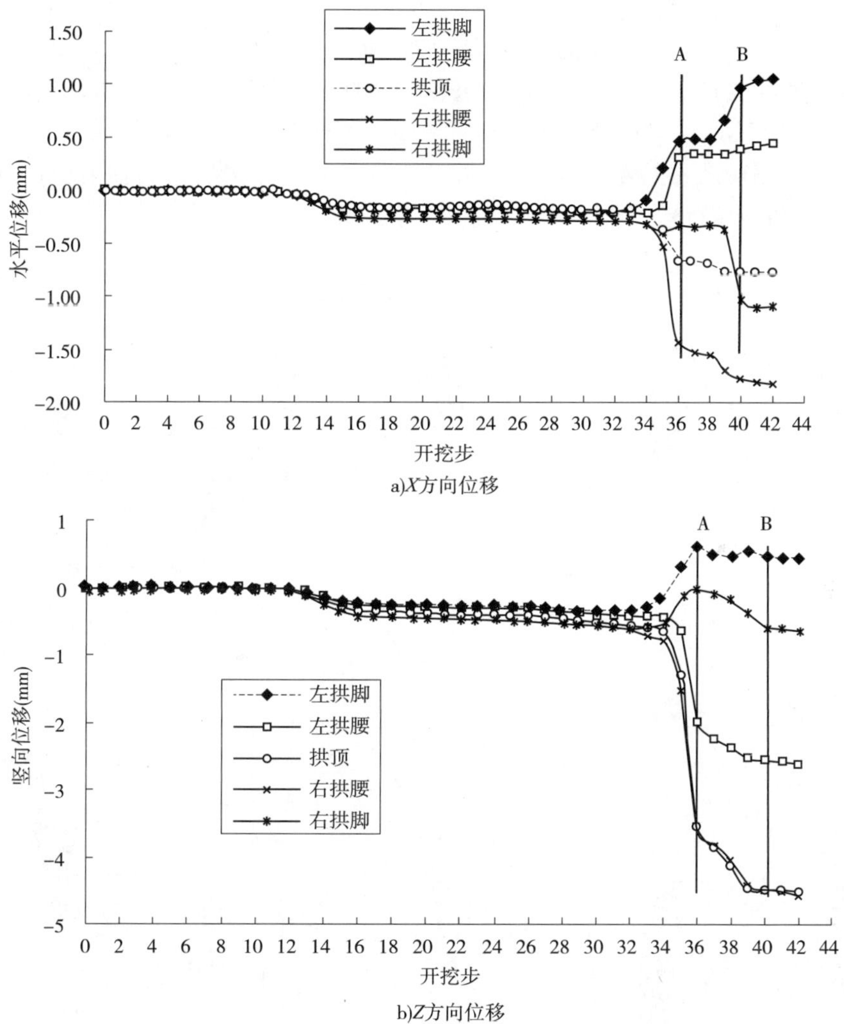

图 5.65 ZK173+925 断面监测点位移与开挖步关系曲线

注:A-上台阶掌子面开挖过量测断面;B-下台阶掌子面开挖过量断面。

②量测断面 ZK173+780 初期支护轴力如图 5.67 所示。从图可以看出:上台阶支护后,在量测断面附近,拱顶初期支护轴力约-400kN,深埋侧拱腰初期支护最大轴力为-700kN,浅埋侧拱腰附近初期支护轴力值约为-1 260kN,浅埋侧初期支护轴力值明显比深埋侧拱腰轴力值要大得多;下台阶支护完成后,浅埋侧拱腰初期支护轴力达到-1 300kN,深埋侧拱腰初期支护轴力值达到-800kN,拱顶初期支护轴力增长到-600kN。左拱脚初期支护轴力约为-300kN,深埋侧拱脚初期支护轴力约为-600kN;最终轴力值与下台阶支护完成后的轴力值相比较而言,除了左拱脚处轴力值变化比较大(轴力值增大到-400kN),其余位置基本维持不变。

③图 5.68 为 ZK173+780 断面附近初期支护主应力分布特征,从图可以看出:从最大主应力来看,量测断面拱顶部位初期支护应力值约为-1.1MPa,浅埋侧拱腰部位初期支护应力值约为-2.8MPa,深埋侧拱腰部位初期支护应力值约为-1.6MPa,浅埋侧拱脚部位初期支护应力值为负值约为-0.35MPa,深埋侧拱脚部位初期支护应力值约为-0.65MPa;从最小主应力看,拱顶部位初期支护应力值约为 0.35MPa,右拱腰应力值约为 0.08MPa,浅埋侧拱腰初期支护应力值约为 0.3MPa,左右侧拱脚应力值均较小,分别为 0.06MPa、0.05MPa。

由此可见,在偏压严重的左洞洞口段,深埋侧拱脚和浅埋侧拱腰的轴力值、主应力值较其他部位要大。这两个位置较其他位置更容易破坏。

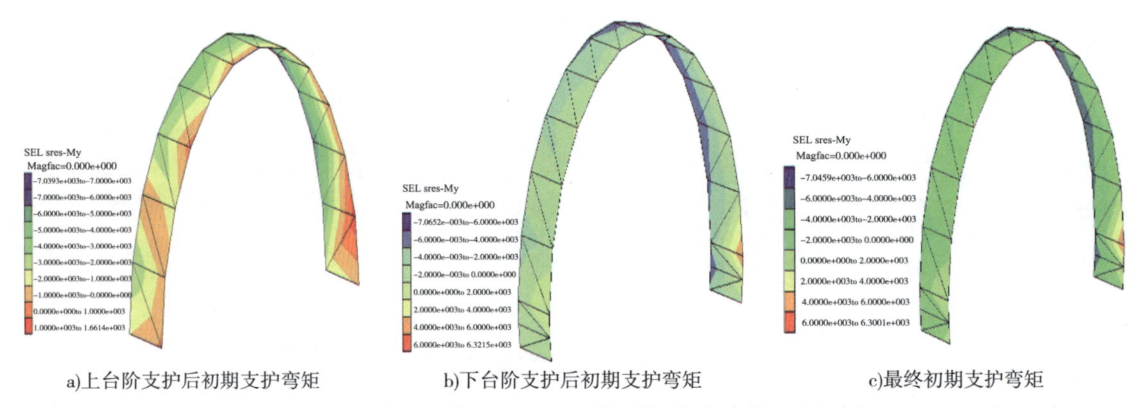

a)上台阶支护后初期支护弯矩　　b)下台阶支护后初期支护弯矩　　c)最终初期支护弯矩

图 5.66　左洞洞口段 ZK173+780 断面附近初期支护 Y 方向弯矩

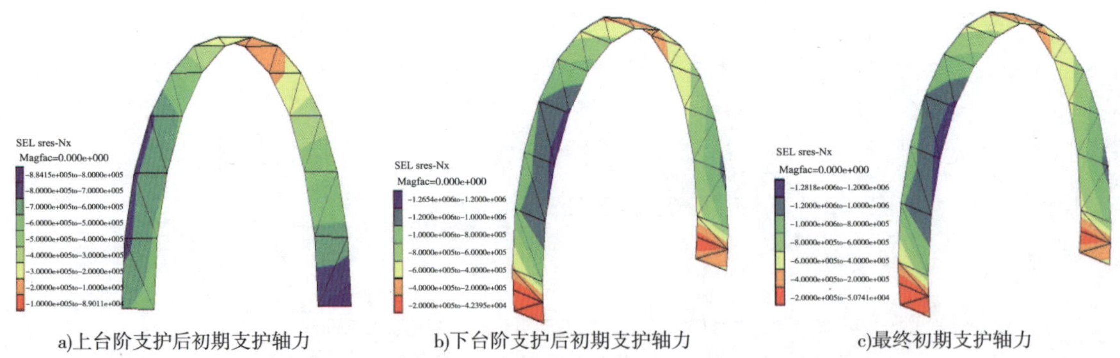

a)上台阶支护后初期支护轴力　　b)下台阶支护后初期支护轴力　　c)最终初期支护轴力

图 5.67　左洞洞口段 ZK173+780 断面附近初期支护 X 方向轴力

(2)出口段 ZK173+910 断面初期支护应力分析

①隧道洞口段量测断面 ZK173+910 初期支护弯矩如图 5.69 所示,从图可以看出:上台阶支护后,在量测断面初期支护弯矩值在拱顶处为正直,其值约为−0.8kN·m,左、右拱腰部位初支弯矩值为负值,其值分别为−0.95kN·m、−1kN·m;在下台阶开挖完成后左拱腰弯矩有所增大,弯矩值约为−1kN·m,拱顶部位弯矩值数值上变大,约为−1kN·m,深埋侧拱腰约为−1.1kN·m,两侧拱脚弯矩值相差较大,左拱脚约为−0.5kN·m,深埋侧拱脚弯矩值约为 1kN·m;最终弯矩值与下台阶支护完成后的弯矩值相比较而言,基本维持不变。左洞出口段偏压不明显,两侧拱腰至洞顶岩体变形较大,初期支护受到较大压力下凹产生负弯矩,拱脚初期支护负弯矩值较小,在深埋侧甚至产生正弯矩。

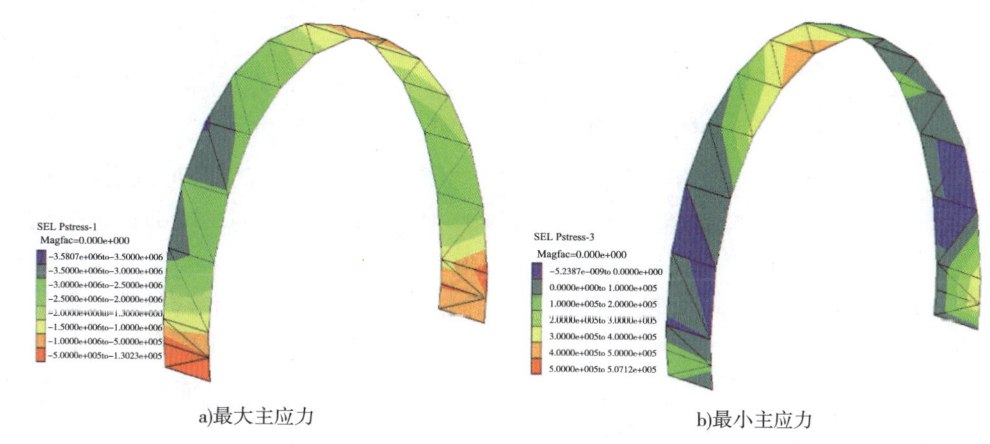

a)最大主应力　　b)最小主应力

图 5.68　左洞洞口段 ZK173+780 断面附近初期支护主应力分布特征

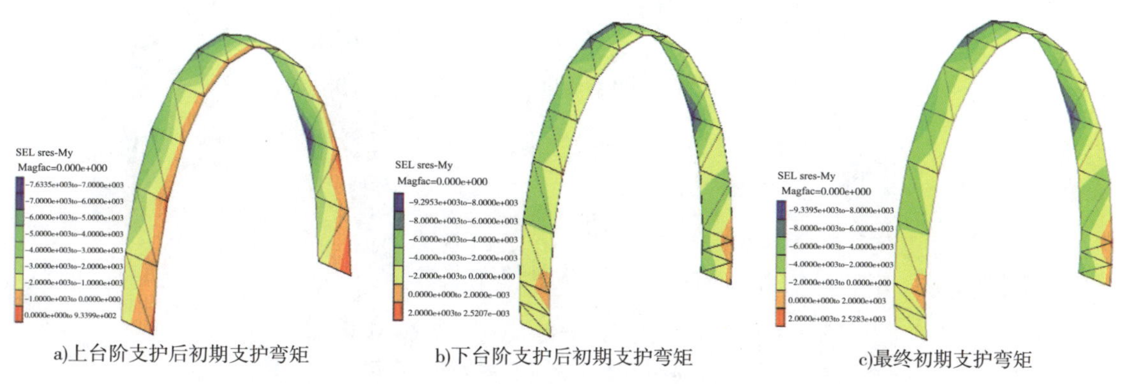

a)上台阶支护后初期支护弯矩　　b)下台阶支护后初期支护弯矩　　c)最终初期支护弯矩

图 5.69　左洞洞口段 ZK173+910 断面附近初期支护 Y 方向弯矩

②量测断面 ZK173+910 初期支护轴力如图 5.70 所示。从图可以看出:上台阶支护后,在量测断面附近,拱顶初期支护轴力约−200kN,深埋侧拱腰初期支护最大轴力为−225kN,浅埋侧拱腰附近初期支护轴力值约为−350kN,浅埋侧初期支护轴力值比深埋侧拱腰轴力值要大;下台阶支护完成后,浅埋侧拱腰初期支护轴力达到−575kN,深埋侧拱腰初期支护轴力值达到−400kN,拱顶初期支护轴力增长到−320kN。浅埋侧拱脚初期支护轴力约为

－150kN，深埋侧拱脚初期支护轴力约为－100kN；最终轴力值与下台阶支护完成后的轴力值相比较而言，各个部位变化不多，拱顶轴力值约为－340kN，浅埋侧拱腰约为－600kN，深埋侧拱腰约为－420kN，浅埋侧拱脚约为－135kN，深埋侧拱脚约为－110kN。

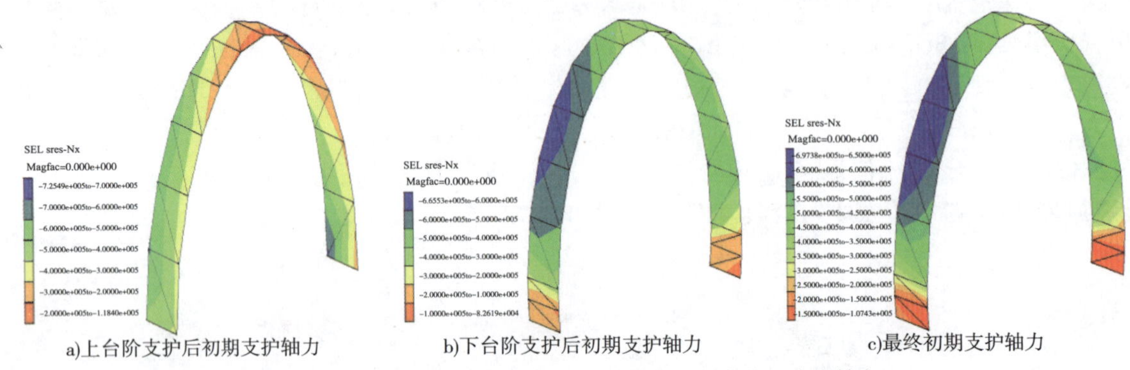

a)上台阶支护后初期支护轴力　b)下台阶支护后初期支护轴力　c)最终初期支护轴力

图 5.70　左洞洞口段 ZK173＋910 断面附近初期支护 X 方向轴力

③图 5.71 为 ZK173＋910 断面附近初期支护主应力分布特征，从图可以看出：从最大主应力来看，量测断面拱顶部位初期支护应力值约为－1.2MPa，浅埋侧拱腰部位初期支护应力值约为－2.4MPa，深埋侧拱腰部位初期支护应力值约为－1.6MPa，浅埋侧拱脚部位初期支护应力值为负值约为－0.5MPa，深埋侧拱脚部位初期支护应力值约为－0.25MPa；从最小主应力看，拱顶部位初期支护应力值约为 1.3MPa，右拱腰应力值约为 0.8MPa，浅埋侧拱腰初期支护应力值约为 0.4MPa，两侧拱脚应力值均较小，浅埋侧应力值接近为 0MPa，深埋侧拱脚为 0.01MPa。

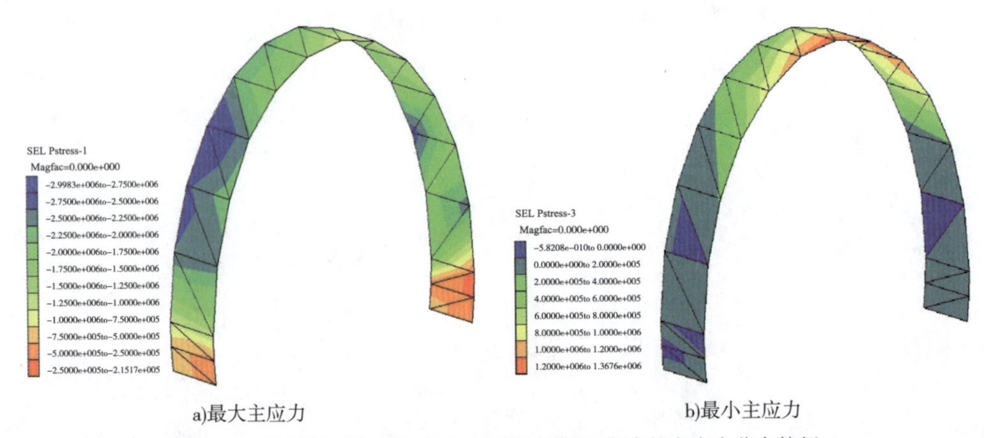

a)最大主应力　b)最小主应力

图 5.71　左洞洞口段 ZK173＋910 断面附近初期支护主应力分布特征

(3)出口段 ZK173＋925 断面初期支护应力分析

①隧道洞口段量测断面 ZK173＋925 初期支护弯矩如图 5.72 所示，从图可以看：上台阶支护后，拱顶处弯矩值约为 0.23kN·m，左、右拱腰部位初支弯矩值分别为 0.4kN·m、0.03kN·m；在下台阶开挖完成后，量测断面弯矩值与上台阶支护后相比变化较为显著，拱顶弯矩值为－1kN·m，浅埋侧拱腰弯矩值约为－0.5kN·m，深埋侧拱腰约为－1.1kN·m，两侧拱脚弯矩值异号，浅埋侧拱脚约为 0.25kN·m，深埋侧拱脚弯矩值约为－0.03kN·m；最终弯矩值与

下台阶支护完成后的弯矩值相比较而言，拱脚位置变化较为明显，左拱脚弯矩值为－0.69kN·m，右拱脚弯矩值为－0.34kN·m，其余部位基本维持不变。此量侧断面处偏压依然不明显，与ZK173＋910断面比较更靠近出洞口，上台阶支护后隧道拱腰以下围岩收敛变形较大，迫使拱腰以上初期支护轻微向外凸，产生数值较小的正弯矩。下台阶开挖支护后，拱腰至拱顶初期支护弯矩值转变为负值，承受岩体压力向洞心凹。

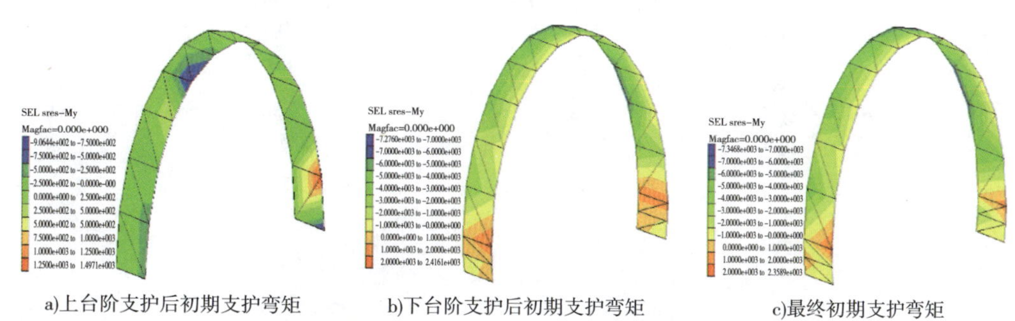

a)上台阶支护后初期支护弯矩　　b)下台阶支护后初期支护弯矩　　c)最终初期支护弯矩

图5.72　左洞洞口段ZK173＋925断面附近初期支护Y方向弯矩

②量测断面ZK173＋925初期支护轴力如图5.73所示。从图可以看出：上台阶支护后，在量测断面附近，拱顶初期支护轴力约－300kN，深埋侧拱腰初期支护最大轴力为－310kN，浅埋侧拱腰附近初期支护轴力值约为－400kN，浅埋侧初期支护轴力值比深埋侧拱腰轴力值要大；下台阶支护完成后，浅埋侧拱腰初期支护轴力达到－460kN，深埋侧拱腰初期支护轴力值达到－280kN，拱顶初期支护轴力减小到－270kN。左拱脚初期支护轴力约为－100kN，深埋侧拱脚初期支护轴力约为－110kN；最终轴力值与下台阶支护完成后的轴力值相比较而言，各个部位变化不多，拱顶轴力值约为－320kN，左拱腰约为－500kN，右拱腰约为－320kN，两拱脚部位基本没有变化。

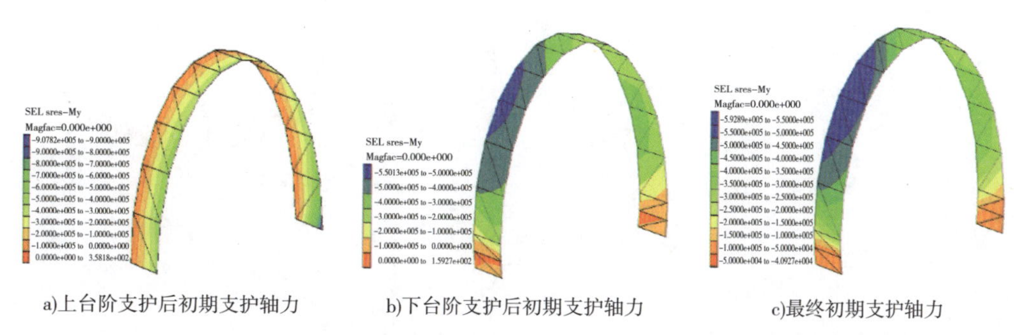

a)上台阶支护后初期支护轴力　　b)下台阶支护后初期支护轴力　　c)最终初期支护轴力

图5.73　左洞洞口段ZK173＋925断面附近初期支护X方向轴力

③图5.74为ZK173＋925断面附近初期支护主应力分布特征，从图可以看出：从最大主应力来看，量测断面拱顶部位初期支护应力值约为－1.2MPa，浅埋侧拱腰部位初期支护应力值约为－2.6MPa，深埋侧拱腰部位初期支护应力值约为－2.4MPa，浅埋侧拱脚部位初期支护应力值为负值约为－1MPa，深埋侧拱脚部位初期支护应力值约为－0.5MPa；从最小主应力看，拱顶部位初期支护应力值约为1.1MPa，右拱腰应力值约为0.4MPa，浅埋侧拱腰初期支护

应力值约为 0.6MPa，两侧拱脚应力值均较小，应力值均接近为 0MPa。

由此可见，在偏压不明显的左洞洞口段，两侧拱腰的轴力值、主应力值较其他部位要大。这两个位置较其他位置更容易破坏。

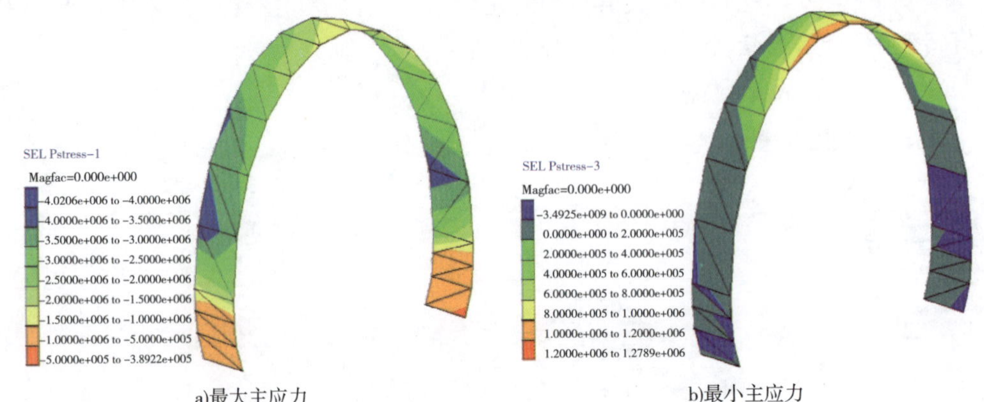

a)最大主应力　　b)最小主应力

图 5.74　左洞洞口段 ZK173+925 断面附近初期支护主应力分布特征

5)二次衬砌受力特征

(1)进口段 ZK173+780 断面应力特征分析

图 5.75 为左洞进洞口段 ZK173+780 断面二次衬砌应力分布云图。

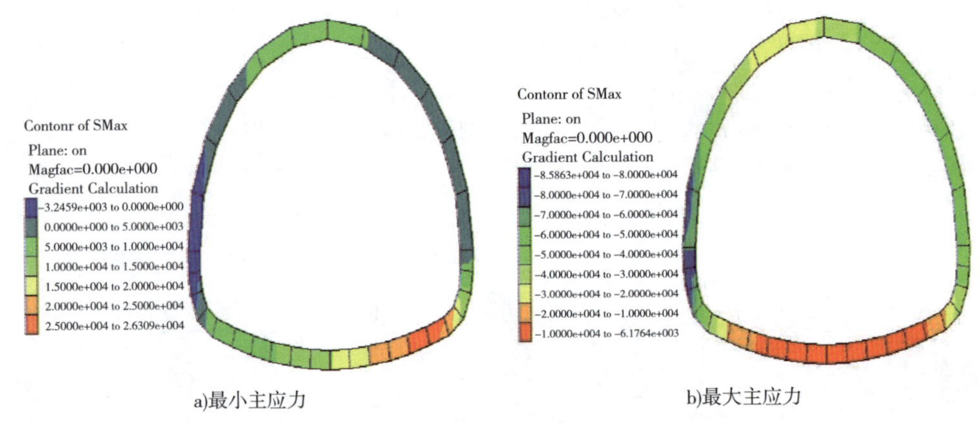

a)最小主应力　　b)最大主应力

图 5.75　ZK173+780 二次衬砌应力分布云图

由图 5.75 可以知：从最小主应力来看，洞口段 ZK173+780 断面浅埋侧拱脚部位最小主应力值较小，其值约为 0.005MPa，左拱腰处应力值为 0.004MPa，拱顶为 0.007MPa，右拱腰处应力值为 0.002MPa，深埋侧拱脚部位最小主应力约为 0.01MPa；从最大主应力来看，断面浅埋侧拱脚最大主应力值约为－0.086MPa，浅埋侧拱腰约为－0.04MPa，拱顶最大主应力值约为－0.032MPa，深埋侧拱腰约为－0.056MPa，深埋侧拱脚约为－0.054MPa。各部位二衬应力值均比较小，两侧拱脚比较其他部位而言，最大主应力值要大。

(2)进口段 ZK173+910、ZK173+925 断面应力特征分析

图 5.76 所示为左洞出洞口段 ZK173+910 断面二次衬砌应力分布云图。

由图5.76可以看出：从最小主应力来看，左洞出洞口段二次衬砌最小主应力分布较为均匀，最小主应力值较小；从最大主应力来看，断面左拱脚约为－0.037MPa，右拱脚约为－0.042MPa，两侧拱腰最大主应力值相当，浅埋侧拱腰约为－0.026MPa，深埋侧拱腰约为－0.026MPa，拱顶最大主应力值约为－0.016MPa。

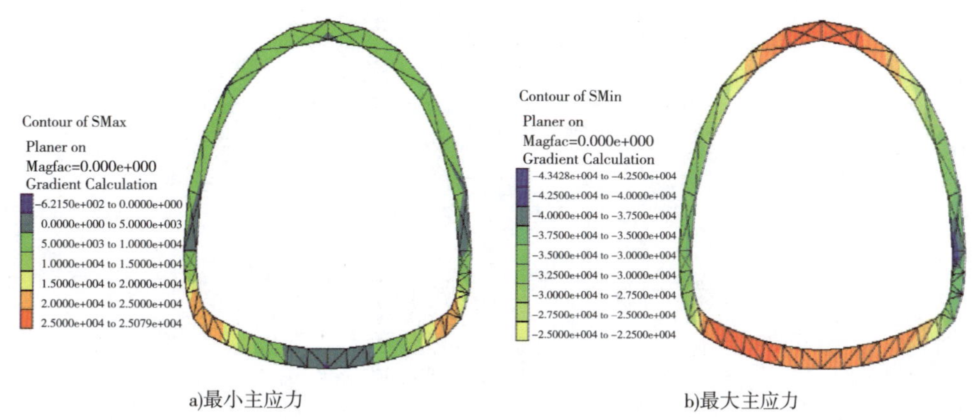

a)最小主应力　　b)最大主应力

图5.76　ZK173＋910二次衬砌应力分布云图

图5.77为左洞出洞口段ZK173 | 925断面二次衬砌应力分布云图，由图可以看出：从最小主应力来看，左洞出洞口段二次衬砌最小主应力分布较为均匀，最小主应力值较小；从最大主应力来看，断面左拱脚约为－0.018MPa，右拱脚约为－0.038MPa，两侧拱腰最大主应力值相当，浅埋侧拱腰约为－0.024MPa，深埋侧拱腰约为－0.026MPa，拱顶最大主应力值约为－0.013MPa。

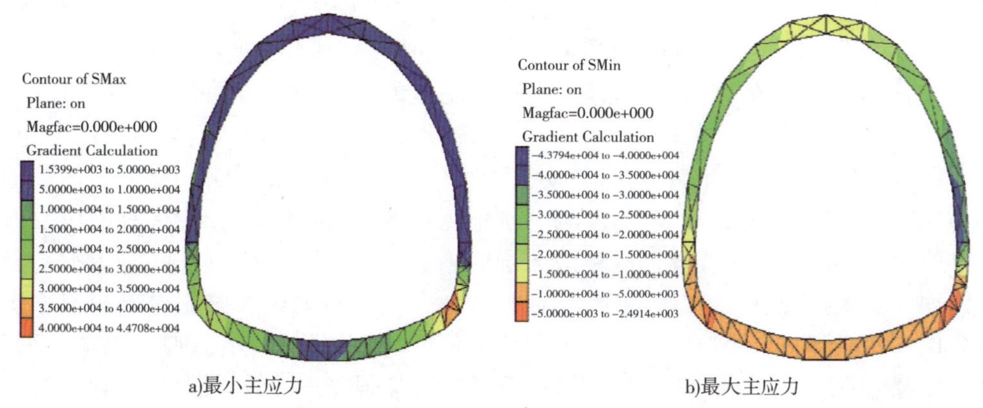

a)最小主应力　　b)最大主应力

图5.77　ZK173＋925二次衬砌应力分布云图

由以上分析可知：左洞洞口偏压严重，且埋深较浅，二次衬砌应力值较小，深埋侧拱腰最大主应力值比浅埋侧拱腰最大主应力值要大很多。出口段埋偏压不明显，埋深比进口段埋深要大，二次衬砌相应的应力值明显要大一些，两侧拱腰主应力值相差不多；监测断面二次衬砌应力值在两拱脚部位普遍比其他部位的应力值要大，由此可看出拱脚是二次衬砌施工的关键部位。

依据模拟开挖完成后二次衬砌的位移情况与相应的二次衬砌位移矢量图见图5.78。

从图5.78可以看出，在偏压明显的洞口段，其二次衬砌的变形特征是：拱顶及深埋侧二次衬砌下沉，仰拱向上隆起，浅埋侧拱腰向外侧变形较大，而深埋侧拱脚略微向内侧变形。

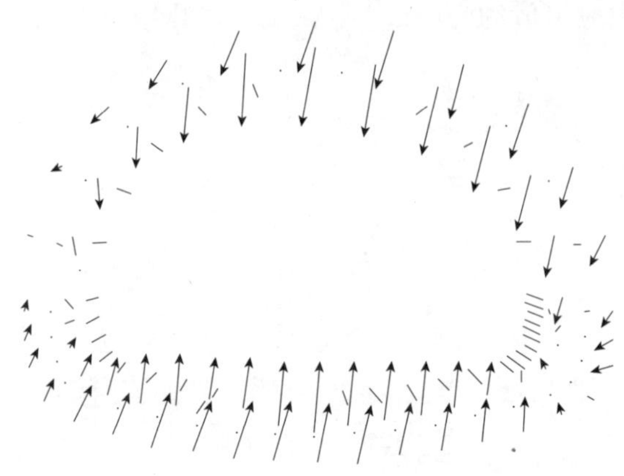

图5.78 洞口段二次衬砌位移矢量图

数值分析表明：

(1)从围岩应力分布特征来看：存在轻微地形偏压的出洞口段，由于隧道开挖后的卸荷效应及偏压因素的影响，在深埋侧拱脚和浅埋侧拱腰出现压应力集中区，深埋侧拱脚应力值往往比较大。

(2)从围岩位移分布特征的分析研究来看：存在偏压的洞口段，隧道开挖同样引起拱顶、两侧拱腰下沉，由于深埋侧拱腰埋深较大，故而深埋一侧拱腰下沉值较浅埋一侧要大得多。另外在进洞口段由于偏压较为严重，隧道开挖引起隧道围岩卸荷效应导致隧道拱腰以上围岩产生向浅埋一侧(坡外)的滑动变形较为显著，且深埋一侧拱腰水平变形值较浅埋一侧要大。隧道浅埋侧拱脚部位岩体产生卸荷回弹而表现为向坡体内部的变形，拱脚水平收敛值比较大。

(3)对初期支护结构的受力分析来看，在偏压明显的左洞洞口段，深埋侧拱脚和浅埋侧拱腰初期支护的轴力值、主应力值较其他部位要大，这点和相同洞口段的围岩应力的分布特征较为类似。在轻微偏压的左洞出洞口段，初期支护结构受力分布较为均匀。

(4)对二次衬砌受力的分析表明，左洞洞口偏压严重，且埋深较浅，二次衬砌应力值较小，深埋侧拱腰最大主应力值比浅埋侧拱腰最大主应力值要大很多。出口段埋偏压不明显，埋深比进口段埋深要大，二次衬砌相应的应力值明显要大一些，两侧拱腰主应力值相差不多；二次衬砌应力值在两拱脚部位普遍比其他部位的应力值要大，由此可看出拱脚是二次衬砌施工的关键部位，在施作此部位的二次衬砌时要特别注意，要加强支护参数，提高二次衬砌配筋率。

综上所述，当洞口段地形条件不允许正向开挖的条件下，可先开挖深埋一侧隧道，利用开挖好的隧道开挖一中导横洞，然后反向开挖另一隧道。利用此方案可避开洞口段地形条件的限制，这样可以确保工期，极大地消除正向开挖过程中因洞口爆破岩石滑落，落石对正在洞口施工中的涵洞和路基机械人员造成重大的安全隐患，可解决不利地形下进洞难的问题。

第2篇

节理裂隙密集带公路隧道变形与稳定性分析

第6章 节理特征对围岩变形及失稳模式的影响分析

6.1 简述

在隧道的开挖过程中或者开挖成型后，暴露在临空面上的某些块体失去原始静力平衡状态，造成块体自由掉落或沿着节理面移动，从而形成隧道围岩松动区。围岩松动特征是地下结构稳定性研究的一项重要内容，它直接决定了支护形式的选择，进而优化隧道断面尺寸，以获得围岩稳定性最佳的工程布置形式[73]。因此，研究节理特征对隧道变形及围岩松动的影响有着重要的意义。

为了研究节理的组数、产状、间距对隧道变形的影响，本章对不同组数、不同倾角、不同间距节理下的隧道开挖进行了物理相似模拟试验，得到了隧道开挖后上覆岩层的运动行为和松动区变化规律，包括上覆岩层沉降值以及松动区范围等。

本章节采用数值计算软件 UDEC 对节理特征对隧道变形的影响进行了数值模拟研究，UDEC 是一款基于离散单元法理论的计算分析程序，一款利用显式解题方案为岩土工程提供精确有效分析的工具，显式解题方案为不稳定物理过程提供稳定解，并可以模拟对象的破坏过程，该软件特别适合于模拟节理岩石系统或者不连续块体集合体系在静力或动力荷载条件下的响应。

(1)计算模型的建立

在数值模拟过程中，以靠近洞口的 1 号隧道的 YK21＋690 断面、YK21＋715 断面和 2 号隧道的 ZK23＋832 断面为基础，通过改变节理特征的变量值，计算不同工况下隧道开挖后的变形值，分析节理特征对隧道变形的影响。三个断面的优势节理组描述见表 6.1～表 6.3，节理素描图和计算模型图见图 6.1～图 6.3。

隧道的开挖范围为高约 9.5m、宽约 12m，在计算过程中，按照实际情况建立二维计算模型，取地层范围为：上边界取至地面，横向两端加上两倍洞径，总共宽为 60m，三个断面埋深分别为 30m、25m 和 20m，隧道底部取一倍洞高为 10m。模型左右两侧施加 X 方向的固定约束，底侧施加 Y 方向的固定约束。

(2)计算参数的选取

在计算中，围岩材料选取块体模型中的弹性材料模型。节理模型选取了弹性—完全塑性(库仑滑动)材料模型。该模型适用于节理为面积紧密结合的岩体，主要是根据岩体节理的弹性模量、摩擦角、黏聚力、张力、粗糙角等参数，提供线性节理刚度和屈服极限的行为模型。节理的应力—位移都是假设为线性关系并可分为两项，即法向应力和切向应力。法向应力作用在节理面的正交方向，且由法向刚度参数 k_n 控制，可用式(6.1)描述。

1 号隧道右线 YK21+690 断面节理发育情况 表 6.1

组次	产 状	间距(m)	长度(m)	缝宽(mm)	充填物	力学性质	含水率
1	355°(85°)∠60°	1	4	3	少量泥沙	剪性	无
2	300°(240°)∠120°	1	6	3	无	剪性	无
3	340°(70°)∠80°	0.5	2	5	无	剪性	无

1 号隧道右线 YK21+715 断面节理发育情况 表 6.2

组次	产状(倾角指与 X 轴正向夹角)	间距(m)	长度(m)	缝宽(mm)	充填物	力学性质	含水率
1	355°(85°)∠60°	1	3	2	无	剪性	无

2 号隧道左线 ZK23+832 断面节理发育情况 表 6.3

组次	产状(倾角指与 X 轴正向夹角)	间距(m)	长度(m)	缝宽(mm)	充填物	力学性质	含水率
1	120°(210°)∠100°	1	3	1	无	剪性	无

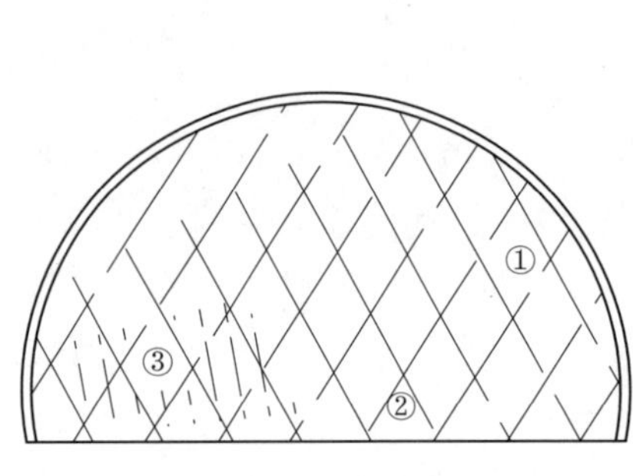

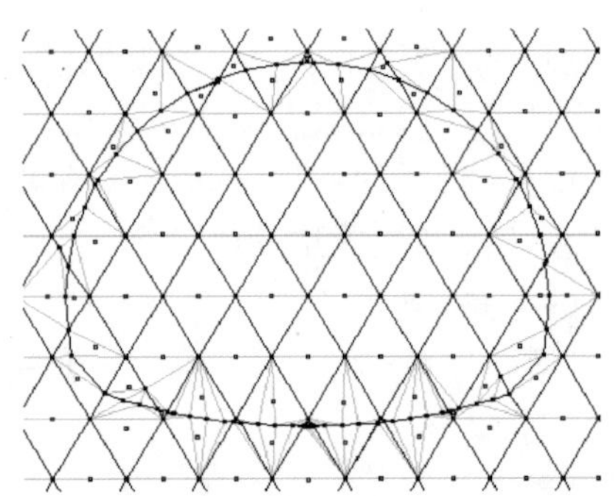

图 6.1 YK21+690 断面节理素描图与模型图(已划分网格)

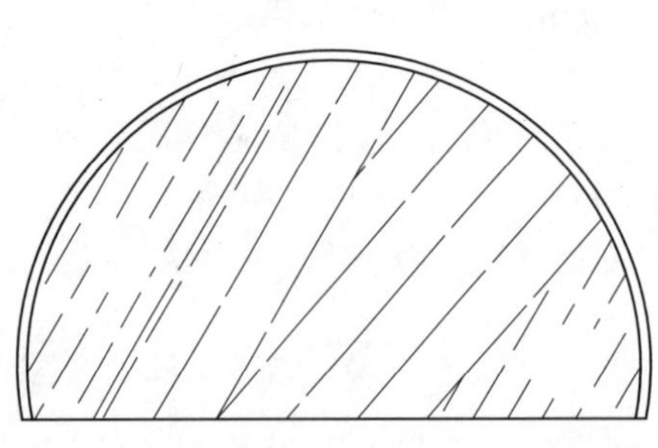
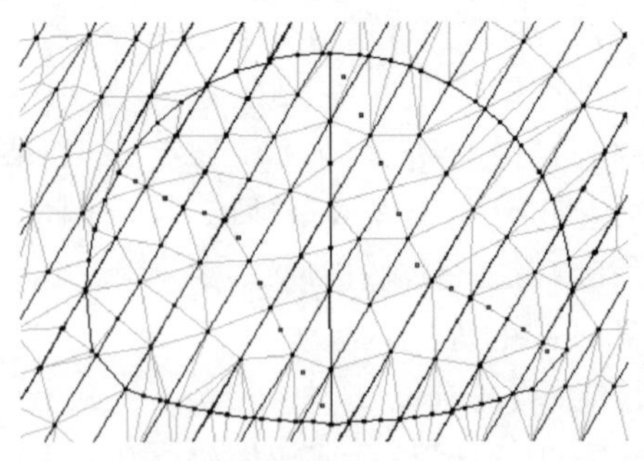

图 6.2 YK21+715 断面节理素描图与模型图(已划分网格)

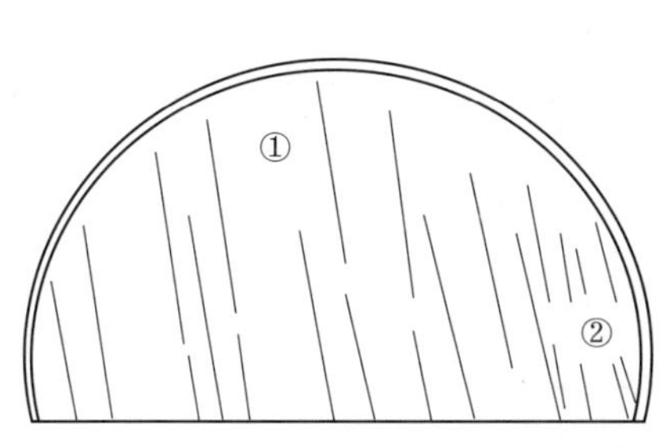

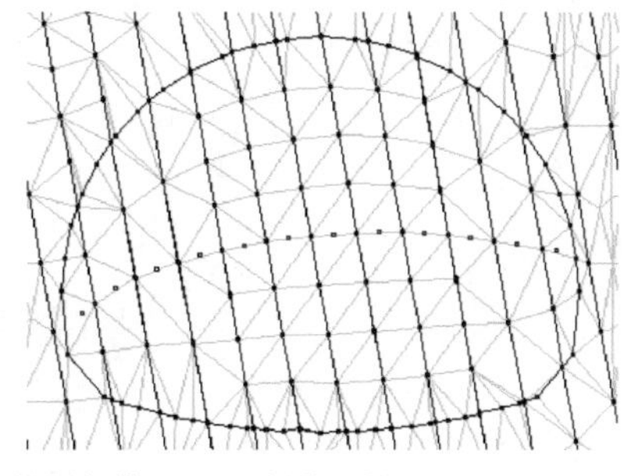

图 6.3　ZK23＋832 断面节理素描图与模型图(已划分网格)

$$\Delta\sigma_n = k_n \cdot \Delta u_n \tag{6.1}$$

式中：σ_n ——节理面正交方向的应力；

u_n ——节理面正交方向的位移。

切向应力作用在与节理平行的方向，其剪切强度被黏聚力 c 以及内摩擦角 φ 所限制，其关系式如式(6.2)所示。

$$\begin{cases}\Delta\tau_s = k_s \Delta u_s^e \; |\tau_s| \leqslant c + \sigma_n \tan\varphi = \tau_{max} \\ \tau_s = \mathrm{sign}(\Delta u_s)\tau_{max} \; |\tau_s| \geqslant \tau_{max}\end{cases} \tag{6.2}$$

式中：τ_s——节理面的切向应力；

k_s——节理面的切向刚度；

τ_{max}——节理面切向应力最大值；

u_s^e——切向位移的增量；

u_s——切向位移。

另外，本节理模型中引进变量膨胀角 ψ 来反映节理的剪胀效应。试验中发现，当增大法向应力值，亦即增大了抗剪强度，此时节理累计切向位移很大，超过某一特定极限值 u_{cs} 时，节理的剪胀效应均会显著减小，甚至没有剪胀，具体关系如图 6.4 所示，图中 u_n^d 为剪胀产生的法向位移分量；δ 为节理面的切向位移。

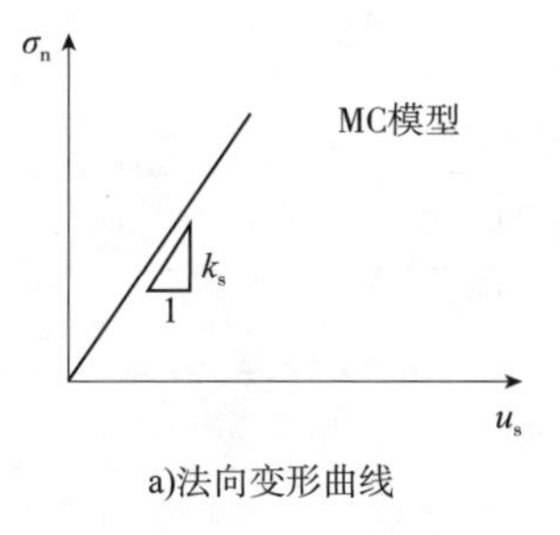

a)法向变形曲线

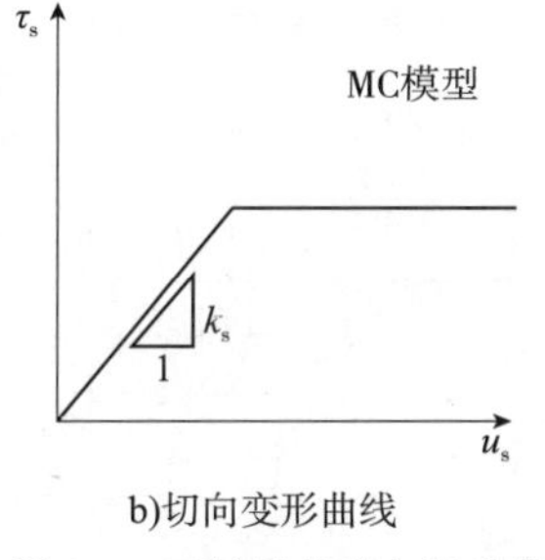

b)切向变形曲线

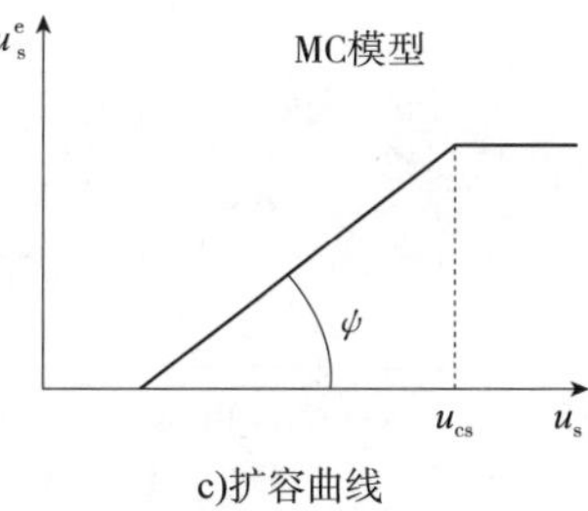

c)扩容曲线

图 6.4　面接触的库仑滑动模型

计算分析选取的三断面均靠近洞口，围岩属Ⅳ级围岩。弹性模型中需要的参数有：密度、体积模量和剪切模量。其中体积模量 K、剪切模量 G 与杨氏模量 E、泊松比 ν 之间的关系如式(6.3)和式(6.4)。

$$K = \frac{E}{3(1-2\nu)} \tag{6.3}$$

$$G=\frac{E}{2(1+\nu)} \tag{6.4}$$

由式(6.3)和式(6.4)可以看出，围岩块体参数取值主要取决于杨氏模量 E 和泊松比 ν，根据现场勘测资料和设计规范建议取值，取杨氏模量和泊松比分别为 3.1GPa 和 0.32。围岩力学参数取值见表 6.4。

围 岩 块 体 参 数　　表 6.4

材　料	体积模量(GPa)	剪切模量(GPa)	密度(kg/m^3)	泊松比
凝灰岩	2.87	1.17	2 500	0.32

表 6.5 为蒋坤博士在文献[75]中通过室内试验和工程类比得到的各级围岩节理力学强度特性参数，根据表 6.5 及工程类比得到的节理面力学参数，见表 6.6。

各级围岩节理力学强度特性参数　　表 6.5

围岩级别	法向刚度 K_n (GPa/m)	切向刚度 K_s (GPa/m)	内摩擦角 φ(°)	黏聚力 c(MPa)	抗拉强度 σ_t(MPa)
Ⅴ级围岩	1.50	0.49	29.0	0.052	0
Ⅳ级围岩	2.99	0.98	34.8	0.087	0
Ⅲ级围岩	16.48	5.39	41.4	0.139	0
Ⅱ级围岩	27.46	8.98	43.1	0.191	0

节 理 力 学 参 数　　表 6.6

材料	法向刚度(GPa/m)	剪切刚度(GPa/m)	黏聚力(Pa)	内摩擦角(°)
节理面	3	1	1 000	30

隧道采用喷射混凝土和锚杆进行初次支护，如图 6.5 所示，初喷混凝土的厚度为 22cm，锚杆单根长 3.5m，布设间距为 1m。喷射混凝土及锚杆的参数如表 6.7 和表 6.8 所示。

喷射混凝土参数　　表 6.7

名　称	密度(kg/m^3)	泊松比	弹性模量(kPa)	抗压强度(kPa)	抗拉强度(kPa)	残余强度(kPa)
喷射混凝土	2 500	0.15	2.1×10^7	40 000	40 000	1

锚 杆 参 数　　表 6.8

名称	截面面积(m^2)	密度(kg/m^3)	极限拉应变	抗压极限(N)	抗拉极限(N)	弹性模量(kPa)
锚杆	4.9×10^{-4}	7 500	0.01	1.5×10^7	1.5×10^7	2.1×10^8

(3)开挖及监测的模拟

在隧道施工模拟过程中，首先在原模型上确定边界条件，施加重力场，进行计算，模拟开挖前的岩体情况。

然后将隧道范围内的块体进行删除操作，模拟开挖过程，开挖工法结合现场施工情况采用全断面开挖。随即对隧道进行喷射混凝土和锚杆支护的模拟。计算得到拱顶下沉的数值。

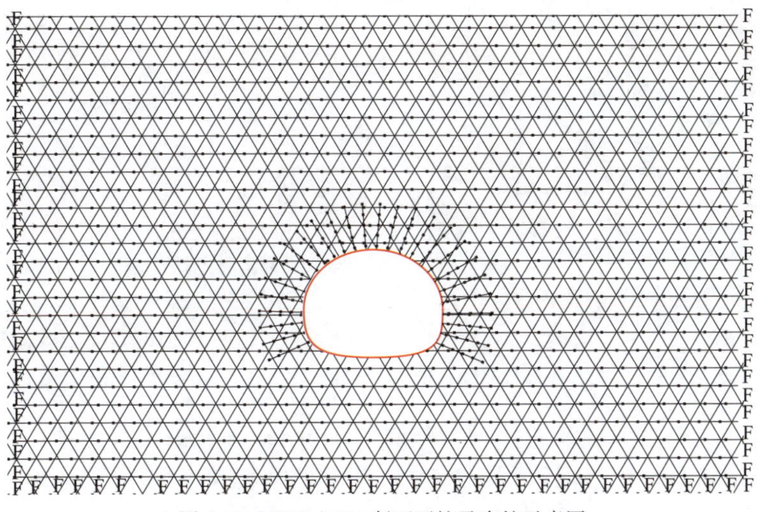

图 6.5 YK21+690 断面开挖及支护示意图

在数值模拟中，拱顶下沉监测点共有三个，从左向右依次为 G_1、G_2、G_3，位置与实际情况相符，监测点分布情况如图 6.6 所示。

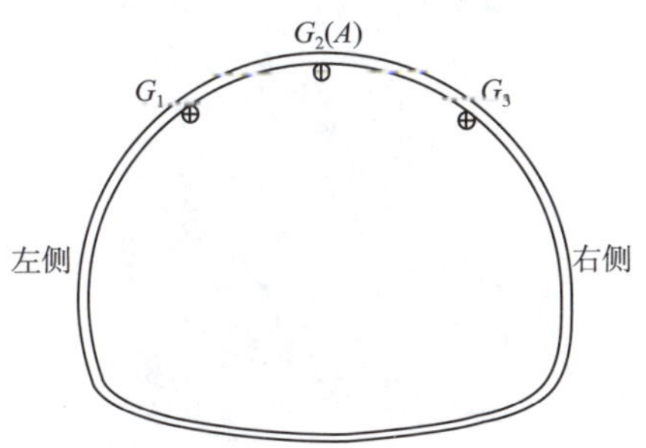

图 6.6 拱顶下沉监测测点布置示意图

6.2 节理发育特征对围岩稳定性的影响规律

6.2.1 节理组数对隧道变形的影响分析

YK21+960 断面在开挖模拟完成之后，$G_1 \sim G_3$ 点拱顶下沉值为 7.8mm、8.4mm、7.8mm；将 YK21+690 断面的计算模型在不改变边界条件和力学参数的情况下改为只有单组节理（倾角为 60°）的模型，计算得到的 $G_1 \sim G_3$ 点拱顶下沉值为 1.6mm、2.3mm、2.0mm，比有两组节理的原断面的沉降值要小的多。两种工况下隧道开挖后的变形见图 6.7。该图为隧道开挖后围岩在 Y 方向的位移，为了方便对围岩的变形范围和变形值大小进行辨识，本章节及后面的章节的围岩位移图均采用图 6.8 所显示的图例。从图 6.7 可以看出，含有两组节理面的隧道在开挖后的变形值和塑性变形区范围比只含有一组节埋的情况要大得多。

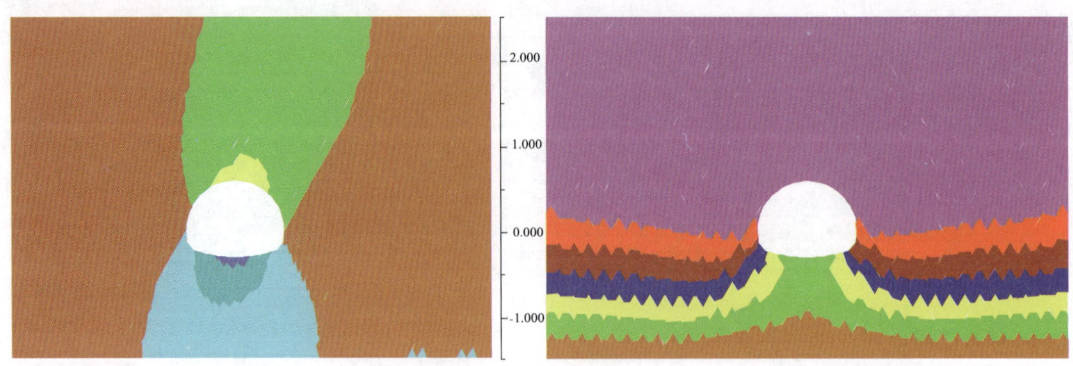

图 6.7　含有两组节理(左)和一组节理的隧道开挖后的围岩变形图

在开挖面上存在多组节理或者节理与断层的组合时，围岩被交叉分割，整体性大大降低。而交叉形成的楔形块容易掉落，若不及时支护，会形成掉块或小型塌方，影响施工安全。如图6.9所示为YK21+690断面在开挖后未及时支护产生掉块的示意图。

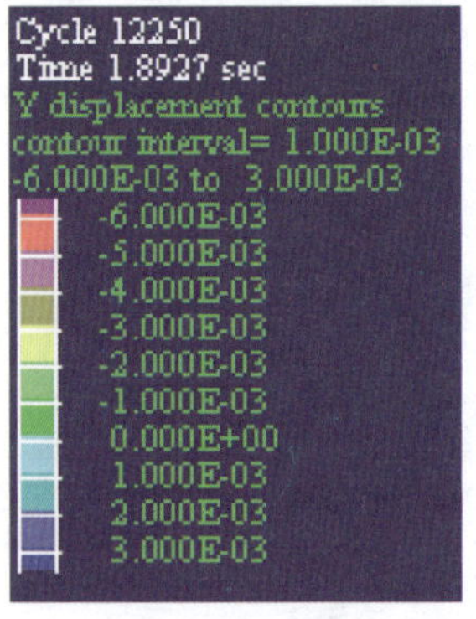

图 6.8　图例说明

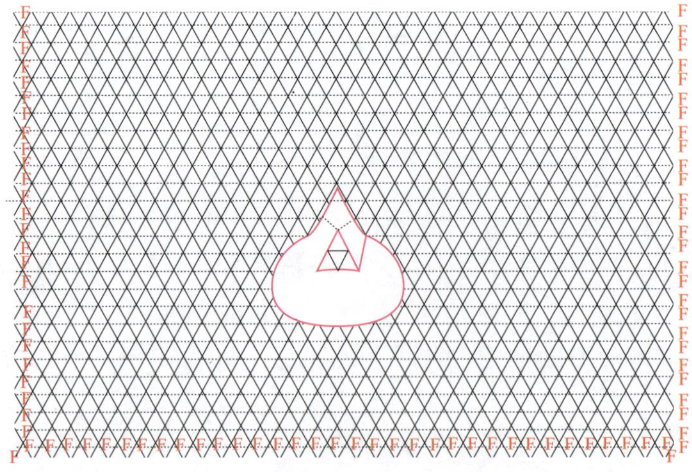

图 6.9　YK21+690 断面开挖后未支护模型图

根据模型试验的结果，存在多组节理时，隧道围岩产生掉块的区域位于两组节理的倾角方向与隧道外轮廓围成的拱顶上方的区域。在存在多组节理或节理与断层组合的围岩段开挖后，及时进行排险和支护是十分必要的。

6.2.2　节理倾角对隧道变形的影响分析

因为UDEC只能建立二维计算模型，所以在利用UDEC进行节理产状对隧道变形影响的拟研究时，只能研究倾角的影响。将YK21＋715断面的计算模型在不改变边界条件和力学参数的情况下，改变其倾角，计算得到隧道拱顶沉降值，倾角与隧道变形的对应关系图如图6.10所示。

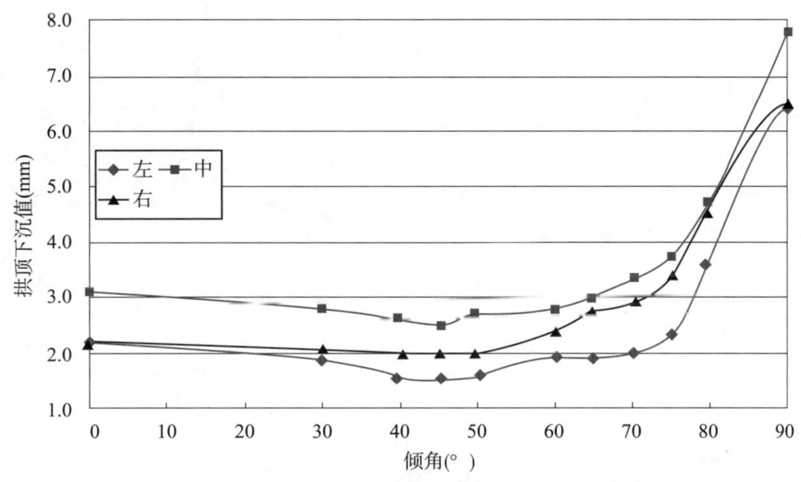

图6.10　节理倾角与隧道拱顶沉降关系图

由图6.10可以看出，拱顶沉降值随着节理倾角的变化先减小后增大。倾角为45°左右时沉降值最小。另外，倾角为90°，也就是垂直节理时，拱顶沉降最大，情况最不利。另外倾角的倾向不同，隧道变形是对称相等的，即100°时与80°时的拱顶沉降是相等的。

图6.11为在节理倾角分别为0°、30°、45°、60°、90°的情况下，隧道开挖后的围岩变形云图。

由图6.11可以看出，隧道开挖后围岩的变形区域及变形值的大小均与隧道节理面的倾角有一定的关系。其中，含有水平节理和垂直节理的隧道在开挖时，围岩的变形值较大，而含有垂直节理的围岩尤甚，其稳定性最差。当节理倾角大于30°时，围岩的变形区域均受节理倾角的影响，向倾斜方向产生了偏移。跟模型试验的结论相似的是，当节理倾角为60°时，围岩产生较大变形的区域是所有工况当中最小的。

6.2.3　节理间距对隧道变形的影响分析

将YK21＋715断面的计算模型在不改变边界条件和围岩参数的前提下，改变其节理间距值分别为0.6m、0.8m、1m、1.2m、1.5m、2m，通过开挖模拟，6种间距的隧道在开挖之后的变形云图如图6.12所示。

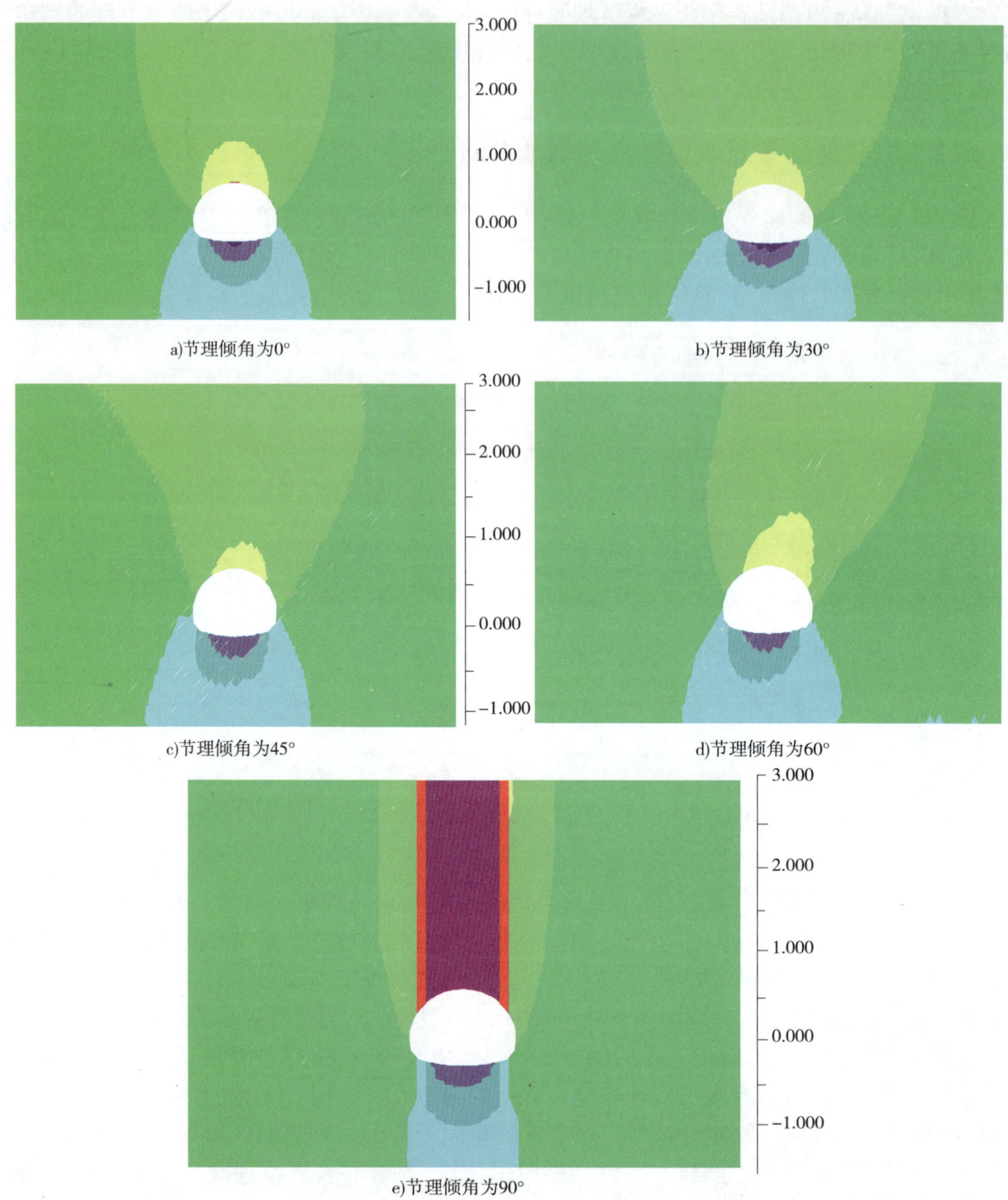

图 6.11　不同节理倾角的隧道开挖后的变形云图

由图 6.12 可以看出，随着节理间距的增加，隧道变形值和变形区域均减小，另外，从模拟计算中还可以得到隧道拱顶沉降值。图 6.13 为拱顶 G_2 点沉降值随间距变化的示意图。

由图 6.13 可以看出，拱顶沉降值随着节理间距的增大而减小。而节理间距与隧道的跨度之比(即裂跨比)对隧道的稳定性也有很大的影响。可以看到，在间距为 1m 的地方沉降曲线的斜率发生了明显的改变。当间距大于 1m 时，间距的变化对隧道变形影响不是很大，而当间距小于 1m 时，隧道变形随着间距的减小明显增大。即当节理间距与隧道宽相差约 10 倍以上时，节理间距对隧道变形的影响较大。

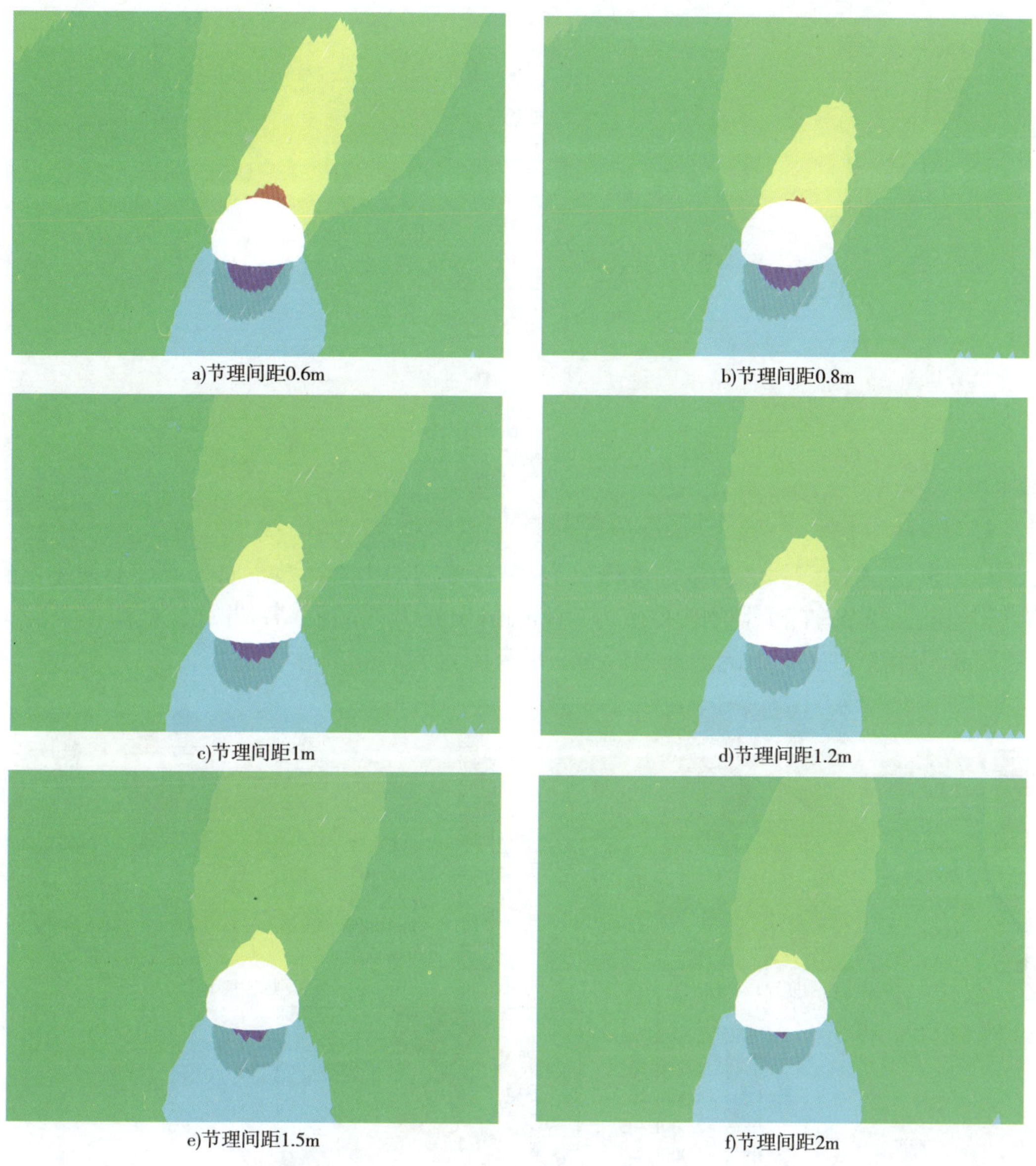

a)节理间距0.6m　b)节理间距0.8m

c)节理间距1m　d)节理间距1.2m

e)节理间距1.5m　f)节理间距2m

图 6.12　不同节理间距的隧道在开挖之后的围岩变形云图

6.2.4　节理粗糙度对隧道变形的影响分析

在利用 UDEC 进行节理面的模拟时，不可能准确地模拟出节理面的张开度以及节理间的充填物的情况，因此可以用改变节理面参数的方法来研究节理粗糙度对隧道变形的影响，即改变节理面间的剪切刚度来研究粗糙度对隧道变形的影响。

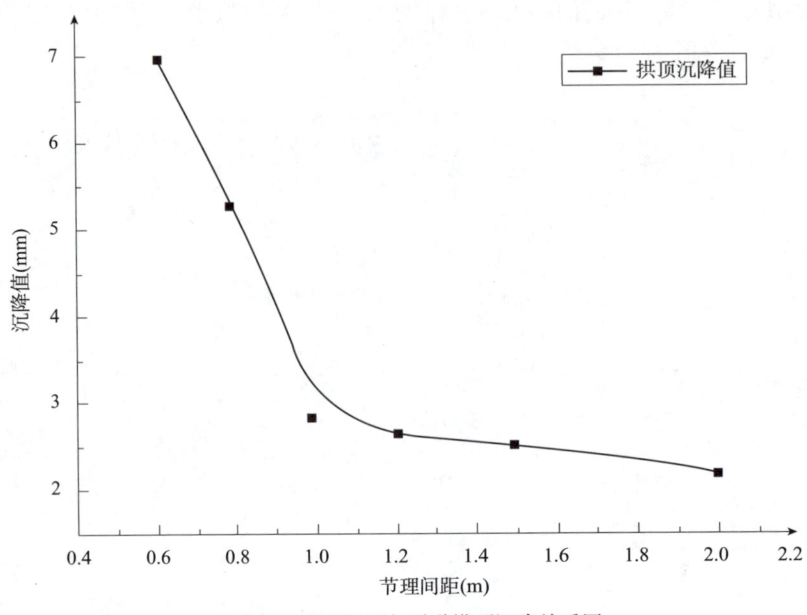

图 6.13　节理间距与隧道拱顶沉降关系图

同样以断面 ZK23+832 为基础进行研究，节理面间的力学参数主要为节理剪切刚度和方向刚度。原断面的节理间剪切刚度取值为 1GPa/m，现分别将节理间剪切刚度改为 1.5GPa/m 和 2.0GPa/m，得到三种工况下隧道开挖后的变形云图，如图 6.14 所示。

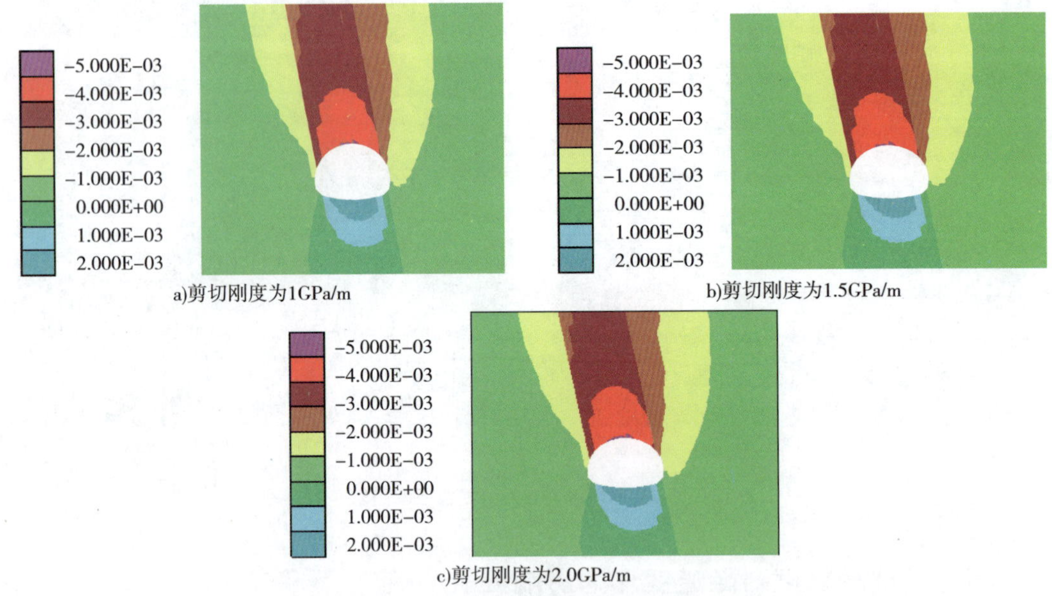

图 6.14　不同剪切刚度取值时的隧道开挖后变形云图

节理面的剪切刚度的变化对隧道的变形值和变形范围的影响是微乎其微的。虽然剪切刚度已经改变了两倍，但变形值变化很小。通过改变节理面的另一个参数——法向刚度，将其由 3GPa/m 改为 5GPa/m，得到的两种情况下隧道开挖后的变形云图，如图 6.15 所示。

在法向刚度增大之后，隧道开挖后的变形值和变形区域发生了较大的变化，与图 6.14 相比较可以看出，节理面的法向刚度的变化对于隧道的变形产生的影响要远大于剪切刚度的影响。目前节理面的剪切刚度、法向刚度的取值均依靠室内试验来得到。

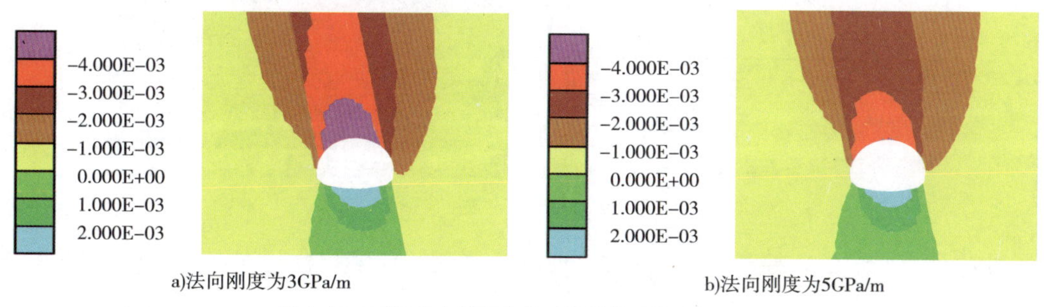

a)法向刚度为3GPa/m　　b)法向刚度为5GPa/m

图 6.15　不同法向刚度取值时的隧道开挖后变形云图

6.3　不同手段研究成果对比分析

采取不同研究手段时，所得结果存在一定差异。通过与现场实测数据、室内物理模型结果对比，分析上述成果的可信程度与合理性。由于受尺寸效应、试验条件等多方面的影响，模型试验得到的隧道开挖后的围岩变形结果与现场的实测监控量测数据存在一定的差距，两者的相关性不是很大。但是，通过监控量测数据与数值模拟结果的对比，可以验证数值模拟的准确性，并通过两种方法进一步就节理特征对隧道变形的影响进行对比分析；而模型试验得到的隧道开挖后围岩变形范围的定性分析结果也可以与数值模拟的结果进行相互对照。

6.3.1　节理发育特征与实测隧道变形数据分析

隧道围岩变形量测是新奥法现场量测的首要内容，是确认或修改支护设计参数和判别围岩稳定的依据，是保证隧道施工安全的一项重要措施。通过监控量测可以得到隧道施工过程中的变形情况，做到及时预警、排除险情，根据长期的监控量测还可以得到隧道的长期变形特征，为后续的相关科学研究提供一定的数据支持。

1)关于围岩变形的现场监控量测数据

在进行现场的监控量测时，共取两个不同区段布置拱顶下沉测点和周边收敛测点，以对隧道的变形进行监控。布置的测点位置如表 6.9 所示。布置示意图如图 6.16 所示。

隧道监测断面布置位置表　　表 6.9

隧道名称	1号隧道	2号隧道
拱顶下沉测点位置	YK21+715、YK21+700 YK21+685、YK21+670	ZK23+730、ZK23+745、ZK23+755 ZK23+764、ZK23+774、ZK23+790 ZK23+810、ZK23+820、ZK23+835
周边收敛测点位置	YK21+715、YK21+700 YK21+685、YK21+670	ZK23+730、ZK23+745、ZK23+755 ZK23+764、ZK23+774、ZK23+790 ZK23+810、ZK23+820、ZK23+835

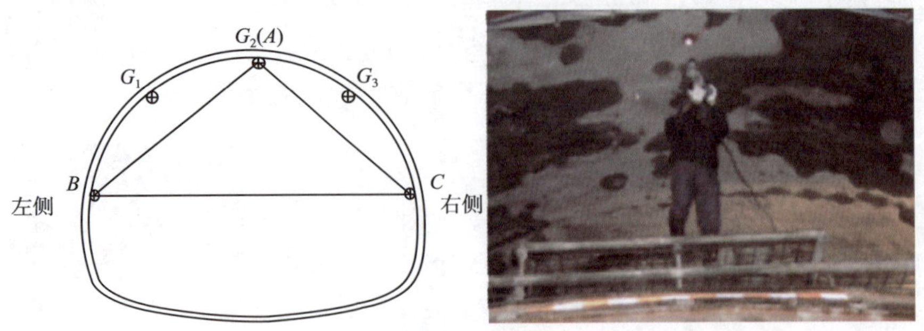

图 6.16 拱顶下沉及周边收敛位移布置示意图

通过对隧道变形的监控量测，可以将节理发育与变形数据结合起来，分析节理发育对隧道变形的影响。

受现场条件的影响，隧道内进行围岩节理采集的掌子面并不是都进行了隧道变形的监测。将隧道内进行围岩节理采集的掌子面上的主要节理特征与第 6 章中提到的监测隧道变形的断面相互对应起来，如表 6.10 所示。

断面优势节理特征与变形值的对比表 表 6.10

断面	节理性质				下沉值(mm)			周边收敛(mm)		
	组数	产状	间距(m)	长度(m)	G_1	G_2	G_3	AB	AC	BC
YK22+247	1	278°∠80°	—	—	−5	−4	−3			
YK21+716	2	245°∠60°	1	4	−8	−3	−6	−1.11	−0.71	1.18
		328°∠49°	1	4						
YK21+700	3	255°∠65°	0.8	3	−8	−2	−4	−2.2	−2.31	−1.8
		285°∠115°	0.4	0.8						
		280°∠80°	—	5						
YK21+683	2	315°∠50°	1.5	3	−4	−5	−5	−1.38	2.83	1.67
		266°∠120°	0.8	2						
YK21+670	2	270°∠40°	1	6	−3	−4	−1	−2.85	0.93	−1.09
		275°∠135°	0.8	3						
ZK23+719	1	120°∠95°	1.5	3	−3	−2	−3	−0.59	0.56	−0.66
ZK23+730	2	125°∠102°	1	2.5	−4	−6	−3	0.69	−0.77	−0.39
		120°∠10°	0.5	0.4						
ZK23+743	1	95°∠115°	1	2.5	−2	−1	−3	−0.57	0.68	0.8
ZK23+755	2	195°∠103°	0.8	2	−6	−7	−4	−0.4	−0.35	0.73
		117°∠98°	1	4						
ZK23+760	2	120°∠108°	0.8	5	−4	−4	−3	−0.53	−1.39	1.93
		104°∠62°	0.8	2						

续上表

断面	节理性质				下沉值(mm)			周边收敛(mm)		
	组数	产状	间距(m)	长度(m)	G_1	G_2	G_3	AB	AC	BC
ZK23+770	2	110°∠92°	0.8	2	−3	−4	−2	−0.84	−0.9	−1.07
		120°∠170°	0.5	1						
ZK23+790	2	140°∠100°	0.8	4	−2	−4	−3	−1.83	−1.08	1.68
		112°∠10°	0.5	4						
ZK23+812	3	180°∠83°	2	2	−5	−6	−4	−1.49	1.29	1.69
		110°∠95°	0.6	4						
		85°∠170°	0.3	1						
ZK23+825	2	118°∠97°	0.5	3.5	−3	−4	−3	−1.76	−1.61	1.61
		89°∠160°	0.8	2						
ZK23+832	2	64°∠117°	0.5	1.5	−3	−5	−3	−0.97	−1.98	0.69
		120°∠100°	0.8	4						
ZK23+840	2	76°∠152°	0.6	5	−3	4	−2	−2.07	−1.2	−0.92
		118°∠106°	0.8	4						

2)断面优势节理特征与实测变形数据的对比分析

(1)节理组数与变形数据的统计分析

对表6.10的15个断面的拱顶下沉值进行分析，可以看出，在15个断面中，有3组优势节理组的断面最大下沉平均值为−7mm，有2组优势节理组的断面最大下沉平均值为−5mm，有1组优势节理组的断面最大下沉平均值为−3mm。散点分布图如图6.17所示。可以看出，拱顶下沉值随节理组数的增加而增加。分析测线收敛值同样可以得出相同的结论，说明节理组数的增加会增大隧道的变形。这与模型试验得到的结论是相符合的。

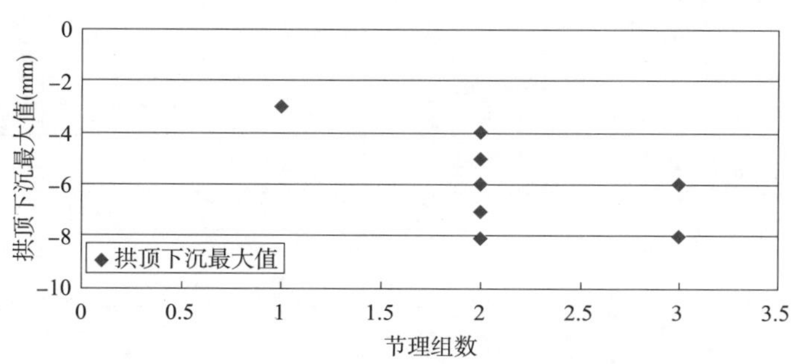

图6.17　节理组数与拱顶下沉最大值关系图

(2)节理产状与变形数据的统计分析

节理产状包括节理的倾角和倾向两个部分，在研究节理产状与隧道变形的对应关系时，首先应该保证隧道开挖掌子面只包含一组优势节理面，并且由于同一条隧道当中的优势节理组的产状存在着一定的规律性，所以得到的只能是一定范围内的倾角与隧道变形的关系。由于表6.10给出的监测断面包含的优势节理组数多为2～3组，所以在研究倾角与变形关系时选取了整条隧道当中优势节理组数为1组的监测断面进行了统计分析。2号隧道左线和1号隧道右线的倾角与变形数据关系对应关系如表6.11和表6.12所示。

1号隧道右线监测断面节理产状与变形数据关系表 表6.11

监测断面里程	节理产状		监测点沉降值(mm)				测线收敛值(mm)		
	倾向(°)	倾角(°)	G_1	G_2	G_3	最大值	AB	AC	BC
YK22+247	278	80	−5	3	−4	−5	−1.86	−2.43	−1.07
YK22+235	275	44	−6	−3	−6	−6	−0.76	0.78	1.20
YK22+221	275	63	−6	−6	−5	−6	−2.08	−0.49	−0.84
YK22+205	283	64	4	−3	−2	−3	−1.37	0.64	−0.71
YK22+196	283	51	6	3	−5	−5	1.81	−0.31	1.07
YK22+179	283	68	−5	8	−4	−5	−1.42	1.02	−1.86
YK22+169	295	63	1	−6	−4	−6	0.74	0.78	−1.55
YK22+150	307	74	−7	−5	−4	−7	−1.42	−0.82	0.25
YK22+106	272	77	−7	−8	−8	−8	−2.66	−2.11	−0.87
YK22+089	251	38	−7	−5	−5	−7	−1.58	−1.6	1.05
YK22+058	194	73	−3	−6	−3	−6	−1.49	1.83	1.49
YK22+032	188	79	−5	−6	−3	−6	0.48	1.58	−1.90
YK22+005	195	78	−4	−6	−4	−6	1.3	2.08	−1.55
YK21+969	234	78	−6	−4	−3	−6	0.32	−1.54	0.61
YK21+940	228	72	−6	−9	−6	−9	−1.71	−3.55	1.49
YK21+898	241	77	−4	−4	4	−4	−1.11	−1.76	1.06
YK21+855	273	81	−6	−6	−5	−6	−2.67	1.19	1.27
YK21+822	246	73	−5	−6	−4	−6	−1.4	−0.47	1.24
YK21+780	230	74	−2	−4	−3	−4	1.66	1.26	2.97
YK21+756	281	70	−4	−4	−2	−4	−0.53	−1.54	0.51
YK21+740	261	71	−5	−8	−5	−8	−0.91	−0.72	1.35
YK21+731	266	74	−4	−4	−5	−5	−0.97	−1.57	1.10
YK21+658	240	52	−3	1	5	−3	−0.94	1.60	−2.34
YK21+645	243	74	−7	−6	3	−7	−3.55	−2.43	2.04
YK21+639	220	47	−4	−3	−3	−4	−2.71	−1.35	1.91
YK21+631	205	45	−1	−2	−5	−5	−1.05	1.96	1.59

2 号隧道左线监测断面节理产状与变形数据关系表　　表 6.12

监测断面里程	节理产状		监测点沉降值(mm)				测线收敛值(mm)		
	倾向(°)	倾角(°)	G_1	G_2	G_3	最大值	AB	AC	BC
YK22+235	238	69	7	−2	−5	−5	−1.55	0.54	0.82
YK22+221	125	83	2	−5	−3	−5	−2.03	−0.88	1.14
YK22+205	225	65	−2	−3	1	−3	1.24	2.39	−1.61
YK22+196	236	52	−9	−8	−10	−10	−1.25	1.3	−2.23
YK22+179	213	67	−9	−4	−8	−9	−0.8	−2.39	−1.37
YK22+169	193	69	−3	−4	−3	−4	−1.3	−1.8	−2.66
YK22+150	161	83	1	−10	−5	−10	1.31	−0.99	1.95
YK22+106	145	37	−10	−6	−3	−10	−0.82	−1.24	−1.55
YK22+089	142	74	−3	−7	−6	−7	1.62	−0.69	−1.52
YK22+058	132	82	−5	−7	−5	−7	0.81	−0.98	−0.8
YK22+032	35	72	−5	−5	−4	−5	−1.23	−0.86	2.94
YK22+005	153	85	−4	−5	2	−5	1.02	−1.59	0.45
YK21+969	151	79	−6	−4	−4	−6	−1.5	0.42	−1.11
YK21+940	146	64	−4	−6	−6	−6	−0.7	−0.96	0.95
YK21+898	148	80	−5	−2	−7	−7	−1.62	0.73	−1.68
YK21+855	170	74	−3	-4	2	−4	−1.39	−0.73	−0.68
YK21+822	141	74	−7	−4	−5	−7	−1.47	−0.61	1.68
YK21+780	163	74	−4	−4	−3	−4	−1.66	1.74	−1.34
YK21+756	168	81	−3	−2	−3	−3	−0.59	0.56	−0.66

根据表 6.11 和表 6.12，可以得到两条隧道节理产状与隧道变形距离的关系图，如图 6.18～图 6.25 所示。

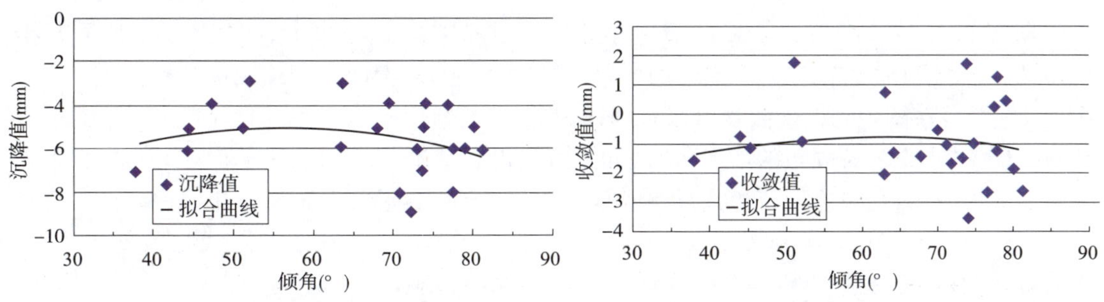

图 6.18　1 号隧道右线节理倾角与监测点沉降关系图　　图 6.19　1 号隧道右线节理倾角与测线 AB 收敛值关系图

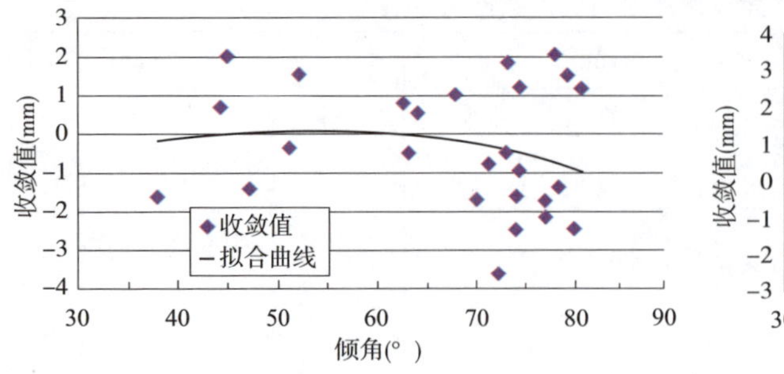

图 6.20 1号隧道右线节理倾角与测线 AC 收敛关系图

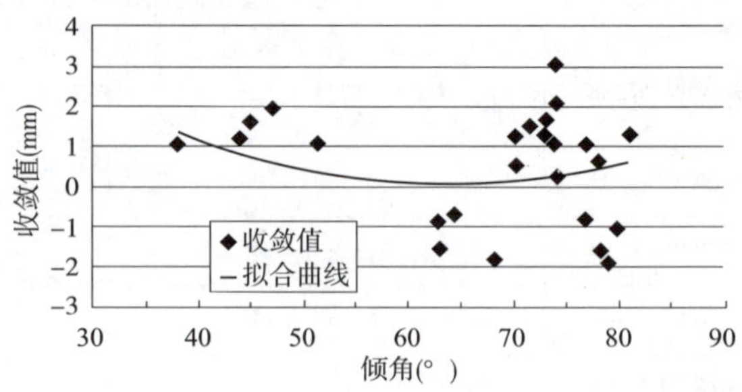

图 6.21 1号隧道右线节理倾角与测线 BC 收敛变形关系图

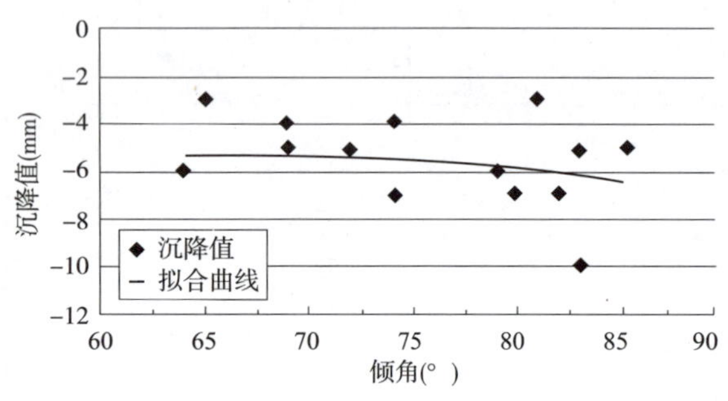

图 6.22 2号隧道左线节理倾角与监测点沉降关系图

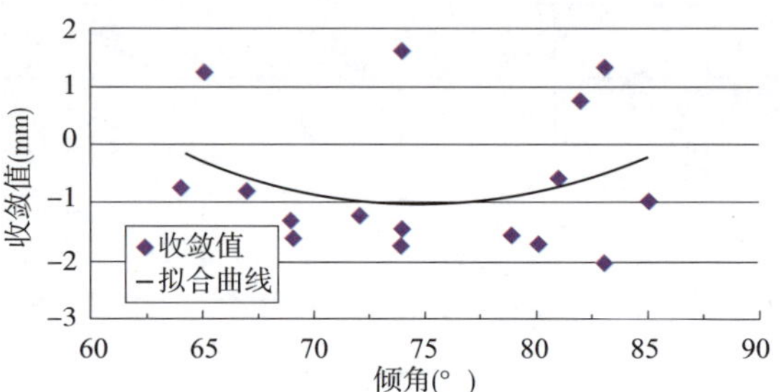

图 6.23 2号隧道左线节理倾角与测线 AB 收敛关系图

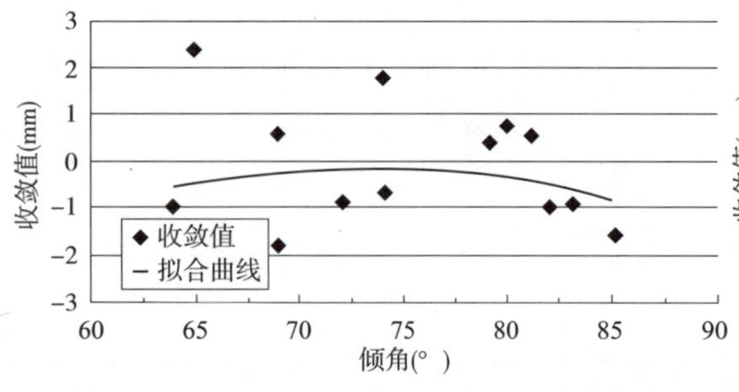

图 6.24 2号隧道左线节理倾角与测线 AC 收敛关系图

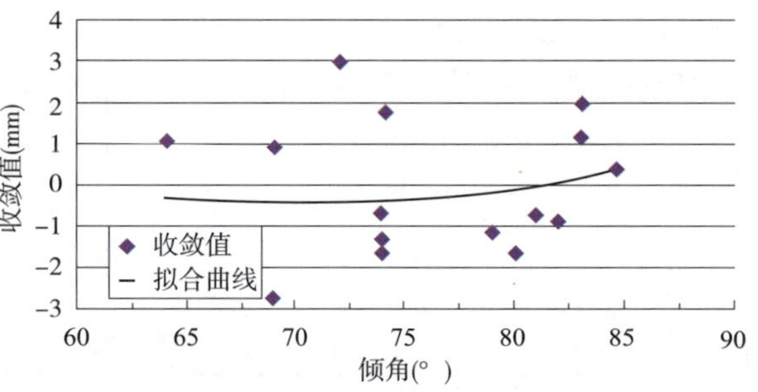

图 6.25 2号隧道左线节理倾角与测线 BC 关系图

根据图 6.18 中 1 号隧道右线的节理倾角与拱顶沉降点的拟合曲线可以看到，拱顶监测点的沉降值(绝对值)随着节理倾角的增加先减小后增大，在 60°附近取得极值，而根据图 6.22 中 2 号隧道左线关系图中的拟合曲线可以看到，虽然倾角的取值范围减小，但是拱顶监测点的沉降值从 60°开始基本是随着倾角的增大而增大的，由此得到结论，隧道的沉降值是随着节理倾角的增大先增大后减小，在倾角为 60°时取得峰值，这与室内模型试验得到的结论也是一致的。

而由图 6.19～图 6.21 和图 6.23～图 6.25 所列的隧道节理倾角与测线收敛值的关系图可以看到，受仪器精度、观测环境、人为误差等多方面的影响，收敛测线的变化值并没有呈现出统一的变化规律，具有较强的随机性，并不能得出有效的结论。

根据依托工程的实测数据，同样可以得到隧道节理走向与隧道变形的关系，但是由于整条隧道的节理走向大多数变化范围不大，与变形的相关规律性不明显。但不可否认节理的走向对隧道的稳定性还是有着很大的影响，在研究走向对隧道变形的影响时，其实是研究节理走向与隧道轴向的夹角关系与隧道变形的对应关系。图 6.26 说明一个很简单的实例，开挖面上有两组优势节理面时，一个开挖体的两个可供选择的开挖方向与两组主要节理面的走向关系不同，左边为节理走向与隧道轴向平行的方位，而右边为节理走向与隧道轴向相垂直的方位。

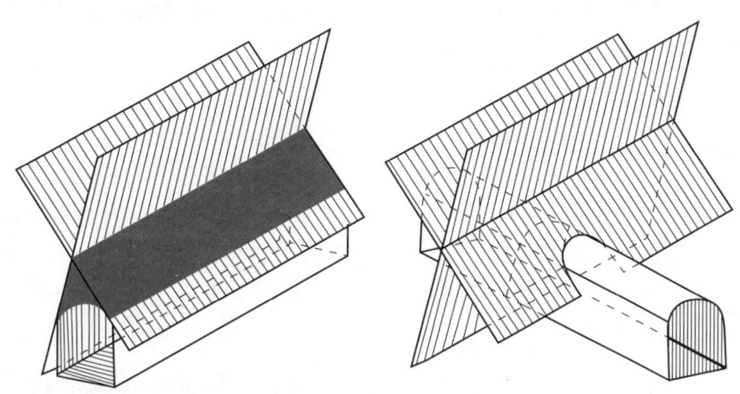

图 6.26　节理走向与隧道轴向的不同组合

由图 6.26 可以明显看出，两种组合中不利的方位为隧道轴向与节理走向平行的组合，这种情况可能致使形成平行于隧道开挖方向的大型楔块，导致塌方事故的发生，图 6.26 表明，隧道轴向的最佳方位是轴向与两裂隙面的交线走向成直角状态，这一方位能使开挖体顶板中不稳定岩层的体积保持最小，所以对隧道的稳定性最有利。

(3)节理间距与变形数据的统计分析

根据第 6 章模型试验的结果，节理间距对隧道变形的影响还是很大的。在依托工程的监测数据当中，也对隧道节理的间距和隧道变形数据的关系进行了统计分析，但是由于整个隧道当中的节理发育情况较为类似，特别是节理间距的数值较为接近，而隧道变形数据在实际监测中，受客观影响因素较多，如测点布置时间、相邻掌子面的开挖振动影响、人为观测误差等。所以根据实际监测到的节理间距与隧道变形的数据，并不能得出有价值的规律。第 6.3.3 节通过数值模拟的方法得到节理间距与隧道变形之间的对应关系，结合第 6 章中的试验结论，进行进一步的分析研究。

(4)节理粗糙度与变形数据的统计分析

隧道围岩节理接触面之间对隧道变形影响最大的力学参数是节理面的抗剪强度，而节理面的抗剪强度是由节理面的粗糙度、节理面张开度和充填物两种物理性质决定的。

节理的粗糙度是研究岩体抗剪强度和评价岩体抗剪性质的重要指标，一般用起伏度和起伏差来表示。起伏度用起伏角来表示，起伏差用波状起伏的节理面的波峰和波谷之间的距离(mm)表示。

Barton 和 Choubey[74] 为节理面粗糙度的定量化研究做出了卓越成绩。他们根据大量天然节理面直剪试验结果，以及剪切面不同轮廓线的精心观测，绘制成 10 条标准粗糙轮廓线(图 6.27)，并提出预测抗剪强度的经验准则：

$$\tau=\sigma_n \tan\left[JRC \cdot \lg\left(\frac{JCS}{\sigma_n}+\varphi_b\right)\right],\sigma_n<JCS \tag{6.5}$$

$$JRC=\frac{\arctan(\tau/\sigma_{\mathrm{n}})-\varphi_{\mathrm{b}}}{\lg(JCS/\sigma_{\mathrm{n}})} \tag{6.6}$$

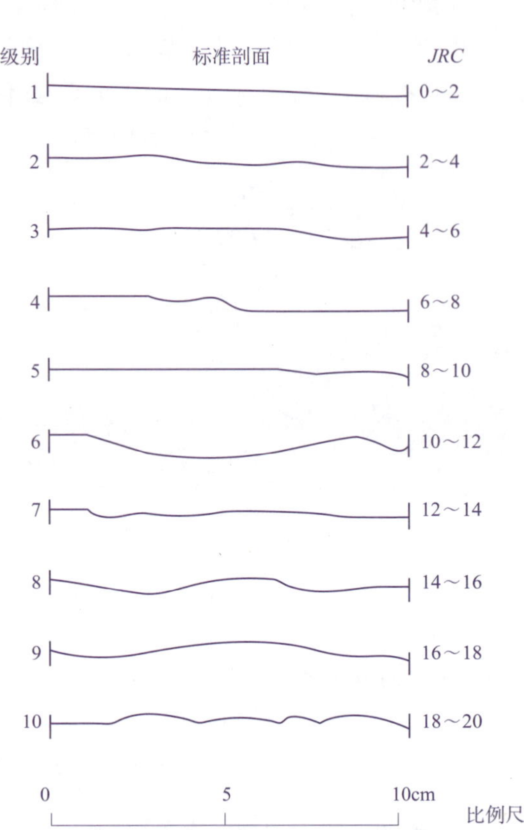

图 6.27 粗糙轮廓线与相应 JRC 值范围

式中：τ——剪应力(Pa)；

σ_{n}——有效正应力(Pa)；

φ_{b}——基本摩擦角(°)；

JCS——节理壁抗压强度(Pa)；

JRC——节理粗糙度系数。

图 6.27 中各轮廓线指定的 JRC 值由式(6.6)确定。之后，国际岩石力学协会(ISR M)推荐 JRC 值作为不连续面粗糙度的定量评价标准，自此，一直广为岩石力学与工程界所接受使用。根据现场实测结果，粗糙度系数变化范围不大，主要集中在 7～10 之间。

节理面的张开度是指节理面相邻岩壁间的垂直距离，一般为毫米级别或者小于 1mm，用肉眼难以观察，而张开度的大小根据节理面的不同类型，也会从＜0.1mm(闭合节理面)跨越至＞1 000mm(张开的结构面)。

填充物是指充填于节理面相邻岩壁间的物质。典型的充填物有砂、粉土、黏土、角砾、方解石、石英等。全充填节理面的强度主要取决于充填物的性质。当充填物的厚度较大时，就形成软弱夹层。一般而言，节理面充填物的厚度 t 与起伏差 h 的比值可以用于评价节理面抗剪强度，当 $t<h$ 时，填充物性质起主导作用。

图 6.28 现场节理张开度照片

根据现场测量结果，少数节理面之间存在着泥沙等充填物，但是充填物的厚度均小于节理面间的起伏差，现场拍摄照片如图 6.28 所示。因此，在本文的依托工程当中，节理面之间的抗剪强度主要由节理壁的粗糙度决定。而由于现场实测节理壁的粗糙度存在一定的相似性，因此，很难根据现场数据得到节理壁粗糙度与隧道变形的对应关系。本书在第 6.1 节中通过数值模拟的方法来对其进行了研究。

6.3.2 监测数据与数值模拟结果对比分析

通过现场的节理发育特征与实测隧道变形数据的关系，本节研究了节理的组数、产状、节理间距和节理粗糙度对隧道变形的影响，其中受现场环境的影响，着重研究了节理的组数和产状。另外，利用数值计算软件 UDEC 对节理的组数、产状、间距、粗糙度对隧道的变形进行了模拟研究，其中研究节理产状对隧道变形的影响主要是研究节理的倾角对隧道变形的影响。通过这两种方式，得到了一些关于节理特征对隧道变形的影响结果。

由第 6.2 节得知，数值模拟结果是以靠近洞口的 1 号隧道的 YK21＋690 断面、YK21＋715 断面和 2 号隧道的 ZK23＋832 断面为基础，通过改变节理特征值，来研究节理特征与隧道变形之间的对应关系的。根据三个断面的实际变形监测数据和数值计算结果的对比分析，可以得到数值软件模拟的准确性。

断面拱顶下沉数据整理如表 6.13 所示，其中，断面 ZK23＋823 下沉曲线如图 6.29 所示。

拱顶下沉计算值与监测值　　表 6.13

断　　面		G_1(mm)	G_2(mm)	G_3(mm)
ZK23＋823	计算	4.3	4.8	4.0
	实测	3.0	4.0	2.0
YK21＋715	计算	1.9	2.8	2.4
	实测	2.0	3.0	2.0
YK21＋690	计算	7.8	8.4	7.8
	实测	6.0	7.0	6.0

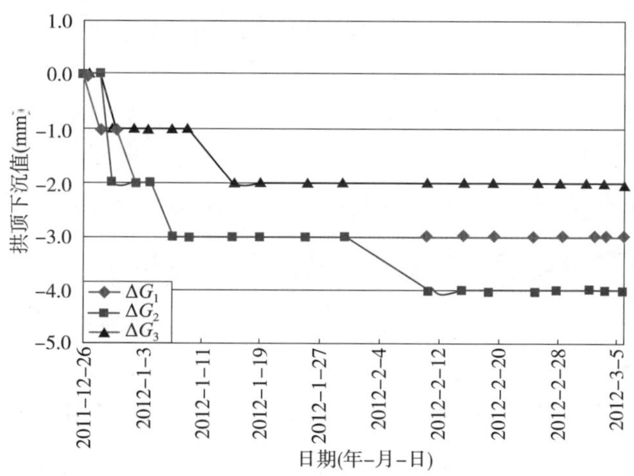

图 6.29　ZK23＋823 断面拱顶下沉曲线图

由表 6.13 看出，拱顶下沉的计算结果与监测值基本相同，最大误差为－30.2%，其中，G_2 点最大误差为－16.7%。考虑到断面的变形值会受相邻断面开挖爆破影响，计算结果还是接近实际情况的，具有实际的分析价值。

1）节理组数对隧道变形的影响研究结果对比分析

不管是现场监测数据还是通过数值模拟研究得到的结果，都可以看出节理组数对隧道变形存在着很大的影响，并随着节理组数的增加存在着隧道沉降值增大的线性关系。这主要是由于节理组数的增加导致岩体被切割破坏，降低了其整体性和稳定性。而且由于节理面相互切割，形成更为破碎的块体，如果不能及时对开挖后的洞室进行支护，容易产生掉块、小型塌方等施工事故。因此，当开挖断面存在多组节理时，应该做好对隧道的及时支护。

由数据不难看出，在节理的所有特征当中，节理组数对隧道变形的影响是最大的。

2)节理倾角对隧道变形的影响研究结果对比分析

在第6.2节中,根据数值计算结果,拱顶沉降值随着节理倾角的变化先减小后增大,当倾角为45°左右时,沉降取得最小值;另外当节理倾角为90°也就是垂直节理时,拱顶沉降最大,情况最不利。

而根据第6章模型试验的结果和现场实测数据的分析认为,隧道变形随着节理倾角的增加先增大后减小,在倾角为60°左右取得极值,这两个结论是相似的,只是在极值点取得的位置上不一致,结合文献[125-126]提出的节理倾角为45°时隧道变形最小的结论,认为当其他条件相同时,隧道在节理倾角为45°～60°时的隧道变形最小。

3)节理间距对隧道变形的影响研究结果对比分析

受现场环境的影响,依托工程进行节理精细化描述的断面节理间距分布情况是较相近的。因此,根据现场监测数据并不能够很好地分析节理间距对隧道变形的影响。通过数值模拟软件,对节理间距对隧道变形的影响进行了研究,得到结论,隧道变形随着节理间距的增加而增大;当节理间距小于1m时,曲线的斜率较大,而当节理间距大于1m时,即与隧道的尺寸属于同一数量级时,曲线的斜率较小,节理间距对隧道变形的影响减小。

4)节理粗糙度对隧道变形的影响研究结果对比分析

研究节理粗糙度对隧道变形的影响主要是研究节理面间的粗糙度系数对隧道变形的影响,因为虽然节理之间存在着部分充填物,但是当充填物的厚度远小于节理面的起伏差时,节理面间的起伏变化起主要的影响作用,即节理面的粗糙度系数。

另外,根据数值模拟的结果,研究了节理面之间的两个主要力学参数——剪切刚度和法向刚度对隧道变形的影响,研究结果表明,隧道变形主要是受节理面的法向刚度影响。而在目前的研究当中,剪切刚度和法向刚度主要是通过室内试验得到的。

6.3.3 室内模型试验与数值模拟结果的对比分析

本节根据室内模型试验和数值模拟结果的对比分析,主要研究节理倾角对隧道开挖后围岩变形影响的范围。

图6.30给出了当节理倾角分别为0°、30°、45°、60°、90°时,根据室内模型试验和数值模拟结果得到的隧道开挖后围岩的变形范围。

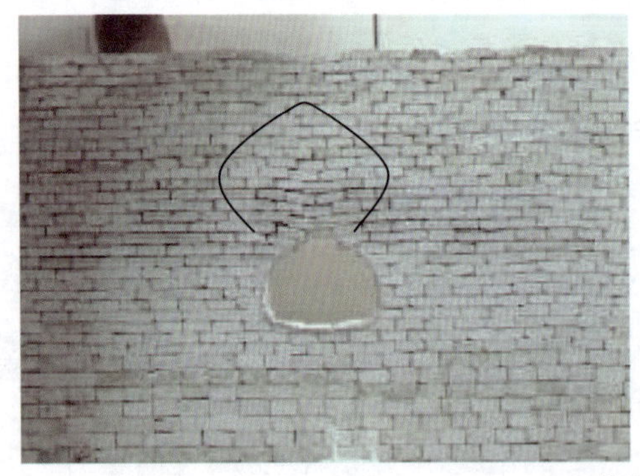

a)节理倾角为0°

图 6.30

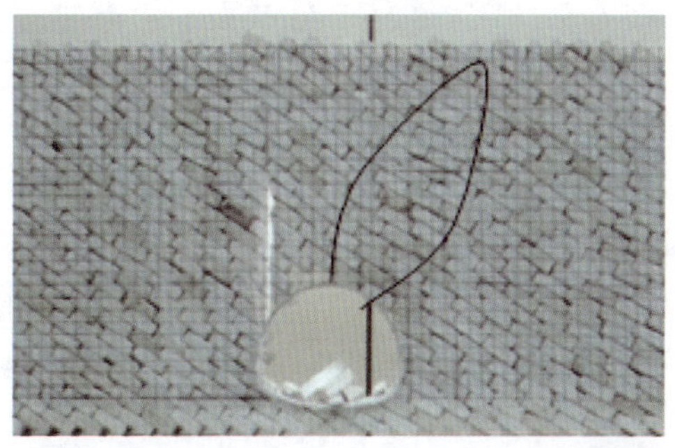

b)节理倾角为30°

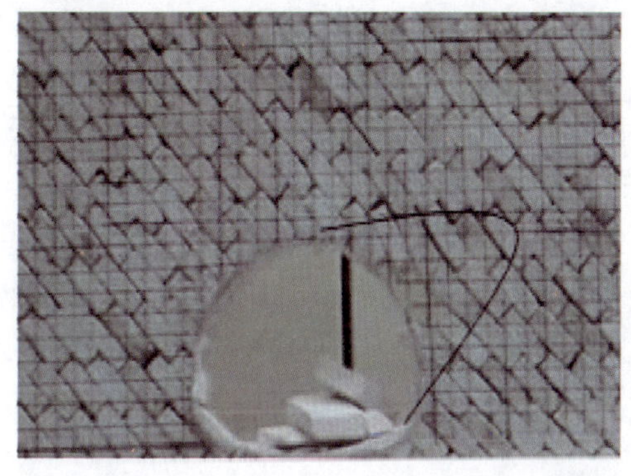

c)节理倾角为45°

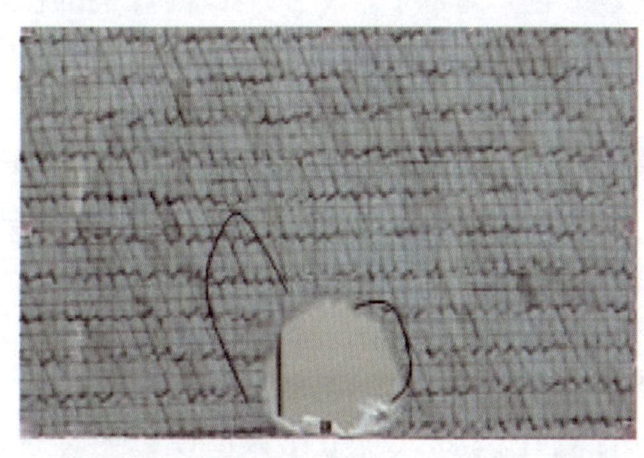

d)节理倾角为60°

e)节理倾角为90°

图 6.30　不同节理倾角下模型试验与数值模拟围岩变形区域对比

由图 6.30 可以看出，在五种不同的节理倾角影响下，室内模型试验得到的围岩变形区域与数值模拟计算出的结果既有着相同的变形情况，也存在着不一致的变形规律。

五种倾角当中，变形最明显的是当节理倾角为 90°、即存在垂直节理的情况，在这种工况下，围岩的变形值最大，变形范围最大，隧道正上方的围岩均发生了较大的沉降(图中③区域)，另外在这种工况下，围岩的变形也主要集中在隧道正上方，隧道两侧产生的变形不大。

当节理倾角为 0°时，根据数值计算的结果，在隧道的拱顶位置也产生了变形区域(图中③区域)，而根据模型试验的结果，节理倾角为 0°也是除 90°的情况之外变形值最大的工况。两种研究方法得到的围岩发生塑性变形的区域也是基本相似的。即左图中的黑色实线与隧道轮廓包围的部分和右图中的①区域，主要分布在隧道拱顶上部一倍洞高和一倍洞宽的区域。

与倾角为 0°时相比，当节理倾角为 30°时，模型试验的结果为拱顶沉降值减小，根据数值模拟的结果，①区域也随着倾角的增加而减小。根据试验结果，该种工况下石膏块发生变形范围增大，而在变形云图中，②的区域较倾角为 0°时增大。两种结果的差别在于模拟计算得到的变形云图中，变形区域并没有随着倾角的增大发生明显的增加，而根据模型试验的结果，围岩变形区域主要产生在与倾角方向垂直的位置。

当节理倾角为 45°时，是数值模拟结果中最安全的工况，在变形云图中表现为塑性变形区域(①区域)在几种工况中是最小的，且该区域和②区域也明显朝倾角方向发生了偏移，但根据模型试验的结果，该工况下产生变形的区域受倾角的影响更大，同 30°的工况一样，也主要发生在与节理倾角方向垂直的地方。

节理倾角为 60°是在模型试验中最安全的工况，发生掉落的石膏块最小，石膏块的沉降值也是最小的。在数值模拟结果当中，该种工况下的①区域和②区域的面积之和也是最小的，但①区域较 45°工况下仍有所增加。

综上所述，根据室内模型试验和数值模拟结果，可以得出结论，隧道开挖后围岩变形随着节理倾角的增加先增大后减小，当倾角为 90°时最不利，当倾角为 45°至 60°时最安全。而由于在试验中石膏模型始终存在着半贯通的节理，但在数值模拟过程中只存在一组节理，并没有其他的裂隙，这两种情况都是不符合实际情况的，也导致两种研究方法得到的结果存在一定的不同，主要体现在：模型试验中得到的最有利倾角为 60°，而数值模拟得到的最有利倾角为 45°；由于半贯通节理的存在，倾角的改变对变形产生的影响在模型试验中比数值模拟中体现的更明显，在模型试验中，节理发育围岩在隧道开挖之后发生变形的区域主要集中在隧道的外轮廓与节理倾角方向相切的区域和与节理倾角方向相垂直的区域，并且随着倾角的变化，两区域产生的变形随之变化；而在模拟试验中倾角的影响则小得多。

第7章

节理发育岩体公路隧道初期支护技术研究

在隧道工程实践中，随地层变化锚杆的支护作用是不同的，常常表现为复合作用效果。

根据地质结构的特点，在裂隙发育的中硬岩和硬岩中，锚杆主要是抑制与裂隙面平行或者垂直方向的相对位移，如图 7.1 所示。主要体现为三种作用效果和两种力学效应，即悬吊效果、组合效果和喷混凝土支护效果；拉伸阻力和剪切阻力。

在软岩和土砂围岩中，主要是控制隧道壁面径向位移和围岩内部相对位移，如图 7.2 所示。主要体现为三种作用效果和两种力学效应，即围岩物性改良效果、内压效果和喷混凝土支护效果；拉伸阻力和剪切阻力。

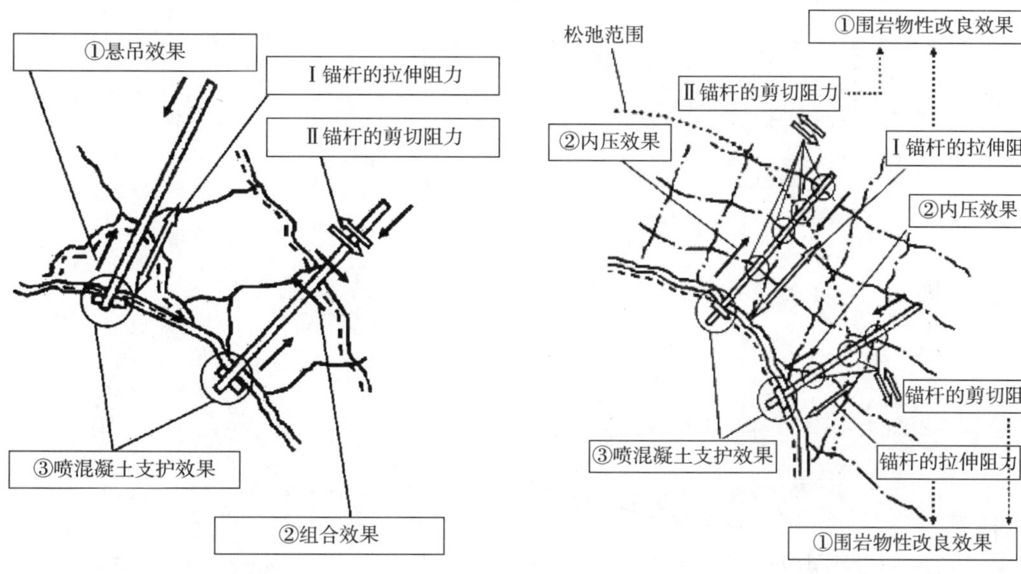

图 7.1　不连续体(中硬岩、硬岩)支护效应图示

图 7.2　连续体(软岩)支护效应图示

7.1　Ⅲ级围岩隧道锚杆支护参数分析

UDEC 程序适用于模拟节理系统的分离过程，而且能够自动识别节理面产生的新接触

点，较真实地反映节理面的力学行为。

7.1.1 拟选取的锚杆支护方案

Ⅲ级围岩隧道锚杆计算工况如表7.1和图7.3所示。

Ⅲ级围岩锚杆计算工况 表7.1

初期支护	工况编号	打设范围	锚杆长度(m)
C20喷射混凝土	工况1	182°系统锚杆	2.5
	工况2	120°局部锚杆	2.5
	工况3	120°局部锚杆	2.0
	工况4	无锚杆	

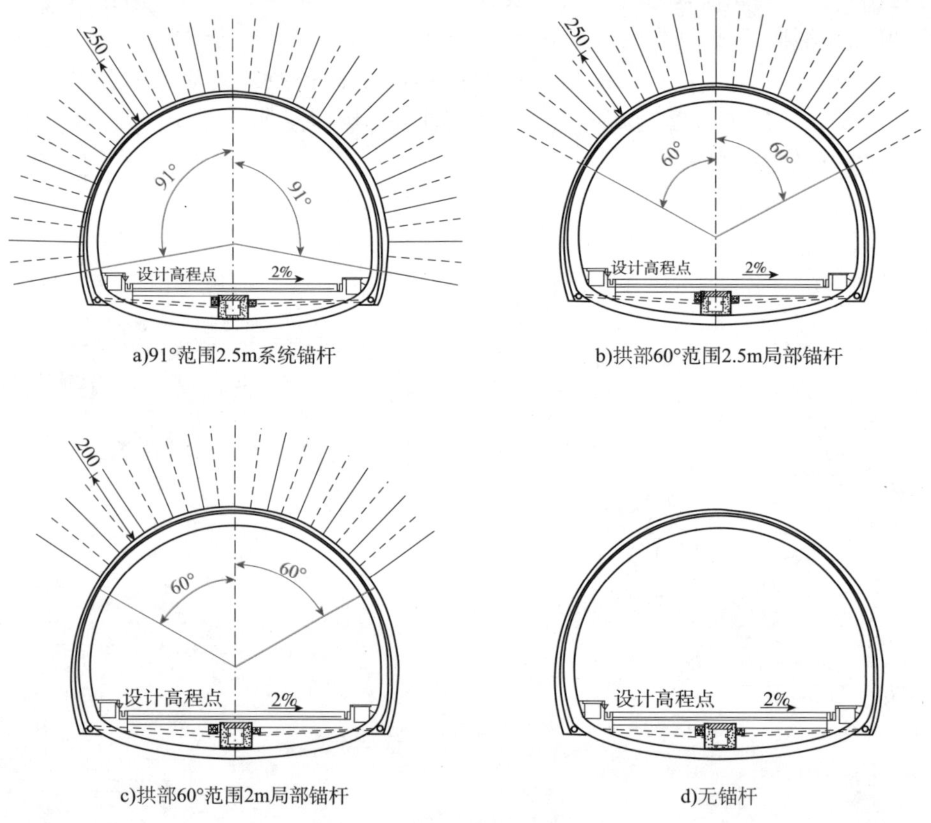

a)91°范围2.5m系统锚杆 b)拱部60°范围2.5m局部锚杆

c)拱部60°范围2m局部锚杆 d)无锚杆

图7.3 Ⅲ级围岩锚杆打设示意图

7.1.2 不同支护方案下的围岩变形与结构受力特征

1)计算模型

本次模拟计算使用ITASCA公司通用离散元程序UDEC进行模拟，Ⅲ级围岩锚杆支护方案数值模型如图7.4所示。

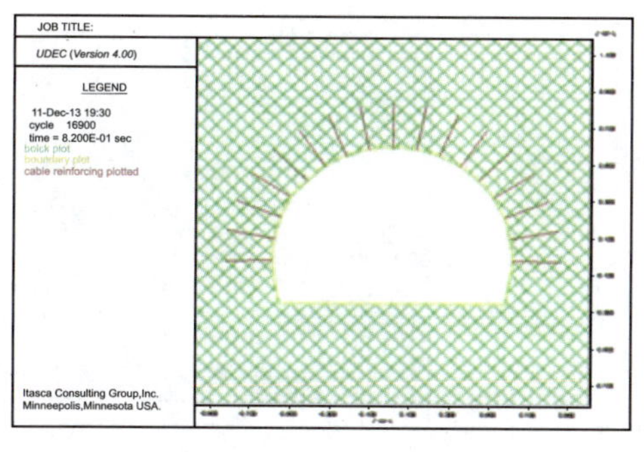

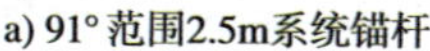
a) 91°范围2.5m系统锚杆

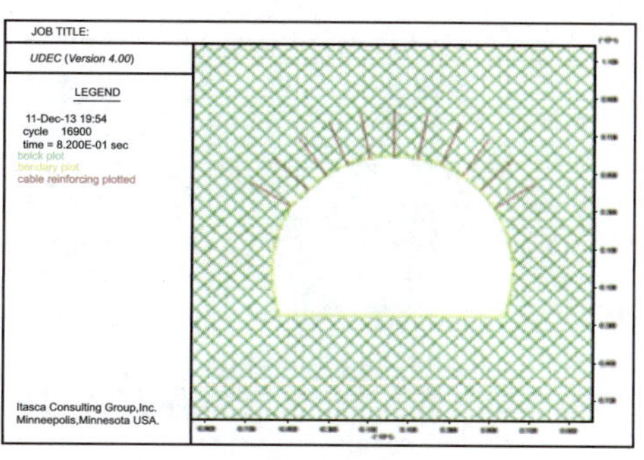

b) 拱部60°范围2.5m局部锚杆

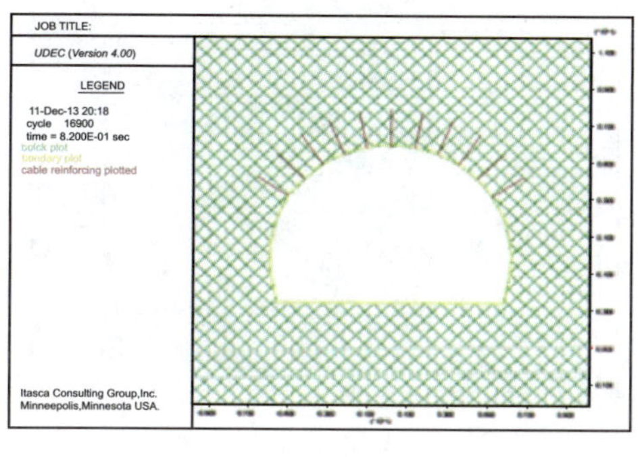

c) 拱部60°范围2m局部锚杆

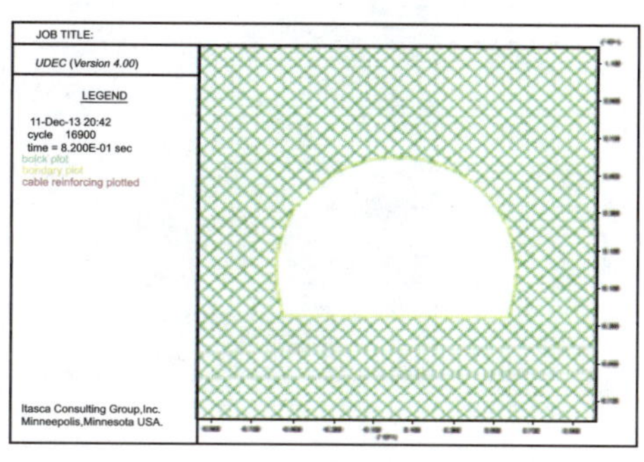

d)无锚杆

图 7.4　Ⅲ级围岩锚杆支护方案数值模型

根据地质勘察报告和现场围岩信息的测量，参考现行的《公路隧道设计规范》(JTG D70—2004)中 R_c 与岩石坚硬程度定性划分的关系，岩块和节理参数如表 7.2、表 7.3 所示。

岩块参数取值　　表 7.2

重度 γ (kN/m^3)	泊松比 μ	弹性模量 E(GPa)	黏聚力 c(MPa)	摩擦角 φ(°)	抗拉强度 (MPa)
26	0.23	33	3.0	50	0.8

节理面参数取值　　表 7.3

法向刚度 (GPa/m)	剪切刚度 (GPa/m)	内摩擦角 (°)	黏聚力 (kPa)	抗拉强度 (kPa)
16.48	5.39	38.0	139	27

2)位移影响

变形是最直观的，在评价隧道稳定性时，位移常常是评价的重要参考数据。隧道开挖与支护不可避免会对围岩产生不同程度扰动和破坏，引起位移场的变化。掌握其变形情况对于保证施工安全，避免工程事故等具有重要指导作用，不同锚杆施工方案下围岩竖向位移和总位移矢量分布如图 7.5 所示。

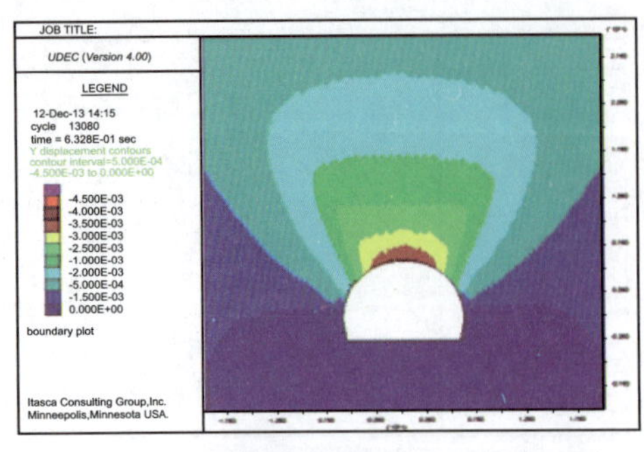

a)91°范围2.5m系统锚杆

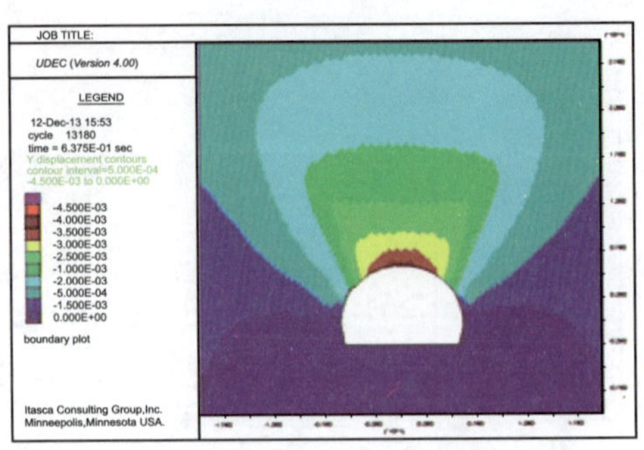

b)拱部60°范围2.5m局部锚杆

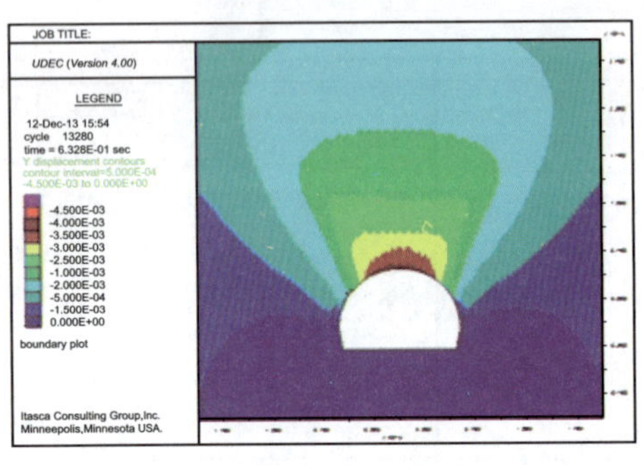

c)拱部60°范围2m局部锚杆

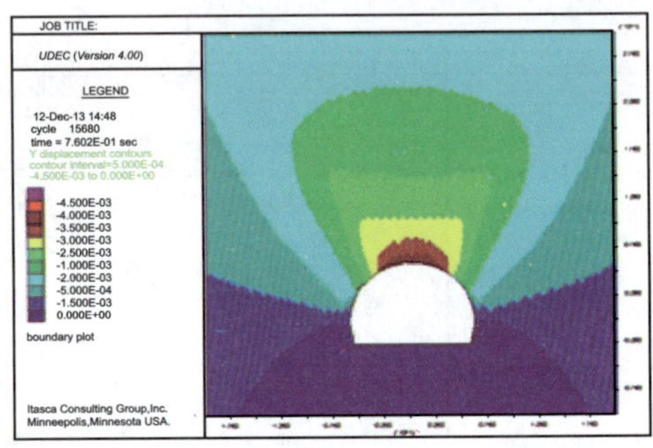

d)无锚杆

图 7.5 Ⅲ级围岩隧道竖向位移分布特征(单位:m)

从图 7.5 可以看出,锚杆支护避免了塌落区的形成,围岩位移减小,洞周形成了环形加固带。对图 7.5 进行统计,得到表 7.4 和图 7.6。

不同锚杆方案下各层次扰动范围汇总(m^2) 表 7.4

支 护 措 施	工况	>3mm	2～3mm	1～2mm
91°范围 2.5m 系统锚杆	1	8.2	71.8	395.4
拱部 60°范围 2.5m 局部锚杆	2	10.0	82.7	477.7
拱部 60°范围 2m 局部锚杆	3	11.0	88.4	591.0
无锚杆	4	19	122.1	1 388.4

从表 7.4 和图 7.6 可以看出,各种锚杆支护方案引起的围岩扰动范围差距较大。其中,方案 3(局部锚杆)和方案 4(无锚杆)差异最大,说明Ⅲ级围岩隧道锚杆是有必要打设的,推荐工况 3(拱部 120°范围,2m 长局部锚杆)。在施加锚杆支护后,拱顶局部掉块、塌方得以避免。

不同锚杆方案下隧道变形峰值见表 7.5,总位移矢量分布特征如图 7.7 所示,隧道围岩沉降峰值与锚杆方案的关系曲线如图 7.8 所示。

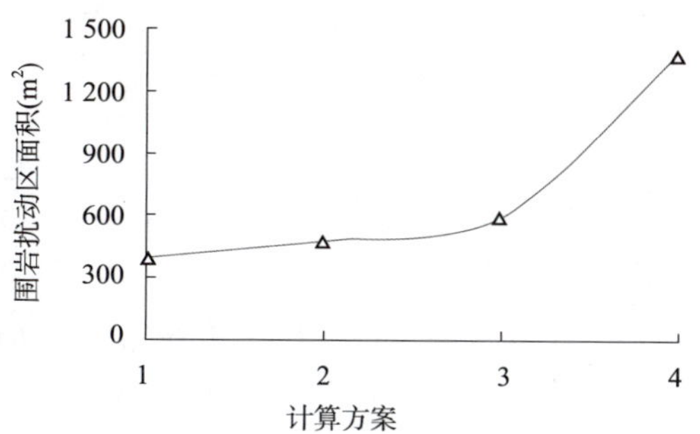

a)1～2mm范围扰动区面积

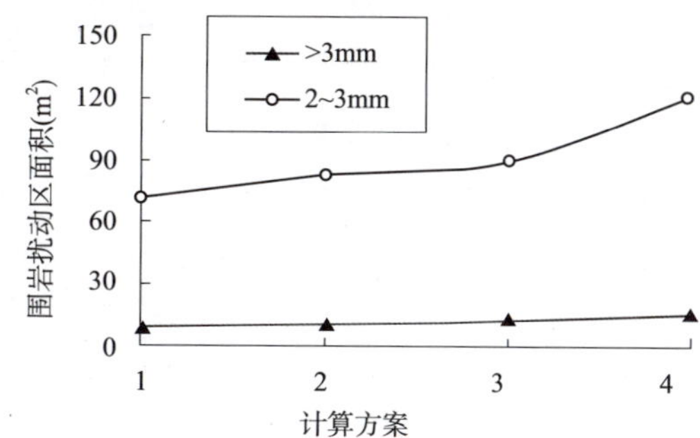

b)2～3mm、>3mm范围扰动区面积

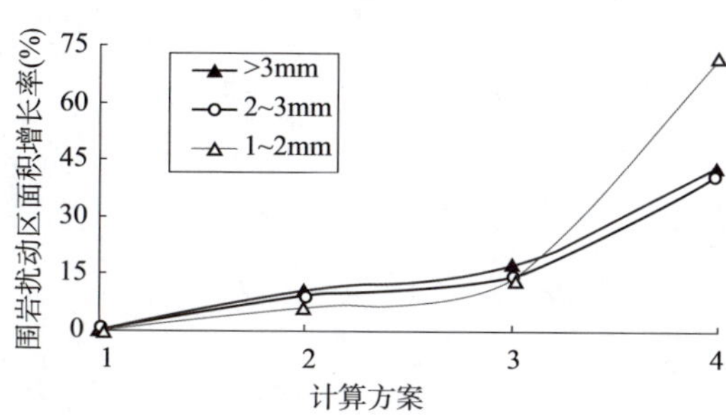

c)围岩扰动区面积增长率

图 7.6　不同锚杆方案下扰动范围分布特征

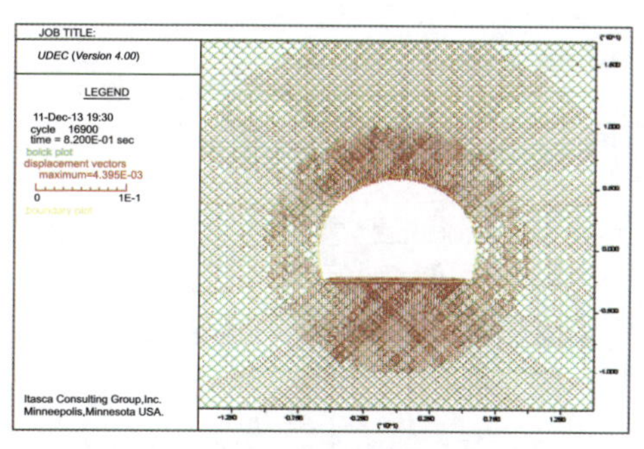
a)91°范围2.5m系统锚杆

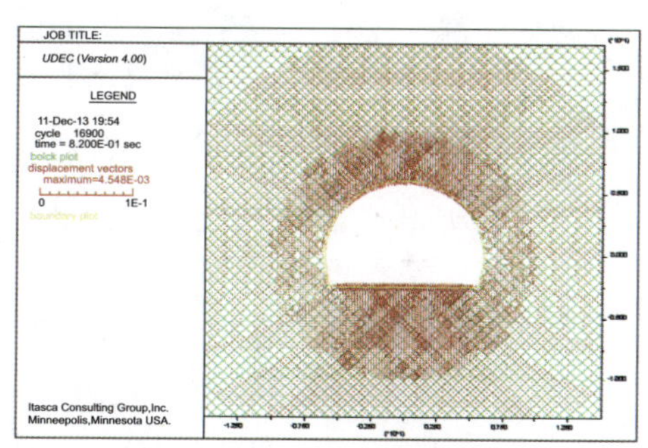
b)拱部60°范围2.5m局部锚杆

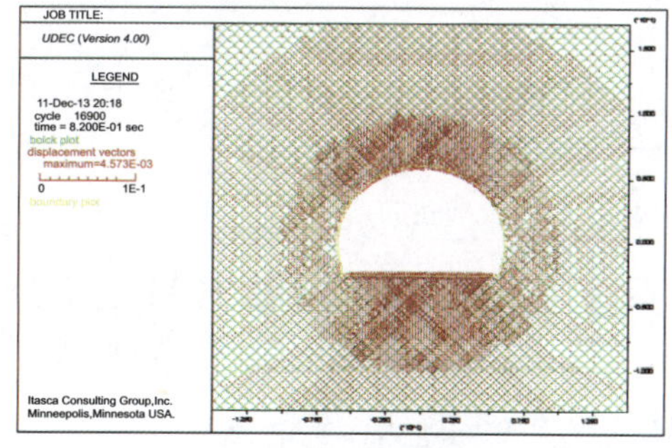
c)拱部60°范围2m局部锚杆

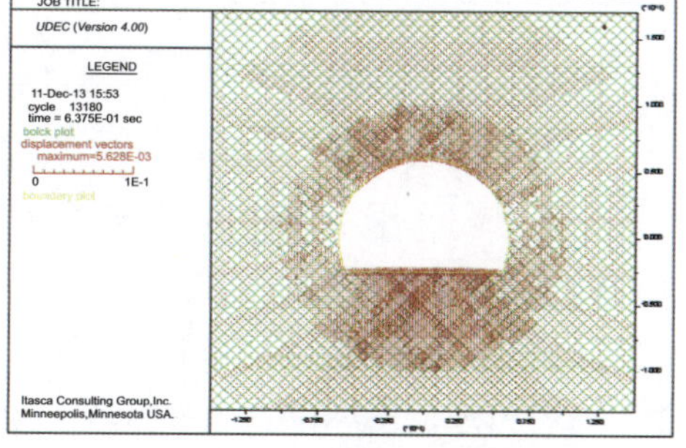
d)无锚杆

图 7.7　总位移矢量分布特征(单位:m)

表 7.5 不同锚杆方案下隧道变形峰值(mm)

工况 1	工况 2	工况 3	工况 4
3.39	3.55	3.57	5.62

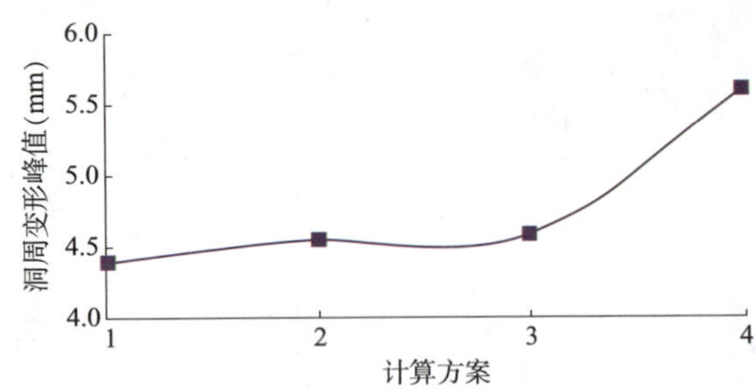

图 7.8 隧道围岩沉降峰值与锚杆方案关系曲线

从图 7.7、图 7.8 和表 7.5 看出，方案 4(不打锚杆)容易导致围岩失稳，变形较大。方案 2 和方案 3 围岩变形控制效应基本一致，从安全和经济的角度，建议锚杆支护方案 3，即拱部 60°范围 2.0m 长锚杆。

3)锚杆轴力

锚杆轴力大小直接反映施工过程中锚杆是否发挥了“悬吊”和“增强”效果，各种工况下锚杆轴力分布特征如图 7.9 所示。

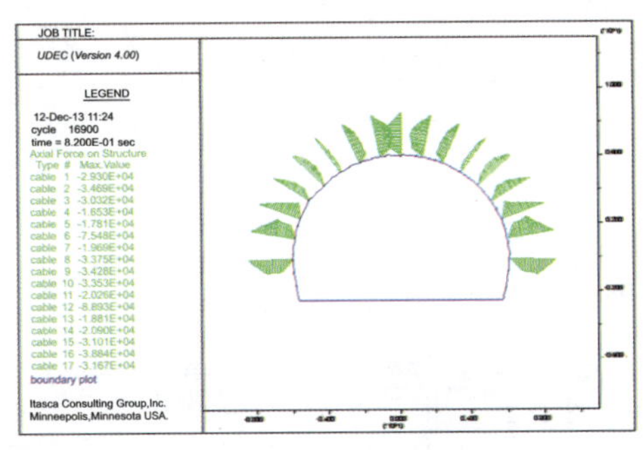

a)拱部91°范围2.5m系统锚杆

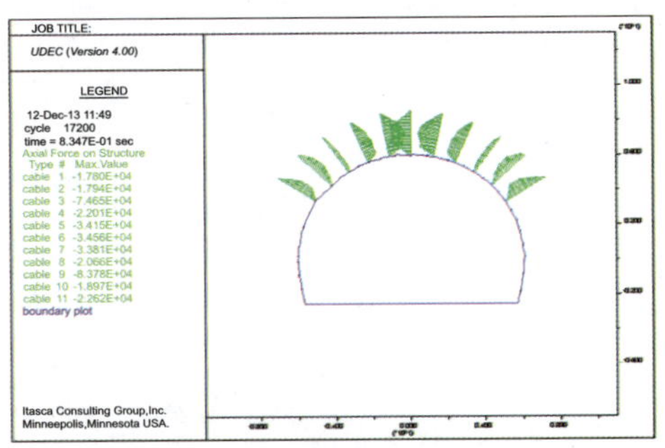

b)拱部60°范围2.5m局部锚杆

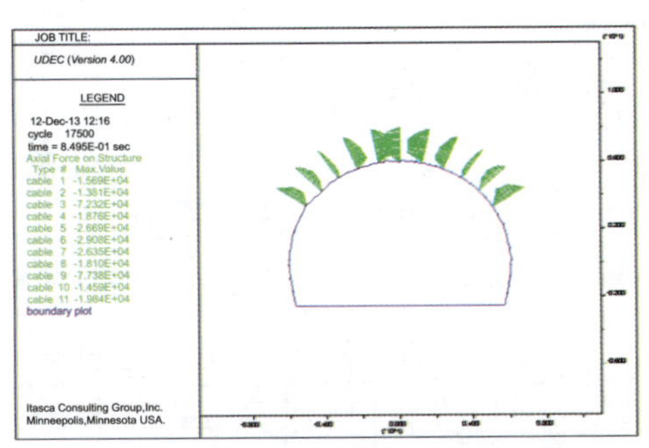

c)拱部60°范围2m局部锚杆

图 7.9 Ⅲ级围岩隧道锚杆轴力分布图(单位:N)

从锚杆轴力图 7.9 可以看出，锚杆受力基本在 3t 左右，远小于锚杆抗拉强度，并且有效地防止了局部坍方。把松动岩块稳固(悬吊)在稳定岩层上，防止破碎岩块、冒落；使破碎岩体具有完整性，因而增强锚固区围岩土体强度(如弹性模量 E、黏聚力 c 等)。

4)初期支护轴力

不同锚杆施工方案下，隧道初期支护轴力分布如图 7.10 所示。

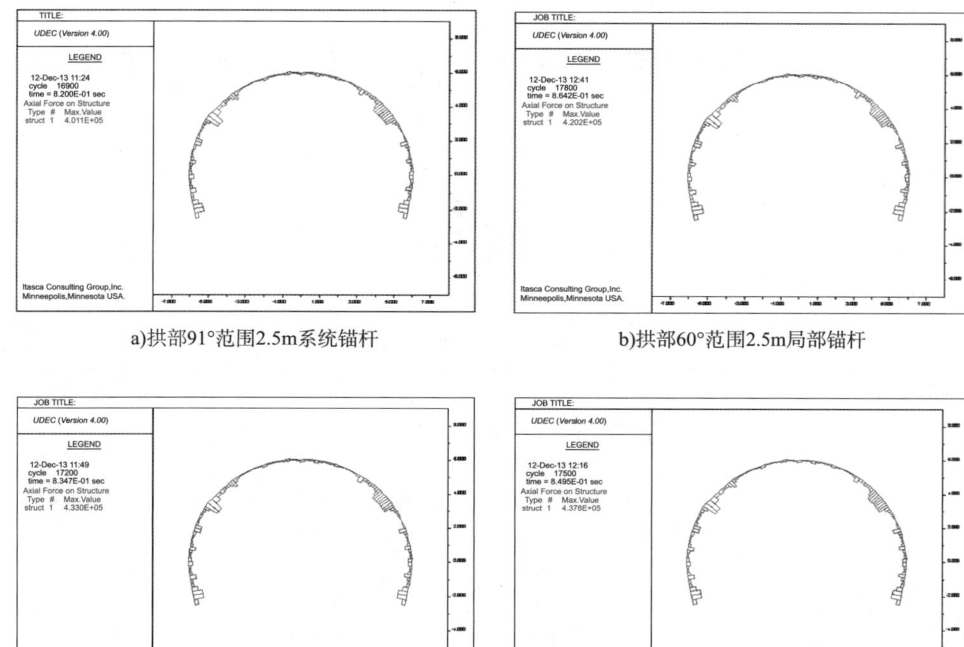

a)拱部91°范围2.5m系统锚杆　　b)拱部60°范围2.5m局部锚杆

c)拱部60°范围2m局部锚杆　　d)无锚杆

图 7.10　初期支护轴力分布特征(单位:N)

初期支护采用的 C20 喷射混凝土,没有格栅拱架。从图 7.10 可以看出,锚杆的设置方案对初期支护的受力基本没有影响,并且初期支护轴力较小且对称,结构安全。不同方案条件下,隧道初期支护轴力峰值如表 7.6、图 7.11 所示。

不同锚杆方案下隧道初期支护轴力峰值(kN)　　表 7.6

工况 1	工况 2	工况 3	工况 4
401	420	433	437

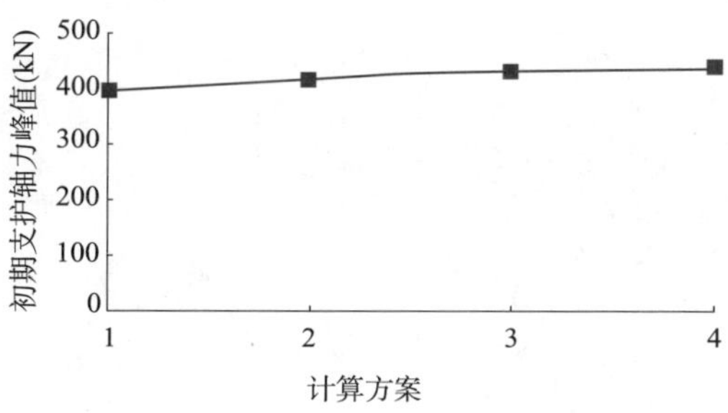

图 7.11　初期支护轴力峰值与锚杆方案关系曲线

从图 7.11 中可以看出,锚杆对初期支护的轴力基本没有影响,各种方案下锚杆轴力基本一致,并且轴力值较小。因此,根据围岩的扰动范围位移影响,方案 3(拱部 120°范围、2m 局部锚杆)可以安全采用。

7.2 Ⅳ级对称型围岩隧道锚杆支护参数分析

7.2.1 拟选取的锚杆支护方案

漂里隧道进口左线：里程 ZK6＋918，隧道埋深 17.1m。总体表现为Ⅳb 级对称型围岩，进行锚杆优化设计，计算工况如表 7.7、图 7.12 所示。

Ⅳb 级对称型围岩锚杆设置计算工况　　表 7.7

型钢拱架	工况编号	打设范围	锚杆长度(m)
格栅拱架（HRB400 钢筋）C20 喷射混凝土	工况 1	100.13°系统锚杆	3.0
	工况 2	90°局部锚杆	3.0
	工况 3	60°局部锚杆	3.0
	工况 4	60°局部锚杆	2.5
	工况 5	60°局部锚杆	2.0
	工况 6	无锚杆	

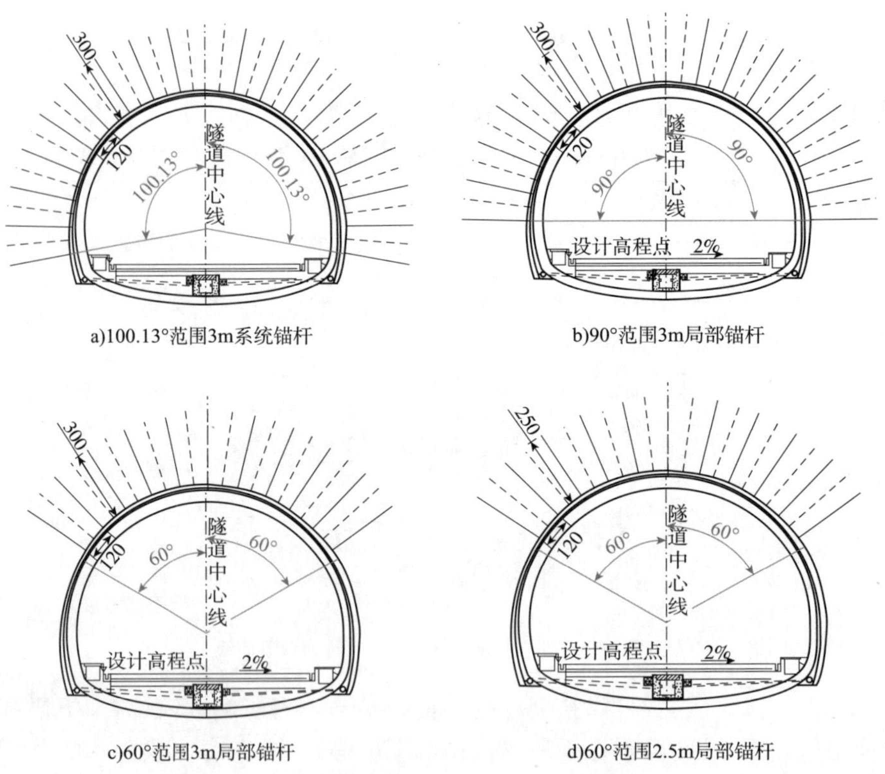

a)100.13°范围3m系统锚杆　b)90°范围3m局部锚杆

c)60°范围3m局部锚杆　d)60°范围2.5m局部锚杆

图 7.12

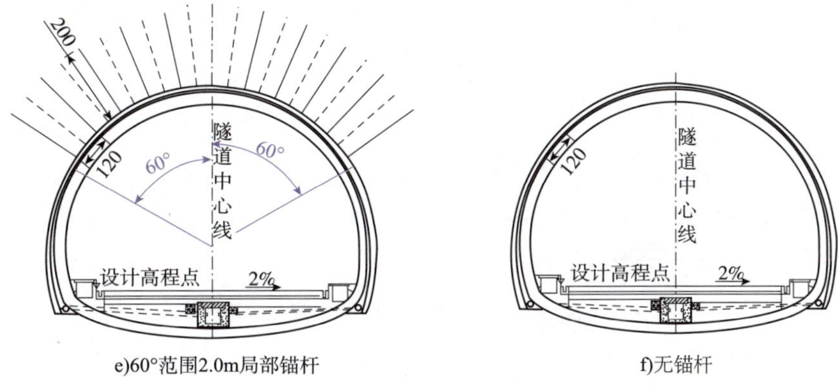

e)60°范围2.0m局部锚杆　　　　f)无锚杆

图 7.12　Ⅳb 级对称型围岩锚杆打设示意图

7.2.2　不同支护方案下的围岩变形与结构受力特征

1)计算模型

不同锚杆支护条件下,离散元数值模型如图 7.13 所示。

根据地质勘察报告和隧道设计规范,岩块和节理参数如表 7.8、表 7.9 所示。

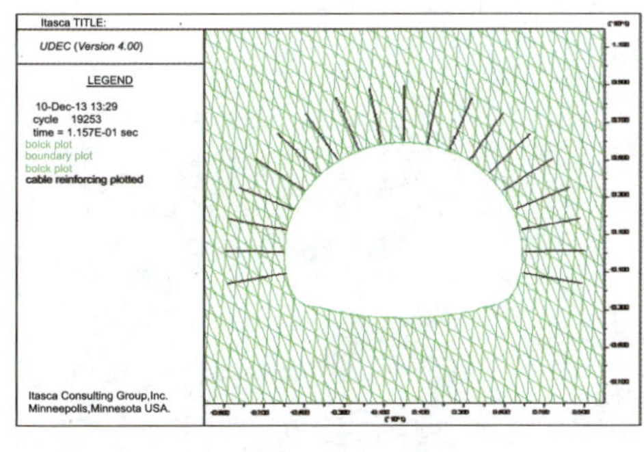

a)100.13°范围3m系统锚杆

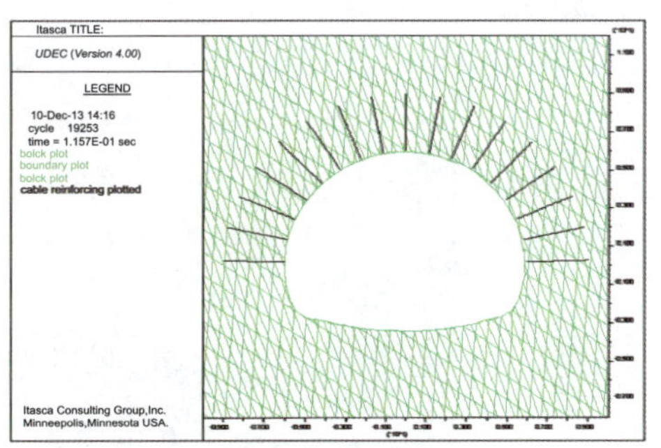

b)90°范围3m局部锚杆

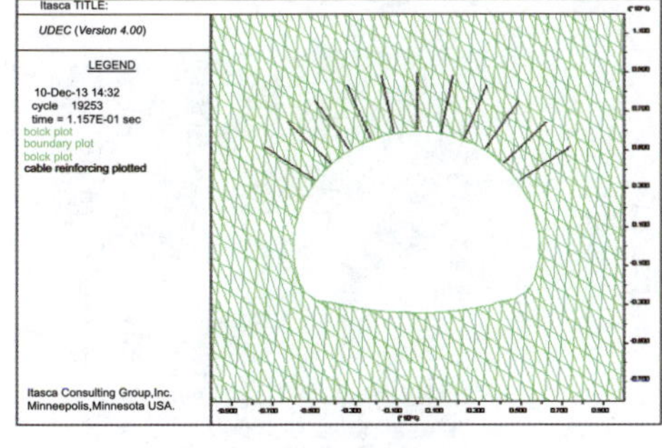

c)60°范围3m局部锚杆

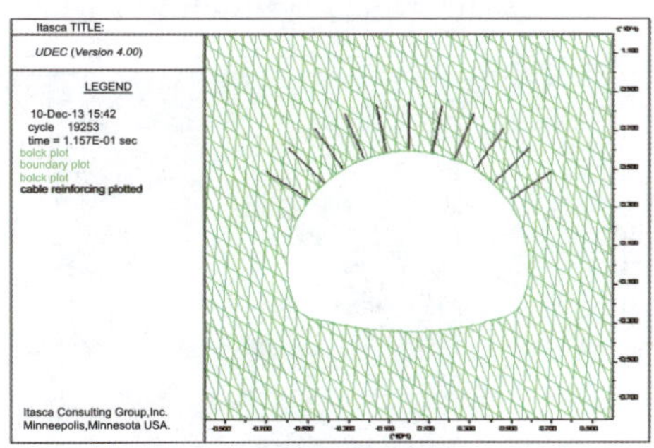

d)60°范围2.5m局部锚杆

图　7.13

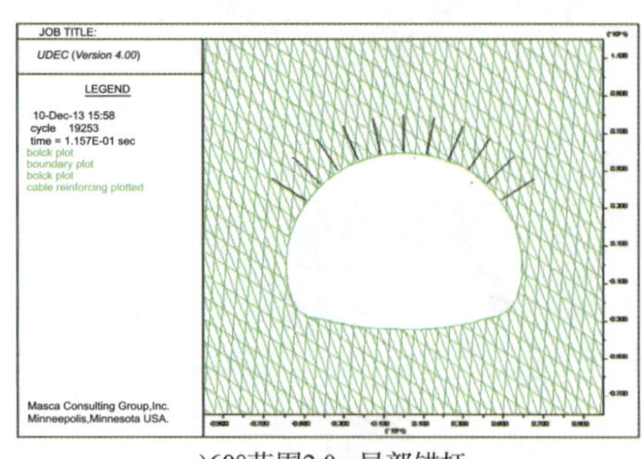

e)60°范围2.0m局部锚杆

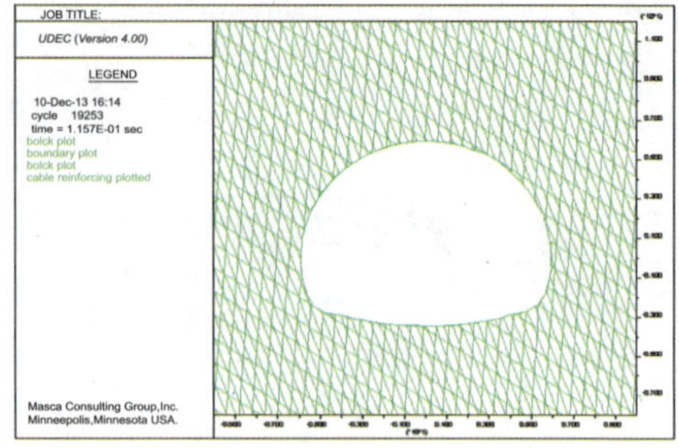

f)无锚杆

图 7.13　Ⅳb 级对称型围岩隧道锚杆效果离散元模型

岩 块 参 数 取 值　　表 7.8

重度 γ(kN/m^3)	泊松比 μ	弹性模量 E(GPa)	黏聚力 c(MPa)	摩擦角 φ(°)	抗拉强度(MPa)
26	0.23	33	3.0	50	0.8

节理面参数取值　　表 7.9

法向刚度(GPa/m)	剪切刚度(GPa/m)	内摩擦角(°)	黏聚力(kPa)	抗拉强度(kPa)
16.48	5.39	38.0	139	27

2)位移影响

隧道的开挖必然引起周围围岩松弛,从而形成拱效应,即表现为围岩自承能力。故研究围岩的扰动范围能了解周边围岩松弛情况,为锚杆合理长度和范围提供依据,指导设计和现场施工。不同锚杆支护条件下,隧道洞周围岩扰动区如图 7.14 所示。

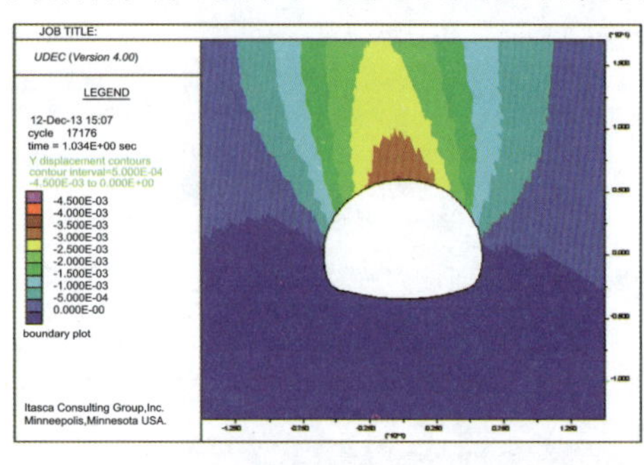

a)100.13°范围3m系统锚杆

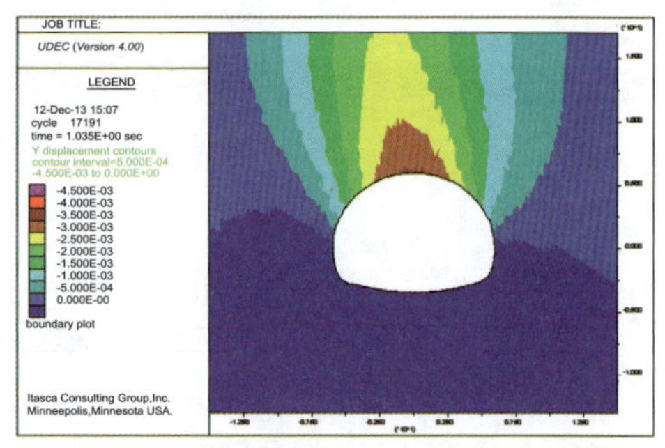

b)90°范围3m局部锚杆

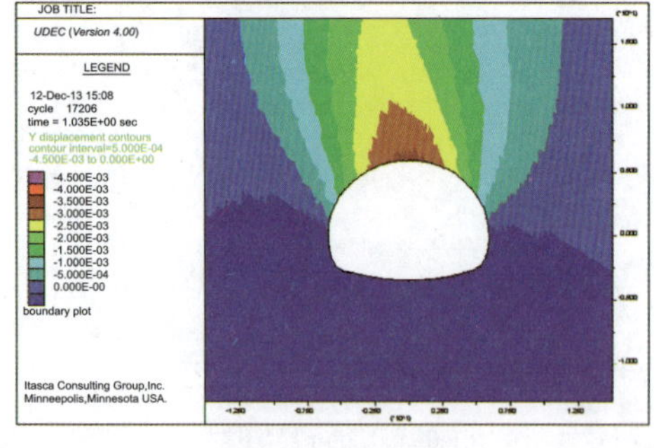

c)60°范围3m局部锚杆

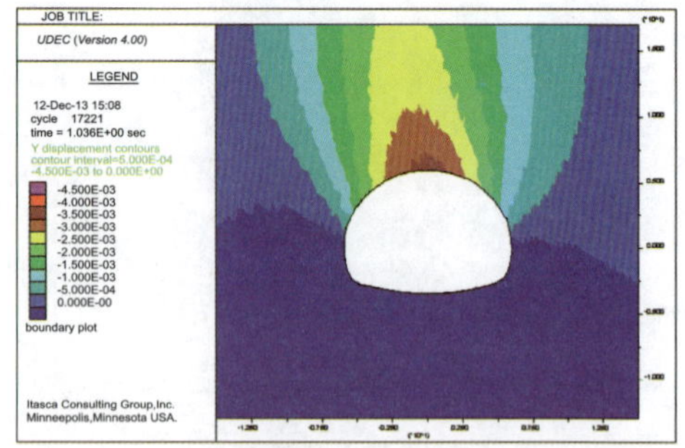

d)60°范围2.5m局部锚杆

图　7.14

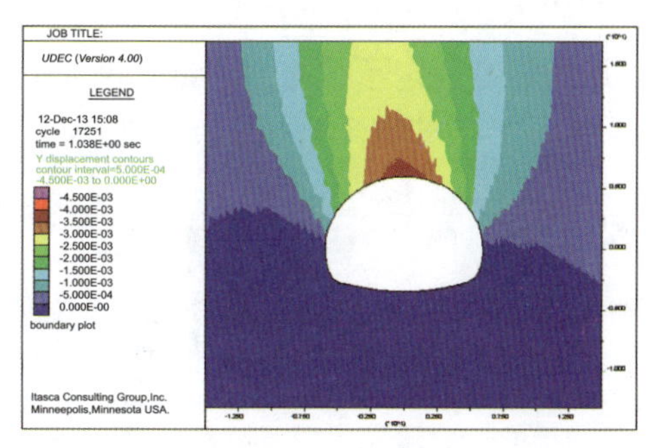

e)60°范围2.0m局部锚杆

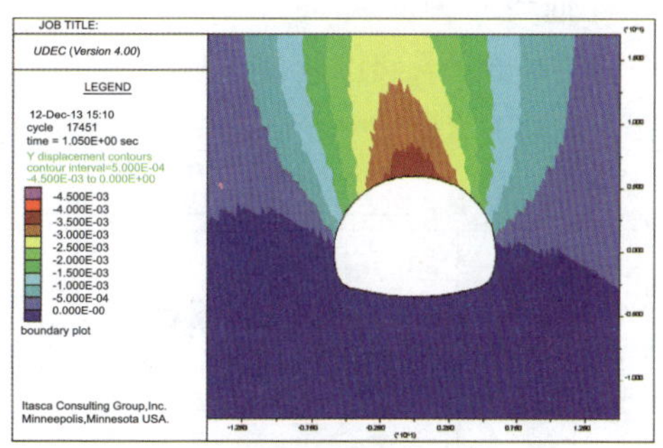

f)无锚杆

图 7.14　不同锚杆方案的Ⅳb 级围岩变形(单位:m)

对图 7.14 进行统计对比,研究锚杆方案对围岩扰动区的影响,得到表 7.10 和图 7.15。

不同锚杆方案下各层次扰动范围汇总(m^2)　　表 7.10

支 护 措 施	工况	>3mm	2～3mm	1～2mm
100°范围 3m 系统锚杆	1	15.9	90.1	88.7
90°范围 3m 局部锚杆	2	16.1	91.1	90.1
60°范围 3m 局部锚杆	3	16.9	91.0	92.7
60°范围 2.5m 局部锚杆	4	18.0	91.4	93.9
60°范围 2.0m 局部锚杆	5	27.0	95.6	95.8
无锚杆	6	33.1	105.9	105.4

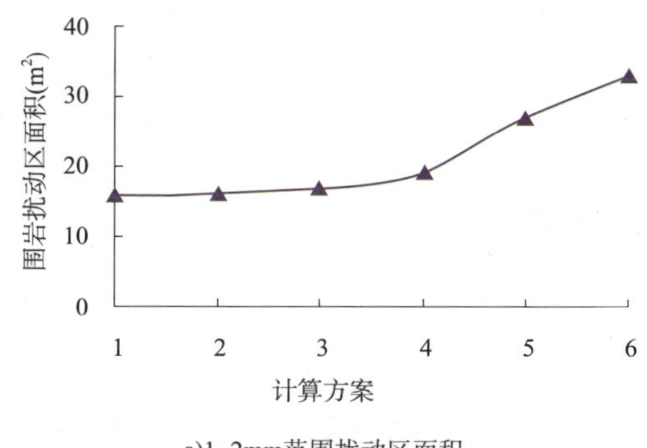

a)1~2mm范围扰动区面积

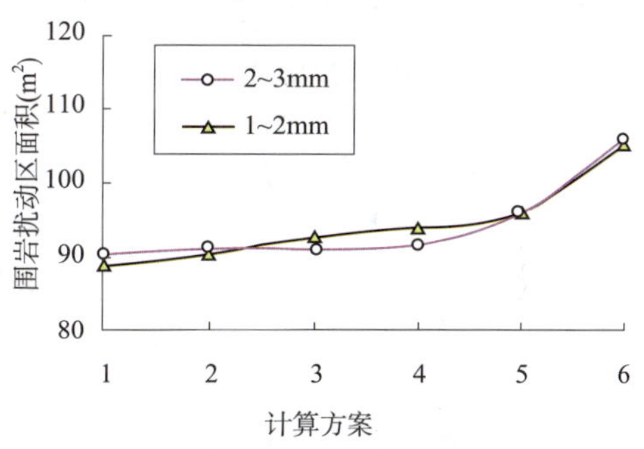

b)1~2mm、2~3mm范围扰动区面积

图 7.15　不同锚杆方案下扰动范围分布特征

从图 7.15 可以看出,锚杆的设置有效地改变了围岩的扰动形式,避免了拱顶周围岩体沿竖向节理面发生整体下滑破坏。对于工况 6,即取消锚杆,有冒顶塌方趋势。因此必须采取锚杆支护措施,增强节理面黏聚力和摩擦角,提高岩层抗剪强度。从施工安全和经济性出发,建议采用方案 4,即拱部 120°范围设置锚杆(衬砌中线两侧各 60°),锚杆长度为 2.5m。在块状及碎裂状岩体中,节理面的剪切滑移主要是由于节理面的剪切破坏引起的,所以要想减小节理面的剪切滑移,就需要增大节理面的抗剪切强度,也就是增大节理面的内摩擦角和黏聚力,在施加了锚杆后,围岩扰动区有明显的减小,这说明在碎裂状岩体中,锚杆可以起到增大节理面内摩擦角和黏聚力的效果。

3）锚杆轴力

对于相对破碎的Ⅳ级围岩，系统锚杆主要作用以形成具有一定承载能力的承载拱为主。锚杆是初期支护系统中重要的一个环节，本次计算得到不同打设方案的锚杆轴力分布如图 7.16 所示。

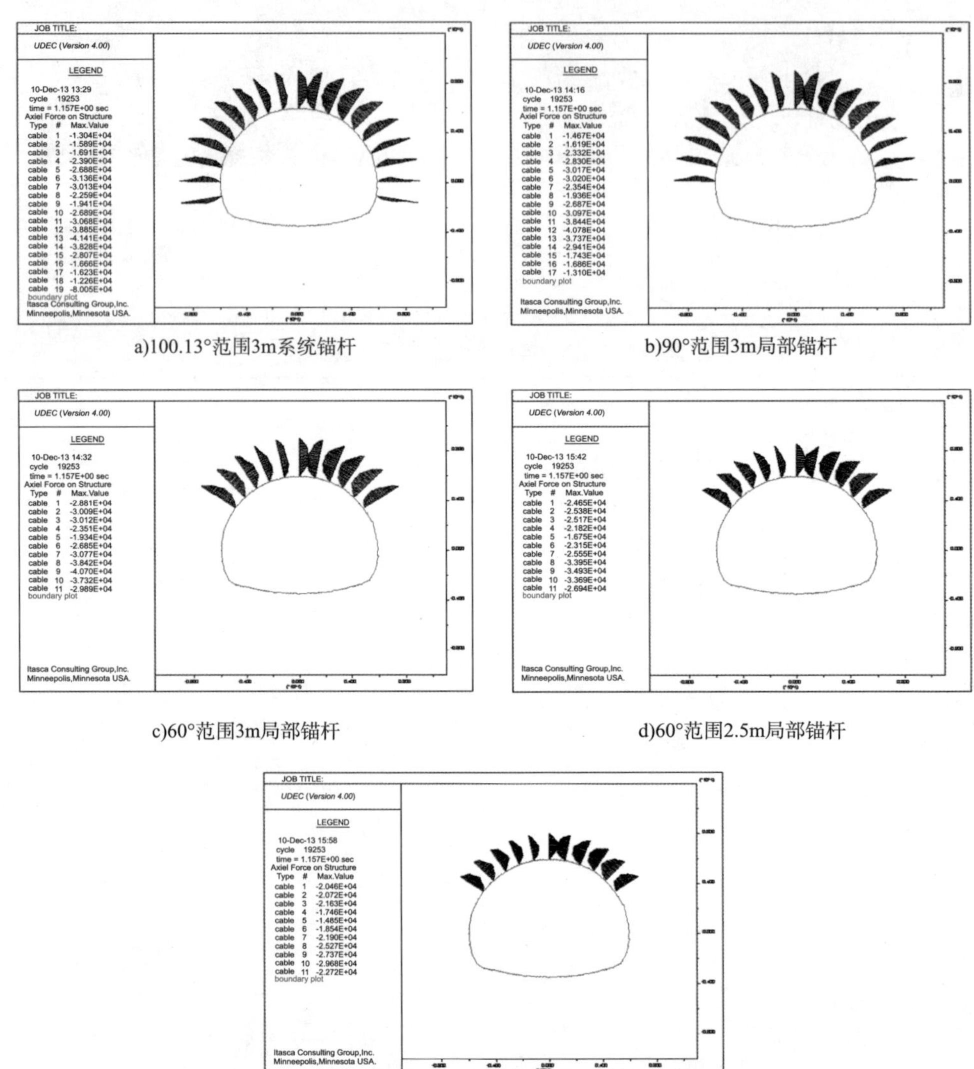

a)100.13°范围3m系统锚杆　　b)90°范围3m局部锚杆

c)60°范围3m局部锚杆　　d)60°范围2.5m局部锚杆

e)60°范围2.0m局部锚杆

图 7.16　Ⅳb 级对称型围岩隧道锚杆轴力分布（单位：N）

对碎裂状岩质隧道而言，裂隙发育，整体性较弱，锚杆能有效抑止拱顶受拉破坏区的形成，从锚杆的轴力分布看，拱部拉力较大，边墙基本不受力，因此保留拱部 60°范围内的锚杆比较合理。拱部锚杆轴力较大，能有效抑止拱顶受拉破坏区的形成；拱肩锚杆受力较小。从图 7.16d）可以看出，锚杆的轴力峰值基本位于中间位置，可知锚杆长度合适；而由图 7.16e）可知，锚杆轴力峰值略微偏向于锚杆的末端。因此锚杆的长度为 2.5m 较合适，即在拱部 120°范围设置锚杆（衬砌中线两侧各 60°），锚杆长度为 2.5m。

4)初期支护轴力

不同锚杆方案条件下,初期支护轴力如图 7.17 所示。

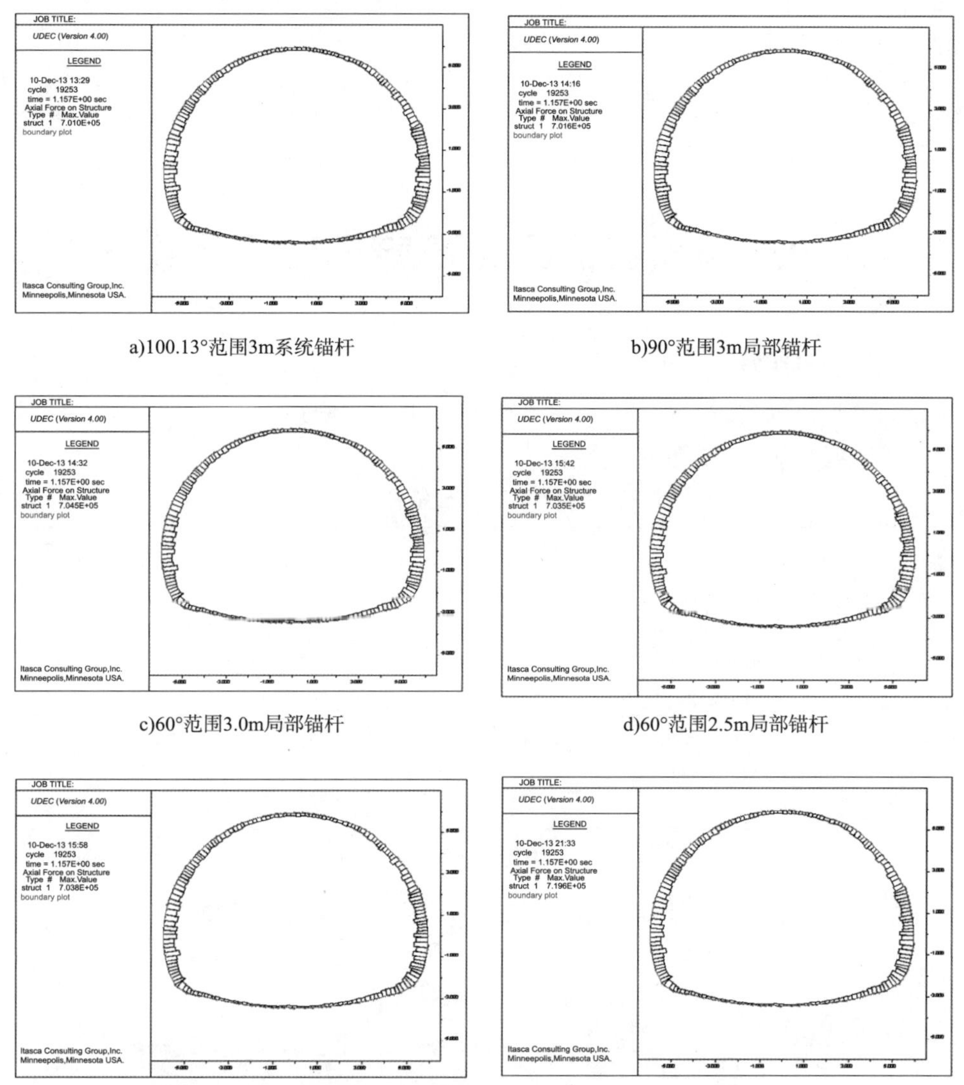

a)100.13°范围3m系统锚杆　　b)90°范围3m局部锚杆

c)60°范围3.0m局部锚杆　　d)60°范围2.5m局部锚杆

e)60°范围2.0m局部锚杆　　f)无锚杆

图 7.17　Ⅳb 级对称型围岩隧道初期支护轴力分布(单位:N)

从初期支护轴力分布看,主要集中在边墙,呈对称分布,峰值位置发生的在边墙;拱部轴力较小,主要承受一定的弯矩。不同锚杆方案下,初期支护轴力峰值如表 7.11 和图 7.18 所示。

不同锚杆方案Ⅳb 级对称型围岩初期支护轴力峰值(kN)　　表 7.11

工况 1	工况 2	工况 3	工况 4	工况 5	工况 6
701	702	705	704	704	720

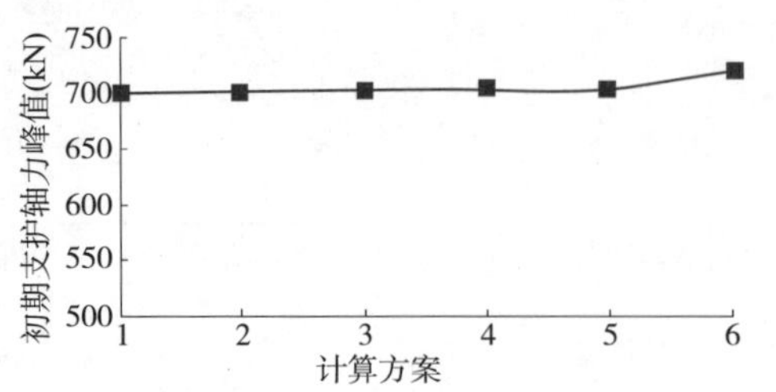

图 7.18 Ⅳb 级对称型围岩隧道初期支护轴力峰值与锚杆方案关系

从图 7.18 可以看出,针对锚杆对于初期支护的受力起到“减压”作用,但是初期支护的受力都很小,不是安全的控制因素。参考位移变化图 7.18,从安全和经济角度,建议采用方案 4,即锚杆参数为:拱部 120°范围(衬砌中线两侧各 60°),长度为 2.5m。

7.3 Ⅳ级地质顺层偏压隧道锚杆支护参数分析

7.3.1 拟选取的锚杆支护方案

针对目前的Ⅳ级围岩,进行锚杆支护参数优化,并提出合理设计方案。地质顺层偏压Ⅳ级围岩锚杆计算工况如表 7.12 和图 7.19 所示。

地质顺层偏压Ⅳ级围岩锚杆计算工况　　表 7.12

工况编号	不利侧		有利侧	
	打设范围(°)	长度(m)	打设范围(°)	长度(m)
工况一	系统锚杆(100)	3.0	系统锚杆(100)	3.0
工况二	局部锚杆(90)	3.0	局部锚杆(90)	3.0
工况三	局部锚杆(60)	3.0	局部锚杆(60)	2.5
工况四	局部锚杆(60)	3.0	局部锚杆(30)	2.5
工况五	局部锚杆(60)	3.0	无	
工况六	无锚杆			

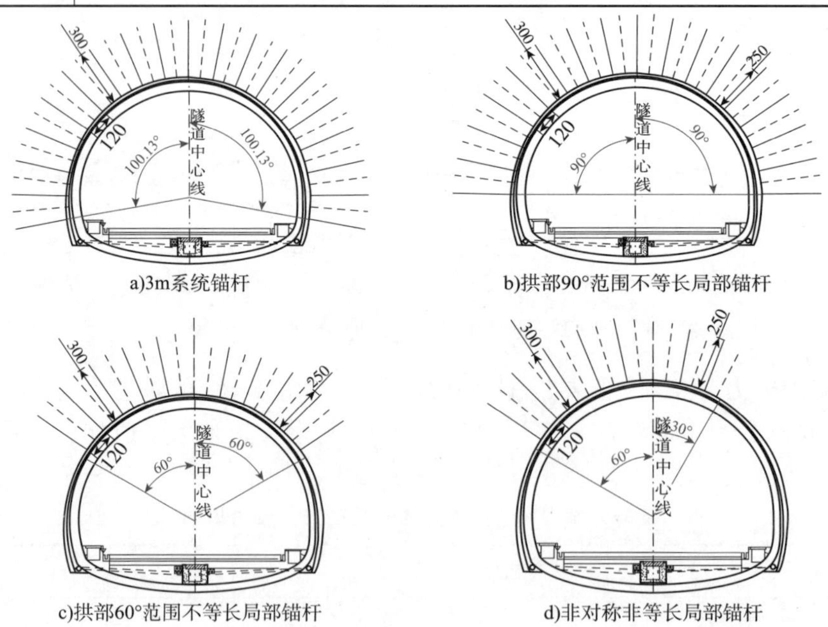

图 7.19

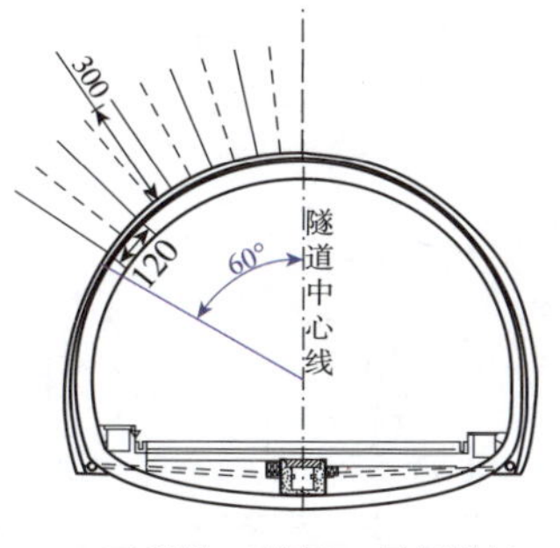

e)不利侧60°范围3m局部锚杆

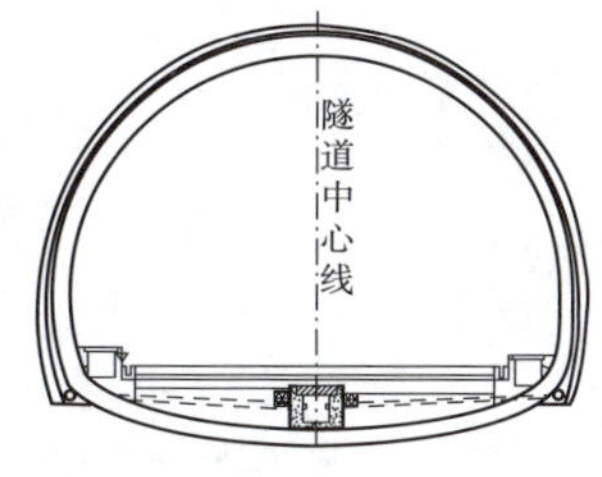

f)无锚杆

图 7.19　地质顺层偏压Ⅳ级围岩锚杆打设示意图

7.3.2　不同支护方案下的围岩变形与结构受力特征

1)数值模型

参考梭草坡隧道出口左线，里程 ZK11＋888，隧道埋深 76.9m，层状围岩倾角为 65°。节理间距 0.4m，模型横向取 100m，下边界距离隧道中心 35m，上边界取至地表。左、右边界水平位移约束，下边界竖向位移约束，计算模型如图 7.20 所示。

2)围岩应力影响

隧道开挖强卸荷引起一定范围内围岩应力释放和转移，顺层偏压地层在不同锚杆施工方案下引起主应力重分布特征如图 7.21 所示。

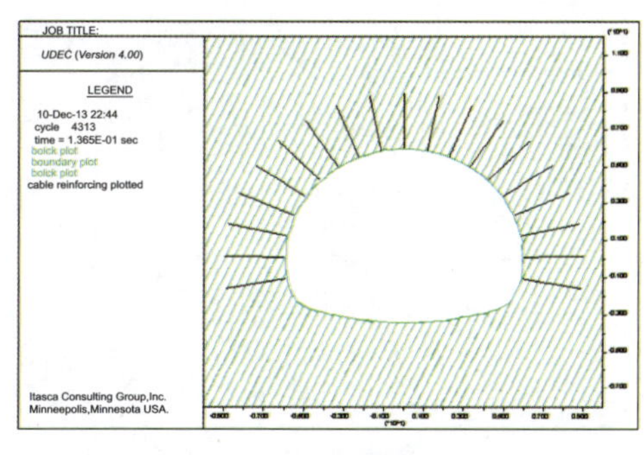

a)3m系统锚杆

b)　拱部90°范围不等长局部锚杆

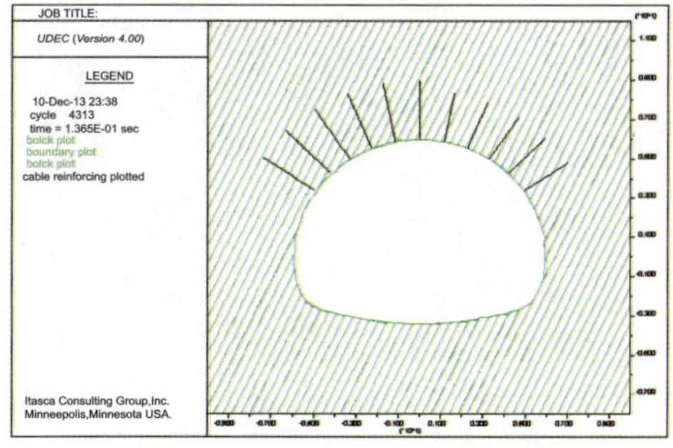

c)拱部60°范围不等长局部锚杆

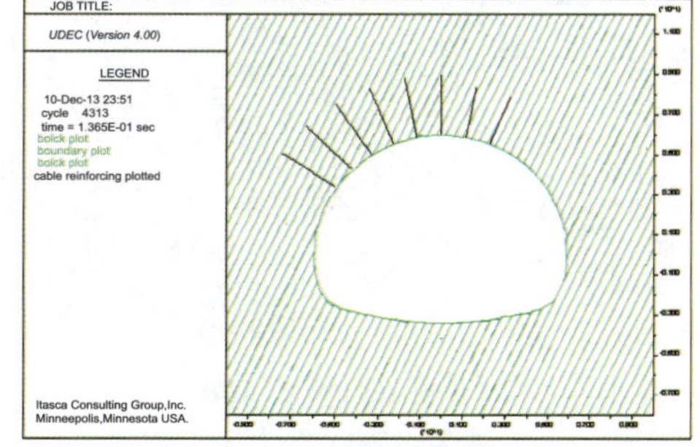

d)非对称非等长局部锚杆

图　7.20

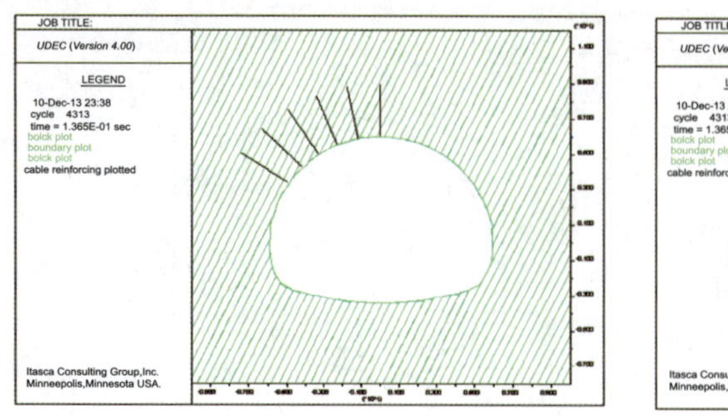

e)不利侧60°范围3m局部锚杆

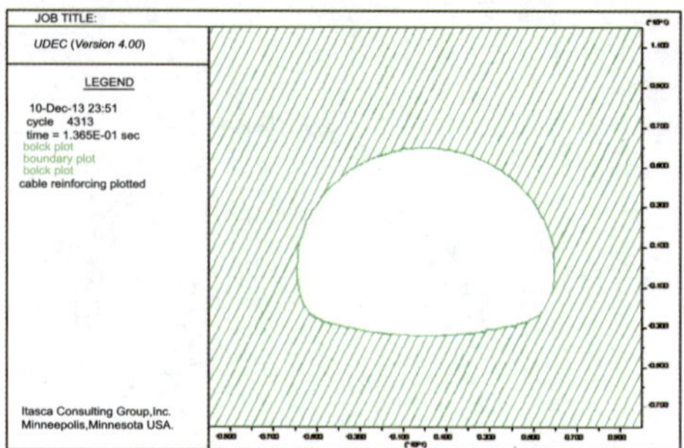

f)无锚杆

图 7.20　地质顺层偏压Ⅳ级围岩锚杆数值模型

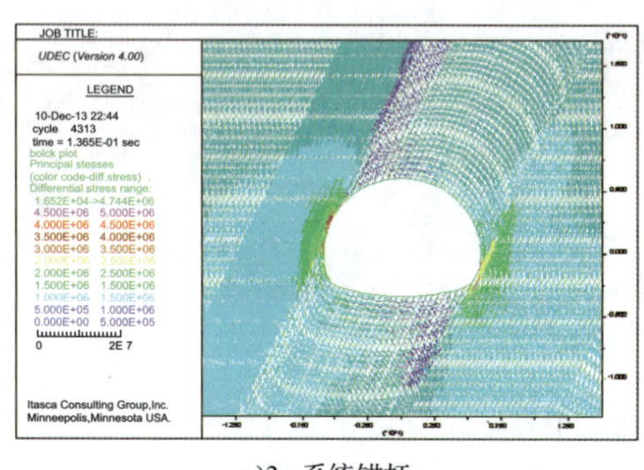

a)3m系统锚杆

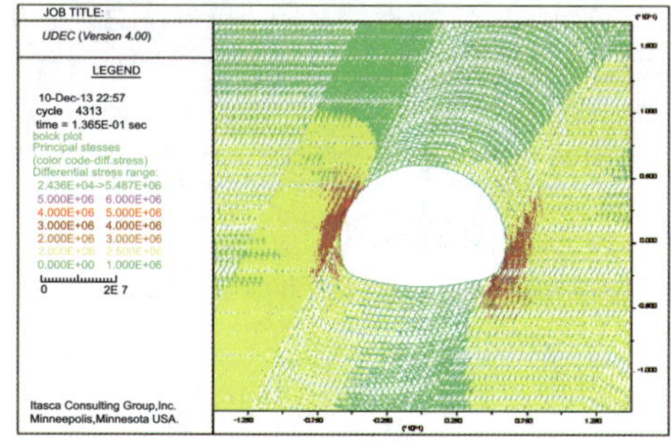

b)拱部90°范围不等长锚杆

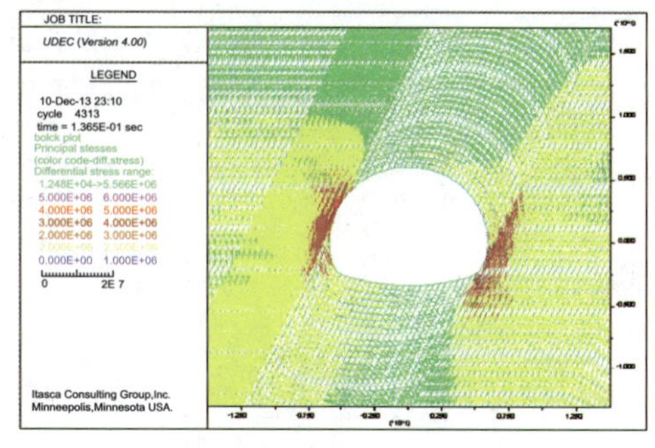

c)拱部60°范围不等长锚杆

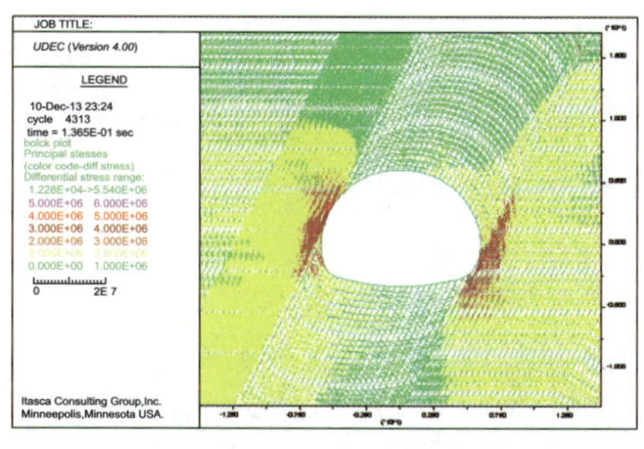

d)非对称非等长锚杆

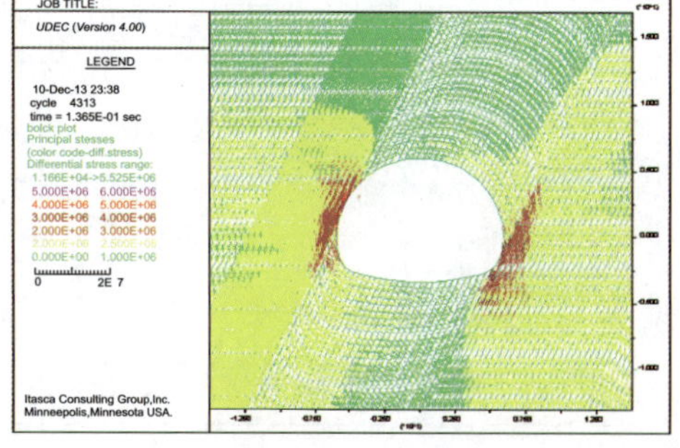

e)不利侧60°范围3m锚杆

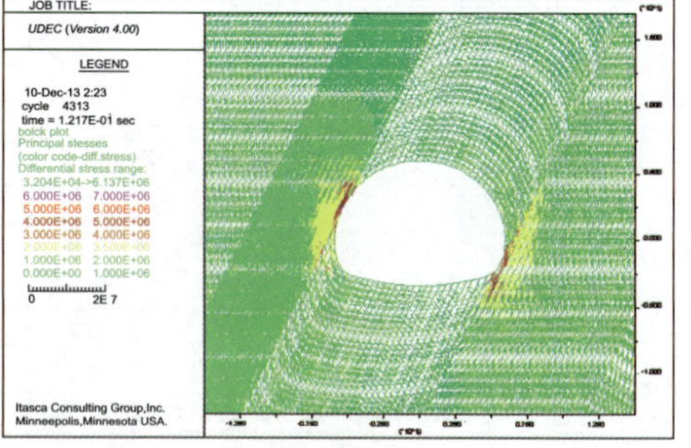

f)无锚杆

图 7.21　隧道围岩主应力分布特征

从图 7.21 可以看出，节理面从根本上改变了围岩应力分布，不仅影响着主应力方向，而且也影响其大小，最大主应力和最小主应力方向不再是切向和径向。节理面相对岩块来说参数要低得多，应力在与不连续面平行方向应力释放，分布较均匀，岩体松弛明显，甚至出现了拉应力。在垂直于结构面方向洞周主应力增加，且分布极不均匀，同时在结构面附近主应力集度较大。各层岩体均相当于独立的处于受弯剪状态的悬臂梁，由于层状岩体的抗弯能力不强，不能承受或只能承受较小的应力，容易发生弯折破坏，容易使结构面产生剪切滑移或张开。

顺层地质偏压条件下(图中为 65°)，隧道左拱肩和右墙脚部位应力明显大于对称部位应力，因而造成了非对称性，不同锚杆方案下地质偏压隧道主应力如表 7.13 和图 7.22 所示。

不同锚杆方案下地质偏压隧道主应力(MPa) 表 7.13

工况 1	工况 2	工况 3	工况 4	工况 5	工况 6
3.74	5.49	5.57	5.54	5.53	6.15

从图 7.22 可以看出，方案 6(不打锚杆)容易导致围岩应力集中，影响其稳定性。方案 4 和方案 5 围岩应力控制效应基本一致，从安全和经济的角度，并且具有一定的安全储备，建议采用方案 4 或者方案 5。

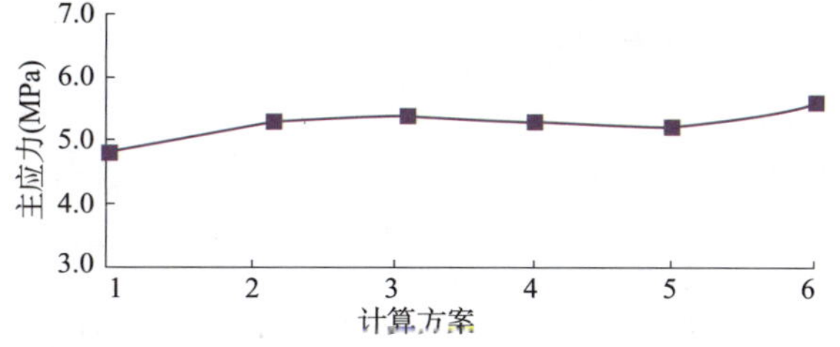

图 7.22 地质顺层偏压Ⅳ级围岩主应力与锚杆方案的关系曲线

3)位移影响

位移作为最直观的监控量测结果，具有很强的可操作性，因此，常常当成围岩稳定性评判标准。不同锚杆施工方案下，地质顺层偏压地层围岩位移分布如图 7.23 所示。

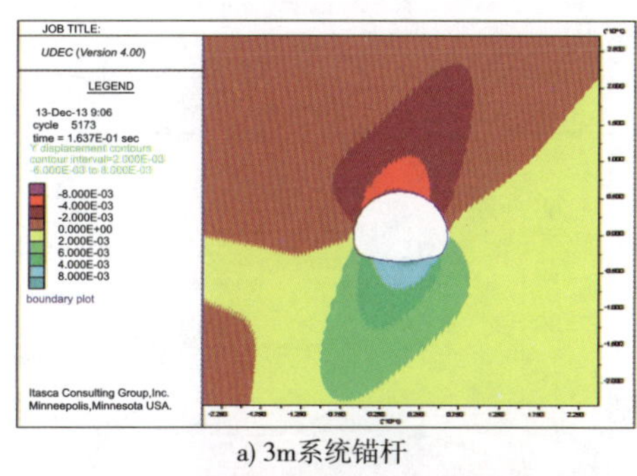

a) 3m系统锚杆

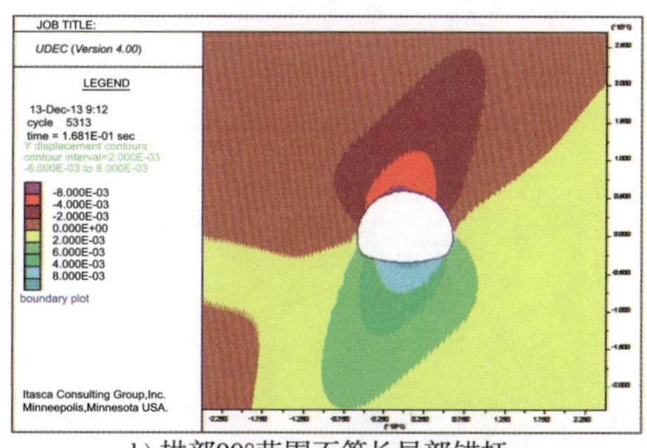

b) 拱部90°范围不等长局部锚杆

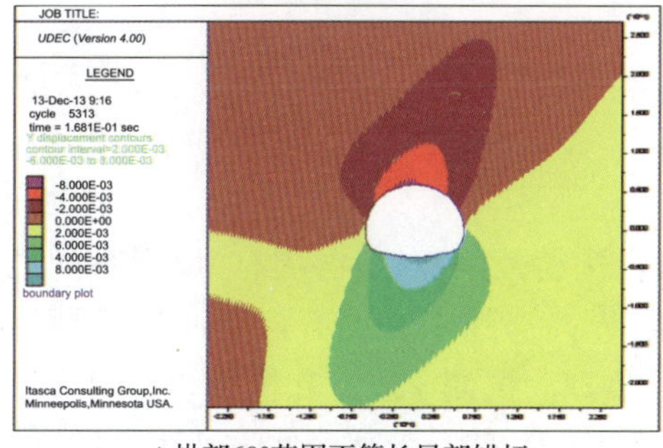

c) 拱部60°范围不等长局部锚杆

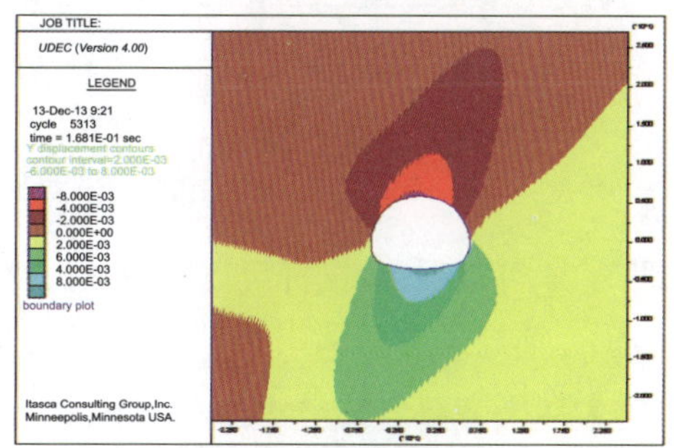

d) 非对称非等长局部锚杆

图 7.23

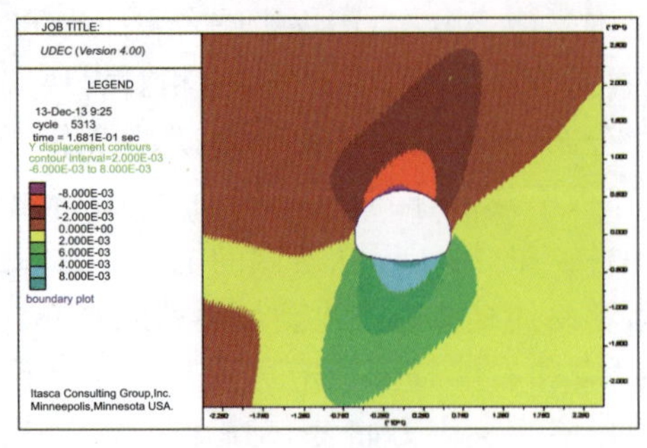

e) 不利侧60°范围3m局部锚杆

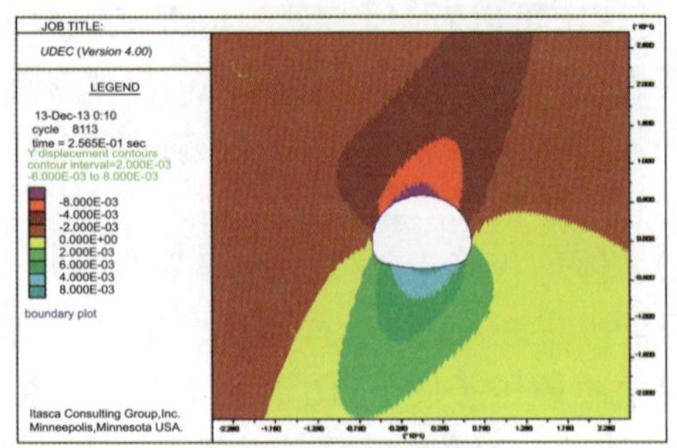

f) 无锚杆

图 7.23　地质顺层偏压Ⅳ级围岩竖向位移分布特征(单位:m)

从图 7.23 可以看出,根据地质顺层地段偏压隧道围岩位移的分布特点,可考虑采用不对称的锚杆支护设计,如增加左侧锚杆长度和范围,右侧采用较小的长度和范围,以提高层状地质偏压结构的安全性和强度。

对不同锚杆支护方案的围岩变形进行分区处理,不同变化梯度的区域面积与锚杆方案的关系如表 7.14、图 7.24 所示。

不同锚杆方案下各层次扰动范围汇总(m^2)　　表 7.14

计算工况	7～8mm	6～7mm	5～6mm	4～5mm	3～4mm	2～3mm	1～2mm
1	0.0	0.0	0.0	3.6	18.8	58.8	181.6
2	0.0	2.0	10.6	25.2	58.6	153.6	793.6
3	0.0	1.9	10.5	25.3	61.7	152.2	807.7
4	0.0	2.0	10.8	25.5	61.3	153.4	820.6
5	0.0	3.1	11.9	30.4	72.5	182.7	840.8
6	0.1	6.6	16.0	37.6	92.6	265.8	1 358.5

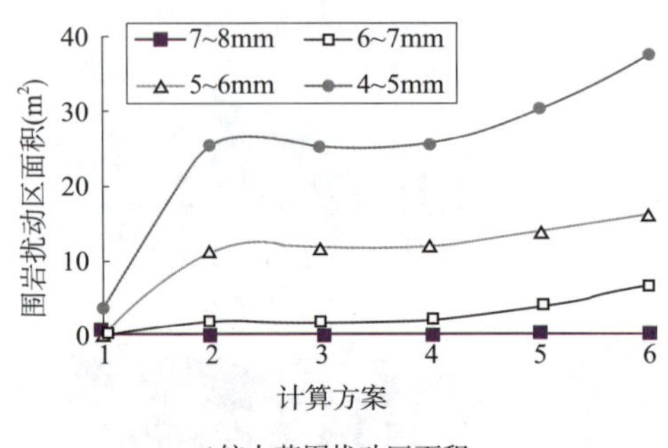

a)较大范围扰动区面积

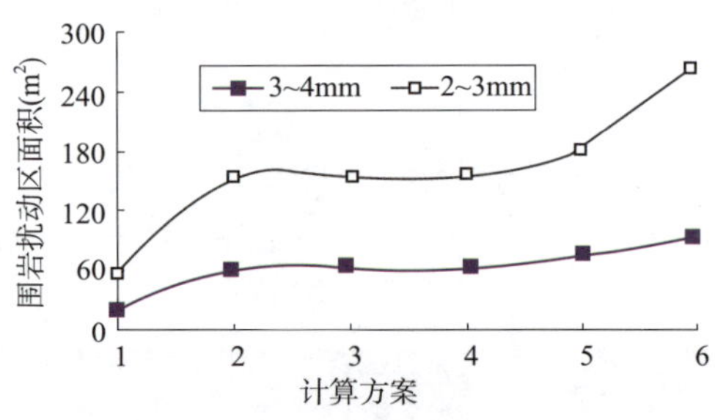

b)较小范围扰动区面积

图 7.24　地质顺层偏压Ⅳ级围岩扰动区面积与计算方案关系曲线

从图 7.24 可以看出,锚杆可以有效地减小围岩扰动范围,对于洞周有滑动危险的岩块产生了销钉作用。锚杆是唯一从内部补强围岩的手段,提高裂隙围岩抗剪强度,改善围岩的物性指标,将一些不连续的岩块联系在一起,锚杆从“增强节理面抗变形能力和抗剪切强度”、“提高节理面法向刚度和剪切刚度效果”两方面着手减小节理面间剪切滑移,从而增强其稳定性。为了安全施工和经济性,建议将锚杆采用工况 4(有利侧 60°范围 3m 锚杆;不利侧 30°范围 2.5m 锚杆)。

地质顺层偏压Ⅳ级围岩总位移矢量分布如图 7.25 所示。从图 7.25 可以看出，开挖使得隧道上部围岩失去支撑，而结构面参数较弱，沿节理面剪切滑移较大，产生向洞内位移。当地质偏压（节理倾角为 65°），最大的位移发生在右拱肩和左拱脚，具有明显不对称性；对于倾向岩层，沿着倾斜的一方，易造成岩块滑移，位移大大增加，甚至斜顶鼓起，破坏模式表现为节理面滑移。

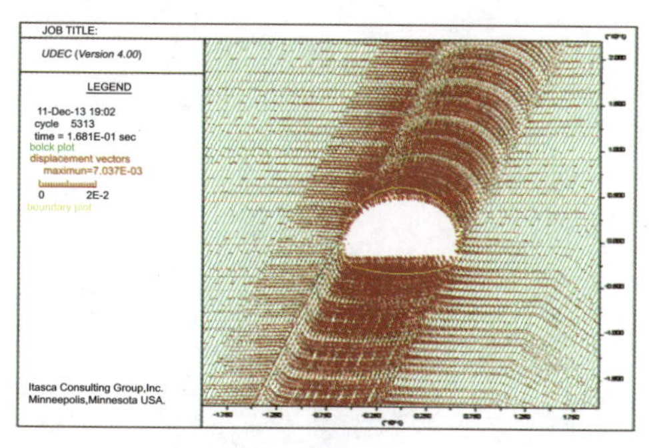

a)3m系统锚杆

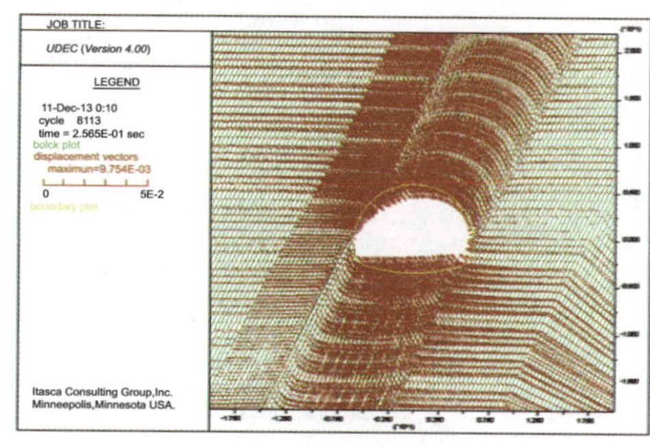

b)无锚杆

图 7.25　地质顺层偏压Ⅳ级围岩总位移矢量分布特征

顺层地质偏压条件下（节理倾角 65°），不同锚杆方案下，洞周最大位移统计结果如表 7.15、图 7.26 所示。

不同锚杆方案下地质偏压隧道变形峰值(mm)　　表 7.15

工况 1	工况 2	工况 3	工况 4	工况 5	工况 6
7.037	7.874	7.901	7.936	7.943	8.754

从图 7.26 可以看出，方案 6(不打锚杆)容易导致围岩失稳，变形较大。方案 4 和方案 5 围岩应力控制效应基本一致，从安全的角度，建议采用方案 4(有利侧 60°范围 3m 锚杆；不利侧 30°范围 2.5m 锚杆)。锚杆主要起到提高节理面法向刚度和剪切刚度的，从而增强节理面的抗变形能力和抗剪切强度，减小节理面间剪切滑移。

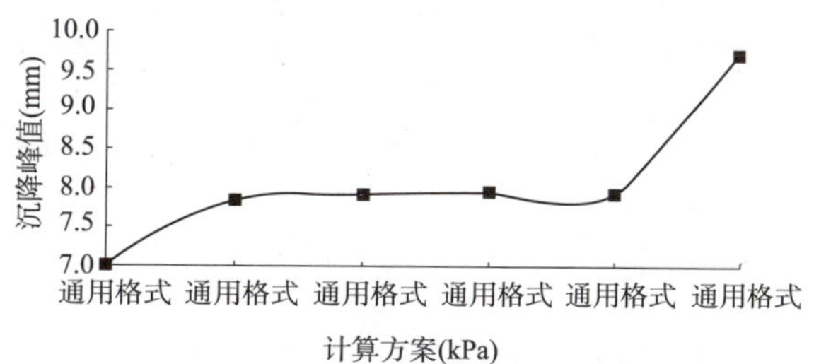

图 7.26　地质顺层偏压Ⅳ级围岩沉降峰值与锚杆方案关系曲线

综合位移和围岩应力，从经济和安全的角度出发，建议采用方案 4(有利侧 60°范围 3m 锚杆；不利侧 30°范围 2.5m 锚杆)，如图 7.27 所示。

4)锚杆轴力

锚杆轴力把松动岩块稳固(悬吊)在稳定岩层上，防止破碎岩块、冒落；使破碎岩体具有完整性，因而增强锚固区围岩土体强度(如弹性模量 E、黏聚力 c 等)，不同布锚方案下，锚杆轴力分布形式如图 7.28 所示。

地质顺层偏压的存在，形成一个高密度的偏压荷载，总体两侧锚杆轴力差值增大，而且左侧明显大于右侧，岩层顺弱势节理面滑动趋势增大，洞周破坏主要取决于节理面强度。锚杆具有轴向抗拉作用，使得各分层在弯矩作用下发生整体弯曲变形并呈现出组合梁的弯曲变形特征，从而提高岩层抗弯刚度和强度。从图 7.28 可以看出，左侧锚杆轴力普遍大于右侧，锚杆的拱部

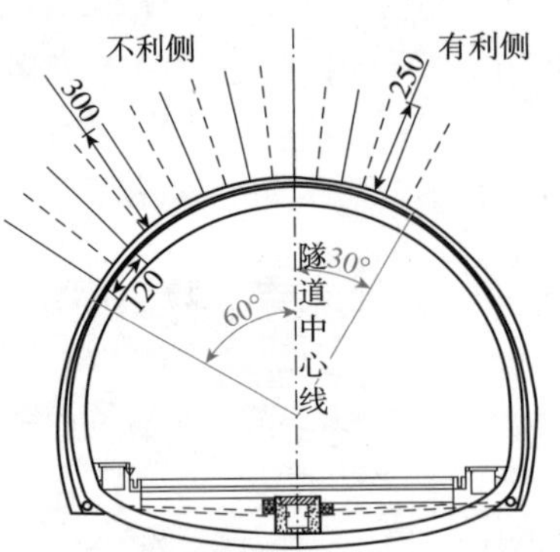

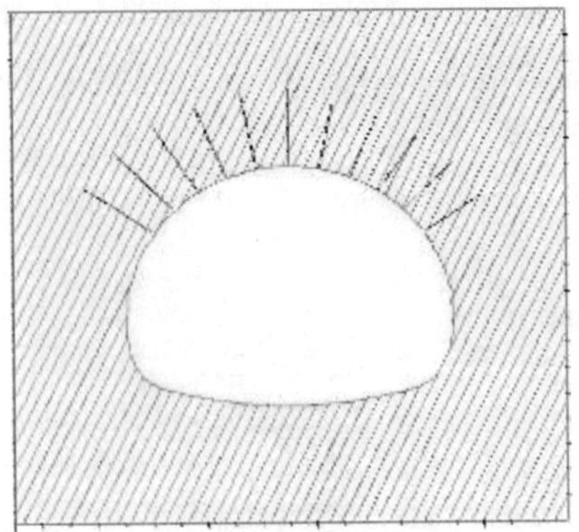

图 7.27　地质顺层偏压Ⅳ级围岩主应力与锚杆方案关系曲线

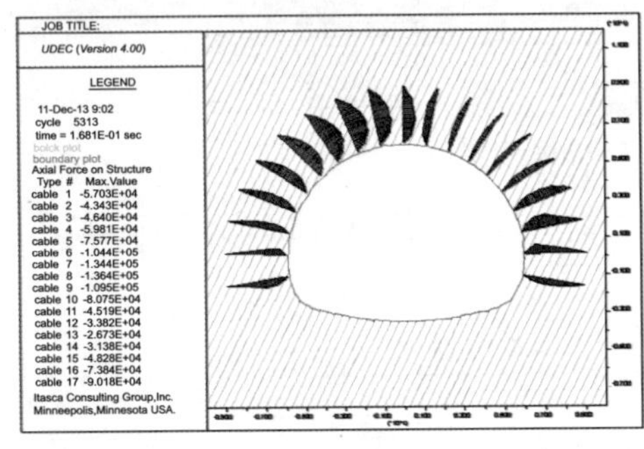

a)3m系统锚杆

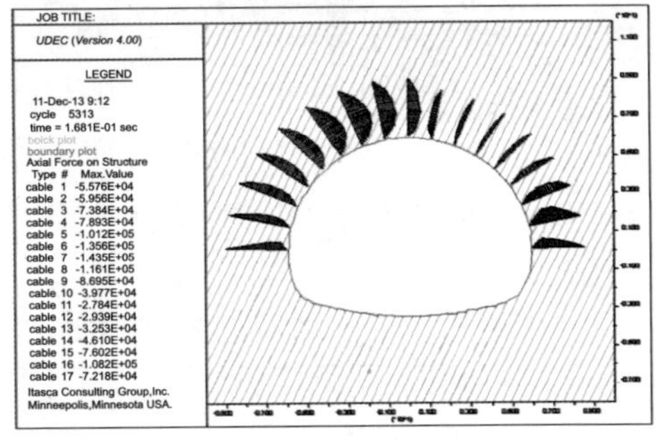

b)拱部90°范围不等长锚杆

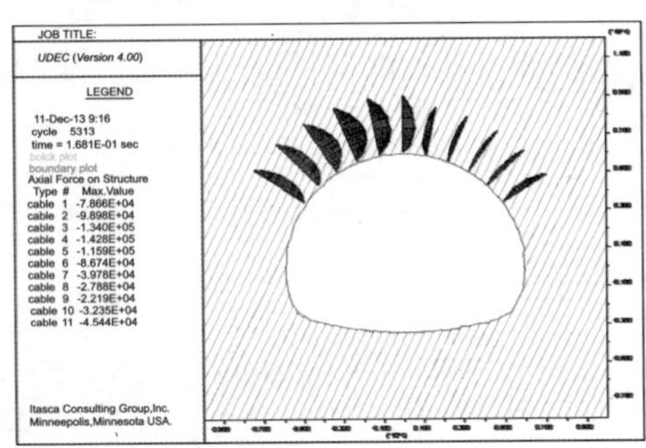

c)拱部60°范围不等长锚杆

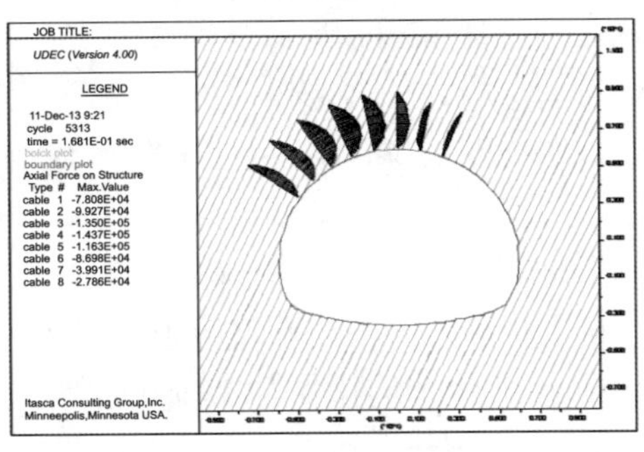

d)非对称非等长锚杆

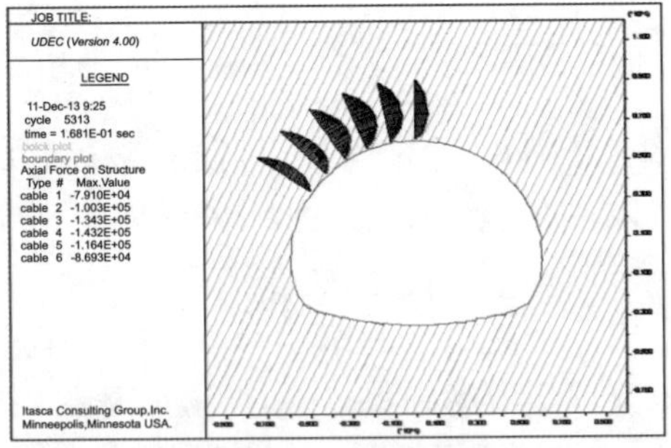

e)不利侧60°范围3m锚杆

图 7.28　地质顺层偏压Ⅳ级围岩锚杆效果离散元模型(单位:N)

偏左(与节理面成大角度相交),才能发挥锚杆的锚固效果,而右侧(有利侧)锚杆效果相对较差。在施工条件允许的条件下锚杆的打设尽量与节理垂直。

5)初期支护轴力

地质顺层偏压隧道在不同锚杆施工方案下,初期支护轴力计算结果如图 7.29 所示。

从图 7.29 看出,地质偏压的存在,导致初期支护结构非对称受力,其中左侧主要承受弯矩、轴力较小;右侧承受压力为主。但是整个初期支护轴力较小,锚杆不会对支护结构的轴力产生明显的影响。依据位移的分布特征,建议采用方案 4(有利侧 60°范围 3m 锚杆;不利侧 30°范围 2.5m 锚杆)。

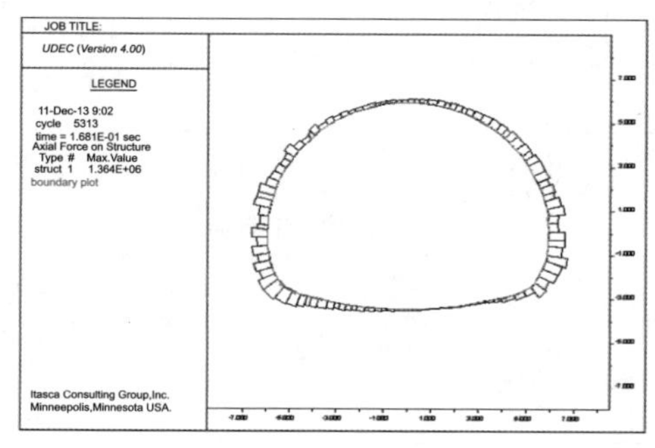

a)3m系统锚杆

b)拱部90°范围不等长局部锚杆

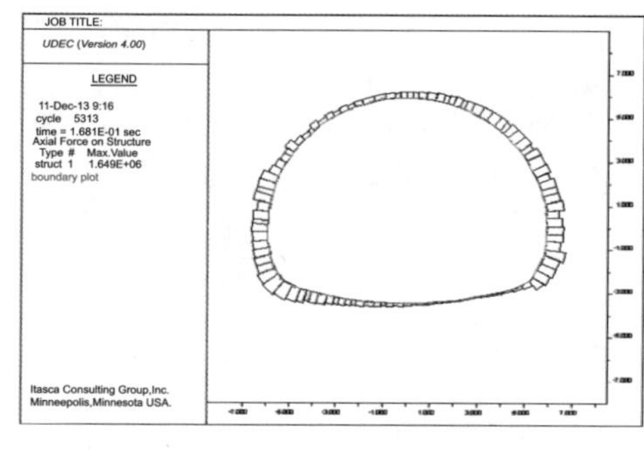

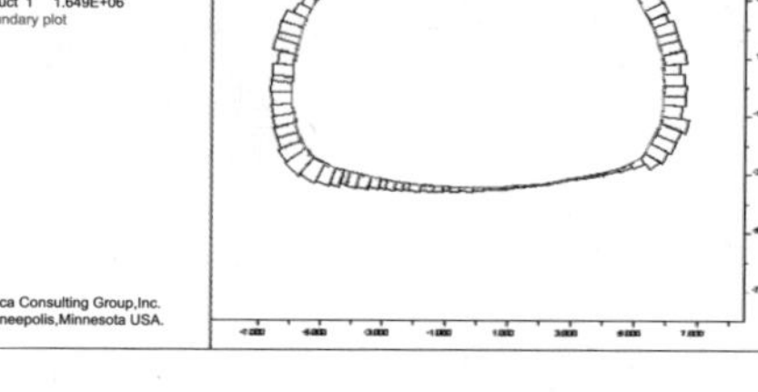

c)拱部60°范围不等长局部锚杆

d)非对称非等长局部锚杆

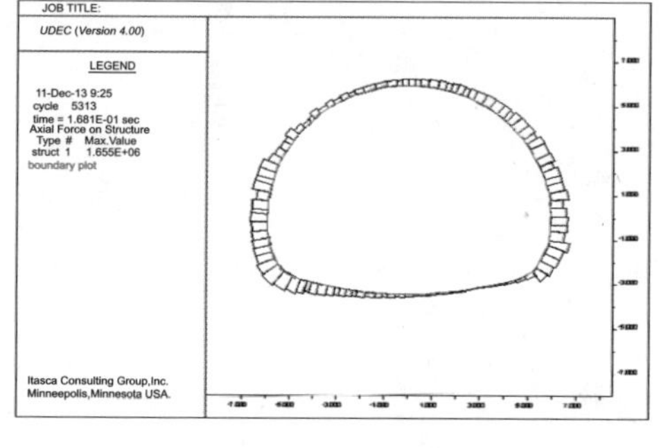

e)不利侧60°范围3m局部锚杆

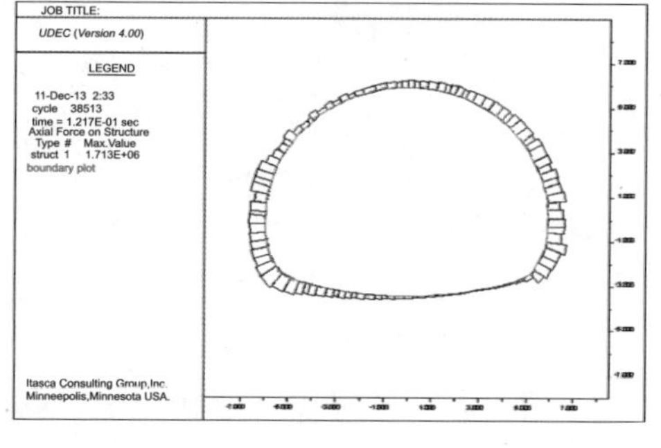

f)无锚杆

图 7.29　地质顺层偏压Ⅳ级围岩初期支护轴力分布特征(单位:N)

7.4 Ⅴ级围岩隧道锚杆优化支护参数分析

7.4.1 拟选取的锚杆支护方案

针对目前的Ⅴ级围岩,采用位移、锚杆轴力和初期支护轴力等指标,确定Ⅴ级围岩锚杆打设的必要性,计算工况如表7.16、图7.30所示。

Ⅴ级围岩锚杆计算工况　　表7.16

隧道名称	埋深	岩性	型钢拱架	超前小导管注浆圈3.5m、拱部120°范围	打设范围(°)	锚杆长度(m)
Va（罗汉坡出口左线,YK5+591）	28.3	强风化炭质泥岩夹层;强风化砂岩	I20b工字钢架	有	系统锚杆216°	3.5
				有	系统锚杆216°	3.0
				有	拱部120°	3.0
				有	无	无
				无	无	无

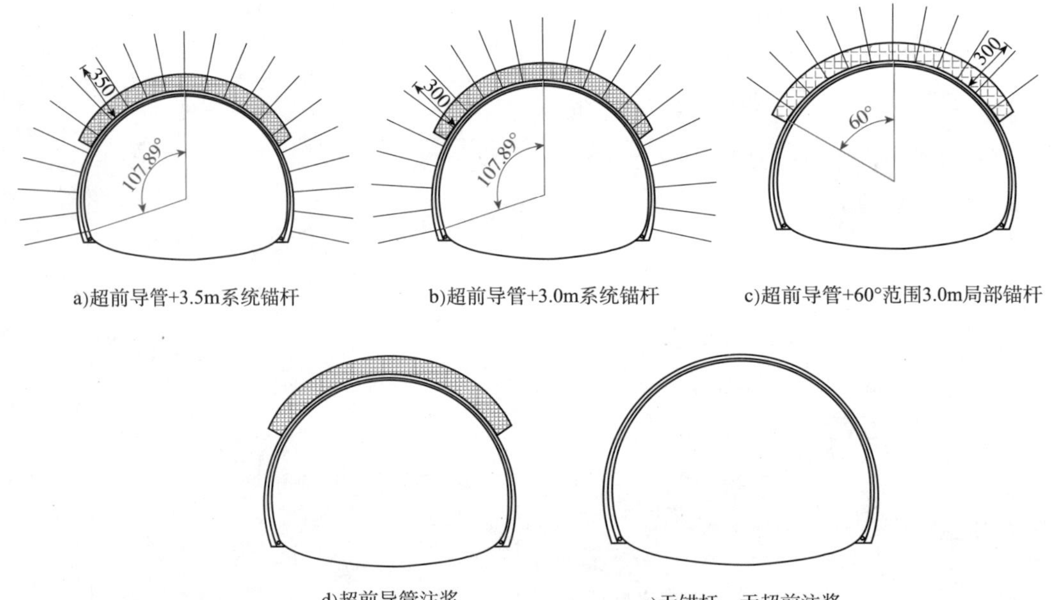

图7.30 Ⅴ级围岩隧道支护计算工况

7.4.2 不同支护方案下的围岩变形与结构受力特征

1)计算模型

根据现场实测、现场规范以及地质勘察报告,岩块和节理参数如表7.17、表7.18

所示。

岩块参数取值　　表 7.17

介质	重度 γ (kN/m³)	泊松比 μ	弹性模量 E(GPa)	黏聚力 c(MPa)	摩擦角 φ(°)	抗拉强度 (MPa)
强风化砂岩	2 380	0.3	3.0	1.0	32	0.20
炭质泥岩互层	2 300	0.33	2.7	0.9	29	0.18
加固圈	2 390	0.28	3.6	1.2	36.8	0.23

节理面参数取值　　表 7.18

范围	法向刚度 (GPa/m)	剪切刚度 (GPa/m)	内摩擦角 (°)	黏聚力 (kPa)	抗拉强度 (kPa)
常规节理	1.50	0.49	10.0	0.10	0.020
加固区节理	1.95	0.63	11.8	0.13	0.026

根据现场地质素描，进行建立离散元 UDEC 模型，如图 7.31 和图 7.32 所示。

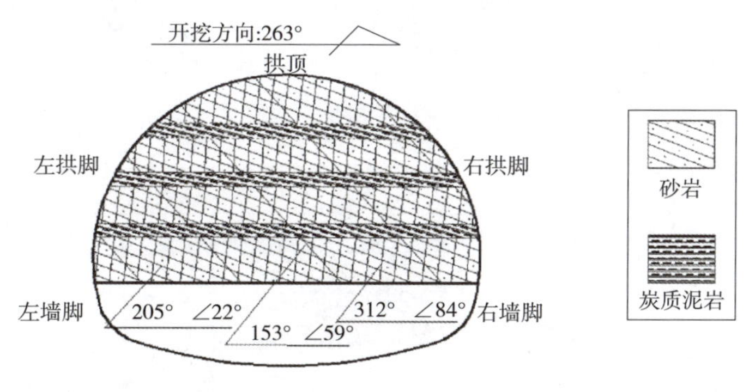

a)现场地质素描

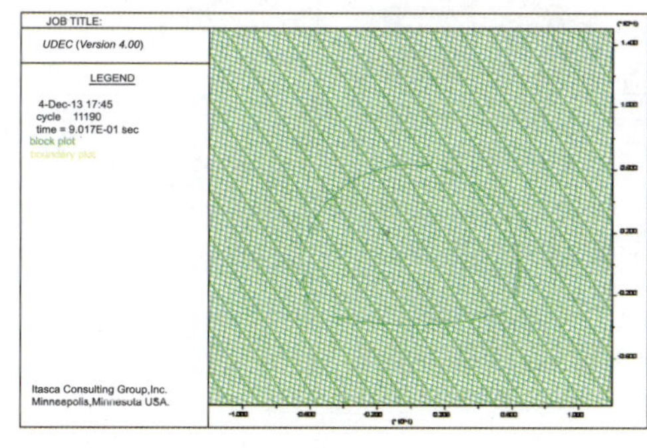

b)节理模型

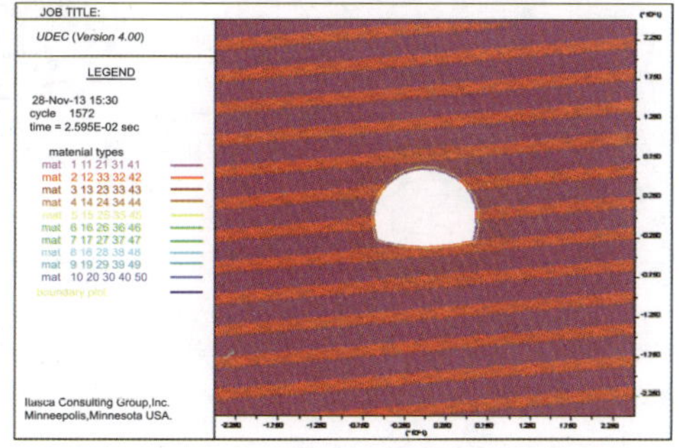

c)强风化粉砂岩和强中风化炭质泥岩互层

图 7.31　V级围岩计算模型

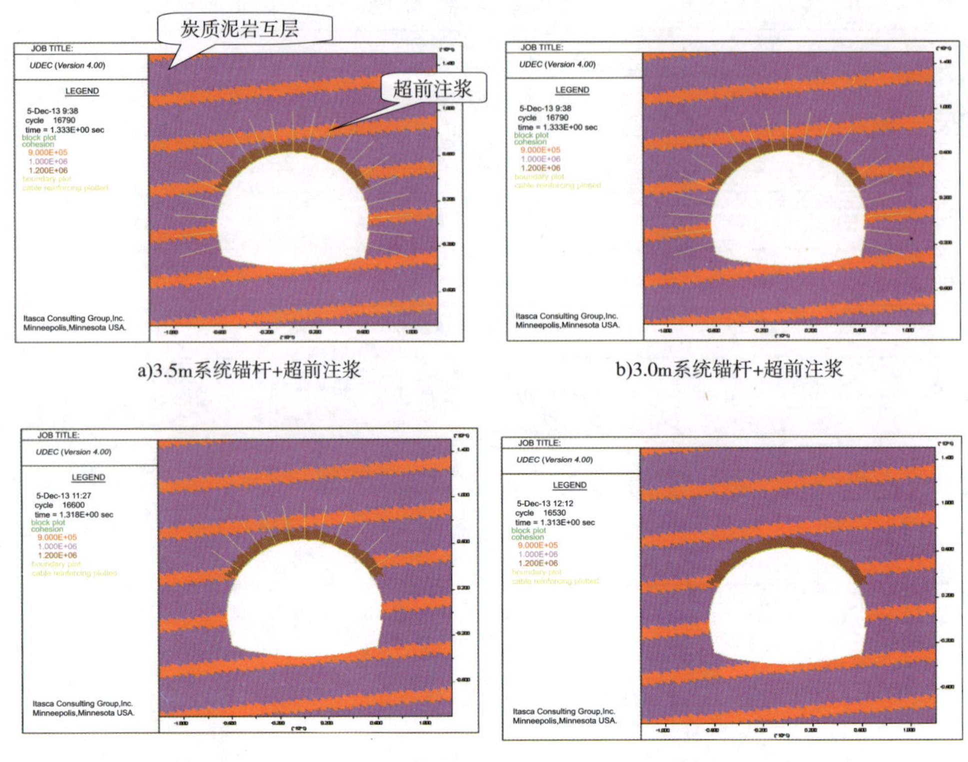

a)3.5m系统锚杆+超前注浆　　b)3.0m系统锚杆+超前注浆

c)60°拱部范围3.0m锚杆+超前注浆　　d)超前注浆无锚杆

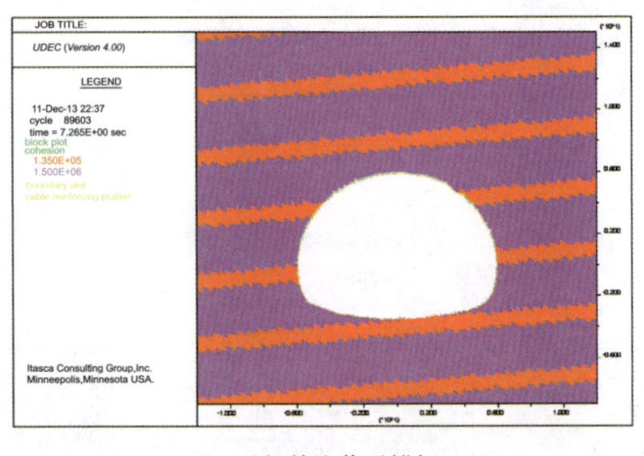

e)无超前注浆无锚杆

图 7.32　V级围岩隧道锚杆计算方案

2)位移影响

当围岩级别为V级时，在不同锚杆施工方案下，隧道洞周围岩位移云图如图 7.33 所示。

对图 7.33 进行统计对比，研究锚杆方案对围岩扰动区的影响，得到表 7.19。对影响较大的 10～12mm、8～10mm 范围扰动区进行绘制曲线，得到图 7.34。

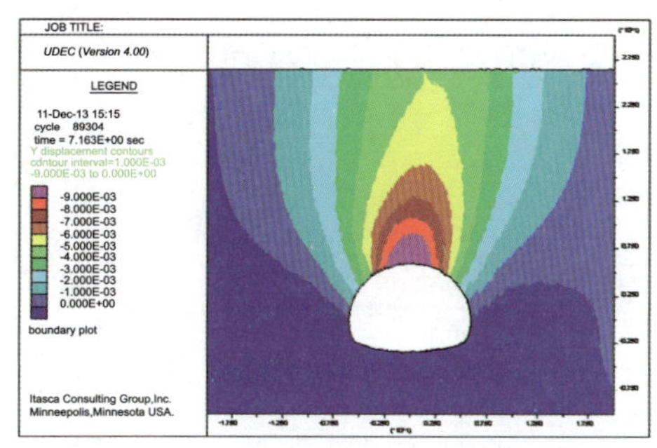

a)3.5m系统锚杆+超前注浆

b)3.0m系统锚杆+超前注浆

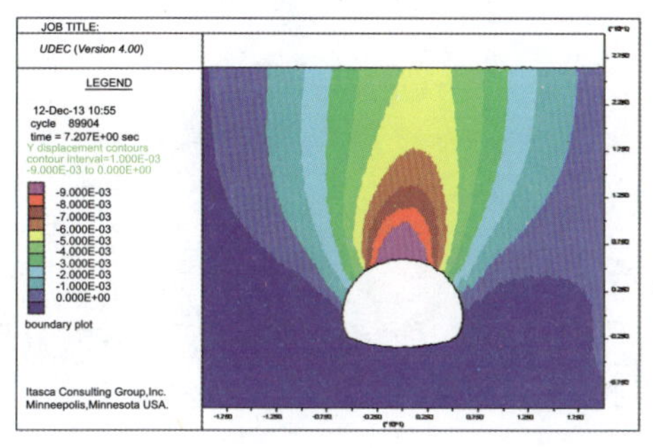

c)60°拱部范围3.0m局部锚杆+超前注浆

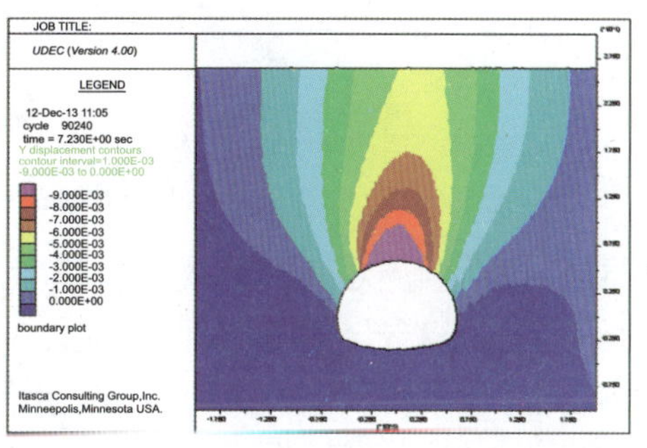

d)超前注浆无锚杆

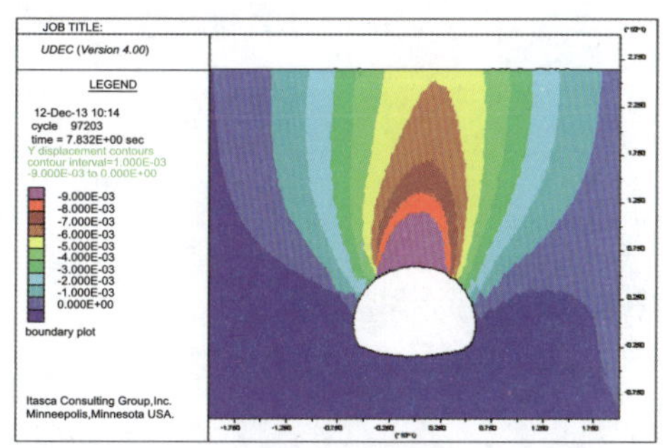

e)无超前注浆无锚杆

图 7.33　V级围岩隧道竖向位移分布特征(单位:m)

不同锚杆方案下各层次扰动范围汇总(m^2)　　表 7.19

支 护 措 施	工况编号	>12mm	10～12mm	8～10mm	6～8mm	4～6mm	2～4mm
3.5m 系统锚杆+超前注浆	1	0.00	3.04	20.29	47.48	180.12	188.31
3.0m 系统锚杆+超前注浆	2	0.00	3.61	20.07	47.69	176.26	188.95
60°拱部范围 3.0m 局部锚杆+超前注浆	3	0.00	3.89	20.33	47.73	176.06	183.67
超前注浆无锚杆	4	0.00	5.89	20.10	48.91	181.08	187.96
无超前注浆无锚杆	5	3.03	11.55	27.16	93.98	158.02	168.07

从图 7.34 可以看出，工况 1～工况 4 竖向变形基本没有差别，而且数量级很小；但是工况 5 位移变化较大，此时无锚杆、无超前注浆。因此，从围岩的变形分布特征角度，建议采用工况 4（取消系统锚杆、确保拱部小导管注浆效果）。

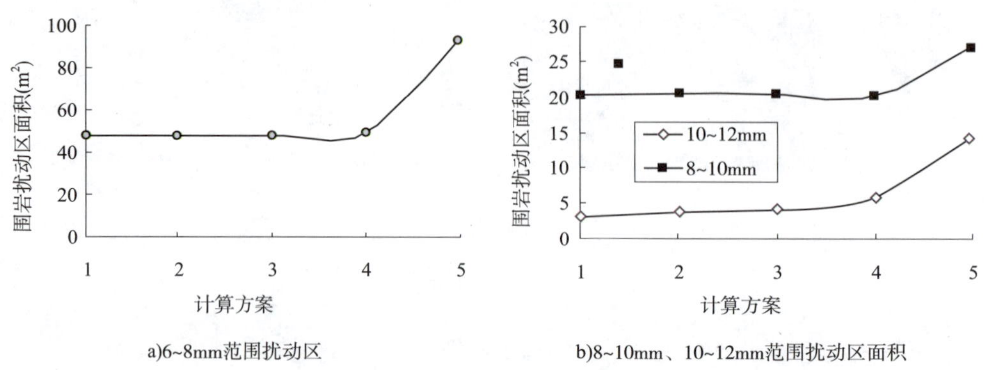

a)6~8mm范围扰动区

b)8~10mm、10~12mm范围扰动区面积

图 7.34　不同锚杆方案下扰动范围分布特征

不同工况下，洞周总变形矢量如图 7.35 所示。

从图 7.35 可以看出，开挖使得隧道上部围岩失去支撑，而结构面参数较弱，沿节理面剪切滑移较大，产生向洞内的位移。隧道变形主要以拱顶下沉为主，边墙基本没有变化，不同锚杆方案下，洞周最大位移峰值如表 7.20、图 7.36 所示。

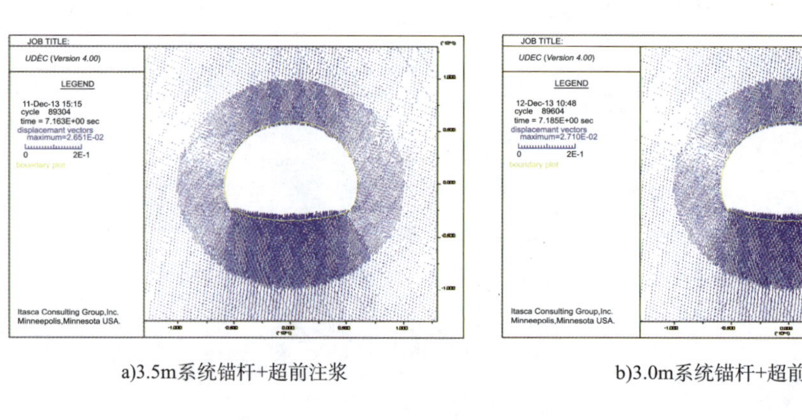

a)3.5m系统锚杆+超前注浆

b)3.0m系统锚杆+超前注浆

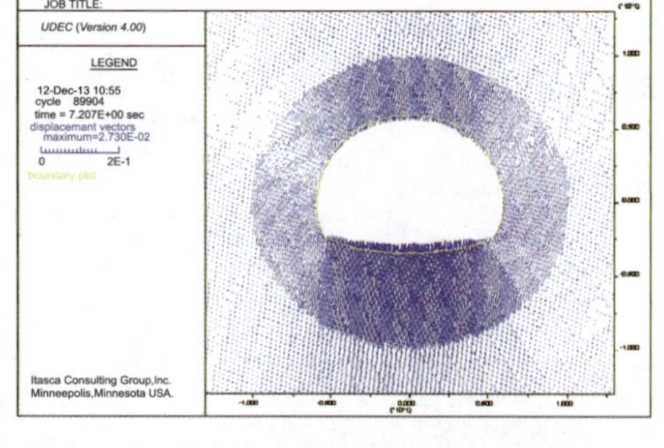

c)60°拱部范围3.0m锚杆+超前注浆

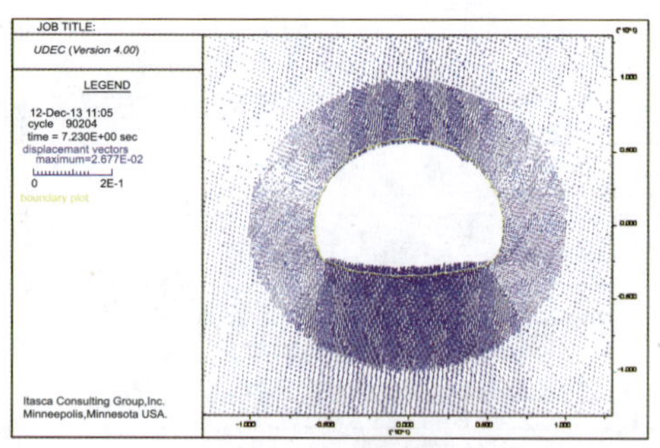

d)超前注浆无锚杆

图　7.35

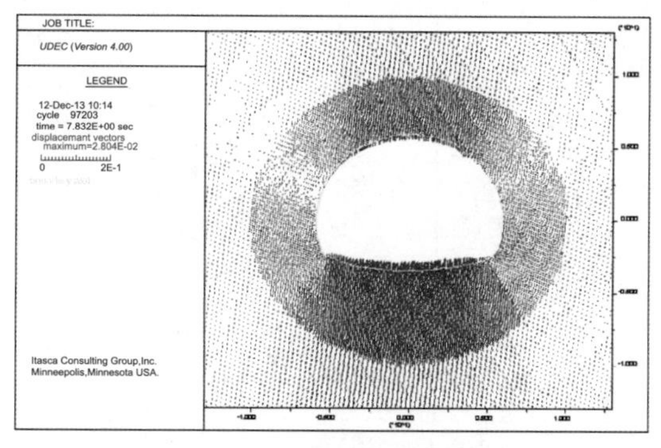

e)无超前注浆无锚杆

图 7.35　总位移矢量分布特征

不同锚杆方案下隧道变形峰值(mm)　　表 7.20

工况 1	工况 2	工况 3	工况 4	工况 5
2.65	2.71	2.73	2.67	2.80

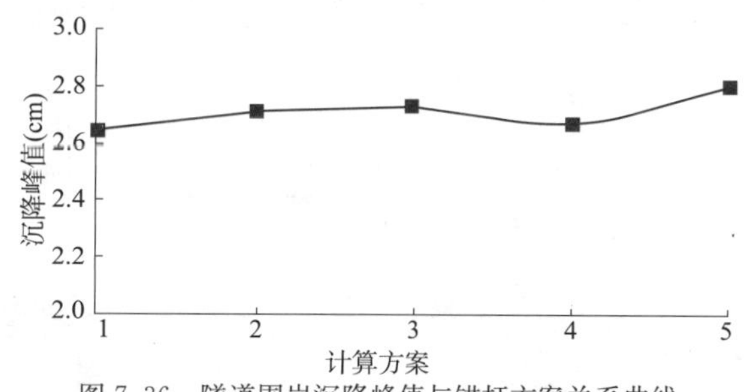

图 7.36　隧道围岩沉降峰值与锚杆方案关系曲线

从图 7.36 可以看出，各种锚杆方案，洞周位移峰值基本不变，由于采用了型钢拱架，因此，建议Ⅴ级围岩去掉锚杆。

3)锚杆轴力

在隧道工程实践中，随地层变化锚杆的支护作用是不同的，常常表现为复合作用效果。各种工况下锚杆轴力如下图 7.37 所示。

从图 7.37 可以看出，轴力最大值位于距离洞周锚杆长的 1/3～1/2 处。从洞周锚杆轴力分布来看，锚杆轴力从拱顶到边墙呈现减小的趋势。锚杆主要是拱部受力，边墙基本起不到拉拔锚固效果。在型钢拱架强支撑的工程条件下，锚杆可以考虑去掉，但是要确保拱部小导管超前注浆效果。

4)初期支护轴力

不同锚杆支护方案下，初期支护轴力计算结果如图 7.38 所示。

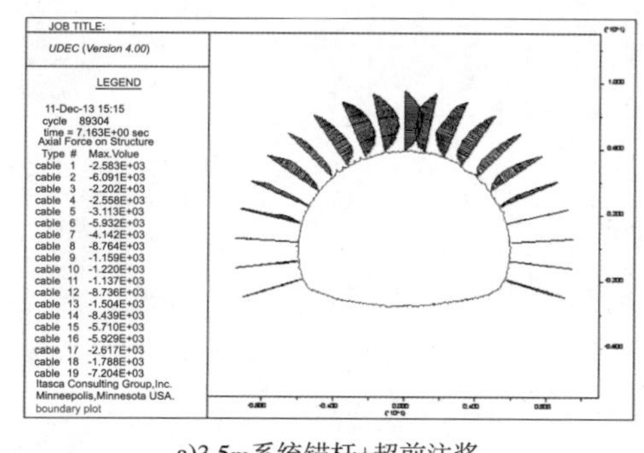

a)3.5m系统锚杆+超前注浆

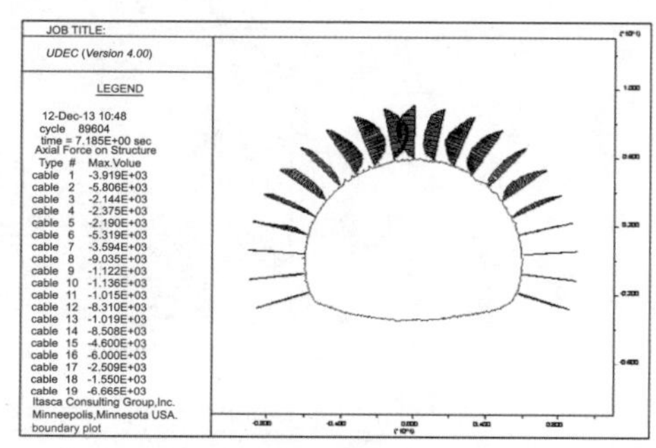

b)3.0m系统锚杆+超前注浆

图　7.37

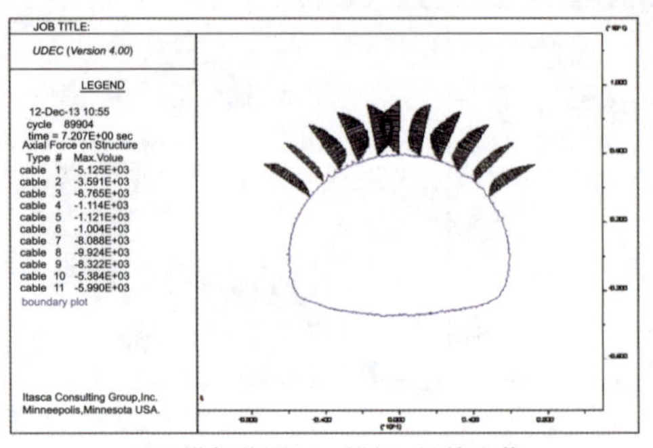

c)60°拱部范围3.0m锚杆+超前注浆

图 7.37　Ⅴ级围岩隧道锚杆轴力分布图(N)

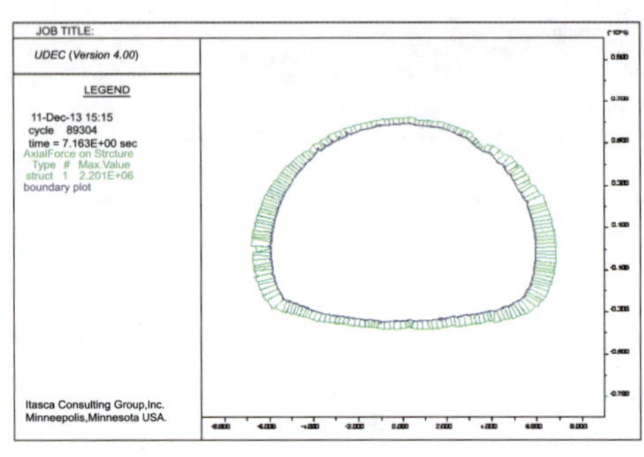

a)3.5m系统锚杆+超前注浆

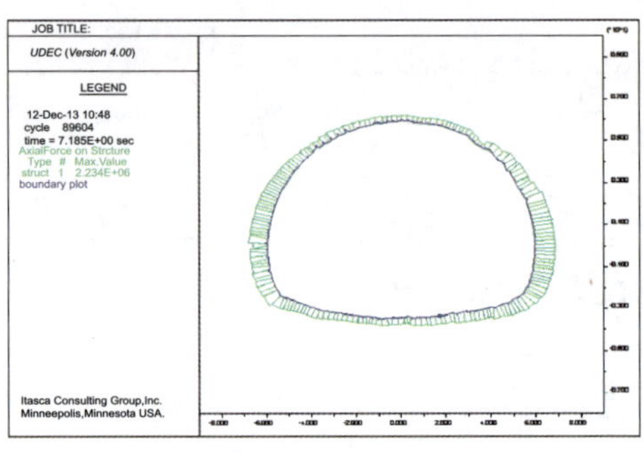

b)3.0m系统锚杆+超前注浆

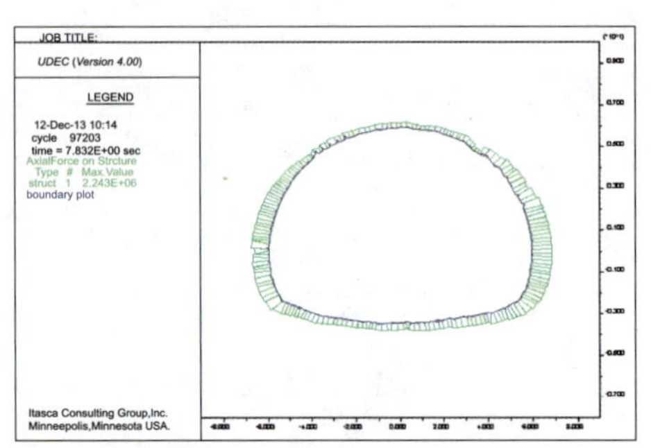

c)60°拱部范围3.0m锚杆+超前注浆

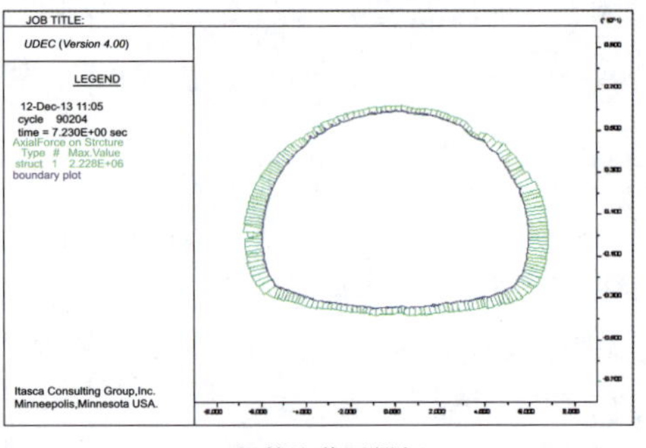

d)超前注浆无锚杆

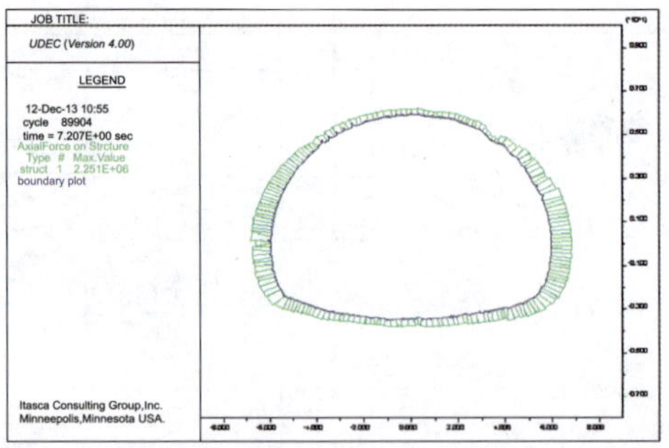

e)无超前注浆无锚杆

图 7.38　Ⅴ级隧道初期支护轴力分布特征(N)

从图 7.38 可以看出,从初期支护轴力呈现对称形式分布,为椭圆形式,主要集中在边墙,锚杆没有明显改变初期支护轴力分布形式。初期支护轴力峰值见表 7.21 和图 7.39 所示。

不同锚杆方案下地质偏压隧道初期支护轴力峰值(kN)　　表 7.21

工况 1	工况 2	工况 32228	工况 42243	工况 52251
2 201	2 234	2 251	2 228	2 243

从图 7.39 可以看出,锚杆的支护对于初期支护的轴力大小、分布基本没有明显影响,整个初期支护轴力较小,喷射混凝土结构安全。但是从围岩变形的分布形式看,建议采用工况 4(取消系统锚杆、确保拱部小导管注浆效果)。但是要注重超前小导管注浆效果,可防止围岩强度和承载能力的降低,控制了围岩的松弛。同时加强锁脚锚杆,以稳定初期支护钢拱架为主,起到把喷混凝土与围岩组合到一起而取得支持荷载的效果,形成完整支护体系结构的目的,增强支护结构的整体受力和能力。

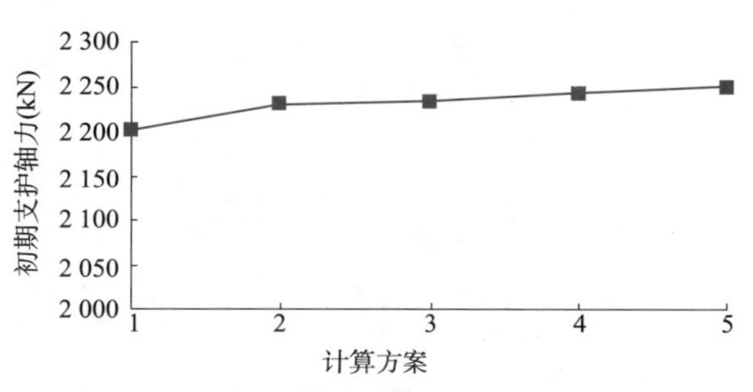

图 7.39　初期支护轴力峰值与锚杆方案关系曲线

第8章

隧道支护优化工程实例分析

本章通过现场监测、模型试验、三维数值计算等手段，对独平高速罗汉坡隧道、虎头山隧道灯典型工程进行支护优化方案分析，为前文理论分析和计算提供论证和补充，且为类似工程提供参考。

8.1 工程概况及地质条件综述

选取隧道所穿过的地层岩性以灰岩为主，颜色灰白色，微风化～中等风化，局部节理裂隙发育，岩石为硬质岩。该层揭露厚度为 11.5～61.5m，局部未揭穿，隧道局部穿行于该层中。地表水系不发育，由于降水少而集中，故多为短小的季节性泄洪河流水。隧址区处于背斜，区内地壳运动主要表现为升降运动，褶皱构造轻微，地层基本上为近水平岩层或缓倾单斜岩层，全新世以来处于相对稳定的状态。

8.2 隧道支护方案

隧道出口段为Ⅴ级围岩(图 8.1)，采用上下台阶开挖工法。依设计图纸，原设计方案为：

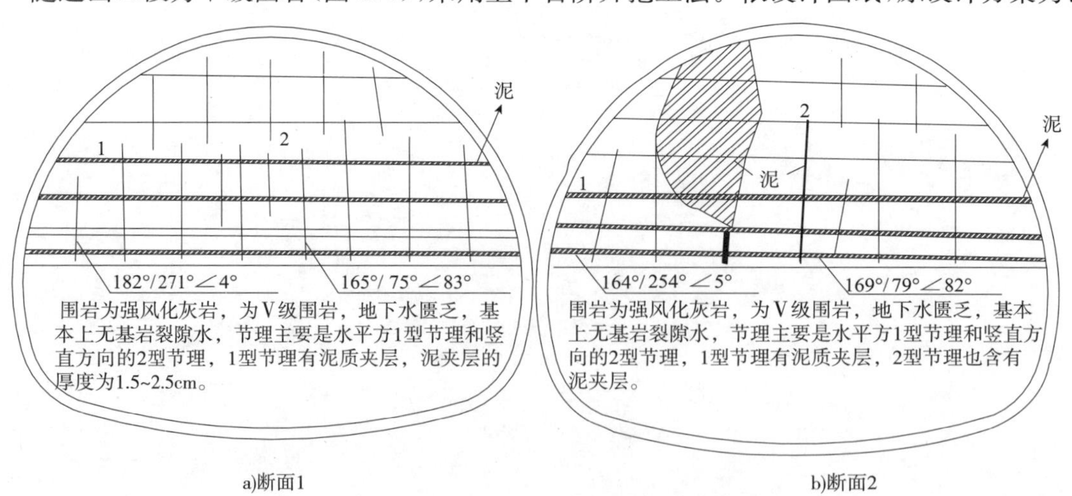

a)断面1　　b)断面2

图 8.1　隧道断面 1 和断面 2 断面 CAD 重构图

(1)系统锚杆：$\phi25$ 的中空注浆锚杆，长度为 3.5m，间距为 80cm×100cm；中岩墙位置采用 $\phi32$ 涨壳式锚杆，长度为 6m，间距为 80cm×100cm。

(2)钢拱架：I18 的工字钢，纵向间距为 80cm。

依据数值模拟后，隧道出口段(图 8.1)的支护参数调整为：

(1)系统锚杆：保留拱部 120°范围(拱顶两侧各 60°)内锚杆，$\phi25$ 的中空注浆锚杆，长度为 3.5m，间距调整为 100cm×100cm；取消中岩墙处涨壳式锚杆。

(2)钢拱架：钢拱架间距调整为 100cm，工字钢型号不变。

与优化设计方案对比，从材料成本考虑，优化后，锚杆成本比原设计方案减小了 53%，钢拱架成本比原设计减小了 20%，此外，采取优化后的支护方案，可极大程度的加快施工进度，节省经济成本更高，如表 8.1 所示。

初期支护原设计方案与优化设计方案每延米工程数量对比表　　表 8.1

项　目	原设计方案		优化设计方案	
	单位	数量	单位	数量
$\phi25$mm 中空注浆锚杆	m/根	78.75/22.5	m/根	49/14
$\phi32$mm 涨壳式锚杆	m/根	45.00/7.50	m/根	—
锚杆垫板螺母等	套	30	套	14
I18 工字钢钢拱架	榀	1.25	榀	1

8.3　断面监控数据对比

对比分析隧道出口断面一和断面二的监控数据，分析原设计和优化后支护参数下断面的净空收敛和围岩压力。

8.3.1　断面净空收敛

对两监测断面变形数据进行统计整理，绘制其变化曲线，如图 8.2 所示。

由图 8.2 可明显观察到，断面支护参数优化后，因支护强度削弱，断面变形出现一定程度的增加，原设计断面边墙收敛、拱顶沉降值相近，最大约－5.82mm；而采用优化设计的断面二，边墙收敛最大值达到－8.53mm，约为原来的 1.5 倍。

为进一步分析，对断面不同阶段变形值进行统计，统计结果见表 8.2。

典型断面不同阶段断面收敛变形数据统计表　　表 8.2

断　面	上台阶稳定值(mm)			最终收敛值(mm)			初期稳定收敛释放量占总收敛百分比		
	ΔAB	ΔAC	ΔBC	ΔAB	ΔAC	ΔBC	ΔAB	ΔAC	ΔBC
断面一	－4.86	－4.81	－4.34	－4.75	－5.63	－5.82	100	85.43	74.57
断面二	－5.68	－5.25	－6.22	—	－6.03	－8.53	—	87.06	70.33

由表 8.2 可知，对于采取原设计的断面一，两侧沉降最大值－5.63mm，边墙收敛最大值为－5.82mm；而优化后的断面二，两侧沉降最大值为－6.03mm，边墙收敛为－8.53mm，可见

优化后，即削弱支护强度后，断面收敛增幅较小；此外，经现场工作人员长期观察，发现后续施工与运营过程中，并未发现明显的衬砌裂纹或是塌方等风险事故，故可以认为支护参数的优化对结构的安全与正常使用功能影响不大。

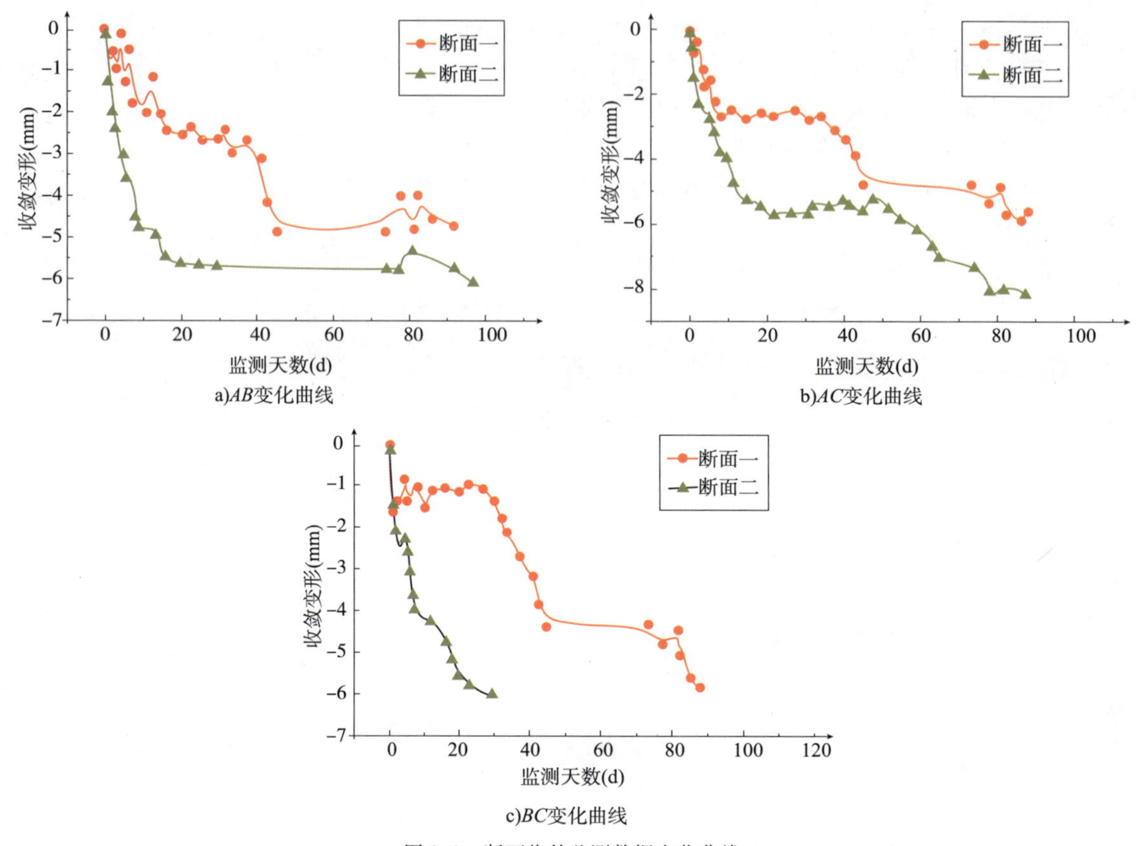

图 8.2　断面收敛监测数据变化曲线

8.3.2　围岩压力

表 8.3 为各断面围岩压力统计数据。

各断面围岩压力统计表　　表 8.3

部　位	拱脚(MPa)		拱腰(MPa)		拱顶(MPa)	
	上台阶稳定值	终值	上台阶稳定值	终值	上台阶稳定值	终值
断面一	−0.048	−0.065	0.005	0.014	−0.010	−0.029
断面二	−0.055	−0.068	0.009	0.020	−0.030	−0.017

由已有监测数据可知，优化前后，各断面围岩压力差异性不大，抛除施工干扰、测量误差的影响，可以认为，支护参数的优化对衬砌背后围岩压力影响不大。

综合考虑，通过对比优化断面与无优化断面的净空收敛变形与围岩压力等数据，发现削弱原设计支护强度所引起的继续变形量相对较小、对结构安全与正常使用影响不大，同时考虑其节省的经济成本以及后续二次衬砌施作所提供的较高安全储备，第 8.2 节提出的支护优化方案是合理可行的。

8.4　施工力学响应分析

8.4.1　三维分析

本节按照上下台阶开挖工法，利用3DEC软件建立三维计算模型，分析地层的变形特征与结构受力特点。

1)模型设置

模型上下边界高45m，左右边界宽65m，考虑计算所需内存，轴向取54m。模拟上下台阶开挖，每次进尺为3m，共36个施工步骤。模型左右两侧施加 X 方向的固定约束，底侧施加 Y 方向的固定约束，前后两侧施加 Z 方向的固定约束，如图8.3所示。节理的倾角和倾向按实际取值。

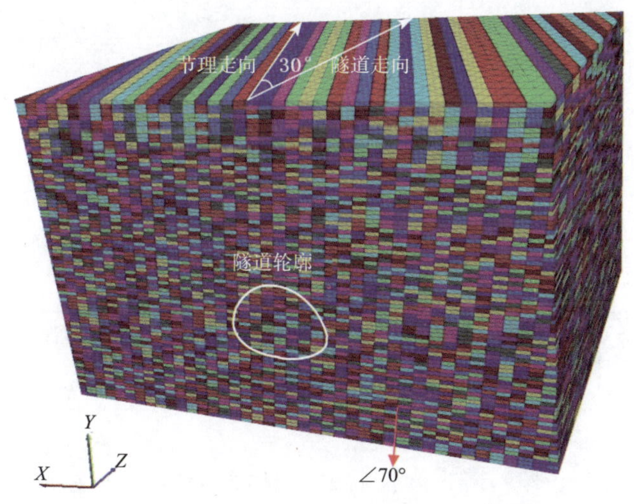

图8.3　三维模型图

锚杆设置与开挖示意见图8.4。

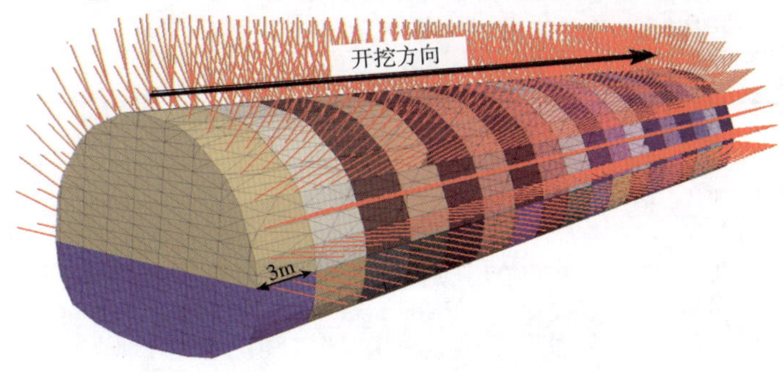

图8.4　锚杆设置与开挖示意图

2)参数设置

参照相关研究成果，对于节理发育地层，主要考虑岩体与节理面的力学参数。本课题计算时，岩体与节理面均采用 Mohr-Coulomb 弹塑性模型，具体材料力学参数如下所述：

(1)岩体力学参数

计算断面处于Ⅴ级围岩地层，按弹性理论计算时，主要参数为密度、体积模量和剪切模量。其中，体积模量 K、剪切模量 G 与杨氏模量 E、泊松比 ν 之间的关系如下所示：

$$K=\frac{E}{3(1-2\nu)} \tag{8.1}$$

$$G=\frac{E}{2(1+\nu)} \tag{8.2}$$

由式(8.1)和式(8.2)可知，围岩块体参数取值主要取决于杨氏模量 E 和泊松比 ν，依据现场地勘资料，并结合工程经验以及相关研究成果建议，取杨氏模量和泊松比分别为 3.1GPa 和 0.32。围岩力学参数取值见表 8.4。

围岩块体力学参数 表 8.4

材料	体积模量(GPa)	剪切模量(GPa)	密度(kg/m^3)	黏聚力(kPa)	内摩擦角(°)	张力(MPa)
灰岩	2.87	1.17	2400	500	33	0.2

(2)节理力学参数

按塑形理论考虑时，节理面主要参数为弹性模量、摩擦角、黏聚力、张力等。依据节理特征信息采集数据，与内蒙古呼市境内其他工程类比，并参考前人研究成果，确定节理的力学参数，如表 8.5 所示。

围岩节理面力学参数 表 8.5

材料	法向刚度(GPa/m)	切向刚度(GPa/m)	黏聚力(kPa)	内摩擦角(°)	张力(MPa)
节理	2.99	0.98	100	30	0

(3)支护参数

参考设计资料(Ⅴ级一般段)，隧道开挖后，采用喷射混凝土和系统锚杆进行初期支护，初喷混凝土的厚度为 25cm，锚杆单根长 3.5m，环向布设 216°，间距为 80cm×100cm。喷射混凝土及锚杆的参数如表 8.6 和表 8.7 所示。

喷射混凝土参数 表 8.6

名称	密度(kg/m^3)	泊松比	弹性模量(GPa)	抗压强度(MPa)	抗拉强度(MPa)	残余强度(kPa)
喷射混凝土	2 400	0.15	29.5	17	2	1

锚 杆 参 数 表 8.7

名称	截面面积(m^2)	密度(kg/m^3)	极限拉应变	抗压极限(kN)	抗拉极限(kN)	弹性模量(kPa)
锚杆	4.9×10^{-4}	7 500	0.01	1.15×10^{3}	1.15×10^{3}	2.1×10^{8}

(4)接触面力学参数

利用 3DEC 软件进行计算时，需设置围岩和初衬之间的接触面以及不同施工步骤的初衬之间的接触面力学参数，取值如表 8.8 和表 8.9 所示。

围岩和初衬之间接触面性质　　表 8.8

法向刚度(GPa)	切向刚度(GPa)	黏聚力(kPa)	摩擦角(°)
3.0	2.5	1 000	35

初衬之间接触面性质　　表 8.9

法向刚度(GPa)	切向刚度(GPa)	黏聚力(kPa)	抗拉强度(kPa)
3.0	2.5	1 000	1 000

3)计算结果

依计算结果,进行相关数据的统计整理,重点分析地层的横向变形、纵向变形、断面收敛、锚杆受力等特征,具体如下文所述。

(1)地层变形

①开挖完毕横向对比

在开挖结束后,第 1、5、9、13 和 18 进尺截面的位移云图如图 8.5 所示,开挖结束后在不同断面,位移云图基本一致。

a)开挖完毕第1进尺截面位移云图

b)开挖完毕第5进尺截面位移云图

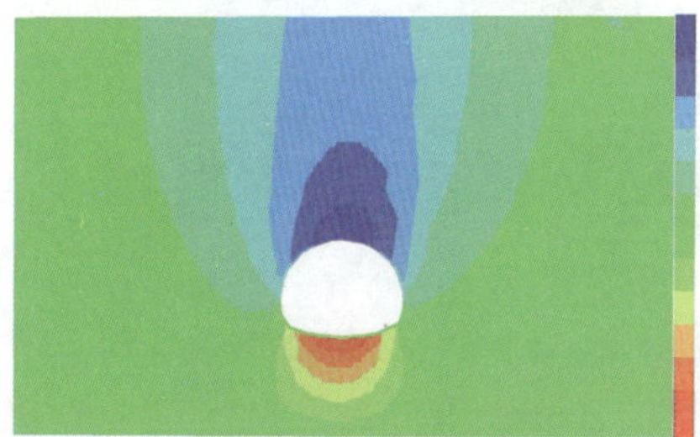

c)开挖完毕第9进尺截面位移云图

d)开挖完毕第13进尺截面位移云图

e)开挖完毕第18进尺截面位移云图

图 8.5　不同进尺位移云图

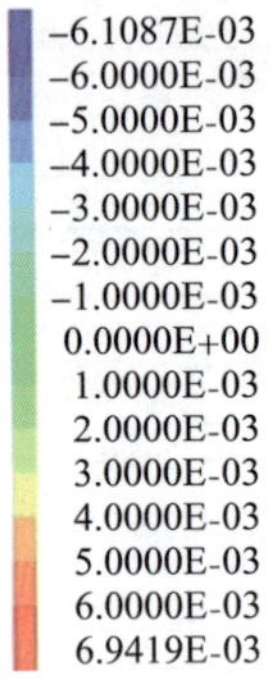

-6.1087E-03
-6.0000E-03
-5.0000E-03
-4.0000E-03
-3.0000E-03
-2.0000E-03
-1.0000E-03
0.0000E+00
1.0000E-03
2.0000E-03
3.0000E-03
4.0000E-03
5.0000E-03
6.0000E-03
6.9419E-03

图 8.6　图 8.7 的图例

②开挖过程横向对比

由上小节分析结果，开挖过程横向分析中本节只研究第 9 进尺截面在第5～28 施工步骤下的围岩位移云图（图 8.6 和图 8.7），其中，第 1～4 施工步和第 29～36 施工步位移云图没有变化，不再考虑。

从图 8.7 可以看出，洞口截面的地层沉降随开挖面的推进在不断增加。且可以看到，第 7、8、9、10 施工步对第 9 进尺处地层沉降影响较大。其他施工步对其影响较小。

③开挖过程纵向对比

图 8.8 为拱顶处沿纵向的截面位移云图（最后 4 个施工步变形云图没有变化，故不再考虑）。其中的粗线内表示沉降超过 2mm 的松动区域。图 8.9 为图例。

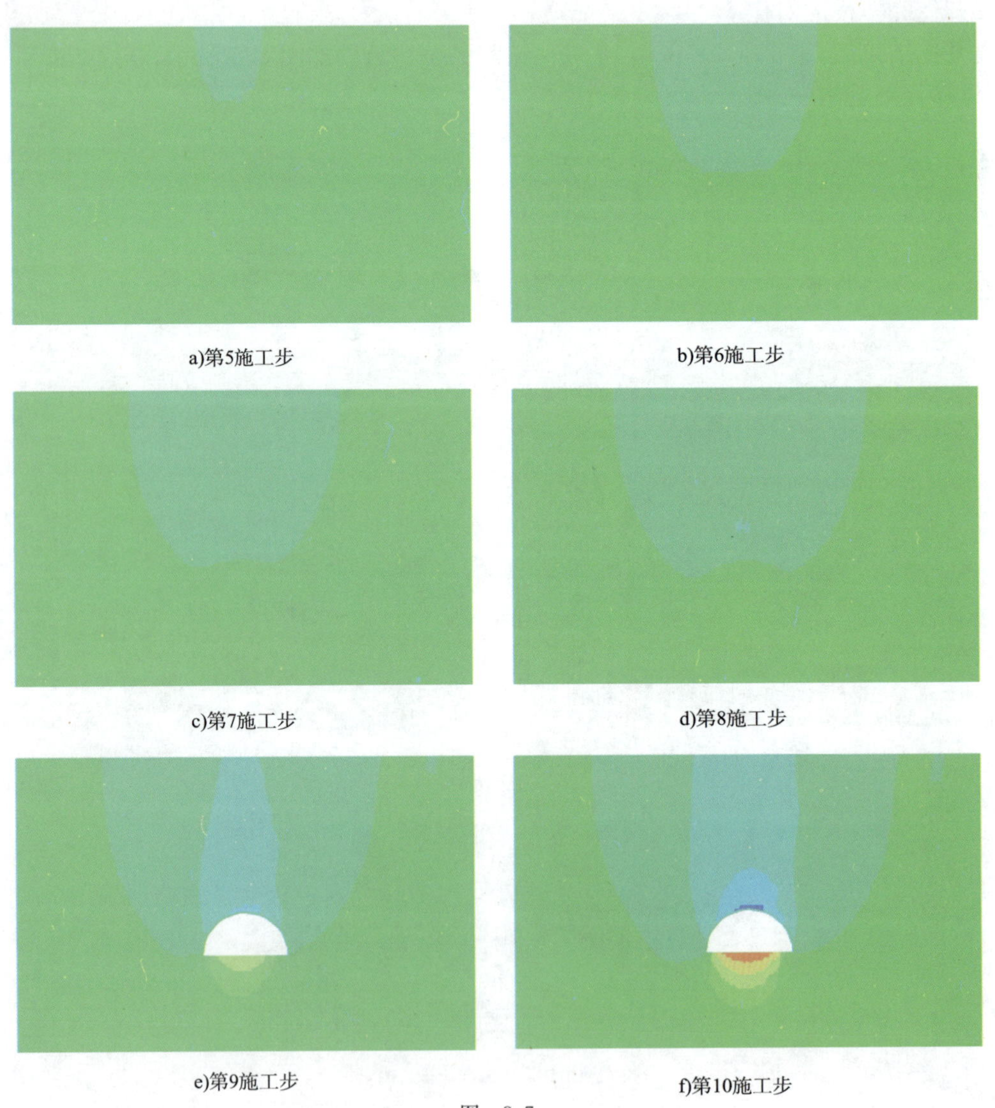

a)第5施工步　b)第6施工步

c)第7施工步　d)第8施工步

e)第9施工步　f)第10施工步

图　8.7

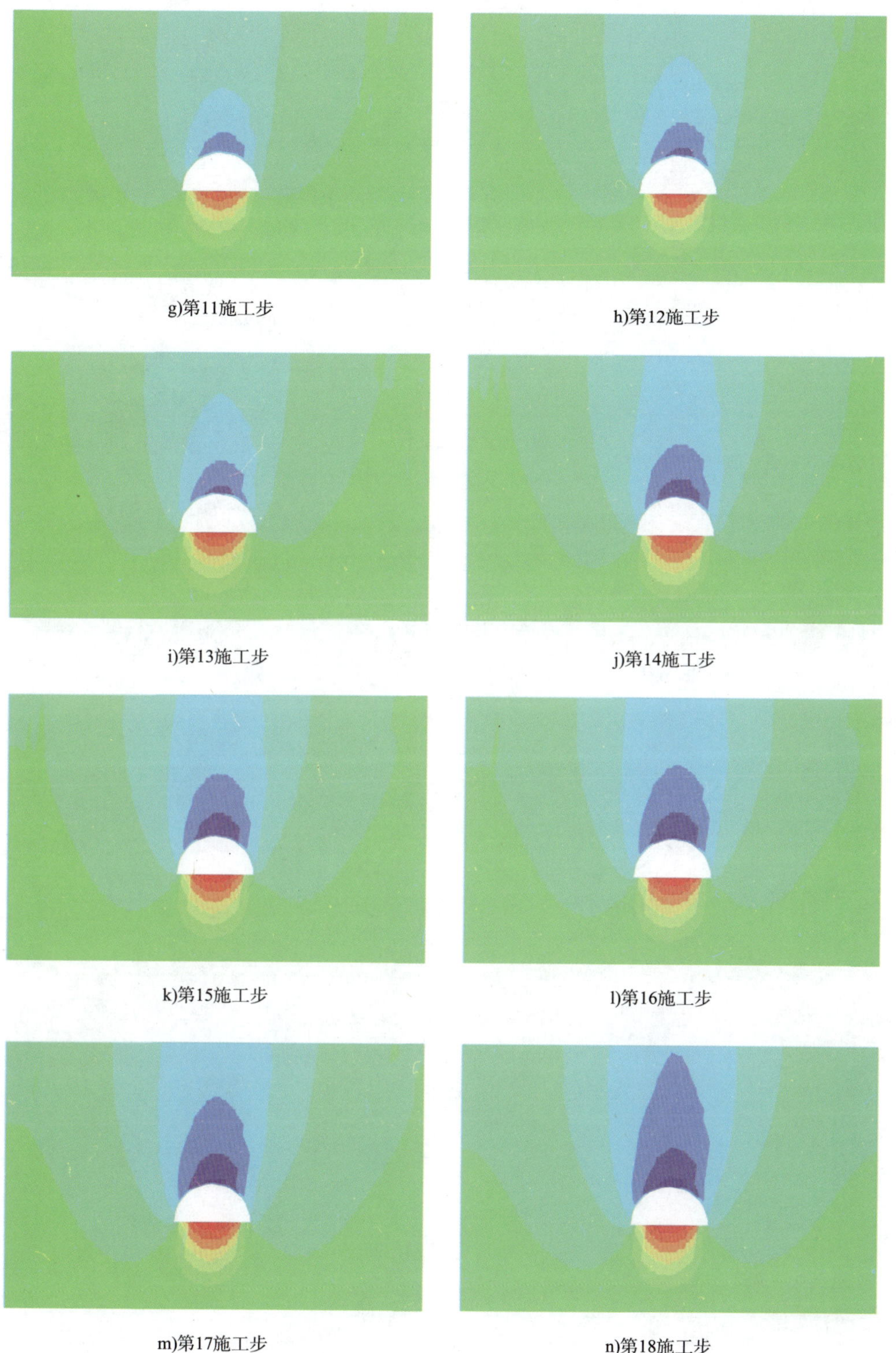

g)第11施工步

h)第12施工步

i)第13施工步

j)第14施工步

k)第15施工步

l)第16施工步

m)第17施工步

n)第18施工步

图　8.7

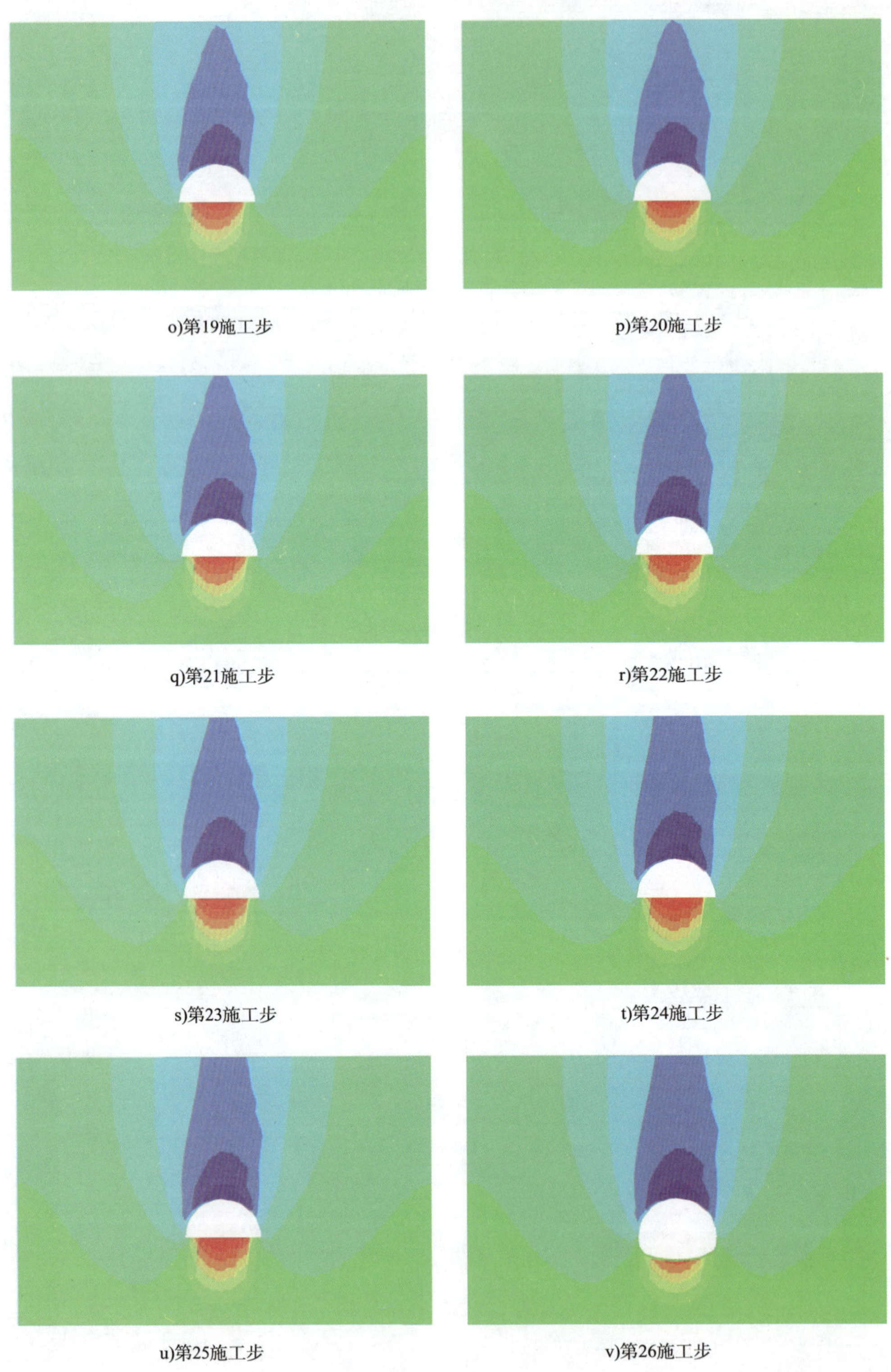

o)第19施工步

p)第20施工步

q)第21施工步

r)第22施工步

s)第23施工步

t)第24施工步

u)第25施工步

v)第26施工步

图 8.7

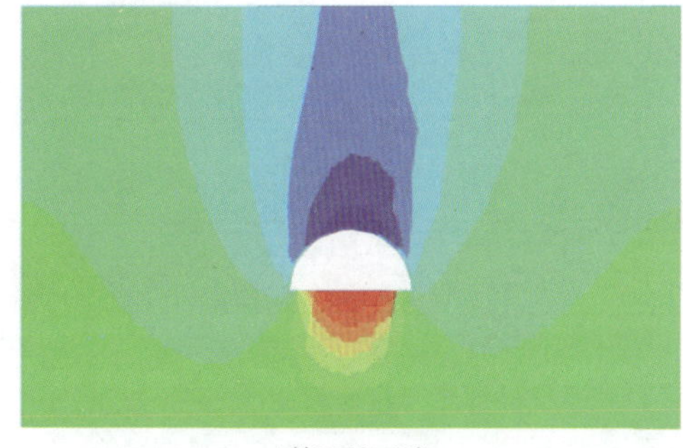

w)第27施工步

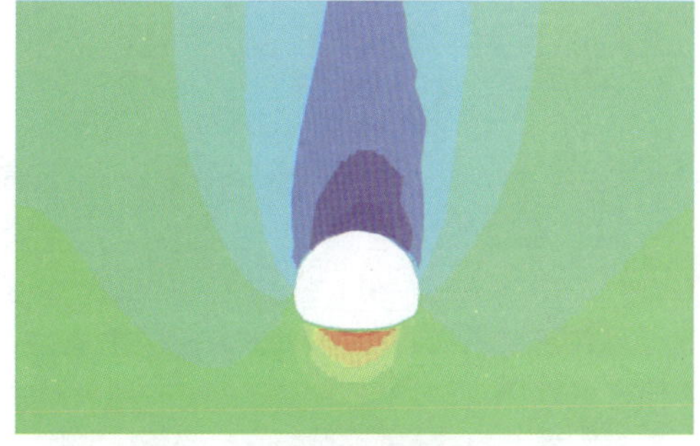

x)第28施工步

图 8.7　不同施工步第 9 进尺位移云图

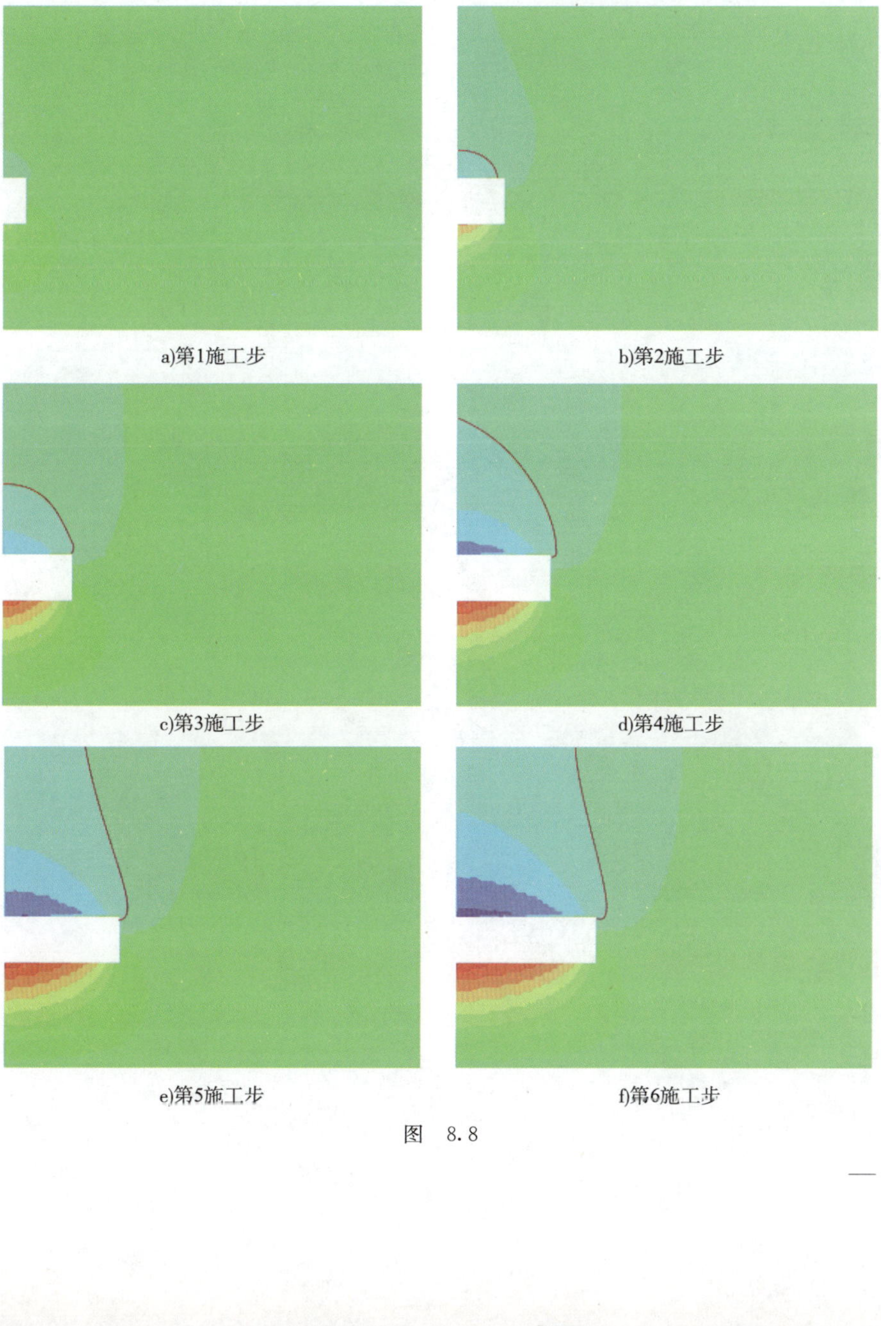

a)第1施工步

b)第2施工步

c)第3施工步

d)第4施工步

e)第5施工步

f)第6施工步

图　8.8

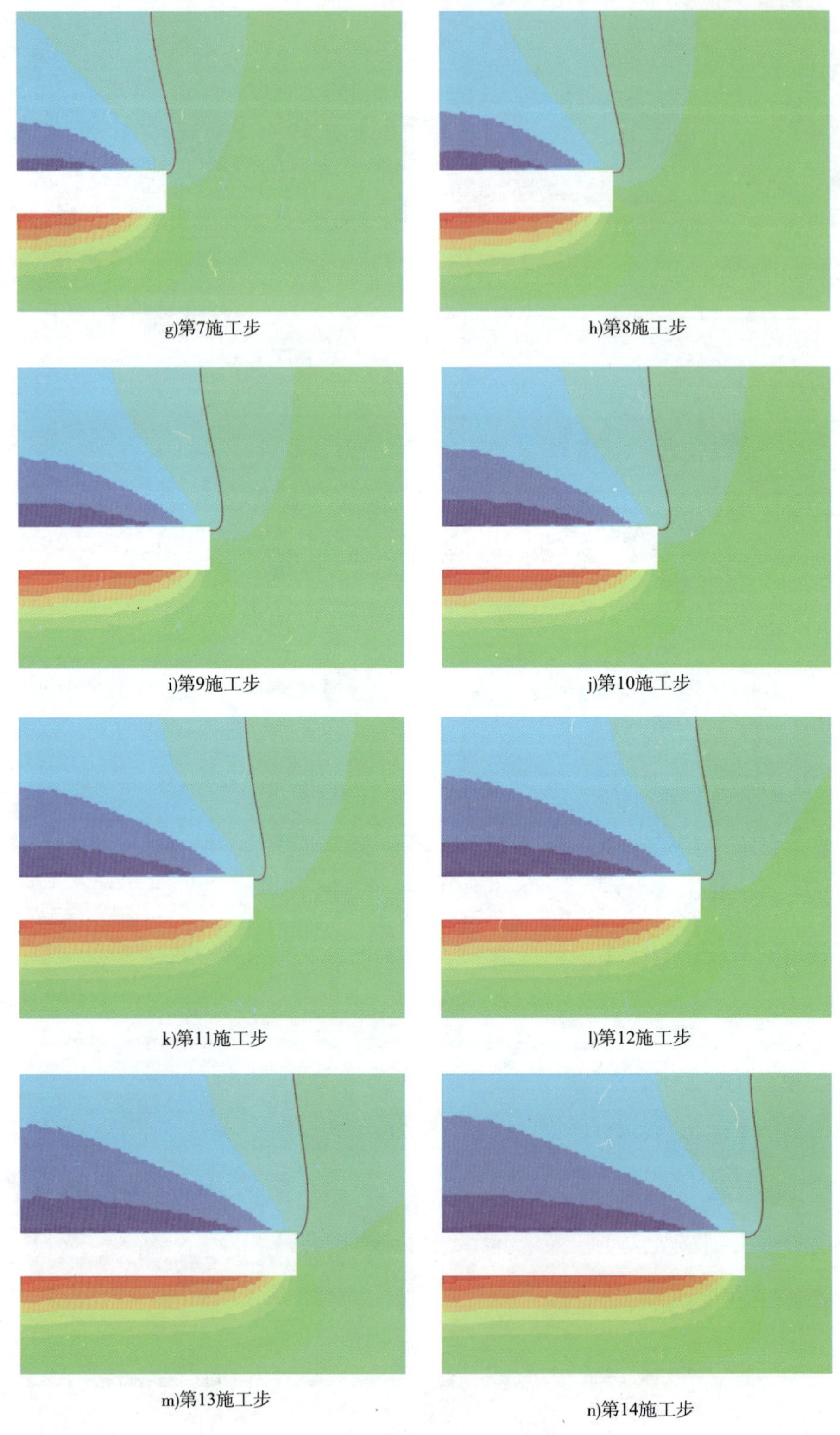

g)第7施工步　h)第8施工步

i)第9施工步　j)第10施工步

k)第11施工步　l)第12施工步

m)第13施工步　n)第14施工步

图 8.8

o)第15施工步　p)第16施工步

q)第17施工步　r)第18施工步

s)第19施工步　t)第20施工步

u)第21施工步　v)第22施工步

图　8.8

w)第23施工步
x)第24施工步
y)第25施工步
z)第26施工步
a2)第27施工步
b2)第28施工步
c2)第29施工步
d2)第30施工步

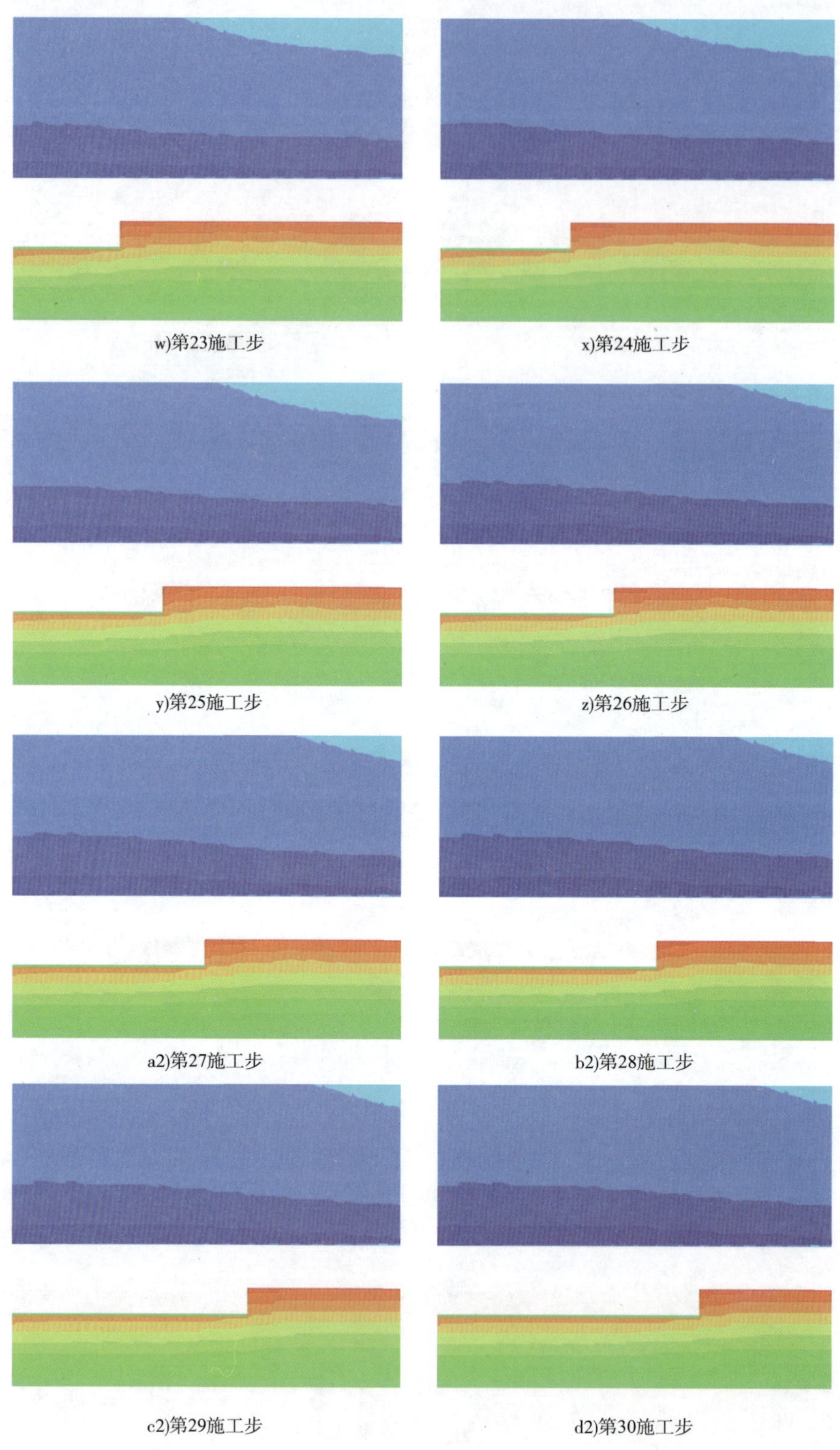

图 8.8

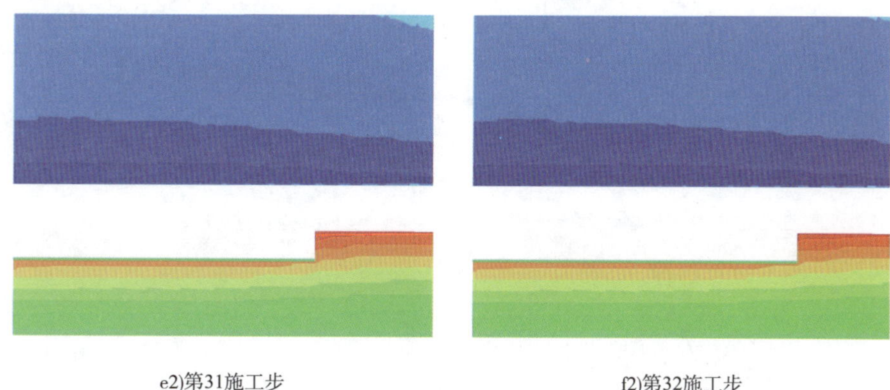

e2)第31施工步　　　　f2)第32施工步

图 8.8　纵向截面随施工步位移云图

7.7979E-03
7.0000E-03
6.0000E-03
5.0000E-03
4.0000E-03
3.0000E-03
2.0000E-03
1.0000E-03
0.0000E-00
-1.0000E-03
-2.0000E-03
-3.0000E-03
-4.0000E-03
-5.0000E-03
-6.0000E-03
-6.1158E-03

图 8.9　图 8.8 的图例

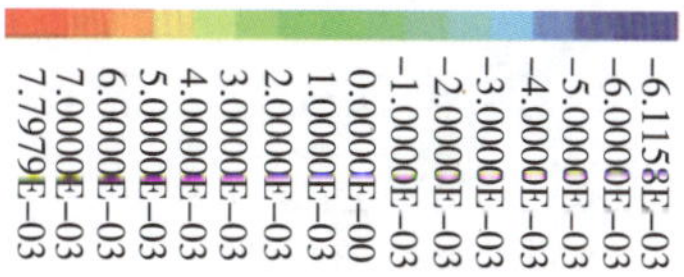

可以看出，在上台阶开挖过程中，沉降超过 2mm 的松动区域不断扩大，纵向随开挖面推进不断向前延伸，Y 方向上也在第 5 施工步骤结束后扩展至地表。在随后的施工步骤中，松动区域纵向边界和开挖面基本保持一致。在上台阶开挖接近结束时，第 15 施工步骤结束后，松动区域纵向超过开挖面向前发展，第 16 施工步后松动区覆盖隧道上层土体。上台阶开挖完毕时，应力释放。

下台阶开挖的推进对地表沉降略有影响，而对隧道附近土体的位移云图基本无影响。

④地表沉降。

检测地面三点在不同施工步骤下的沉降，监测点坐标分别为 1 号测点（0.0，21.0，—22.5）、2 号测点（0.0，21.0，0.0）和 3 号测点（0.0，21.0，22.5）。1、2、3 号测点分别处于隧道第 2、9 和 17 进尺的顶部，见图 8.10。其变化曲线见图 8.11。

地表监测点设置
3
2
1
开挖方向

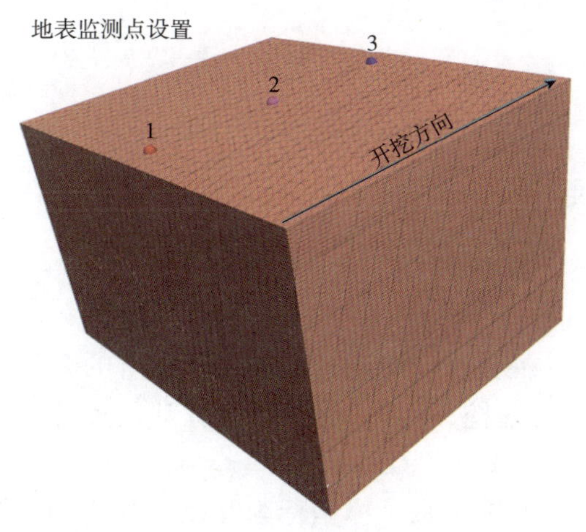

图 8.10　地表监测点示意图

可以看出，下台阶开挖对地表沉降影响非常小，主要影响在上台阶开挖时间段。

1、2、3 号监测点分别处于隧道入口、隧道中部、隧道出口处上部的地表。其沉降曲线在上台阶开挖部分分别呈上凸型、S 型和下凹型。其中，第 1～8 施工步对 1 号测点（第 2 进尺）影响较大，第 6～12 施工步对 2 号测点（第 9 进尺）有较大影响，第 12～18 施工步对 3 号测点（第 17 进尺）影响较大。

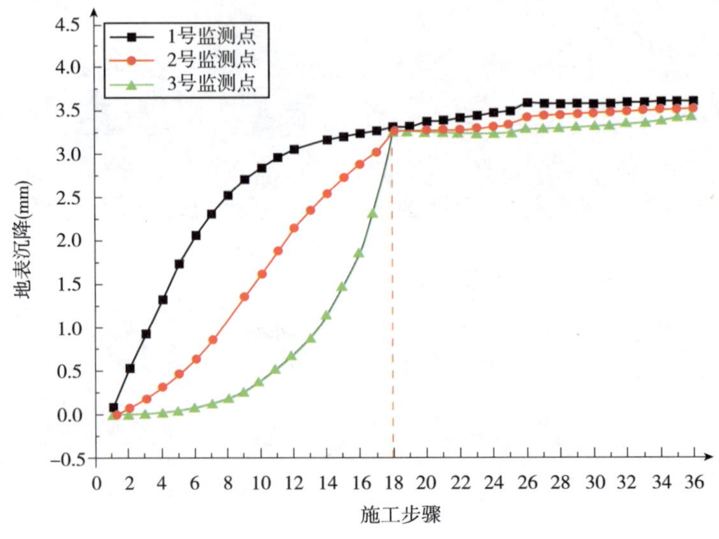

图 8.11　地表沉降变动

由图表可以看出，隧道上台阶施工对地表沉降影响范围较广，且开挖面纵向越接近地表某点，此点沉降增长速率越快。

(2)拱顶沉降

拱顶衬砌处的检测点设置如图 8.12 所示。

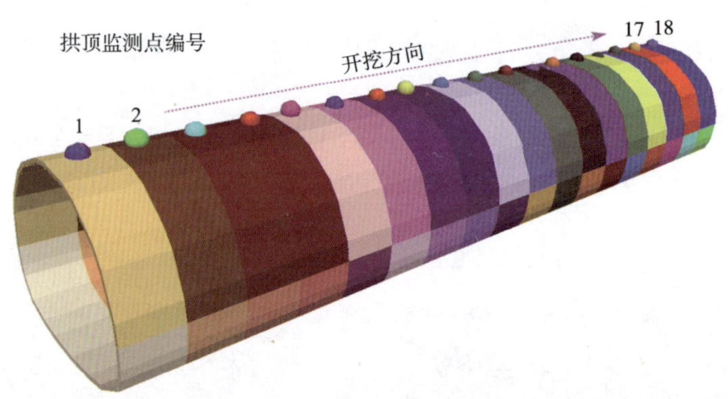

图 8.12　监测点位置示意图

拱顶衬砌处沉降值大小如表 8.10 所示。

将表 8.10 的数据整理为曲线，如图 8.13 所示。

从 8.13 图和表 8.10 可以看出，沉降主要集中在上台阶的开挖。进入下台阶的开挖步骤时，沉降增长速度相比较小。在进行下台阶开挖时，开挖只会影响相近面的沉降，远处受到的影响极小。

为了更好表现规律，将 9 号监测点的数据绘制成图 8.14。横坐标为开挖面和监测点纵向的距离，纵坐标为监测点拱顶处沉降。

拱顶衬砌处沉降值大小(mm)　　表 8.10

监测点编号		1	2	3	4	5	6	7	8	9
监测点纵向坐标(mm)		−25.5	−22.5	−19.5	−16.5	−13.5	−10.5	−7.5	−4.5	−1.5
上台阶	第 1 施工步	1.09	0.36	0.12	0.03	0.01	0.00	0.00	0.00	0.00
	第 2 施工步	2.41	1.78	0.83	0.37	0.21	0.14	0.10	0.07	0.06
	第 3 施工步	3.26	2.98	1.37	1.05	0.51	0.31	0.22	0.16	0.12
	第 4 施工步	3.83	3.71	2.41	1.29	1.13	0.62	0.39	0.27	0.21
	第 5 施工步	4.26	4.21	3.10	2.31	1.34	1.27	0.68	0.43	0.32
	第 6 施工步	4.57	4.58	3.57	2.97	2.39	2.61	1.33	0.66	0.47
	第 7 施工步	4.80	4.84	3.88	3.39	2.99	3.57	1.33	1.19	0.73
	第 8 施工步	4.97	5.03	4.12	3.68	3.39	4.18	2.24	2.48	1.32
	第 9 施工步	5.10	5.18	4.29	3.90	3.69	4.60	2.88	3.59	2.65
	第 10 施工步	5.20	5.28	4.41	4.05	3.88	4.86	3.26	4.19	3.65
	第 11 施工步	5.28	5.38	4.52	4.17	4.03	5.05	3.53	4.59	4.27
	第 12 施工步	5.35	5.45	4.60	4.27	4.15	5.20	3.73	4.88	4.69
	第 13 施工步	5.40	5.50	4.65	4.32	4.22	5.30	3.86	5.06	4.94
	第 14 施工步	5.44	5.54	4.70	4.38	4.28	5.38	3.98	5.21	5.14
	第 15 施工步	5.47	5.57	4.73	4.42	4.33	5.45	4.06	5.33	5.29
	第 16 施工步	5.49	5.60	4.77	4.46	4.38	5.51	4.13	5.42	5.41
	第 17 施工步	5.51	5.62	4.79	4.50	4.42	5.56	4.19	5.50	5.51
	第 18 施工步	5.53	5.65	4.83	4.54	4.48	5.64	4.30	5.64	5.70
下台阶	第 19 施工步	5.63	5.72	4.87	4.56	4.49	5.64	4.31	5.64	5.70
	第 20 施工步	5.73	5.81	4.95	4.62	4.53	5.67	4.32	5.65	5.70
	第 21 施工步	5.76	5.85	4.99	4.66	4.56	5.69	4.33	5.66	5.70
	第 22 施工步	5.80	5.89	5.04	4.71	4.61	5.73	4.36	5.67	5.71
	第 23 施工步	5.81	5.91	5.07	4.74	4.65	5.76	4.39	5.69	5.72
	第 24 施工步	5.83	5.93	5.09	4.78	4.70	5.82	4.44	5.73	5.75
	第 25 施工步	5.84	5.94	5.11	4.80	4.74	5.90	4.55	5.82	5.81
	第 26 施工步	5.92	6.03	5.19	4.89	4.84	6.01	4.68	5.95	5.93
	第 27 施工步	5.92	6.03	5.19	4.89	4.84	6.02	4.70	5.98	5.96
	第 28 施工步	5.92	6.03	5.19	4.89	4.84	6.02	4.71	6.00	5.99
	第 29 施工步	5.92	6.03	5.19	4.89	4.84	6.03	4.71	6.01	6.01
	第 30 施工步	5.92	6.03	5.19	4.89	4.85	6.03	4.72	6.02	6.03
	第 31 施工步	5.92	6.03	5.19	4.90	4.85	6.03	4.72	6.03	6.04
	第 32 施工步	5.92	6.03	5.20	4.90	4.86	6.04	4.73	6.03	6.04
	第 33 施工步	5.93	6.03	5.20	4.90	4.86	6.04	4.74	6.04	6.05
	第 34 施工步	5.93	6.04	5.20	4.91	4.86	6.05	4.74	6.05	6.06
	第 35 施工步	5.93	6.04	5.21	4.91	4.87	6.05	4.75	6.05	6.06
	第 36 施工步	5.93	6.04	5.21	4.91	4.87	6.06	4.75	6.05	6.07

续上表

监测点编号		10	11	12	13	14	15	16	17	18
监测点纵向坐标(mm)		−25.5	−22.5	−19.5	−16.5	−13.5	−10.5	−7.5	−4.5	−1.5
上台阶	第1施工步	0.00	0.00	0.00	0.00	0.00	0.00	0.00	0.00	0.00
	第2施工步	0.04	0.03	0.02	0.01	0.00	0.00	0.00	0.00	0.00
	第3施工步	0.09	0.07	0.05	0.03	0.02	0.01	0.00	0.00	0.00
	第4施工步	0.17	0.13	0.10	0.07	0.05	0.03	0.02	0.01	0.01
	第5施工步	0.25	0.19	0.15	0.11	0.08	0.06	0.04	0.03	0.03
	第6施工步	0.34	0.26	0.21	0.16	0.12	0.10	0.07	0.06	0.05
	第7施工步	0.49	0.35	0.28	0.22	0.17	0.14	0.11	0.09	0.08
	第8施工步	0.74	0.49	0.37	0.28	0.23	0.19	0.15	0.13	0.11
	第9施工步	1.39	0.71	0.50	0.38	0.30	0.25	0.20	0.18	0.16
	第10施工步	2.65	1.27	0.77	0.52	0.39	0.32	0.27	0.23	0.21
	第11施工步	3.64	2.59	1.38	0.79	0.55	0.43	0.36	0.31	0.29
	第12施工步	4.29	3.69	2.74	1.45	0.78	0.59	0.47	0.41	0.37
	第13施工步	4.66	4.27	3.73	1.45	1.37	0.87	0.63	0.52	0.47
	第14施工步	4.94	4.68	4.35	2.27	1.37	1.52	0.94	0.70	0.61
	第15施工步	5.14	4.97	4.77	2.92	2.43	2.89	1.60	1.00	0.80
	第16施工步	5.30	5.19	5.08	3.36	3.08	3.97	1.60	1.68	1.14
	第17施工步	5.43	5.36	5.31	3.70	3.57	4.70	2.57	3.24	1.91
	第18施工步	5.67	5.66	5.71	4.24	4.30	5.73	4.12	5.71	3.58
下台阶	第19施工步	5.67	5.66	5.71	4.24	4.30	5.73	4.12	5.71	3.58
	第20施工步	5.67	5.66	5.71	4.24	4.30	5.73	4.12	5.71	3.58
	第21施工步	5.67	5.66	5.71	4.24	4.30	5.73	4.12	5.71	3.58
	第22施工步	5.67	5.66	5.71	4.24	4.30	5.73	4.12	5.71	3.58
	第23施工步	5.68	5.66	5.71	4.24	4.30	5.73	4.12	5.71	3.58
	第24施工步	5.69	5.67	5.71	4.24	4.30	5.73	4.12	5.71	3.58
	第25施工步	5.73	5.69	5.71	4.24	4.30	5.73	4.12	5.71	3.58
	第26施工步	5.83	5.77	5.77	4.26	4.30	5.73	4.12	5.71	3.58
	第27施工步	5.86	5.79	5.78	4.26	4.30	5.73	4.12	5.71	3.58
	第28施工步	5.90	5.83	5.81	4.28	4.30	5.73	4.12	5.71	3.58
	第29施工步	5.94	5.87	5.85	4.31	4.32	5.73	4.12	5.71	3.58
	第30施工步	5.96	5.90	5.88	4.34	4.34	5.73	4.12	5.71	3.58
	第31施工步	5.97	5.92	5.92	4.39	4.39	5.76	4.12	5.71	3.58
	第32施工步	5.98	5.94	5.95	4.43	4.44	5.81	4.14	5.71	3.58
	第33施工步	5.99	5.96	5.97	4.46	4.48	5.86	4.19	5.73	3.58
	第34施工步	6.00	5.97	5.98	4.48	4.50	5.90	4.24	5.79	3.63
	第35施工步	6.01	5.97	5.99	4.49	4.53	5.93	4.29	5.85	3.69
	第36施工步	6.01	5.98	5.99	4.50	4.53	5.95	4.31	5.89	3.74

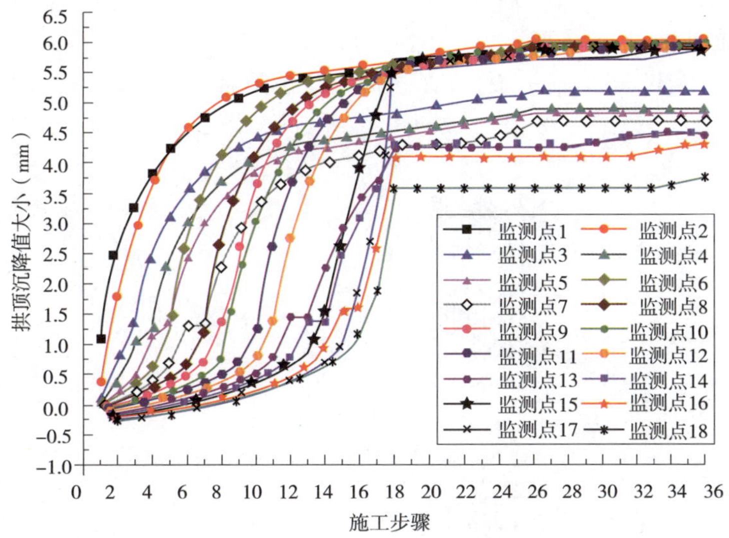

图 8.13 拱顶沉降折线图

从图 8.14 可以看出，上台阶开始开挖时，测点处断面已经发生变形；当开挖距断面 −10.5m 时，围岩开始加速变形；当开挖至断面时，变形曲线出现反弯点；当开挖距断面 10.5m 时，围岩变形接近稳定，但仍有少量的增长。

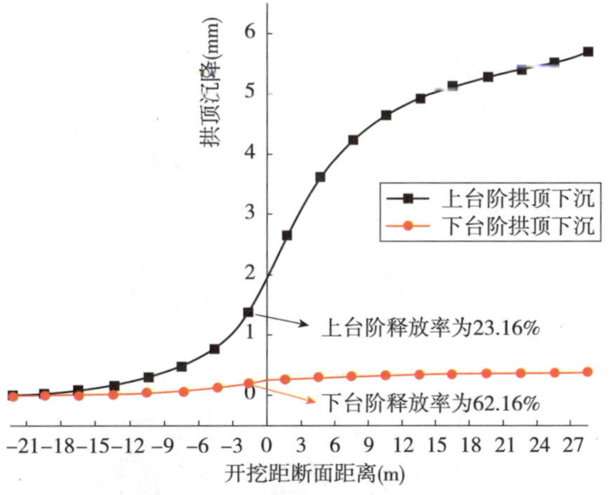

图 8.14 9 号测点拱顶沉降图

上台阶在开挖至监测面前一进尺时，拱顶下沉 1.32mm，相比上台阶开挖结束拱顶沉降 5.70mm，释放了 23.16%。而下台阶在开挖至监测面前一进尺时，拱顶在下台阶施工过程中下沉 0.23mm，相比整个下台阶开挖过程中拱顶沉降 0.37mm，释放了 62.16%。

从总体的角度，上台阶开挖至监测面时，沉降占总沉降值的 44%；继续开挖下一进尺，沉降则有总沉降的 60%，上台阶开挖完毕达到 94%。

表 8.11 为 9 号测点变形特征，上台阶在开挖至监测面时，拱顶下沉 2.00mm，相比上台阶开挖结束拱顶沉降 5.70mm，释放了 35.09%。而下台阶释放率为 67.57%。

9 号测点上下台阶拱顶变形特征 表 8.11

位 置	开挖前下沉值(mm)	开挖后下沉值(mm)	最终下沉值(mm)	释放率(%)
上台阶	2.00	3.70	5.70	35.09
下台阶	0.25	0.12	0.37	67.57

(3)锚杆轴力

①开挖过程锚杆轴力。

图 8.15 为第一进尺时布置的锚杆在某些施工步下的轴力图(其他施工步的轴力图没有变化,不作考虑)。

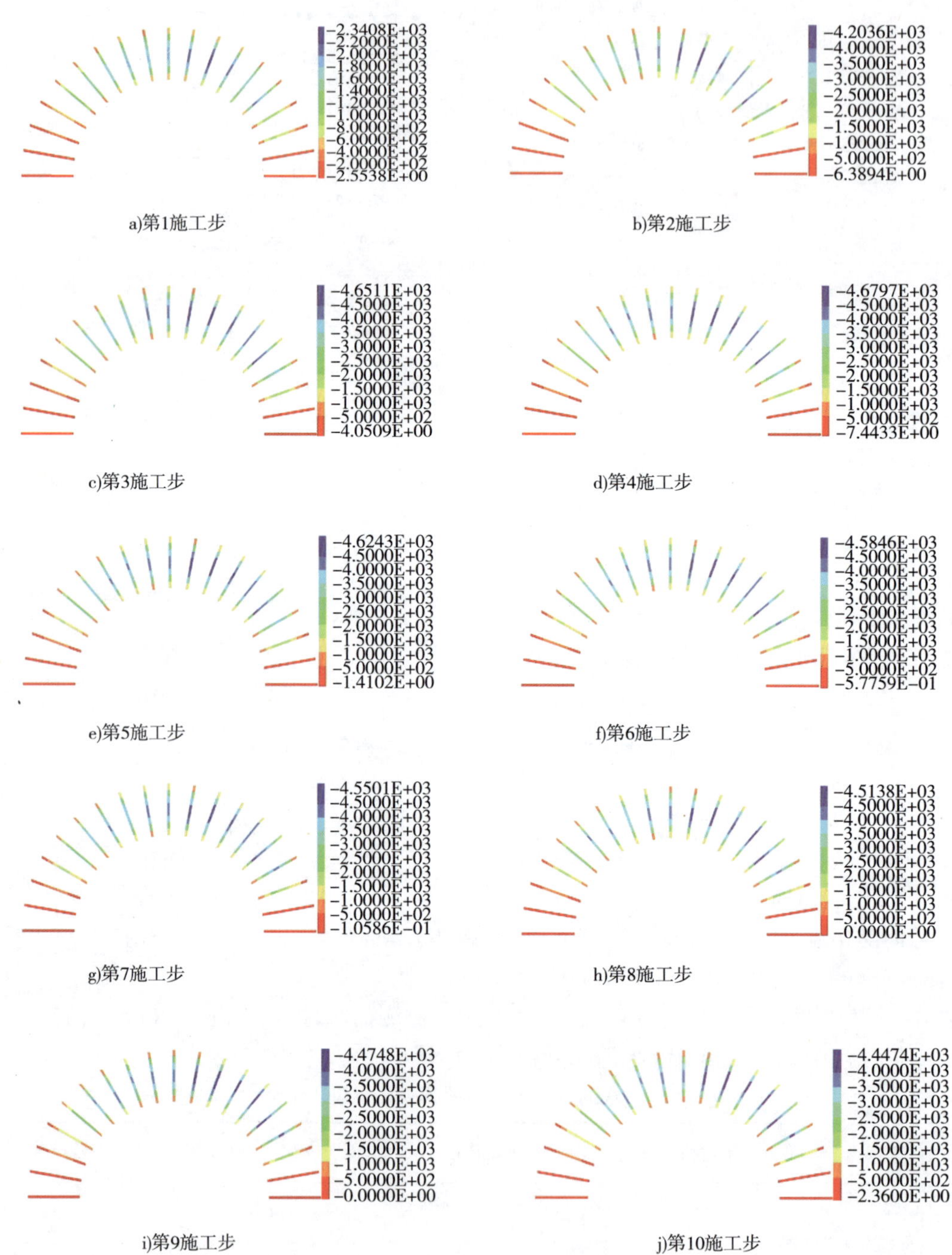

图 8.15

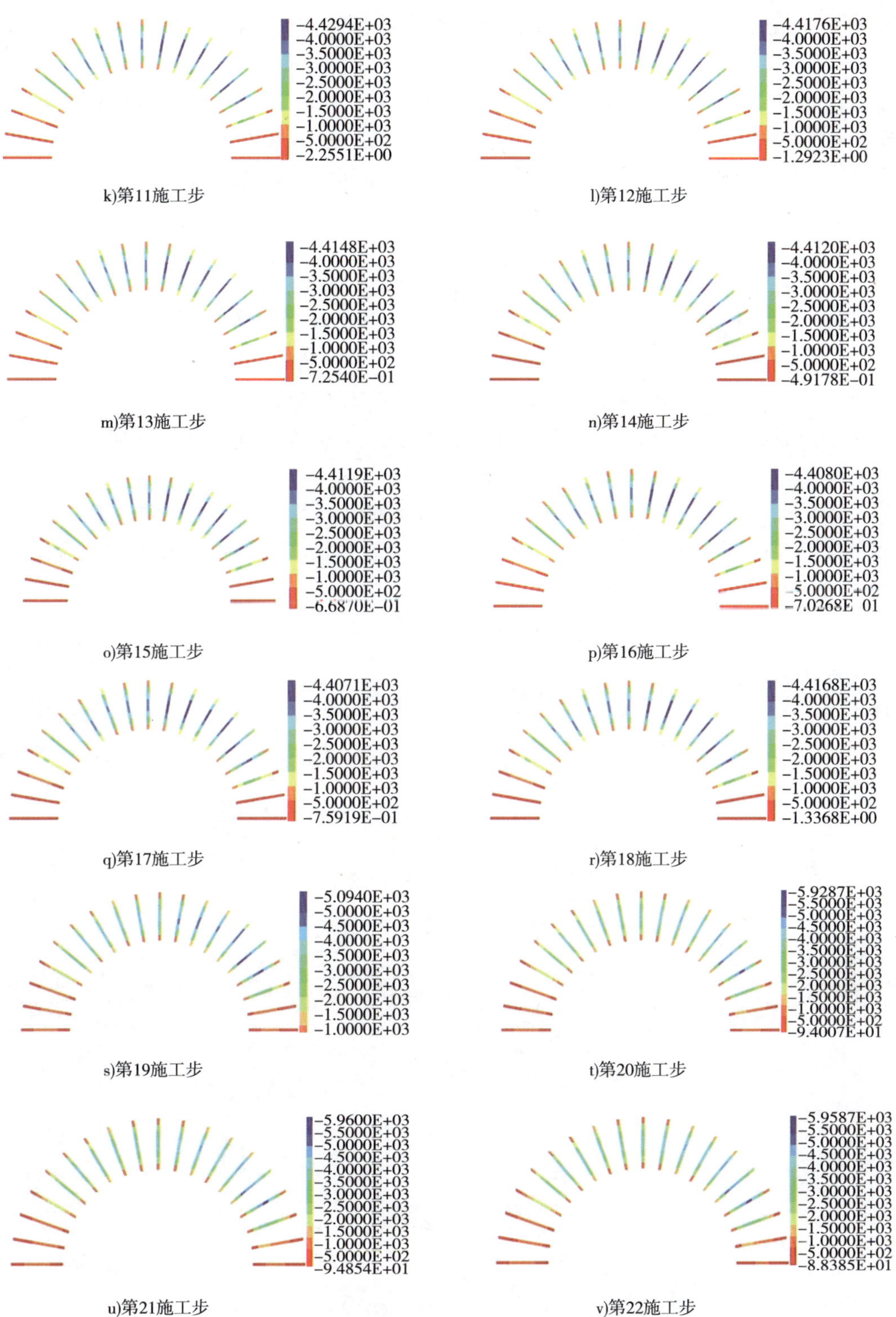

k)第11施工步　　l)第12施工步

m)第13施工步　　n)第14施工步

o)第15施工步　　p)第16施工步

q)第17施工步　　r)第18施工步

s)第19施工步　　t)第20施工步

u)第21施工步　　v)第22施工步

图 8.15　第一进尺锚杆轴力示意图

从图 8.15 可以看出，左边墙 4 根锚杆、右边墙 2 根锚杆轴力始终较小，可以考虑不用布置。第 1、2 和 19、20 施工步对锚杆轴力的影响较大。其他施工步对第一进尺的锚杆影响相对较小。

上台阶刚开始开挖时，顶部以及顶部偏右的锚杆轴力偏大，原因是存在倾斜的节理面，随着开挖进一步推进，后续的锚杆逐渐施加，第一进尺的锚杆群总体上轴力都在变小。而在下台阶刚开始开挖时，锚杆轴力略有增加，而后当开挖面距离较远时，轴力保持稳定。

②开挖结束锚杆轴力对比

图 8.16 为第 1、5、9、13、18 进尺处的锚杆在上、下台阶开挖完毕后的轴力对比图。

从图 8.16 得知，上、下台阶开挖结束后，锚杆轴力的分布没有形式没有变化，只有总体数值大小的变化。

为进一步分析，取中间断面，绘制锚杆轴力分布详图，如图 8.17 所示。

图 8.18 为锚杆在某些施工步中以各个锚杆轴力最大值为点连成的折线图。通过折线图可以看出各个锚杆轴力随施工步变化的特点。

第 9 施工步结束之后，锚杆轴力在拱顶拱腰处增长较明显。而在上台阶施工结束后，拱顶和左拱腰处的锚杆轴力基本保持稳定。而右拱腰、边墙和拱脚处的锚杆轴力在下台阶开挖时有略微的增长。

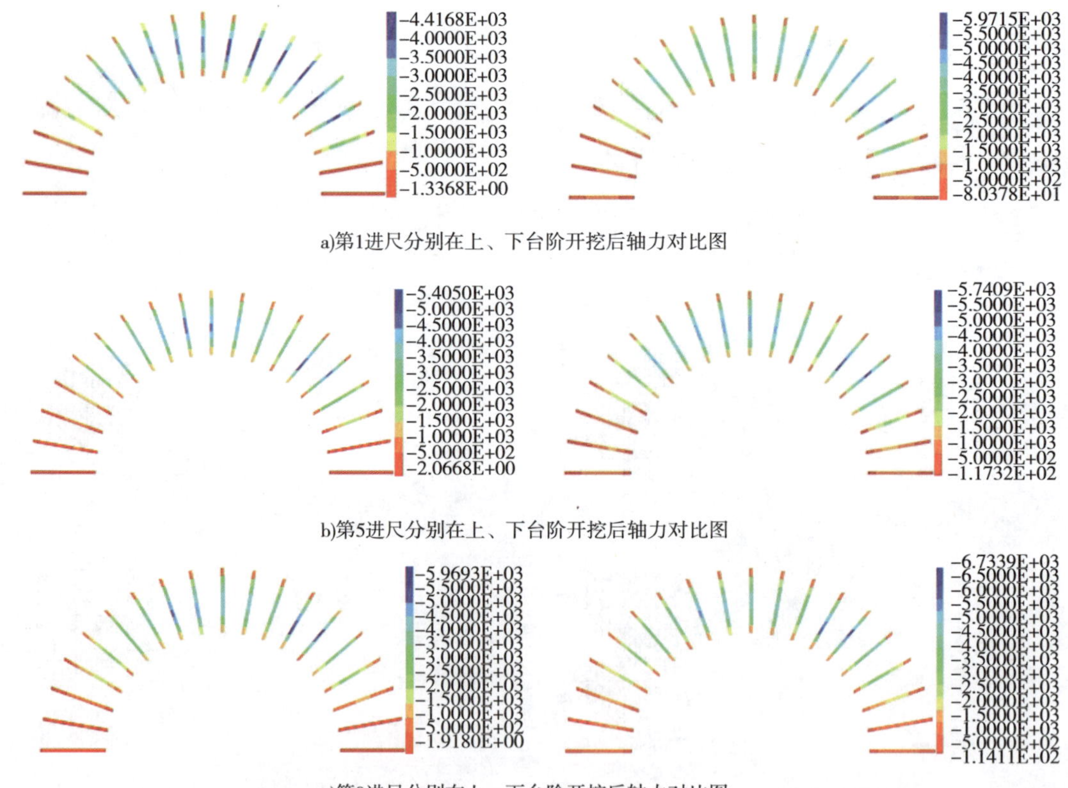

a)第1进尺分别在上、下台阶开挖后轴力对比图

b)第5进尺分别在上、下台阶开挖后轴力对比图

c)第9进尺分别在上、下台阶开挖后轴力对比图

图 8.16

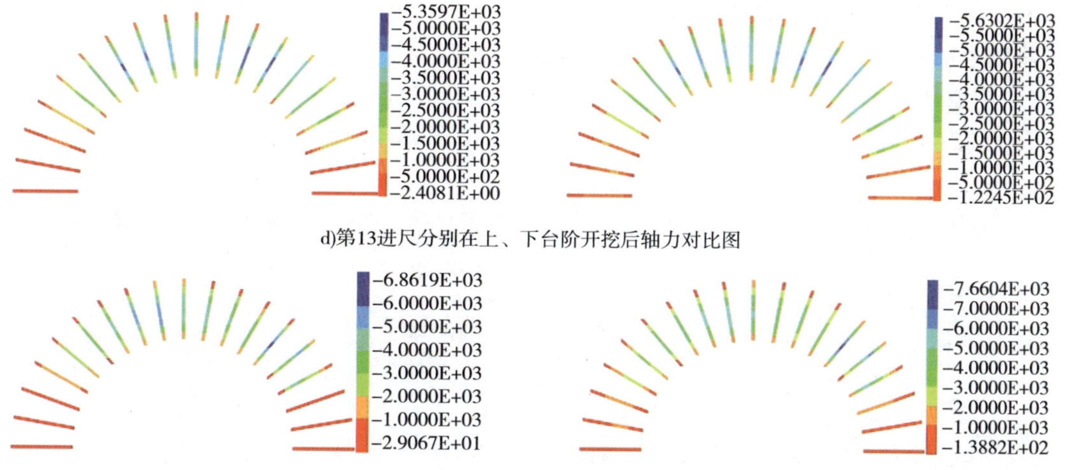

d)第13进尺分别在上、下台阶开挖后轴力对比图

e)第18进尺分别在上、下台阶开挖后轴力对比图

图 8.16　上、下台阶开挖后轴力对比图

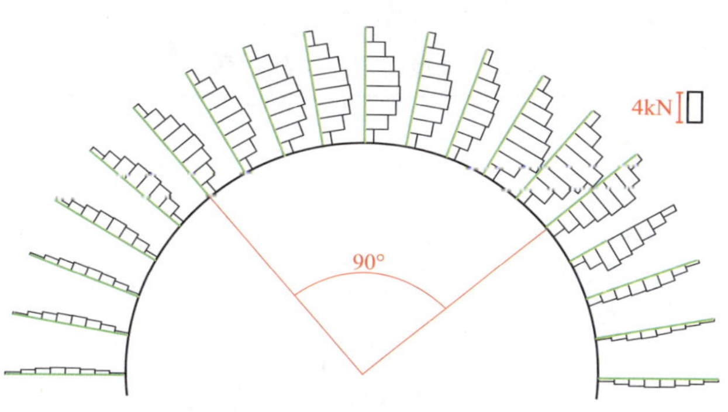

图 8.17　锚杆轴力分布图

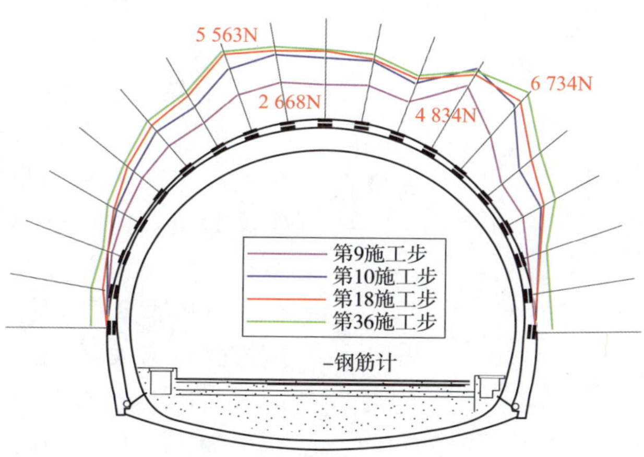

图 8.18　锚杆轴力示意图

结合图 8.17 和图 8.18，开挖完毕后，右侧拱腰处锚杆轴力最大，左拱腰与拱顶次之，边墙、拱脚部位锚杆基本处于不受力状态。由于最大锚杆轴力为 6 734 N，远小于锚杆轴力设计。则认为那些轴力小于最大锚杆轴力 50%的锚杆可以不必设置，锚杆布置范围从 180°优化至 90°。

对于第 9 进尺处截面，第 9 进尺开挖完毕后，松动区约占最终松动区范围的 52%，第 10 施工步结束后达到 85%，上台阶开挖完毕后达到 95%。

(4)围岩压力

开挖完毕后，第 9 进尺处围岩压力数据如图 8.19 和表 8.12 所示。

a)第9进尺垂直应力云图

b)第9进尺水平应力云图

图 8.19　第 9 进尺应力云图

第 9 进尺围岩压力统计表　　表 8.12

位　置	拱顶	左边墙	右边墙
围岩压力(MPa)	0.22	0.32	0.31

注：拱顶处为垂直压力，边墙处为水平侧压力。

8.4.2　二维分析

1)模型及参数选择

模型设置及参数选择按照 8.4.1 中 1)以及 2)选取，建立计算模型，如图 8.20 所示。

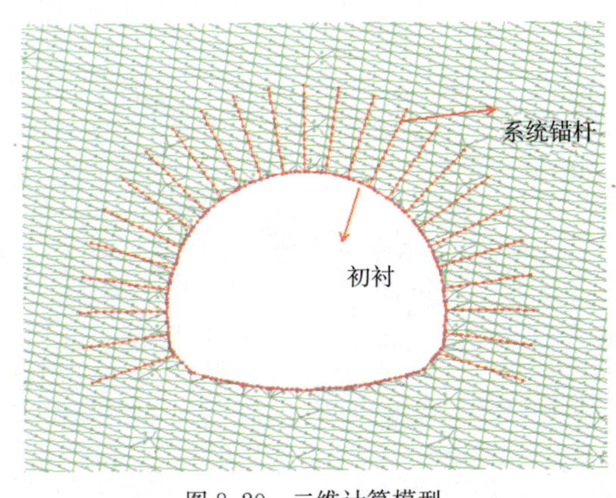

图 8.20　二维计算模型

2)计算结果

(1)围岩变形(图 8.21)

由图 8.21 可知，优化前后，地层变形规律基本一致，按变形幅度，可划分为 3 类，即 B、C、D 类，各类变形区域面积统计如表 8.13 所示。

分析表 8.13，对支护参数进行优化后，围岩变形增大，但幅度较小，其中 B 类变形区域面积近增加 15.11%，C 类变形区域面积增加 12.56%，对结构安全造成的危害可以忽略不计。

(2)断面净空收敛

取拱顶、两边墙位移值进行分析，统计拱顶沉降与边墙收敛，对比优化前后，断面收敛变形是否有所差异，统计数据见表 8.14。

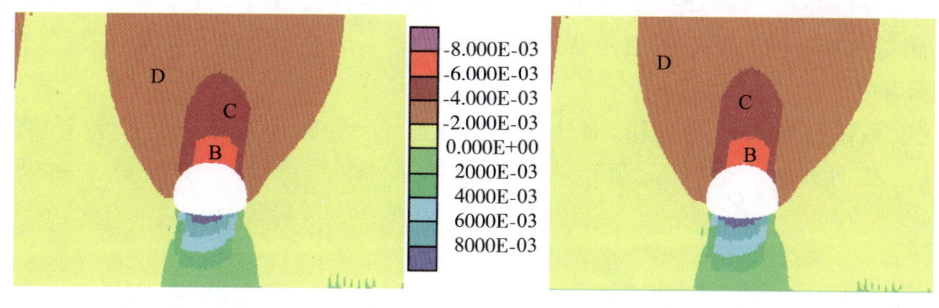

优化前方案　　　　优化后方案

图 8.21　围岩变形云图(单位:m)

优化前后变形区域对比表　　　　表 8.13

对　比	各类沉降区域的面积(m^2)		
	B	C	D
支护方案	6～8mm	4～6mm	<4mm
优化前	27.93	107.50	674.20
优化后	32.15	121.00	706.88
增加幅度(%)	15.11	12.56	4.85

优化前后断面收敛变形统计表　　　　表 8.14

支护方案	断面收敛(mm)	
	拱顶沉降	边墙收敛
优化前	−7.71	−3.4
优化后	−7.79	−4.0
增加幅度(%)	1.04	17.65

由表 8.14 可知,支护参数优化前后,断面净空收敛变化总体不大,对结构安全造成的影响可以忽略不计。

(3)围岩压力

取拱顶、左右边墙背后围岩压力进行分析,对比优化前后,围岩压力是否有所差异,统计数据见表 8.15。

优化前后围岩压力统计表　　　　表 8.15

支护方案	围岩压力(MPa)		
	拱顶	左边墙	右边墙
优化前	0.15	0.35	0.35
优化后	0.15	0.35	0.34
增加幅度(%)	0	0	2.86

由表 8.15 可知，削弱锚杆与钢拱架分布密度，对围岩压力影响不大，即结构受力体系基本未变，安全储备降幅不大，与支护结构变形相吻合。

(4)锚杆轴力

取优化前后锚杆轴力进行分析，对比锚杆最大轴力、受力模式是否有所差异，统计结果如图 8.22、图 8.23 所示。

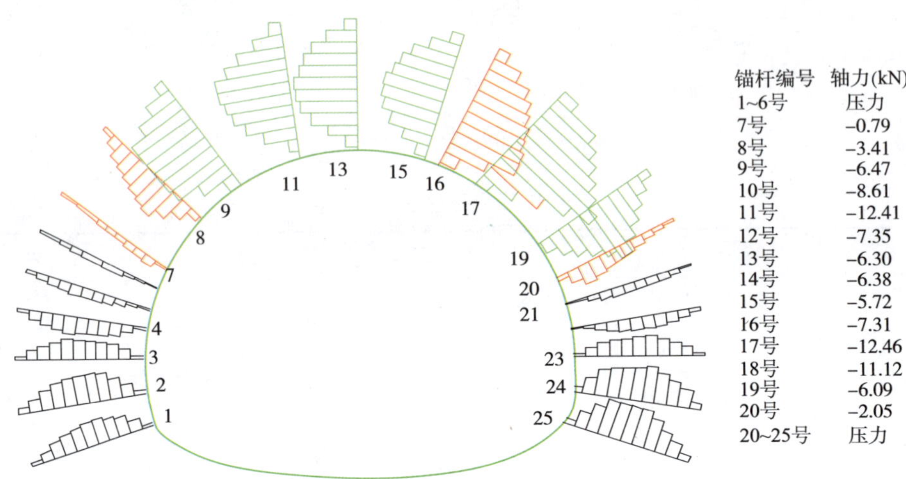

图 8.22 优化前锚杆轴力统计图

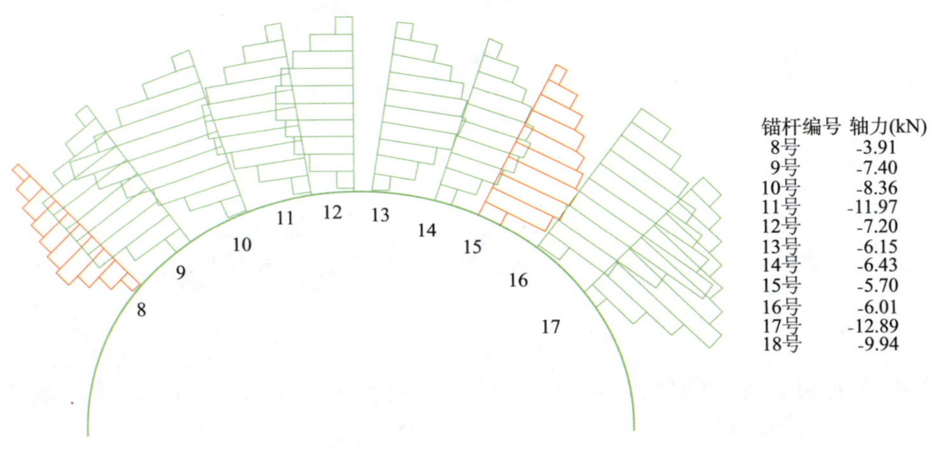

图 8.23 优化后锚杆轴力统计图

注：红色曲线表示锚杆长度过长，偏于安全；绿色表示锚杆长度适中，经济合理。

分析图 8.22、图 8.23 可知：

(1)按原设计设计时，边墙及拱脚锚杆基本处于受压状态，且边墙锚杆轴力近似为 0，表明锚杆未起到锚固作用。

(2)无论是优化前还是优化后，拱腰、拱顶处锚杆基本处于受拉状态，且多数锚杆长度适中，仅 8 号、15 号锚杆过长。

(3)优化前后，拱腰、拱顶处锚杆最大轴力变化不大，且数值远小于锚杆的极限承载力。

综上分析，优化前后，围岩变形、围岩压力、初衬变形、锚杆轴力四项指标，均未出现较大波动，而采取优化参数，则在锚杆、钢拱架材料方面，节省近50%的成本，且能加快施工进度。故数值模拟结果表明，采取第8.2节提出的优化方案是合理的。

第3篇

岩溶区域公路隧道建设及典型案例

第9章 岩溶区域公路隧道围岩稳定性分析

岩溶引起的隧道工程地质问题包括：

(1)溶洞稳定问题：大型充填溶洞中常常充填块石、黏土、砂、卵砾石等，多数为混杂堆积，局部成层分布，隧道通过时成洞非常困难，需要进行特殊的开挖及支护。对大型空溶洞处理较为简单，而对于溶洞群，由于其形态、空间组合复杂，常成树枝状、网状、迷宫状，处理难易程度取决于单个溶洞的规模及溶洞间围岩的完整性。溶蚀破碎带、溶隙密集带，常有地下水活动，围岩稳定程度差别大。对于可溶岩与非可溶岩接触带，由于溶蚀影响，地下水常引起非可溶岩强烈风化，围岩稳定性较差。

(2)隧道围岩永久稳定性问题：隧道穿过溶洞时，不论为空溶洞或者充填型溶洞，围岩的弹性抗力系数都大大降低，需要进行特殊设计。还需要考虑溶洞充填物，或者溶洞周围破碎岩体引起的围岩压力问题。

(3)突水涌泥问题：当隧道通过暗河和充水溶洞时常常发生突泥、突水。

地下工程围岩稳定性问题一直是岩土工程的一个重要研究内容，而围岩稳定性评价结果的正确与否直接关系到地下工程的成败。当前地下结构工程规模越来越大，技术问题复杂，表现在地下工程埋深大，地质条件复杂等。由于地下工程的使用要求或标准不同，稳定性的定义就会有所差异。岩溶地区隧道施工虽然具有一般岩土工程的共性，但也具有其特殊性，对于岩溶地区公路隧道技术的研究，国内仅有少数学者对岩溶地区公路隧道的施工工艺和方法进行过探讨，而很少有学者进行岩溶对隧道围岩稳定性影响的理论与实验研究。因此，了解地下工程围岩稳定性分析方法，对解决岩溶地区隧道工程稳定性问题是十分有益的。

9.1 岩溶洞穴稳定性分析

9.1.1 地下工程围岩稳定性分级方法

工程岩体分级是岩石力学及工程科学中最重要和最困难的问题之一，尽管国内学者研究和发展了大量的岩体分级方法，但迄今为止这个问题尚未得到很好地解决，是岩石力学及工程界关注的热点。工程岩体分级的目的是为了评价工程岩体的稳定性，工程岩体的分级方法是评价岩体稳定性的主要方法之一。岩体稳定性级别的确定，不仅是地下工程支护形式选择的主要依据，而且还是影响地下工程开挖方法选择的重要因素之一。由于岩体结构分类能够充分反映其地质特征,因而可有效地用于岩体稳定性评价,在工程实际中得到广泛的应用,但岩体结构分类方法具有定性或准定量评价的特点,在工程应用中往往具有一定的模糊性或不确定性,需要进一步发展定量的评价方法。要进行合理的岩体质量分级,选择适合的岩体分级方法是至关重要的。就目前已有的分级方法而言,种类很多,但概括起来一共有六类:

(1)单一指标分级方法,如普氏系数 f(前苏联)、抗拉强度 R_t 法(捷克)、抗压强度 R_c 法(法国)。

(2)单一综合指标分级方法,如 Deer 的 R. Q. D 分级法、弹性波速 v_p 法(日本,1983)。

(3)少数指标并列分级方法,如中国铁道隧道围岩分级。

(4)多个指标并列分级方法,如中国的水电工程岩体分级。

(5)多个指标复合分级方法,这里又有两种复合方式,一为乘积法,如 Barton 的 Q 系统、谷德振的岩体质量 Z 指数分级等;二为和差法,如 Bieniaski 的地质力学 RMR 分级法、中国水利电力部的水电地下工程围岩分级、中国工程岩体分级国家标准,即 BQ 分级方法(GB 50218—94)等。

(6)岩体力学介质属性分级方法,公路隧道围岩分类等。

由于各种评价方法的侧重点不同,因此所选用的参评因素以及分级方法也都不同。目前各类岩体质量评价研究表现为如下特点:

(1)岩体质量评价由单因素定性分级向多因素定性和多因素定量综合模式发展。

(2)由于各类工程岩体评价方法的应用和分析侧重点不同,相应地采用了不同的评价指标和分级标准。

(3)上述各类岩体质量的评价方法都是从不同的侧面选取几个固定的参评因素,按一定标准进行简单的线性运算,从而得出岩体质量的综合评价,并据此进行岩体质量分类。

(4)岩体分级的发展趋势是分级因素和岩体级别的确定均采用定性和定量相结合的方法;从依赖于经验来编织分级方法发展到通过各种数学方法来制定分级方法,从而增强了分级方法的科学性和实用性。随着岩体质量分级的不断完善,岩体质量评价与岩体稳定性分析的有机结合是岩体质量评价发展的必然趋势。

9.1.2 岩溶洞穴稳定性分析

1)物理模拟试验

物理模拟试验在这里指岩体力学模型试验,它是由结构模型试验与岩石力学模型试验组合而成,即岩体力学模型试验融结构模型试验和岩石力学试验为一体,研究工程结构与其有关的岩体共同作用下的应力、变形机制和稳定性问题。

模拟试验最常用的有光弹性模拟试验和相似模拟试验。光弹模拟试验是一种传统的通用的试验应力分析方法,但数值模拟出现后,光弹性法已少有采用。在大多数物理模型试验中经常采用相似模拟试验。模型和实体工程之间的三个基本度量,即是长度、质量和时间,以及由此派生出来的相应量之间成固定比例关系,就是模型和实物的相似,那么两者间发生的现象如位移规律、破坏规律、应力分布和稳定性问题也相似。

评价工程稳定性时具有决定意义的性质指标是它的各种强度,在作模型试验经常采用的材料相似模拟试验。常用的相似材料叫做“石膏胶结材料”,即石膏胶结、掺石灰、云母粉、高岭土等，这种材料的压拉比接近岩石，制备简单，原料来源广泛。

定义模型和实体工程的强度相似比为

$$\alpha_t=\frac{(S_c)_m}{(S_c)_p}=\frac{(S_t)_m}{(S_t)_p}=\frac{\gamma_m l_m}{\gamma_p l_p}=\alpha_\gamma\cdot\alpha_l=\text{const} \tag{9.1}$$

并要保持

$$\frac{(S_c)_m}{(S_t)_m}=\frac{(S_c)_p}{(S_t)_p}=3\sim12 \tag{9.2}$$

式中：α_t、α_γ、α_l——分别表示模型和实体工程的强度、重度和长度相似比；

S_c、S_t——分别表示单轴抗压和抗拉强度；

脚标 m、p——表示模型和原型的量。

2)相似模拟试验过程

如前所述，影响洞穴稳定性的因素有许多，包括岩性、洞型、地层结构、溶洞顶板厚度、地下水、顶板跨度、裂隙等因素，由于受物理模拟本身条件的限制，这些因素很难都在物理模拟中体现出来。本次试验主要针对洞穴稳定性的影响因素——洞型进行研究，次之研究因素为洞穴顶板厚度和跨度。为达到研究目的，试验采用混合材料，设计几个对比模型，考虑到依托工程施工过程，溶洞上覆荷载采用分级加载。

相似模型材料：选用模型材料除了满足一定的相似关系外，还要满足性能稳、易加工、成本低、无毒害的要求。制备模型时模型材料采用中砂作主集料，42.5 级硅酸盐水泥、石膏和膨胀土作为胶结材料，混合比为水泥：中砂：石膏：膨胀土＝1：3：4.9：1.1，水灰比为 1：5。

模型和模型尺寸：设计模型几何尺寸时也应满足相似关系。为达到试验目的，洞型设计四个对比模型，外形均为方体，洞型设计为椭球、圆球、立方体，为测试洞体内部应力和位移，模型内洞体均开口向下。三个模型顶板厚度为 100mm，另一洞型为椭球的模型顶板厚度为 150mm。在设计模型时，考虑到试验目的，模型内洞体不能设计太小，过小在试验过程中难以监测到洞型的影响，另外受试验设备和时间的限制，模型又不能设计过大。这样设计的模型在试验时边界就会对试验结果有一定的影响。

(1)1 号模型模型外形为 800mm×700mm×500mm，内置长短轴为 300mm×250mm 的半卧式椭球体空洞，开口向下，顶板设计厚度为 150mm。

(2)2 号模型模型外形为 700mm×700mm×500mm，内置长短轴为 350mm×250mm 的半立式椭球体空洞，开口向下，顶板设计厚度为 100mm。

(3)3 号模型模型外形为 700mm×700mm×500mm，内置半经为 250mm 的半球体空洞，开口向下，顶板设计厚度为 100mm。

(4)4 号模型模型外形为 700mm×700mm×500mm，内置为 400mm×500mm×500mm 的立方体空洞，开口向下，顶板设计厚度为 110mm。

模型的主要断面图如图 9.1、图 9.2 所示。

加载系统：采用液压系统加载，人工加压，加载支架为自行设计。由加载传力装置在模型顶部加载模拟施工中的桩基荷载，由逐级加载模拟施工过程，直至模型破坏；加载使用圆形承载板，直径为 140mm，加载位置在模型顶部中心，如图 9.3、图 9.4 所示。

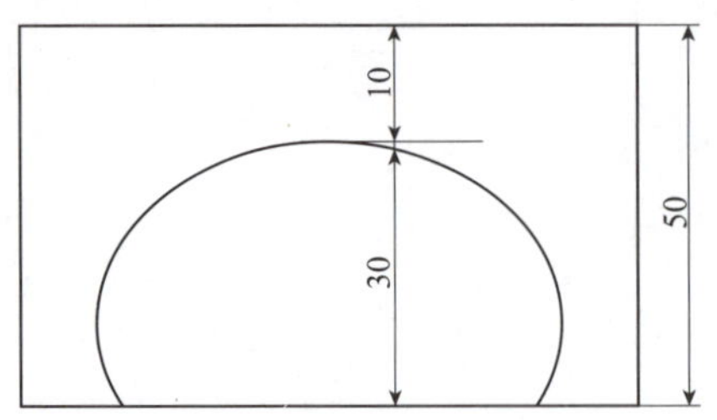

模型1:800mm×700mm×500mm
半卧式椭球洞体：300mm×250mm

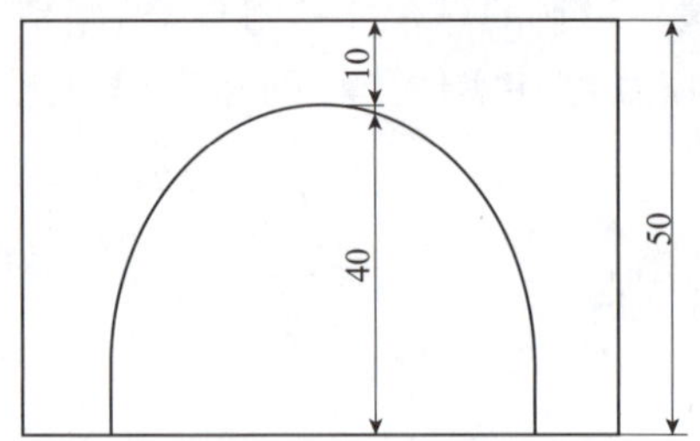

模型2:700mm×700mm×500mm
半立式椭球洞体：350mm × 250mm

图 9.1　模型 1、2 断面示意图

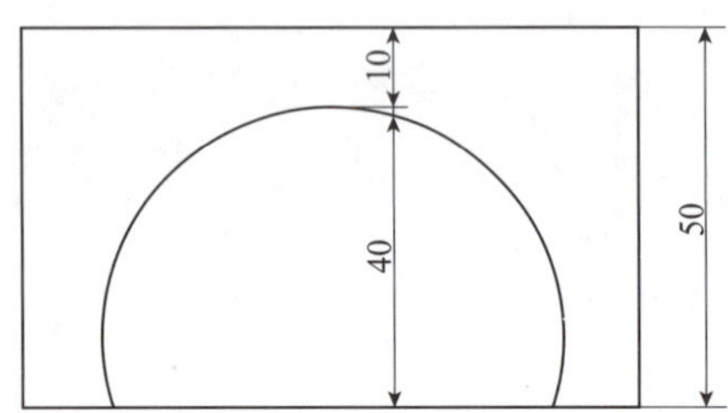

模型3:700mm×700mm×500mm
半圆球洞体：*R*=250mm

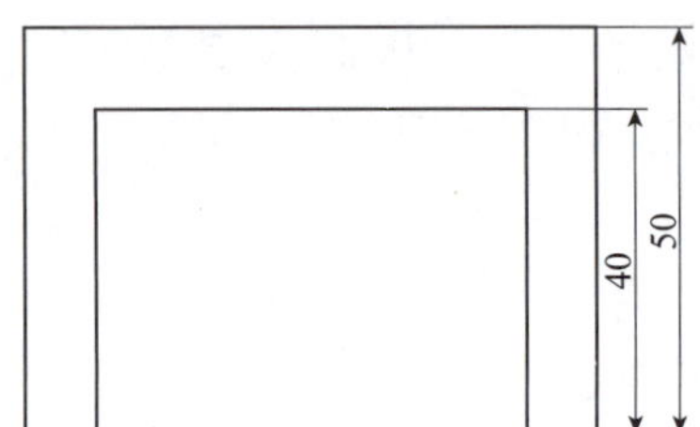

模型4:700mm×700mm×500mm
立方体洞体：400mm×500mm×500mm

图 9.2　模型 3、4 断面示意图(尺寸单位:cm)

图 9.3　模型试验

图 9.4　试验结果

测试仪器:采用百分表量测模型溶洞顶板沉降，BQ120-30AA 型应变片量测模型应变，以验证顶板在加载过程中的应力分布；模型位移采用人工读数，应变读数采用应变仪。模型顶面、洞体内部和模型侧面都设计粘贴应变片，顶面用磁力表座表支架固定三个百分表，测定顶面沉降。

3)试验数据处理

资料分析是试验过程的得到结论的主要手段。在拟定试验方案之前，对试验模型初步进行了数值模拟和资料分析，确定试验中各个模型所加的可能最大荷载和分级所加荷载。资料分析的目的是找出模型顶部所加荷载和位移的关系，并确定各模型的最大承受荷载。

为找出顶板位移与荷载的关系并确定其最大荷载，在顶板上分布三个百分表，其位置见表9.1～表9.4。

1号模型百分表位置　　表9.1

百分表编号	1	2	3
距中心距离(mm)	0	160	230

2号模型百分表位置　　表9.2

百分表编号	1	2	3
距中心距离(mm)	0	120	250

3号模型百分表位置　　表9.3

百分表编号	1	2	3
距中心距离(mm)	0	160	260

4号模型百分表位置　　表9.4

百分表编号	1	2	3
距中心距离(mm)	0	170	260

图9.5～图9.8为模型试验的压力位移曲线，横坐标为模型顶部百分表所在位置位移，纵坐标为各级压力。

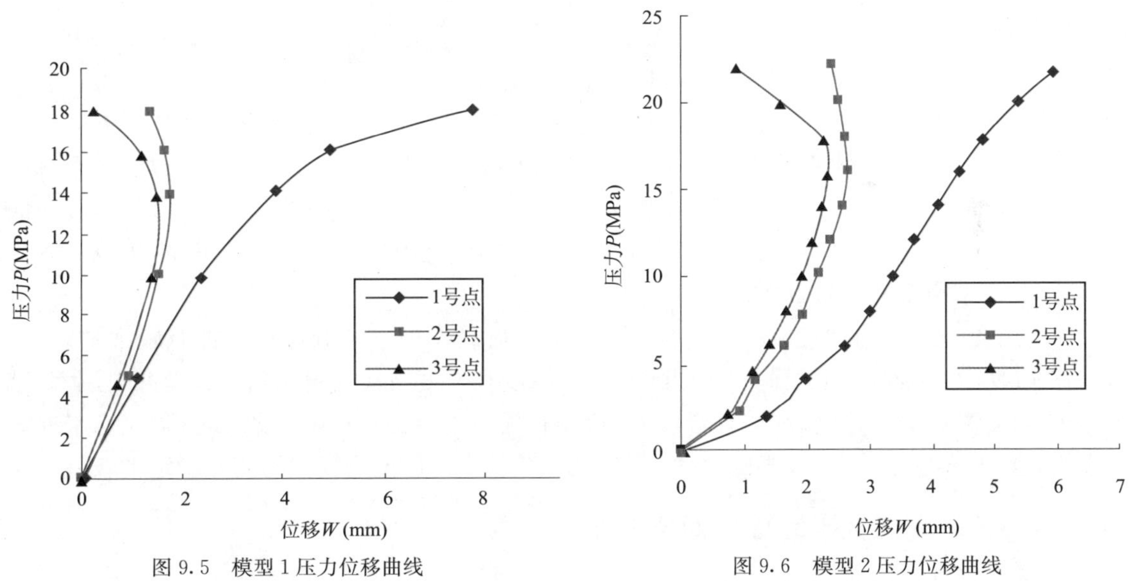

图9.5　模型1压力位移曲线

图9.6　模型2压力位移曲线

由于初步数值模拟与实际模型的差异，试验中四个模型加荷步骤和每一级荷载大小都有所不同，所以出现压力位移曲线图中确定点数的不一致。受模型边界因素和尺寸效应的影响，模型顶部靠近边界的位置会出现“上翘”现象，曲线图中2号和3号点曲线在超过某一数值后位移逐渐减小。

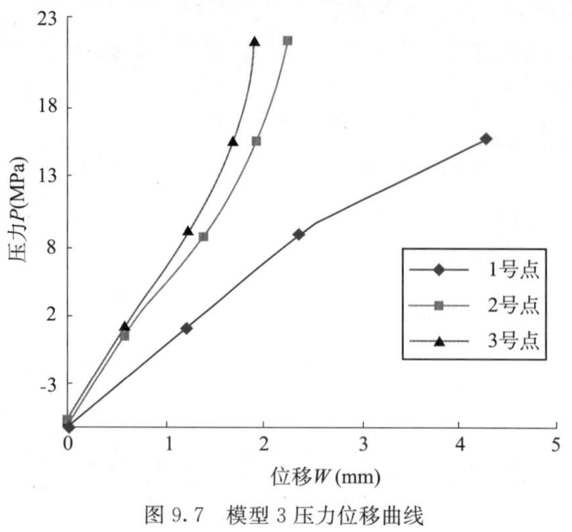

图 9.7　模型 3 压力位移曲线

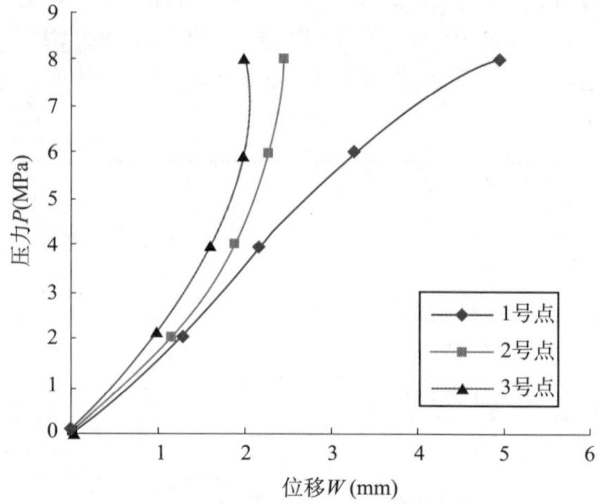

图 9.8　模型 4 压力位移曲线

分析试验的压力位移曲线图和试验过程，可得到如下结论：

(1)根据弹性理论和塑性理论，并考虑到模型的稳定性能，由上面曲线图基本可确定四个模型的最大荷载，模型 1 为 16～18MPa，模型 2 为 14～16MPa，模型 3 为 10～12MPa，模型 4 为 5～6MPa。

(2)对比 2、3 和 4 号模型，在模型顶部厚度一致的情况下，模型中的空洞体形状对模型的最大承受荷载有很大影响，含竖向椭球型空洞模型 2 的最大荷载是含方体型空洞模型 4 的两倍，三个模型的最大承受荷载关系为模型 2(竖向椭球型空洞)＞模型 3(圆球型空洞)＞模型 4(方体型空洞)，同时说明空洞跨度越大的模型承载力越小。

(3)对比模型 1、2，模型 1 承载力略大于模型 2，两者洞型一样，虽然模型 1 跨度大于模型 2，但模型 1 的厚度大于模型 2，说明顶板厚度越大承载力越大。

(4)从试验模型的破坏形态来看，试验完毕检查模型发现，模型顶部裂纹基本从加载面向顶板内沿 45°扩展，直至洞体，模型破坏，而在其他部位很少有裂纹发生，可见在试验室条件下，顶部在模型稳定性中起重要作用。

由此可见，模型内洞型、顶部厚度和跨度都会对荷载作用下的洞体稳定性有较大的影响，那么在实际工程中，对有工程荷载作用的有一定厚度和强度顶板的隐伏洞穴或者开口洞穴，其洞型和顶板厚度同样对其稳定性有着较大的影响，规律为类圆形(椭圆或圆形)洞穴稳定性远大于类方形洞穴稳定性，顶板厚度大的洞穴稳定性较好，而顶板跨度大的洞穴稳定性较差。

9.1.3　不同研究手段成果对比分析

1)数值模型

材料本构模型采用弹塑性非线性模型，屈服条件采用 Drucker-Prager 准则。

(1)Drucker-Prager 准则

Drucker-Prager 塑性屈服准则是对莫尔—库仑准则的简化，它的破坏面在主应力空间为一圆锥，在 π 平面上的截面为一圆。莫尔—库仑准则为常用的准则，但其三向应力屈服面具有角隅性质，致使导数的方向不定，为消除该屈服面的棱线，Drucker 和 Prager 考虑了平均静水压力对岩土屈服的影响，对其进行修正。其屈服表达式为

$$F=\alpha I_1+\sqrt{J_2}-k=0 \tag{9.3}$$

$$\alpha=\frac{\sin\varphi}{\sqrt{3}\sqrt{3+\sin^2\varphi}} \tag{9.4}$$

$$k=\frac{\sqrt{3}c\cos\varphi}{\sqrt{3+\sin^2\varphi}} \tag{9.5}$$

式中：I_1、J_2——分别为应力张量的第一不变量和应力偏张量的第二不变量；

c、φ——分别为岩土体的内聚力和内摩擦角。

(2)本构关系

根据弹塑性理论，岩土体材料进入屈服后，在荷载增量作用下，应变增量可分为弹性应变增量和塑性应变增量两部分，即

$$\mathrm{d}\{\varepsilon\}=\mathrm{d}\{\varepsilon\}^{\mathrm{e}}+\mathrm{d}\{\varepsilon\}^{\mathrm{p}} \tag{9.6}$$

式中：$\mathrm{d}\{\varepsilon\}^{\mathrm{e}}$——弹性应变增量，由虎克定律确定，即

$$\mathrm{d}\{\varepsilon\}^{\mathrm{e}}=[D]^{-1}\mathrm{d}\{\sigma\} \tag{9.7}$$

$\mathrm{d}\{\varepsilon\}^{\mathrm{p}}$——塑性应变增量，由流动法则确定，即

$$\mathrm{d}\{\varepsilon\}^{\mathrm{p}}=\mathrm{d}\lambda\frac{\partial G}{\partial\{\sigma\}} \tag{9.8}$$

$\mathrm{d}\lambda$——塑性乘子；

G——塑性势函数，其表达式为 $G(\sigma_{ij},H_{\mathrm{a}})=0$；

H_{a}——硬化参数。

根据硬化规律和加载条件，可得到应力增量与应变增量的关系为

$$\mathrm{d}\{\sigma\}([D]-[D_{\mathrm{p}}])\mathrm{d}\{\varepsilon\}=[D_{\mathrm{ep}}]\mathrm{d}\{\sigma\} \tag{9.9}$$

式中：$[D_{\mathrm{ep}}]$——弹塑性矩阵；

$[D]$——弹性矩阵；

$[D_{\mathrm{p}}]$——塑性矩阵，且有

$$[D_{\mathrm{p}}]=\frac{[D]\left\{\frac{\partial G}{\partial\sigma}\right\}\left\{\frac{\partial F}{\partial\sigma}\right\}^{\mathrm{T}}[D]}{A+\left\{\frac{\partial F}{\partial\sigma}\right\}^{\mathrm{T}}[D]\left\{\frac{\partial G}{\partial\sigma}\right\}} \tag{9.10}$$

A——反映硬化条件的参数，采用塑性功 $\tilde{\omega}_{\mathrm{p}}$ 硬化规律时，$A=-\left\{\frac{\partial F}{\partial\tilde{\omega}_{\mathrm{p}}}\right\}\{\sigma\}^{\mathrm{T}}\left\{\frac{\partial G}{\partial\sigma}\right\}$。

对于服从相关流动法则的材料，塑性势函数和屈服函数相同，即 $G\equiv F$。于是塑性矩阵为

$$[D_{\mathrm{p}}]=\frac{[D]\left\{\frac{\partial F}{\partial\sigma}\right\}\left\{\frac{\partial F}{\partial\sigma}\right\}^{\mathrm{T}}[D]}{A+\left\{\frac{\partial F}{\partial\sigma}\right\}^{\mathrm{T}}[D]\left\{\frac{\partial F}{\partial\sigma}\right\}} \tag{9.11}$$

2)计算参数与建模

根据室内试验结果，并参阅类似材料试验数值模拟所采用的参数，数值模拟采用如下力学

材料对试验中洞穴的稳定性进行分析。所有计算均由 ANSYS 软件完成。具体计算所取参数如表 9.5 所示。

计算参数表　　表 9.5

计算参数	弹性模量(kPa)	泊松比	密度(g/cm³)	内摩擦角(°)	内聚力(kPa)
数值	520 000	0.18	14.8	40	430

在数值模拟时,受数值模拟特性的限制,不能对各级加载都进行计算,所以加荷采用物理模型的最大承受荷载一次加荷;位移边界条件和物理试验一致,模型底部为固定位移;数值分析采用 Drucker-Prager 模型,模型材料按均质各向同性的连续弹性体考虑;数值模型采用 3-D 模型,变形假定为小变形;模型单元采用 Solid45 单元,网格划分不能过密,要满足计算所需要的精度。图 9.9 是模型 1 的网格划分图。图 9.10 为加荷变形的网格图。图 9.11 为位移等值线图。

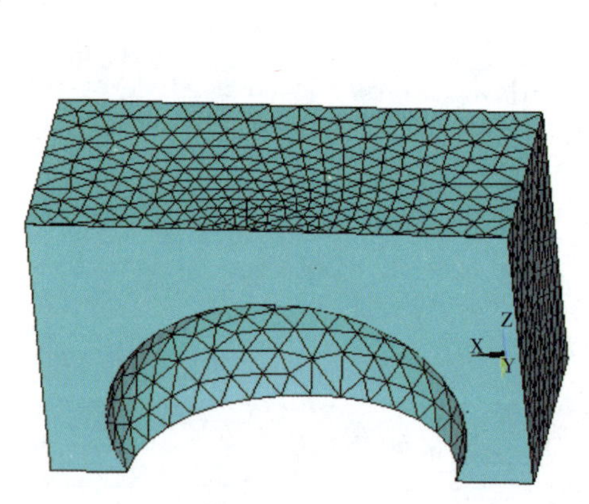

图 9.9　模型 1 网格

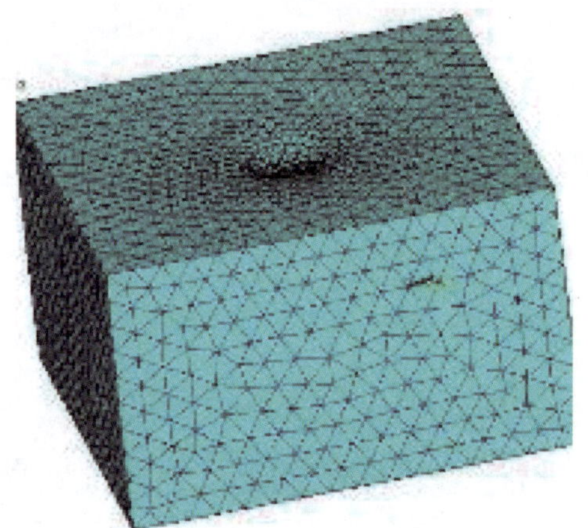

图 9.10　加荷变形的网格图

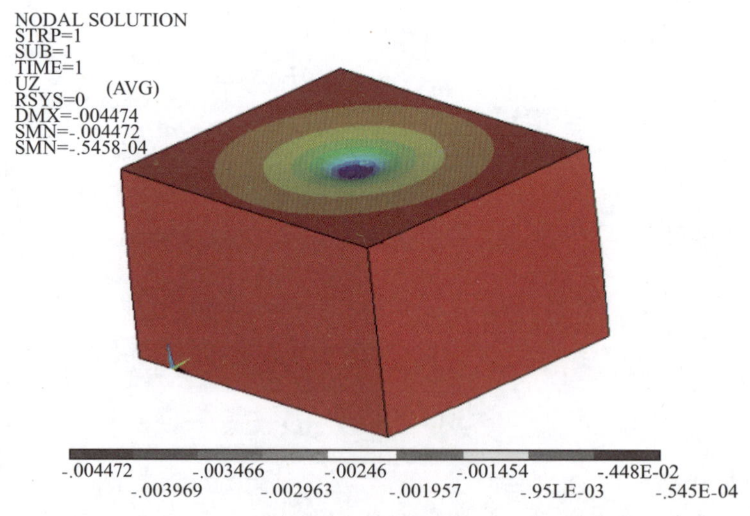

图 9.11　位移等值线图

3)模拟结果分析

从物理试验得知,洞型、洞穴顶部对洞穴稳定性起主要甚至是控制作用,在数值模拟时,对各模型加载采用物理试验中最大承受荷载,这也体现了洞型和洞穴顶部的影响。在下面的资料分析中,仅考察洞穴顶部的位移分布与应力分布状况,这样可得到洞穴顶部对稳定性影响的固有规律。

(1)模型 1(含卧式椭球洞穴)

选取模型顶部中心位置至角点的资料,得到位移曲线图(图 9.12),沿同样路径得到模型顶部应力曲线(图 9.13)。

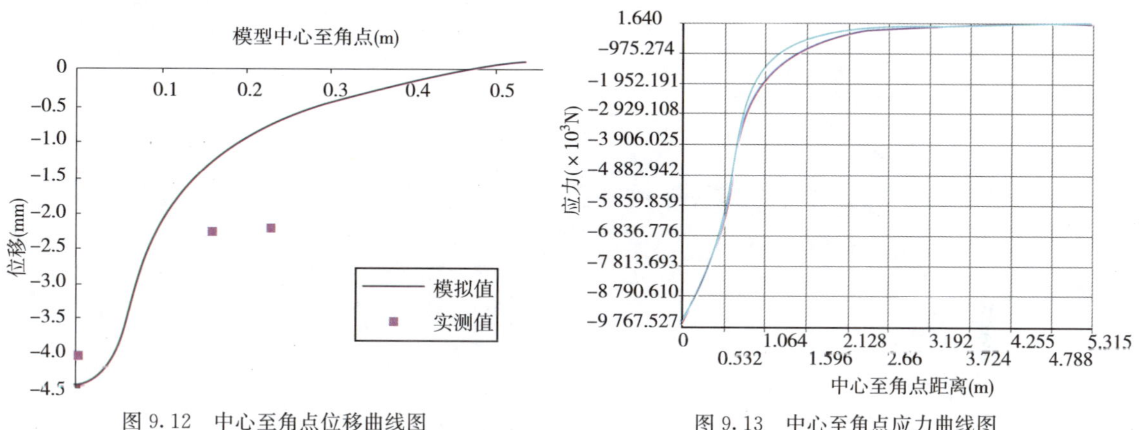

图 9.12　中心至角点位移曲线图　　图 9.13　中心至角点应力曲线图

选取横断面上顶部数据,可得到同样的位移和应力曲线(图 9.14、图 9.15)。

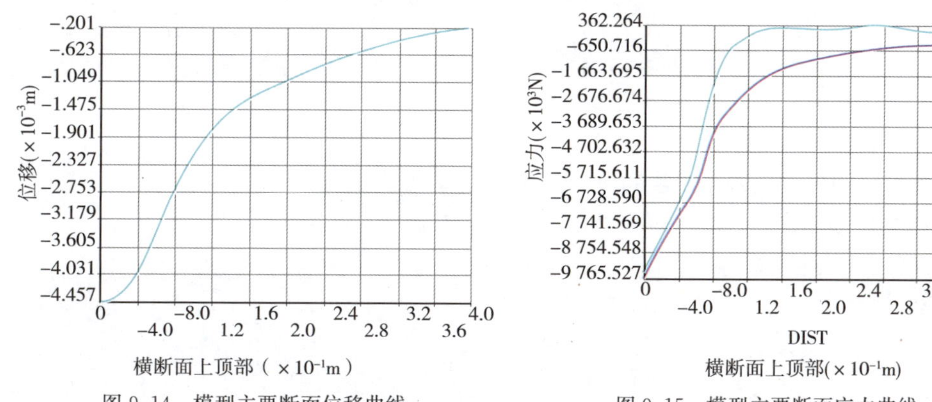

图 9.14　模型主要断面位移曲线　　图 9.15　模型主要断面应力曲线

(2)模型 2(含立式椭球洞穴)

同样选取模型顶部中心位置至角点的资料,得到位移曲线图(图 9.16),沿同样路径得到模型顶部应力曲线(图 9.17)

(3)模型 3(含半圆球洞穴)

选取模型顶部中心位置至角点的资料,得到位移曲线图(图 9.18),沿同样路径得到模型顶部应力曲线(图 9.19)。

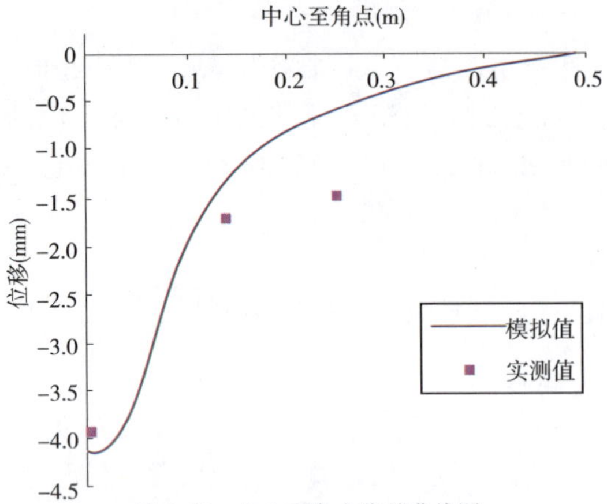

图 9.16　中心至角点位移曲线图

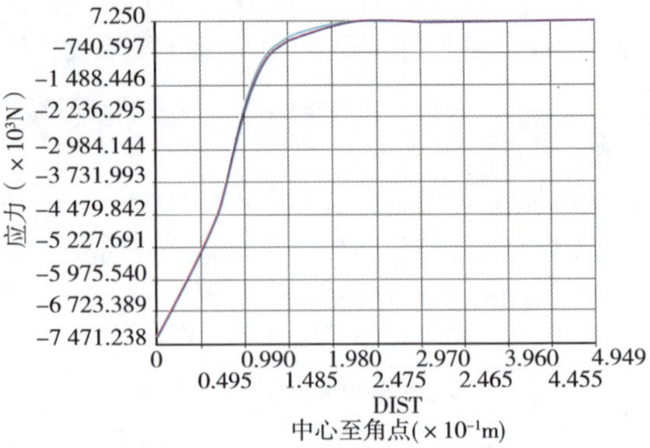

图 9.17　中心至角点应力曲线图

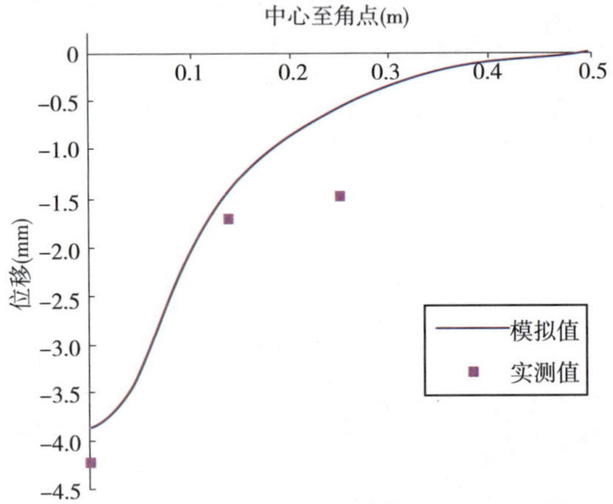

图 9.18　中心至角点位移曲线图

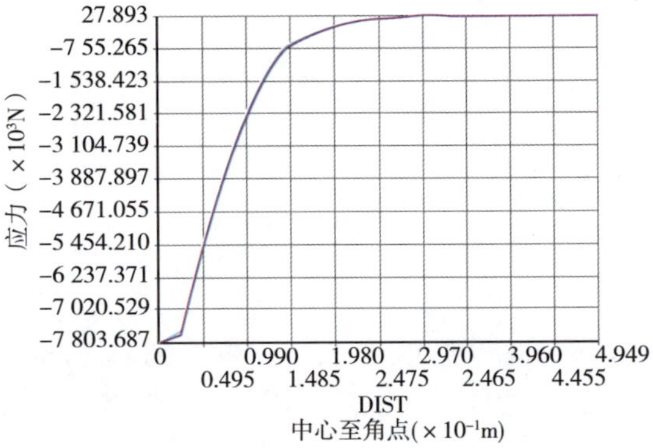

图 9.19　中心至角点应力曲线图

(4)模型 4(含立方体洞穴)

选取模型顶部中心位置至角点的资料,得到位移曲线图(图 9.20),沿同样路径得到模型顶部应力曲线(图 9.21)

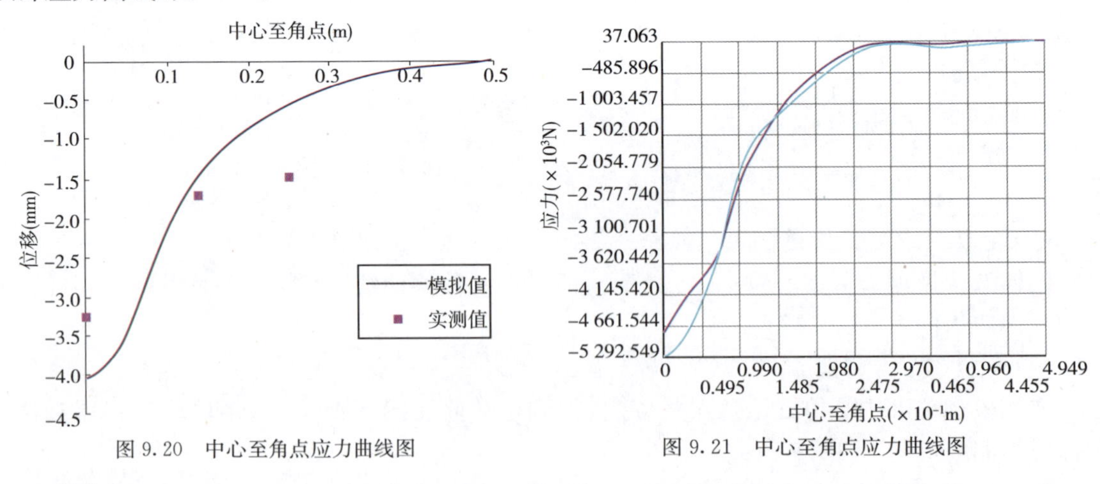

图 9.20　中心至角点应力曲线图

图 9.21　中心至角点应力曲线图

4)分析

从模型顶部的位移曲线形状来看，都具有三次函数的分布规律，可用三次回归函数来刻化，其刻化函数为

$$w=ax^3+bx^2+cx+d \tag{9.12}$$

式中：w——模型顶部位移函数；

a、b、c、d——回归系数；

x——距加载中心的距离。

图 9.22 和图 9.23 是模型 2 和 3 的位移回归图。

从图 9.22 和图 9.23 可看出，模型顶部应力基本为拉力，均为负值，则可判断在试验室条件下，试件是受拉而破坏的；并且应力随着距加载中心的距离呈负指函数而急剧减少，当超过加载直径距离时应力减少 50% 以上，可见所加荷载在顶部的影响主要在一倍加载直径范围内。

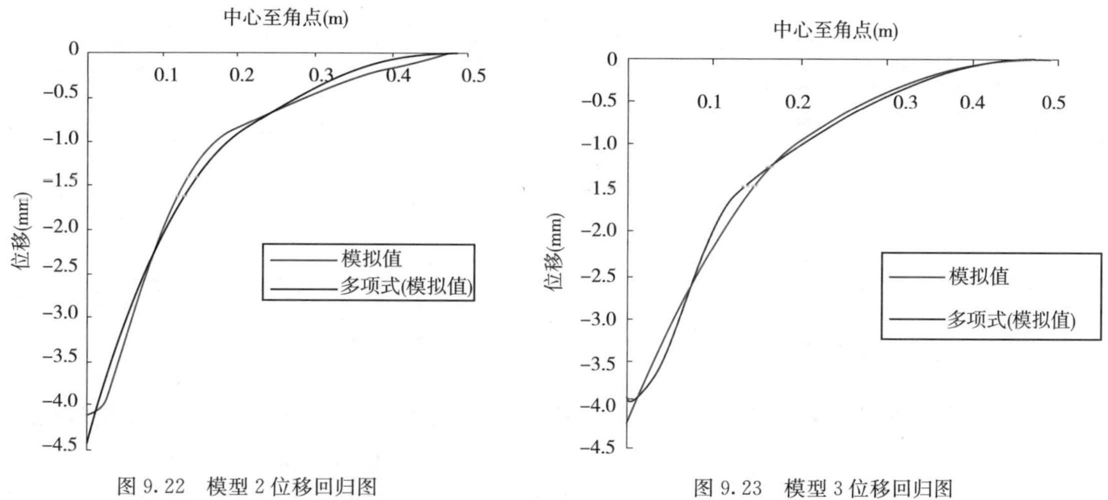

图 9.22　模型 2 位移回归图　　图 9.23　模型 3 位移回归图

模型顶部的位移曲线随着距加载中心的距离增大而降低，也说明所加荷载对模型顶部的影响主要在加载位置附近。

对比模拟试验位移曲线和实测值，它们具有同样的趋势，随着距加载中心的距离增大而降低，但是两者稍有偏差，两者的偏差是因为数值模拟所采用的参数不能完全考虑实际的因素，数值计算也难以完全刻画物理试验。

9.2　溶洞大小和隧道相对位置对隧道稳定性的敏感性分析

在岩溶地区进行隧道工程施工时，影响隧道工程稳定性的因素很多，其中主要的包括岩溶水的影响、溶洞的大小和隧道的相对位置、围岩的特性等，在实际的分析中，很难对于各个影响因素进行定量，得出敏感性分析指标。本节重点讨论溶洞的大小和隧道的相对位

置对于隧道的稳定的影响,以及不同条件下围岩变形特性的影响分析。具体采用有限元方法对在隧道底部、顶部和侧面的不同位置存在不同大小的溶洞时,岩溶分布对于隧道的稳定和变形进行分析,分析中采用平面应变模型,并根据有限元分析结果对岩溶尺寸、距离与围岩位移、应力及稳定性的关系进行讨论,以评价溶洞的尺寸和隧道的相对位置对围岩稳定性的影响。

在平面应变有限元分析中,将溶洞简化为圆形,且溶洞中心与隧洞的中心重合,溶洞的尺寸便仅通过空洞宽度 W 表示。图 9.24、图 9.25 分别为讨论隧道底部溶洞、隧道顶部溶洞、隧道侧部溶洞影响时所采用的分析计算模型。图中:B 为隧道宽度;h 为隧道高度;H 和 L 为溶洞与隧道的垂直与水平距离。

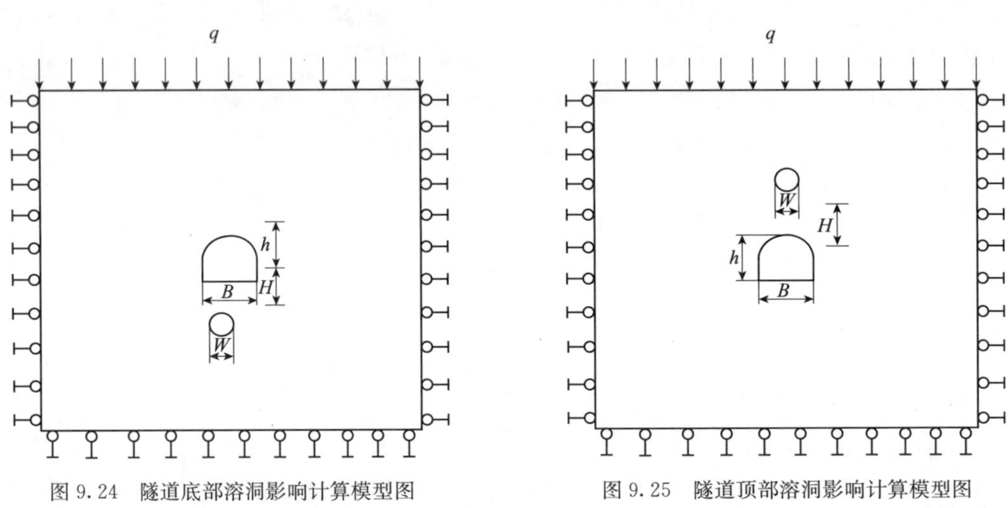

图 9.24 隧道底部溶洞影响计算模型图

图 9.25 隧道顶部溶洞影响计算模型图

在图 9.24～图 9.26 有限元分析模型中,模型边界条件为:底部采用位移边界条件,即水平和垂直方向的位移均约束;侧面水平方向位移约束;上部施加均布荷载。采用 8 节点四边形等参单元,岩石材料采用 Drucker-Prager 屈服准则,进行非线性静力分析。模型的尺寸的取

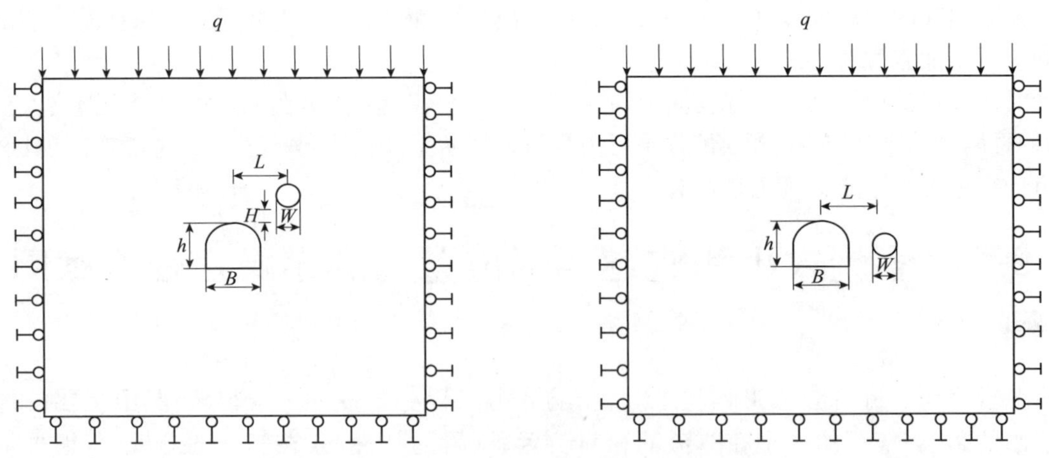

图 9.26 隧道侧面溶洞影响计算模型图

值水平方向大于 40 倍隧道宽度，竖直方向大于 20 倍隧道宽度，在整个分析中，隧道开挖宽度取 12m，开挖高度 8.8m。

溶洞围岩假定为均质各向同性的弹塑性材料，采用线性 Drucker-Prager 屈服准则，假定为非关联塑性流动，计算中膨胀角 ψ 取为 0。为了使得分析结果更具有代表性，与岩溶桥梁桩基和条形基础稳定分析相一致，并且由于仅讨论岩溶对于隧道稳定性的影响因素，采用三种典型岩体参数的中等强度岩体来进行分析，该岩体材料的特性参数如表 9.6 所示。

计算中通过单元"生"、"死"的处理功能模拟隧道的开挖过程，根据溶洞与隧道的空间位置分别计算隧道底部溶洞、隧道侧部溶洞、隧道顶部溶洞多种工况，以研究隧道溶洞的大小和距离对隧道围岩稳定性的影响。

溶洞围岩岩体材料的特性参数表　　表 9.6

岩 体 名 称	非常坚硬岩体（岩体 1）	中等强度岩体（Ⅴ级）	强度很低岩体（岩体 3）
岩石强度 σ_{ci}(MPa)	150	80	20
Hoek-Brown 常数 m_i	25	12	8
地质强度指数 GSI	75	50	30
摩擦角 φ	46	33	24
内聚力 c(MPa)	13	3.5	0.55
岩体抗压强度 σ_{cm}(MPa)	64.8	13	1.7
岩体抗拉强度 σ_{tm}(MPa)	−0.9	−0.15	−0.01
变形模量 E_m(MPa)	42 000	9 000	1 400
泊淞比 υ	0.2	0.25	0.3
膨胀角 ψ	$\varphi/4=11.5$	$\varphi/8=4.12$	0

9.2.1　隧道底部溶洞对围岩特性的影响

为了分析隧道底部溶洞的大小和距离对围岩稳定性的影响，分别计算了位于隧道底部正下方直径为 2m 和 4m、距离为 1～6m 的多个模型，所施加的均布荷载按照 10MPa 考虑，所模拟的隧道为深埋隧道。图 9.27 为所采用的分析计算模型，计算条件列表如表 9.7 所示。

隧道底部溶洞对围岩特性的影响计算条件列表　　表 9.7

计算编号	围岩级别	溶洞尺寸 W(m)	溶洞与隧道底部距离 H(m)	开挖方式
1～6	Ⅴ级	2	1～6	全断面开挖
7～12	Ⅴ级	4	1～6	

计算采用全断面开挖方式，有限元分析可以获得围岩内部应力场和位移场以及塑性区的分布状况，在讨论溶洞大小和位置这些因素对隧道稳定性影响时，没有必要将所有结果进行讨

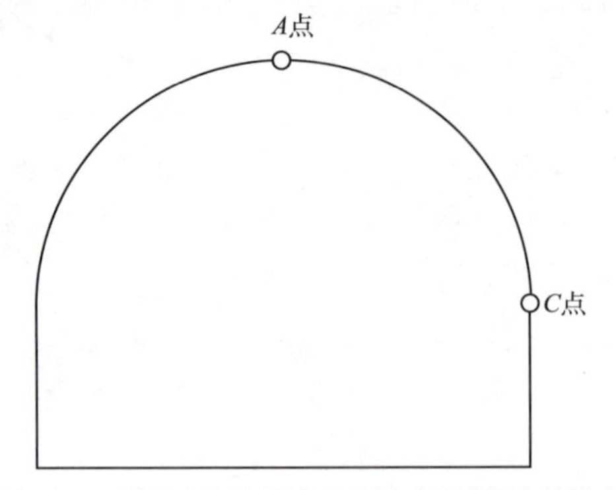

图 9.27 隧道底部溶洞影响分析时隧道周边关键点

论，这里主要选择隧道周边的特征点在不同条件下的特性进行讨论。在对隧道底部溶洞影响进行分析时，选择隧道顶部 A 点和侧壁 C 点进行讨论，在隧道周边选择的特征点如图 9.27 所示。

1）隧道周边释放位移变化特征

图 9.28、图 9.29 为隧道顶部 A 点和侧壁 C 点开挖释放位移与不同大小溶洞及分布距离的关系曲线，图中横坐标 H 为溶洞与隧道的垂直距离，纵坐标为不同条件下特征点的释放位移数值，其中 X 方向（水平方向）的位移用 U 表示，Y 方向（垂直方向）的位移用 S 表示。

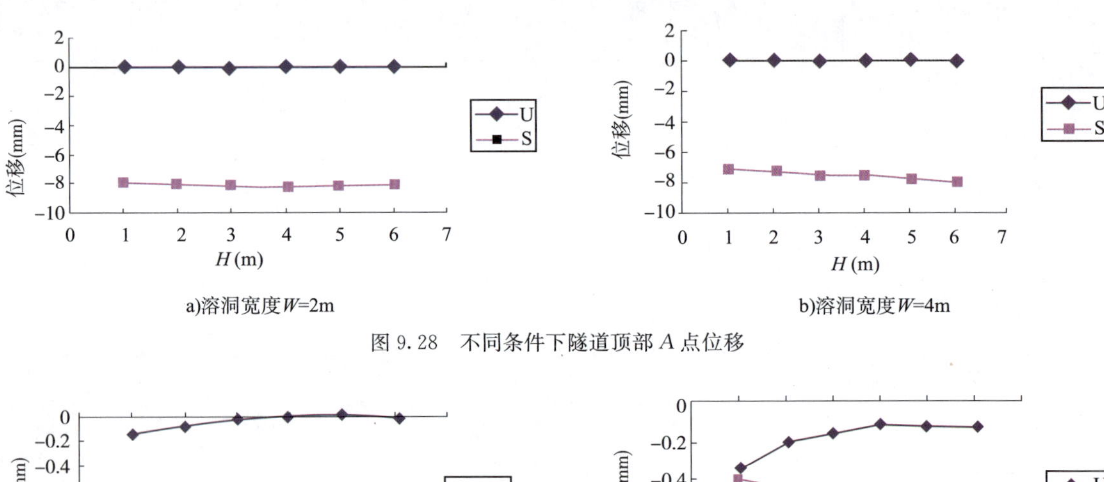

图 9.28 不同条件下隧道顶部 A 点位移

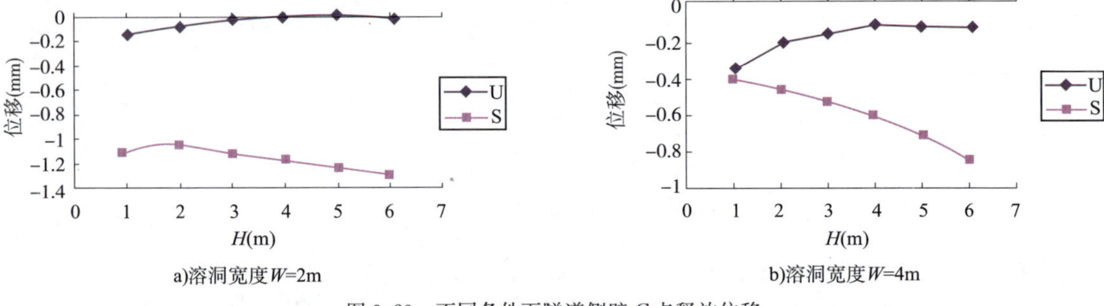

图 9.29 不同条件下隧道侧壁 C 点释放位移

对图 9.28～图 9.29 进一步的分析，可以得到隧道周边位移随底部岩溶分布的变化特征：

(1)从图 9.28 中 A 点的开挖释放位移曲线可以看出，隧道底部的岩溶分布对隧道拱顶的水平位移没有影响，当溶洞宽度 W 从 2m 变化到 4m 时，由于隧道和溶洞几何尺寸的对称性，A 点的开挖释放位移均为 0。但是由于底部溶洞的影响，隧道拱顶的垂直位移，即拱顶下沉量随溶洞距离的增大有微弱的增大，即有溶洞时的拱顶下沉量比无溶洞时要大。

(2)从图 9.29 中 C 点的开挖释放位移曲线可以看出，由于隧道底部溶洞的存在，使得隧道侧面的水平位移增大，随距离的增加水平位移减小，随溶洞尺寸的增大水平位移明显增大。而竖向位移恰好相反，随溶洞与隧道底部的距离的增加而增大，随溶洞的尺寸的加大而减小。

2)隧道周边的应力场的变化

图 9.30 为隧道周边 A 特征点的应力分量随溶洞离隧道底部距离的增加而变化的曲线。

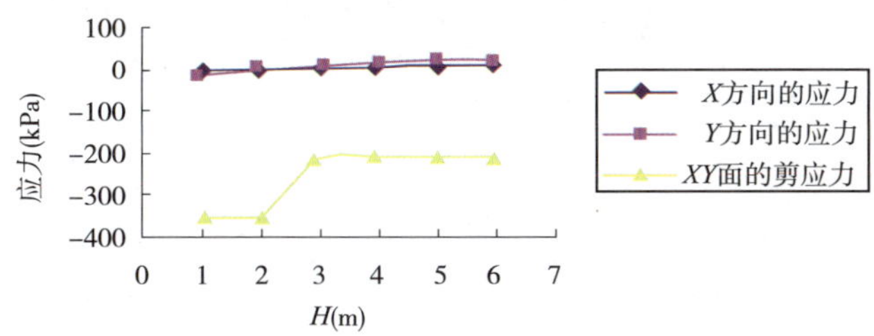

图 9.30　不同条件下隧道拱顶 A 点应力变化(溶洞宽度 $W=2$m)

图中压应力为正，拉应力为负。可以看出，隧道底部岩溶除了对隧道墙脚的应力值有所提高外，对隧道周边的其他点的应力值影响甚微。

由此可见，可以得到以下初步结果：

(1)从隧道周边开挖释放位移的大小来看，隧道底部的溶洞主要影响隧道底面的竖向位移，而对拱顶及侧面的变形影响较小。隧道底部的开挖释放位移在没有溶洞时是向洞内隆起，当有溶洞时，这种隆起位移将增大；这种增大的量随溶洞直径的增大而增大，随溶洞远离隧道底部而减小。这是由于溶洞周边本身存在应力集中，由于隧道的开挖使集中应力释放造成。

(2)隧道底部的岩溶对隧道拱顶变形的影响集中表现在下沉量的变化，它随溶洞距离的增大而增大，随溶洞尺寸的增大而减小。隧道底部溶洞的存在，使得隧道侧面的水平位移增大，并随距离的增加而减小，随溶洞尺寸的增大水平位移增大。而竖向位移却随溶洞与隧道底部的距离的增加而增大，随溶洞的尺寸的加大而减小。

(3)隧道底部溶洞对围岩应力的影响主要表现在隧道墙脚的应力值的提高，而对隧道周边的其他点的应力值影响甚微。

9.2.2　隧道侧部溶洞对围岩特性的影响

为了分析隧道侧部溶洞的大小和距离对围岩稳定性的影响，分别计算了位于隧道侧面45°和正侧面直径为2～6m、距离为1～10m的多个模型。所施加的均布荷载也按照10MPa考虑。图 9.31 为所采用的分析计算模型，计算条件列表如表 9.8 所示。

隧道侧面溶洞对围岩特性的影响计算条件列表　　　　表 9.8

计算编号	围岩级别	溶洞尺寸 W(m)	溶洞与隧道拱顶距离(m)	开挖方式
13～20	Ⅴ级	2	2～10	全断面开挖
21～27	Ⅴ级	4	2～12	
28～33	Ⅴ级	6	2～12	

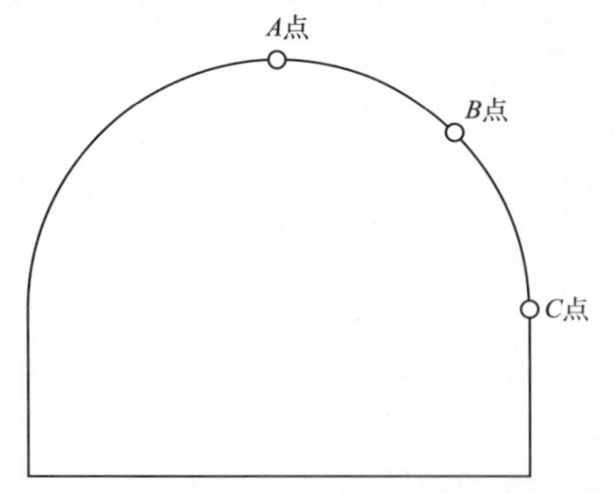

图 9.31　隧道侧面溶洞影响分析时隧道周边关键点

计算采用全断面开挖方式，同样有限元分析可以获得围岩内部应力场和位移场以及塑性区的分布状况，在讨论溶洞大小和位置这些因素对隧道稳定性影响时，也没有必要将所有结果进行讨论，这里主要选择隧道周边的特征点在不同条件下的特性进行讨论。与隧道底部溶洞影响分析类似，在选择隧道拱顶 A 点和侧壁 C 点的基础上，增加与水平方向成 45°方向的拱部 B 点进行讨论，在隧道周边选择的特征点如图 9.31 所示。

1）45°方向溶洞对围岩稳定性影响

这里列出当 45°方向溶洞存在时隧道周边位移的变化特征，图 9.32、图 9.33、图 9.34 为开挖所产生的位移与不同大小溶洞及分布距离的关系曲线，很明显，隧道拱顶下沉位移和水平位移随溶洞距离的增大而减小。

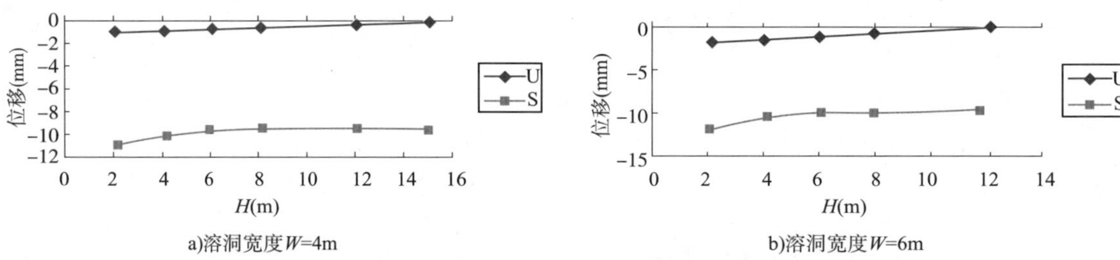

a)溶洞宽度 W=4m　　b)溶洞宽度 W=6m

图 9.32　不同条件下隧道拱顶 A 点位移与隧道和溶洞之间距离关系

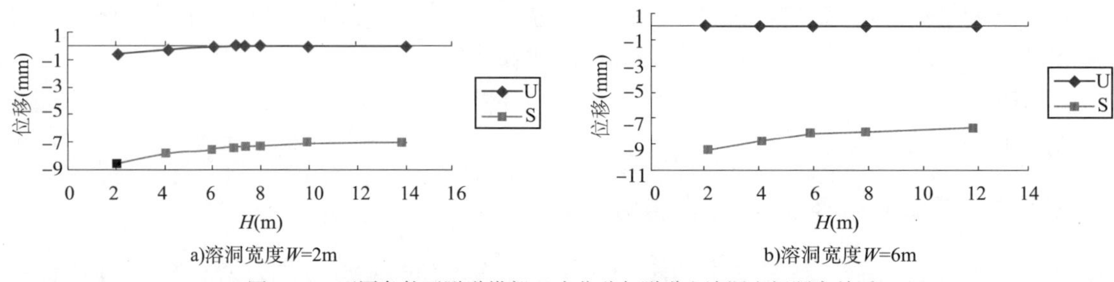

a)溶洞宽度 W=2m　　b)溶洞宽度 W=6m

图 9.33　不同条件下隧道拱部 B 点位移与隧道和溶洞之间距离关系

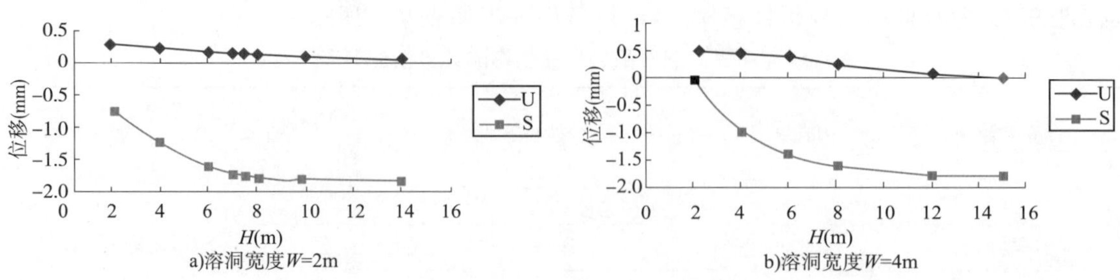

a)溶洞宽度 W=2m　　b)溶洞宽度 W=4m

图 9.34　不同条件下隧道侧壁 C 点位移与隧道和溶洞之间距离关系

在溶洞距离相同的条件下，溶洞越大，拱顶下沉位移和水平位移越大。拱顶水平位移方向正好与溶洞位置相反（为负）。计算的位移随溶洞距离增加而减小，随溶洞的大小增加而增大。水平位移方向与溶洞的位置相反，竖向位移向上。隧道 B 点的竖向位移受溶洞的影响与拱顶下沉位移具有相同的规律，水平位移方向与溶洞的位置相反，且随溶洞的增大而减小。隧道 C 点的竖向位移随溶洞的距离的增加而加大，并趋近于一个恒定值，表明 45°方向的溶洞的存在，使 C 点的竖向位移减小。而水平方向位移随溶洞的距离的增加而减小。竖向位移和水平位移均随溶洞的增大而减小。

2）隧道正侧面方向溶洞对围岩稳定性影响

同样这里列出当隧道正侧面方向溶洞存在时隧道周边位移的变化特征，图 9.35、图 9.36、图 9.37 为开挖释放位移与不同大小溶洞及分布距离的关系曲线，图中的横坐标为溶洞与隧道边沿的水平距离，采用 LL 表示。

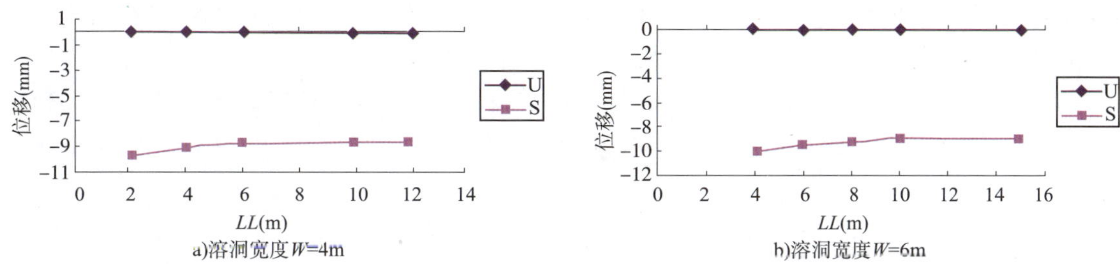

图 9.35　不同条件下隧道拱顶 A 点位移与隧道和溶洞之间距离关系

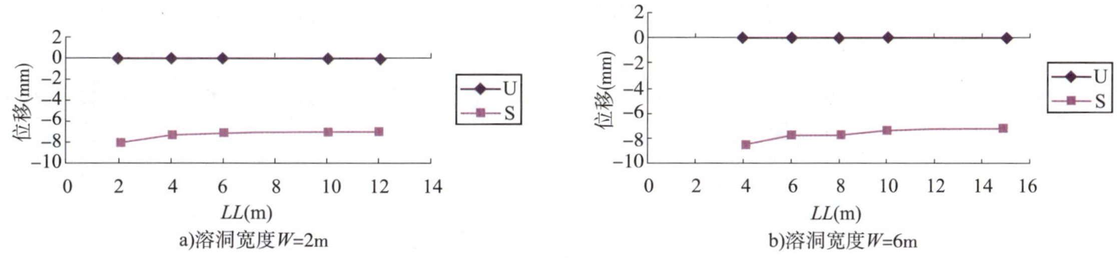

图 9.36　不同条件下隧道拱部 B 点位移与隧道和溶洞之间距离关系

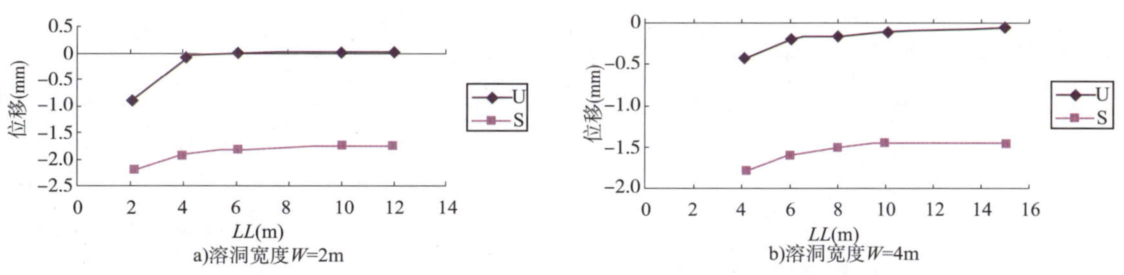

图 9.37　不同条件下隧道侧壁 C 点位移与隧道和溶洞之间距离关系

正侧面的溶洞对隧道拱顶下沉位移和水平位移的影响与 45°方向的溶洞的影响相同，随溶洞距离的增大而减小，随溶洞尺寸的增大而增大。但正侧面的溶洞由于距离拱顶的距离比 45°方向要大，故释放位移相应减小。隧道 B 点的竖向位移受溶洞的影响与拱顶下沉位移具有相同的规律。两点水平位移方向与溶洞的位置相反，且随溶洞的增大而减小。隧道 C 点的竖向位移随溶洞的距离的增加而加大，并趋近于一个恒定值，表明正侧面方向的溶洞的存在，使 C 点的竖向位移减小。而水平方向位移随溶洞的距离的增加而减小。竖向位移和水平位移均随溶洞的增大而减小。

通过对隧道正侧面和 45°方向的溶洞对隧道围岩稳定性的影响分析，可得出隧道侧面岩溶分布对隧道影响主要表现在以下几个方面：

(1)隧道拱顶下沉位移和水平位移随溶洞距离的增大而减小。在溶洞距离相同的条件下，溶洞越大，拱顶下沉位移和水平位移越大。拱顶水平位移方向正好与溶洞位置相反(为负)。

隧道底部的位移受溶洞的影响较小，位移随溶洞距离增加而减小，随溶洞的大小增加而增大。总体趋势上反映出拱顶释放位移受溶洞的影响比隧道底部位移受溶洞的影响大。正侧面的溶洞对隧道拱顶下沉位移和水平位移的影响比 45°方向的溶洞的影响要小，这是由于正侧面的溶洞距离拱顶的距离比 45°方向要大，故释放位移相应减小。

(2)45°方位的溶洞使隧道的拱脚处围岩有向外变形的趋势，而正侧面溶洞使隧道的拱脚处围岩有向内变形的趋势。同时隧道侧面的溶洞引起隧道产生偏压现象，塑性区向有溶洞一侧发展。

9.2.3 隧道顶部溶洞对围岩特性的影响

当隧道顶部存在溶洞时，特别要注意开挖过程中引起围岩的变形而导致岩溶水冒出的现象。这里只从力学角度，不考虑岩溶水的影响，仅仅将溶洞作为空洞，分析隧道顶部溶洞的大小和距离对围岩稳定性的影响。计算中讨论了位于隧道顶部正上方直径为 2～6m、距离为1～14m 的 36 个模型，所施加的均布荷载按照 10MPa 考虑。图 9.38 为所采用的分析计算模型，计算条件列表如表 9.9 所示。

隧道顶部溶洞对围岩特性的影响计算条件列表 表 9.9

计算编号	围岩级别	溶洞尺寸 W(m)	溶洞与隧道顶部距离 H(m)	开挖方式
34～46	Ⅴ级	2	1～14	全断面开挖
47～59	Ⅴ级	4	1～12	
60～72	Ⅴ级	6	1～12	

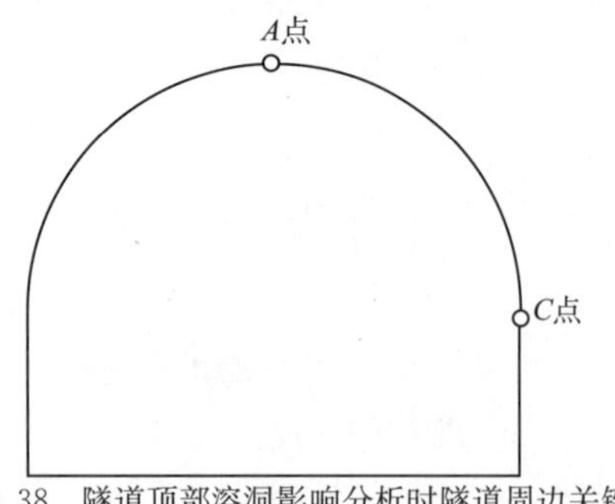

图 9.38 隧道顶部溶洞影响分析时隧道周边关键点

选择隧道周边的特征点时，与隧道底部溶洞影响分析时相似，选择隧道顶部 A 点和侧壁 C 点进行讨论，在隧道周边选择的特征点如图 9.38 所示。

1)隧道周边位移变化特征

图 9.39 给出了当随隧道顶部存在不同直径的溶洞时，至拱顶距离增加的各特征点因开挖而产生的竖向释放位移而变化曲线。

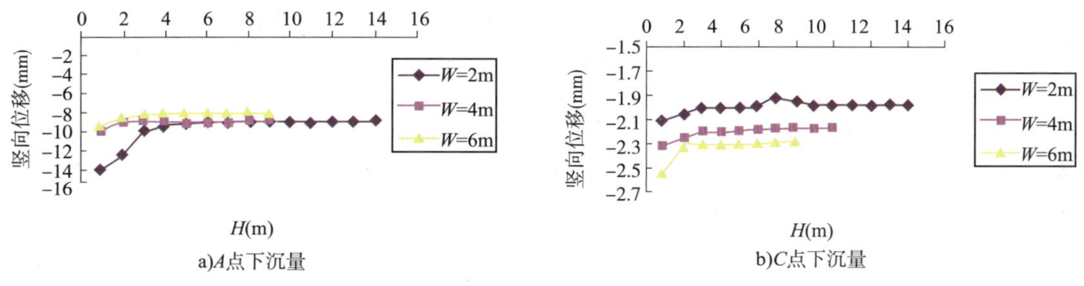

图 9.39　不同溶洞尺寸时隧道开挖特征点下沉量与溶洞和拱顶距离关系曲线

根据计算结果有如下规律：

(1)开挖引起的隧道顶部的拱顶下沉位移受溶洞的影响较大；而水平释放位移(切向位移)不受影响。隧道侧壁的 C 点沿 X、Y 方向的位移均受到溶洞的影响，但 X 方向的位移小于 Y 方向的位移。

(2)所有受影响的释放位移均有相同的变化趋势，随着溶洞至隧道拱顶距离的增大而增大，并逐渐趋于一常数值，而这一常数正好是无溶洞分布时的相应点的位移。

(3)根据释放位移与岩溶分布之间的变化特征，获得了岩溶分布与释放位移的之间的关系。从图 9.39 可以看出，位于隧道顶部上方的溶洞越大，在拱顶附近引起的周边释放位移越小；而在隧道侧壁及底部引起的释放位移随溶洞的增大而增大。说明隧道顶部的溶洞对隧道拱顶的开挖释放位移具有抑制作用。这表明溶洞本身成拱，减少了隧道顶部的应力集中现象。

2)隧道周边应力变化特征

图 9.40 为当溶洞的宽度为 2m 时($W=2$m)，隧道开挖引起的隧道周边应力与溶洞和拱顶距离关系曲线。从应力的变化规律来看，在隧道顶部周边的切向应力随溶洞的距离的增大而减小；隧道侧壁和底部的应力受隧道顶部的溶洞的影响不明显。

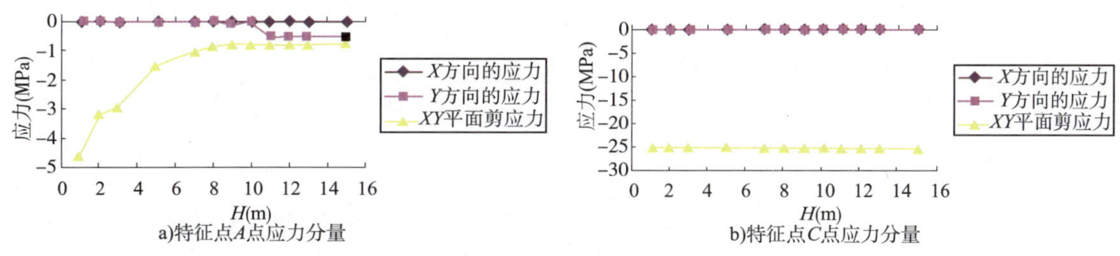

图 9.40　隧道开挖特征点应力分量与溶洞和拱顶距离关系曲线

根据计算结果有如下规律：

(1)随隧道顶部溶洞距离的增大，围岩稳定性增强。溶洞对隧道竖向位移的影响明显大于对水平位移的影响，这与隧道承受的主要是垂直荷载有关。

(2)溶洞距离影响的分界线大约为溶洞直径的 2～4 倍，超过此范围，溶洞对围岩的影响可以忽略不计,由此可以确定出隧道顶部溶洞对围岩稳定性影响的极限距离。

(3)溶洞直径与围岩开挖释放位移的关系,与通常的认识是不一致的。拱顶附近的周边释放位移与溶洞的大小成反比;而隧道侧壁及底部的释放位移与溶洞的尺寸成正比。说明隧道顶部的溶洞对隧道拱顶的开挖释放位移具有一定的抑制作用。

(4)溶洞对二次应力场的影响主要表现在隧道顶部周围的切向应力随溶洞的距离的增加而减小;随溶洞的尺寸的增大而增大。隧道侧壁与底部的应力场受隧道顶部溶洞的影响不明显。

第10章

崇遵高速公路夏家庙隧道岩溶坍塌与处置工程实例分析

10.1 隧道工程地质评价与设计、施工及坍塌分析

中国西部南出海大道崇遵高速公路第十七合同段夏家庙隧道，全长 675m，位于贵州省遵义市红花岗区忠庄镇，为高速公路上的双洞汽车单向行驶直线隧道。隧道地表高程在 889～1 015m之间，隧道进口路面高程为 893.02m，出口路面高程为 876.82m，纵坡坡度为 2.4%，隧道最大埋深为 130.03m，隧道设计建筑界限(宽×高)10.5m×5m，衬砌半径 5.45m，行车时速 80km，设计标准按《公路工程技术标准》(JTG B01—2014)山岭重丘区高速公路隧道标准进行设计，交通组织拟采用划线方式组织车流，以保交通安全。

根据勘测资料，该隧道洞身围岩变化比较复杂，成洞条件较差，隧道按“新奥法”施工进行设计，隧道初砌设计采用复合型与各围岩分类相对应。整个隧道有五段不良地质地段，共计 280m。

此外，由于该隧道通过贵州喀斯特岩溶发育区，溶洞群较大，较多溶洞群之间相互贯通，并且大部分与地表相连，隧道局部地段岩体破碎完整性差，隧道内有大量渗水，也受大气降水及地表水影响，在雨季渗水更为严重，所以防水方式采用分区复合防水。至 2002 年 10 月动工以来，到 2003 年 4 月份，隧道左线一共出现了大小不等的溶洞十余个，局部坍塌两次，由于地质条件复杂多变，施工不可预见性因素多，施工安全难以保证。近半年的时间进尺仅有 153m。特别是 2003 年 4 月施工至 K122＋407 时，洞内发生大体积坍方，地表发生大面积沉陷，对已作好初期支护的 K122＋435～K122＋407 产生侧压，拱部大面积出现裂纹，拱顶下沉量严重超出设计和规范的要求，存在严重的安全隐患。

10.1.1 左幅隧道工程地质评价

(1)K121＋885～K121＋910 段，段长 25m，为隧道进口段，埋深 5.00～23.00m，隧顶板处于泥岩及泥质粉岩中，岩层呈单斜产出，强至中风化，微节理、节理发育，岩体破碎，呈碎石状压碎结构，围岩属Ⅴ级岩石，隧道洞口顶板较薄，开挖后易引起洞顶坍塌，建议明挖，洞口移至＋900m处。

(2)K121＋910～K121＋945 段，段长 35m，洞身处于中层状石英砂岩中，岩石呈中风化。节理裂隙发育，岩体破碎，呈碎石状压碎结构，岩石自稳能力较差，开挖后会引起小坍塌，地下水呈点滴或线状流出，围岩为Ⅳ级岩石。

(3)K121＋945～K122＋125 段，段长 180m，为隧道深埋段，隧道处于微风化中层状中至粗粒石英砂岩地层中，岩石节理发育，岩体结构面较紧密，呈块石状镶嵌结构，侧壁及洞顶基本稳定，偶有掉块或小坍塌发生。地下水影响较小，多呈点滴状流出，局部连通较好的节理可能有小水流，但流量不大，易于处理。围岩为Ⅲ级岩石。

(4)K122＋125～K122＋175 段，长 50m，为隧道中部深埋段，隧道处于微风化薄层炭质泥岩中，节理发育，岩石呈块石状镶嵌结构，洞顶长期暴露会发生小型坍塌，与上部砂岩接触界面及附近会有水流呈线或面流流出，流量 0.05～0.10L/s，不会造成大的病害，但应及时处理，避免长期对泥岩浸泡，围岩为Ⅳ级软质岩石。

(5)K122＋175～K122＋320 段，长 145m，洞身处于忠庄背斜倾没端附近，岩性为含泥质白云岩及角砾状白云岩，节理及微细节理发育，但不均匀，局部角砾为钙泥质胶结，岩溶不发育，岩体呈块状镶嵌结构，洞身可基本稳定，局部可能发生掉块或小坍塌，沿节理面会有小水流流出，流量不大，围岩为Ⅲ级，为硬质岩层，但结合较差，爆破震动过大易坍塌。

(6)K122＋320～K122＋375 段，段长 55m，洞顶基岩厚度 20～45m，为薄层状角砾状白云岩，含泥质较高，位于忠庄背斜倾没端枢纽附近，岩石小褶曲发育，局部地层产状变化较大，节理裂隙发育，呈碎石状压碎结构，有时洞身侧壁会失稳，洞顶长期暴露会有小—中坍塌。沿岩层倾斜上方有较厚松散堆积物，形成与地表间接沟通的低凹地带，掘进中会有水流沿层或节理面流出，流量 0.10～0.20L/s，但无大量涌水的可能。围岩为Ⅳ级岩石。

(7)K122＋375～K122＋420 段，段长 45m，隧道顶基岩厚(松散层除外)13～17m，为灰色、薄至中层状白云质灰岩及灰岩，岩层中小褶曲发育，产状变化大，受地质构造影响程度严重，岩溶发育，洞顶一带有空间超过 2m 的充填型溶洞和串珠状溶洞，个别可与地表溶坑或溶洞相连，洞底有裂隙或溶洞，地表水可通过地表溶蚀凹地汇入地下，当雨季时会有水流自洞顶流入，如地下通道良好，会直接排入地下，围岩按Ⅴ级硬质岩类处理，掘进中防止岩石沿洞室顶板顺层剥离形成坍塌，或溶洞充填物涌入洞室，岩层侧壁相对稳定。

(8)K122＋420～K122＋440 段，段长 20m，洞顶基岩厚 16～20m(松散层除外)，为灰色、薄至中层状白云质灰岩及石灰岩，岩层小褶发育，产状变化较大，受地质构造作用影响较重，节理较发育，地表水可通过溶蚀凹地汇入地下，水流自洞顶呈线流或片流，沿节理裂隙汇入，围岩为Ⅳ级，拱部可产生较大的坍塌，侧壁相对稳定。

(9)K122＋440～K122＋480 段，段长 40m，隧道埋深为 17～27m，由薄至中层状白云质灰岩和石灰岩组成，岩层层面为钙泥质物充填，受构造作用影响岩石节理较发育，并常有小溶洞发育，洞顶及洞身相对稳定，地下水位低于隧道洞身，地下水影响轻微，围岩为Ⅲ级，爆破震动过大，会有小型坍塌的可能。

(10)K122＋480～K122＋550 段，为隧道出口段埋深 6～17m，由灰色、薄至中层状白云质灰岩及石灰岩组成，洞口一带地形相对平缓，洞顶较薄于 K122＋510 处，洞身斜交地表的侵蚀水沟，并有节理裂隙相连，可能雨季会有地表水流汇入洞体。在 K122＋500m 处隧道埋深 7.0m，至 K122＋480 段隧道埋深 17.00m，仰坡变陡，建议将洞口后移至 K122＋500 处，K122＋

500～K122＋550段可明挖处理，地下水位低于洞底高程对隧道施工无影响。

10.1.2　右幅隧道工程地质评价

(1)K121＋885～K121＋910段，段长25m，为隧道进口段，埋深1.00～10.00m，洞顶基岩厚4.80～8.50m，为紫红色泥岩夹灰绿色泥质粉砂岩，岩层单斜产出，节理裂隙发育，洞顶一带岩石强至中风化，岩体呈碎石状压碎结构，围岩Ⅴ级，隧道开挖后浅埋段易出现地表下沉(陷)或坍至地表，建议洞口移至K122＋900段处，围岩Ⅴ级，岩石呈角砾状松散结构，施工中围岩易坍塌。地下水可沿砂泥岩交界面线流溢出，流量不大，易于处理。

(2)K121＋910～K121＋945段，段长35m，洞身处于中层状石英砂岩中，岩石呈中风化，节理裂隙发育，岩体破碎呈碎石状压碎结构，洞深浅埋，岩石自稳能力较差，开挖后可引起小坍坍塌，地下水呈点滴或线状沿节理裂隙面流出，围岩为Ⅳ级岩石。

(3)K121＋945～K122＋115段，段长170m，为隧道深埋段，隧道位于微风化中至厚层状粗粒石英砂岩中，岩石节理较发育，岩体结构面较紧密，呈块石状镶嵌结构，隧道洞身及洞顶基本稳定，局部可有掉块或小坍塌，地下水影响较小，呈点滴或线流流出，流量不大，不会造成病害，围岩为Ⅲ级岩石。

(4)K122＋115～K122＋175段，段长为60m，为隧道中部深埋段，处于黑色薄—中层状微风化泥岩中，岩石节理发育，呈块石状镶嵌结构，洞顶长期暴露会发生小型坍塌，与上覆砂岩接触面处会有小的水流呈线状或面状流出，流量0.05--0.10L/s，不会造成病害，但需及时疏导，防止对已开挖泥岩造成长期浸泡，围岩为Ⅳ级，软质岩石。

(5)K122＋175～K122＋330段，段长155m，洞身深埋，处于忠庄背斜倾末端附近，岩性含泥质白云岩夹角砾状白云岩，发育小型揉皱褶曲，局部岩层产状变化较大，节理裂隙发育，岩体呈块石状，镶嵌结构，洞身基本稳定，拱部无支护产生小坍塌，沿节理或层面会有水流流出，流量不大，地下水位略低于隧道底，围岩为Ⅲ级，硬质岩。

(6)K122＋330～K122＋370段，段长40m，为灰色薄层至中层状白云质灰岩及灰岩，地层处于忠庄背斜倾没端枢纽处，岩层小褶曲揉皱发育，产状变化较大，节理发育，岩石溶蚀现象较发育，溶洞中为砂质半充填，地表水可通过节理裂隙流入隧道，流量在0.05～0.10L/s之间，隧道拱部可产生较大的坍塌，侧壁相对稳定，围岩为Ⅳ级。

(7)K122＋370～K122＋440段，段长710m。位于灰色薄层至中层状白云质灰岩及灰岩中，忠庄背斜枢纽由隧道侧通过，岩层受地质构造影响程度严重，地层揉皱、褶曲发育，产状变化急据，岩溶发育，多呈串珠状，并为砂泥质或块石充填或半充填，个别可与地表塌坑或天窗相通，并有垂高大于2m的溶洞存在。

地表水可通过溶洞裂隙进入隧道，因地下水埋藏于隧道设计高程以下，岩溶洞穴可直接作为排泄通道，围岩按Ⅴ级硬质岩处理，施工中防止岩石洞室顶板顺层剥离，形成坍塌，或溶洞充填物涌入洞室。

(8)K122＋440～K122＋520段，段长80m，隧道埋深24～38m，处于灰色薄至中层状白云质灰岩与灰岩中，隧道沿忠庄背斜倾伏端轴线附近通过，地层产状较稳定，仅发育小型波状小褶曲，节理裂隙较发育，呈块石状镶嵌结构，岩石层间结合力较差，多有分离现象，震动过大易坍塌，局部小溶洞发育，地表水下渗呈点滴状或小水流排泄于隧道中，地下水水位较低对隧道无影响，围岩为Ⅲ级。

(9)K122＋520～K122＋550段，段长30m，为隧道出口段，处于灰色薄层白云质灰岩与灰岩中，隧道出口位忠庄背斜轴线附近，地层小波状褶曲发育，节理裂隙亦较发育，岩石呈碎石状压碎结构，层间结合较差，震动过大易引起坍塌，小溶蚀孔洞发育，地下水在隧道底板以下。该区地表K122＋535～K122＋550段，纵坡均较缓，隧道埋藏甚浅，建议隧道出口设置于K122＋535路段处，该段围岩为Ⅳ级，应预防小—中型坍塌发生。

10.2 隧道围岩坍塌情况

2003年4月1日，隧道左线出口段K122＋407掌子面出现大面积坍方，坍塌物为黄色稀质黏土并夹大块孤石。所作超前支护小导管(8°～10°)被压垮报废，已作初期支护的K122＋407～K122＋435段局部出现开裂，有明显的重物冲击迹象，K122＋407地表在一夜之间下沉了近5m，形成直径为40m左右的漏斗，造成坍塌原因主要有：

(1)本段洞体穿过溶岩性不良地质发育地段，溶洞呈串珠状分布并贯穿掌子面，该溶洞为充填型溶洞，和大块孤石交替分布，局部有薄层状倾角岩石，节理裂隙较为发育，溶洞内充填物含水率较高。

(2)由于该溶洞为填充型溶洞，溶洞贯穿隧道纵向长约60m，且该溶洞与地表贯通，地表土层厚度达5m以上，由于在该段地质渗水较为严重和雨季影响，导致溶洞填充物流动性较大。

(3)由于在隧道施工过程中，对超前支护所用小导管仅有17根，而且注浆压力末满足设计要求(因水泥浆沿溶洞流失，不可能把溶洞用水泥浆填满，所以注浆终压无任何压力)。

(4)地表为消水洞，在勘察中作过连通试验，证明洞内有水，并且与下游地表泉眼相通。

10.3 隧道围岩坍塌处理方案

10.3.1 隧道围岩坍塌处治方案

根据《隧道工程施工要点集》《隧道施工地质技术》《中外公路》等参考文献和现场施工经验，可采取如下几种方案处理：

(1)洞内对坍体开挖，任其坍塌通至地表，此方案对地表的影响很大，对已作初期支护部分也存在着很大的威胁，施工安全风险很大，施工过程中遇暴雨，洞内产生泥石流，施工安全无法保证。

(2)地表注浆。地表注浆的原理是以粉煤灰水泥浆注入土体，挤紧密实松散堆积体，增强土体自承能力，然后在开挖掘进加强支护，但由于该填充型溶洞长达60m，且呈串珠状，与下游地表泉眼相连。因此地表注浆方量大，造价高并达不到理想效果。

(3)对部分地表作部分开挖，确定坍塌漏斗范围，再施以反向锚杆注浆固结漏斗，防止漏斗继续沉陷，保证洞内继续施工，然后再回填土至地表，但由于该方案中需确定漏斗范围，施工勘察难度大，地表取土的工期长，填充溶洞较大，也无法采用。

(4)采用液氮冷冻工艺，在洞内打入导管，注入液氮，液氮由液态转为气态，吸收热量使30m左右的松散坍体形成冻土，冻凝温度可达－90℃，确保开挖掘进的安全性，并且进度也比较快，但由于造价比较高、施工难度大而未被采纳使用。

10.3.2　隧道围岩坍塌处理

通过认真的分析以上几种方案，施工单位、业主、监理单位及隧道专家组经过现场考查，分析讨论，综合了施工工期要求、节约成本、施工工艺的可行性及安全性等方面的因素，得出如下的处理方案：

(1)对K122＋407掌子面立即喷射20cm厚混凝土封闭，形成止浆墙。对地表沉陷开裂以及消水洞用人工回填夯实，再用20cm厚喷射混凝土封闭地表，修建环形排水沟，确保地表不再渗水。

(2)对已作初期支护的K122＋407～K122＋435段采用径向注浆，注浆水灰比1∶1，注浆终压为1.0MPa，注浆管采用6m长注浆小导管，沿径向起拱线3m以上按间距75cm梅花型布置。

(3)在对K122＋407～K122＋435段注浆完毕后，实施超前支护，采用6m长注浆小导管沿45°方向双液注浆，横向间距50cm，纵向间距50cm，使开挖轮廓拱部3.5m范围内固结，部分小导管贯穿于孤石内。

(4)在对45°方向小导管注浆完毕后，再沿掌子面8°～10°方位打6m长小导管，加强超前支护，注入水泥浆，注浆水灰比1∶1，注浆终压为1.0MPa。

(5)对45°方向及8°～10°方向小导管注浆完毕，注浆达70％强度后，开挖掌子面，预留核心土，采用弱爆破或风镐凿岩方式开挖，每次进尺不超过50cm，初期支护采用20B工钢，按间距40cm作强支撑，将直径为25mm的钢筋作连接筋，间距50cm，挂10cm×10cmϕ8钢筋网，喷25cm厚钢纤维混凝土。

(6)由于超前支护采用了45°和8°～10°超前小导管，对工字钢和开挖轮廓面之间距离大于25cm的部分，均采用喷射钢钎维混凝土喷射密实。

(7)在采用该方案施工过程中，也出现了几次小型坍方，待坍方稳定后，采用C20喷射封闭掌子面。施工过程中，加强对隧道洞身，隧道地表观测并及时处理。

(8)二次衬砌采用60cm厚钢筋混凝土封闭环衬砌。

10.4　隧道围岩坍塌处理前后数值模拟

10.4.1　数值模拟分析方法

岩石破裂过程分析系统RFPA主要功能包括应力分析、破裂分析、热应力分析和流固耦合分析等。

岩石破裂过程分析是RFPA系统的重要组成部分，主要特点为：RFPA提供相变分析模型，适用于介质加载初期损伤到后期宏观裂纹形成扩展的破裂全过程的分析。通过赋予介质不同构成部分相变前后的力学性质参数，可以完成岩石介质破裂过程分析。

10.4.2 隧道围岩坍塌处理前力学响应

以 K122+430 断面为例，通过 RFPA 数值模拟分析隧道围岩渐进破裂与失稳过程。

数值模拟分析模型中材料的物理力学指标见表 10.1，数值模型采用二维平面应变模型，尺寸 80m×80m，模型划分为 200×200 个单元。

模型中材料的物理力学指标 表 10.1

溶岩体力学参数	参数值	覆盖层力学参数	参数值
均质度(m)	5	均质度(m)	5
弹性模量均值 E(MPa)	6 000	弹性模量均值 E(MPa)	200
摩擦角(°)	34	摩擦角(°)	18
抗压强度均值 σ(MPa)	100	黏聚力均值 c(kPa)	20
抗压强度的残余值(MPa)	20	黏聚力的残余值(kPa)	5
泊松比 ν	0.25	泊松比 μ	0.35

图 10.1 为剪应力场分布、最大主应力场分布、最小主应力场演化分布图。

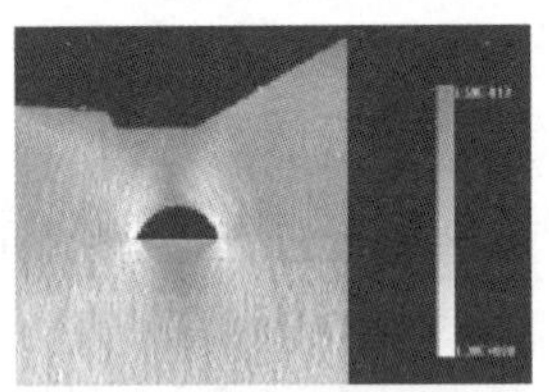

剪应力场分布

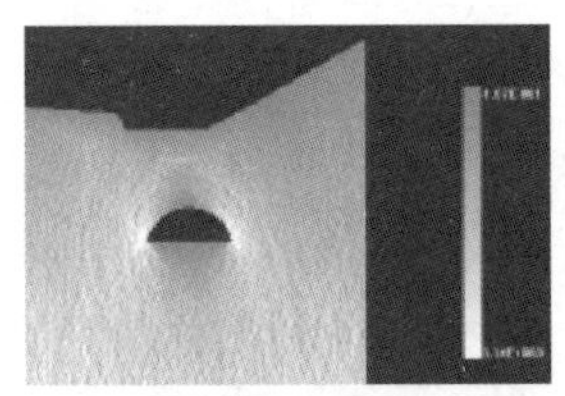

最大主应力场分布

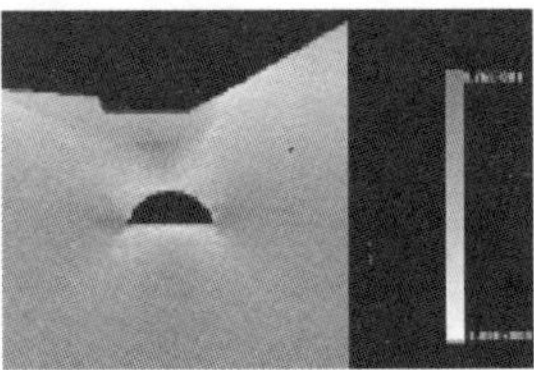

最小主应力场分布

a)Step-01

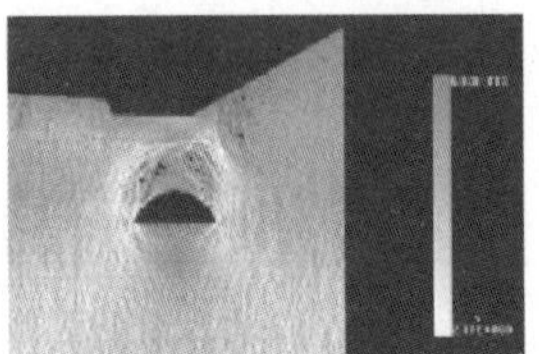

剪应力场分布

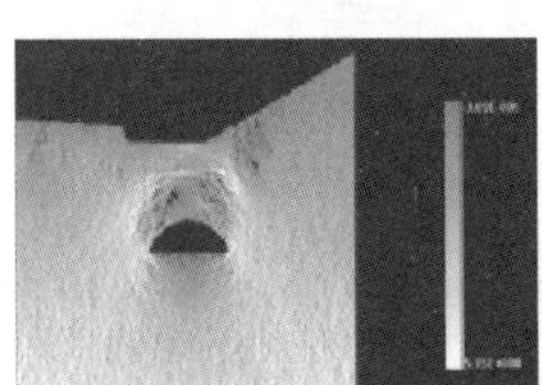

最大主应力场分布

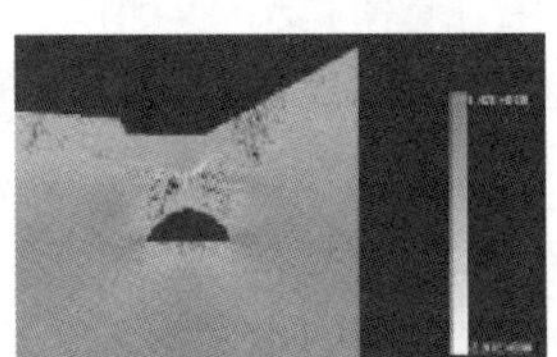

最小主应力场分布

b)Step-11

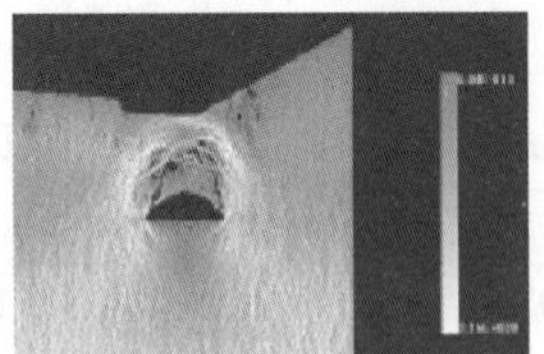

剪应力场分布

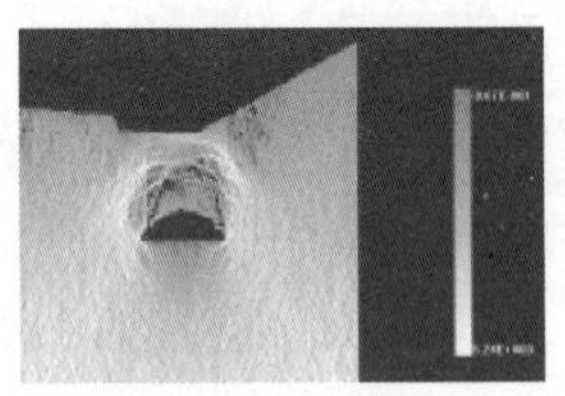

最大主应力场分布

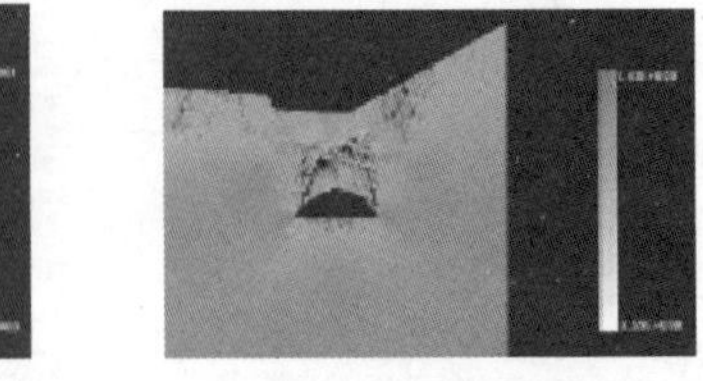

最小主应力场分布

c)Step-13

图 10.1

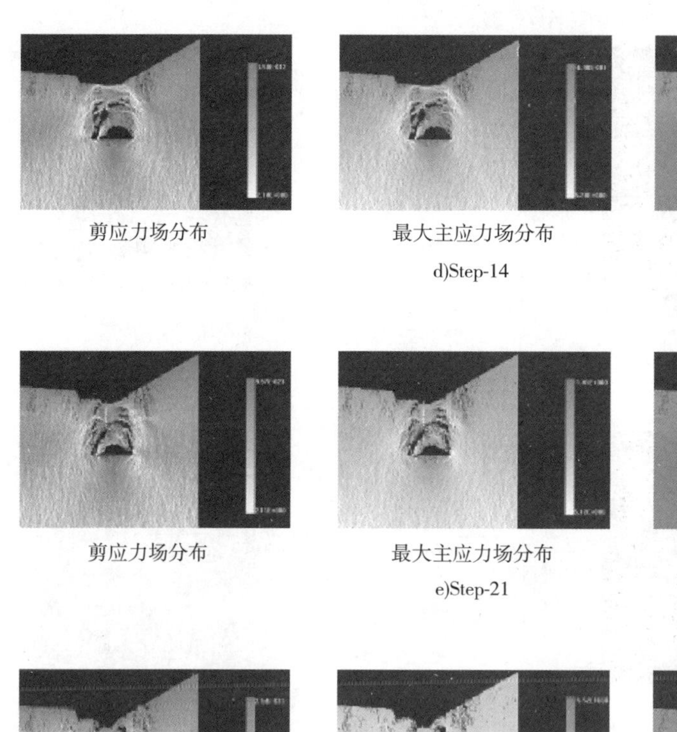

剪应力场分布　　最大主应力场分布　　最小主应力场分布

d)Step-14

剪应力场分布　　最大主应力场分布　　最小主应力场分布

e)Step-21

剪应力场分布　　最大主应力场分布　　最小主应力场分布

f)Step-26

图 10.1　应力场与破坏区演化分布图

K122＋430 断面隧道埋深较浅，只有 20m，且在中线上方有 8m 厚的覆盖层，隧道分两步开挖。

Step-01 为初始状态，Step-01～Step-26 为第一步开挖至隧道围岩渐进破坏与冒落失稳过程，可以看出，在无及时有效支护和衬砌的情况下，隧道顶板出现冒落失稳，并且向上扩展，引起覆盖层塌落，围岩也出现多处岩层错动。

由于地表山体的起伏变化，隧道围岩应力发生偏转，出现偏压，破坏向靠山体侧发展，而充填型溶洞存在是加剧隧道冒落失稳和围岩破坏不利因素。

图 10.2 是 AE 声发射分布、位移场和弹性模量与破坏分布图。

通过 Step-01～Step-26 的 AE 声发射分布、位移场分布和弹性模量与破坏分布进一步直观揭示了在无及时有效支护和衬砌的情况下，隧道顶板出现冒落失稳的过程，并且向上扩展、引起覆盖层塌落、围岩也出现多处岩层错动的演化，这一情况与实际发生情况大体一致。

可见，在浅埋岩溶地层中，隧道及时有效地支护和衬砌是保证隧道稳定性有效措施。

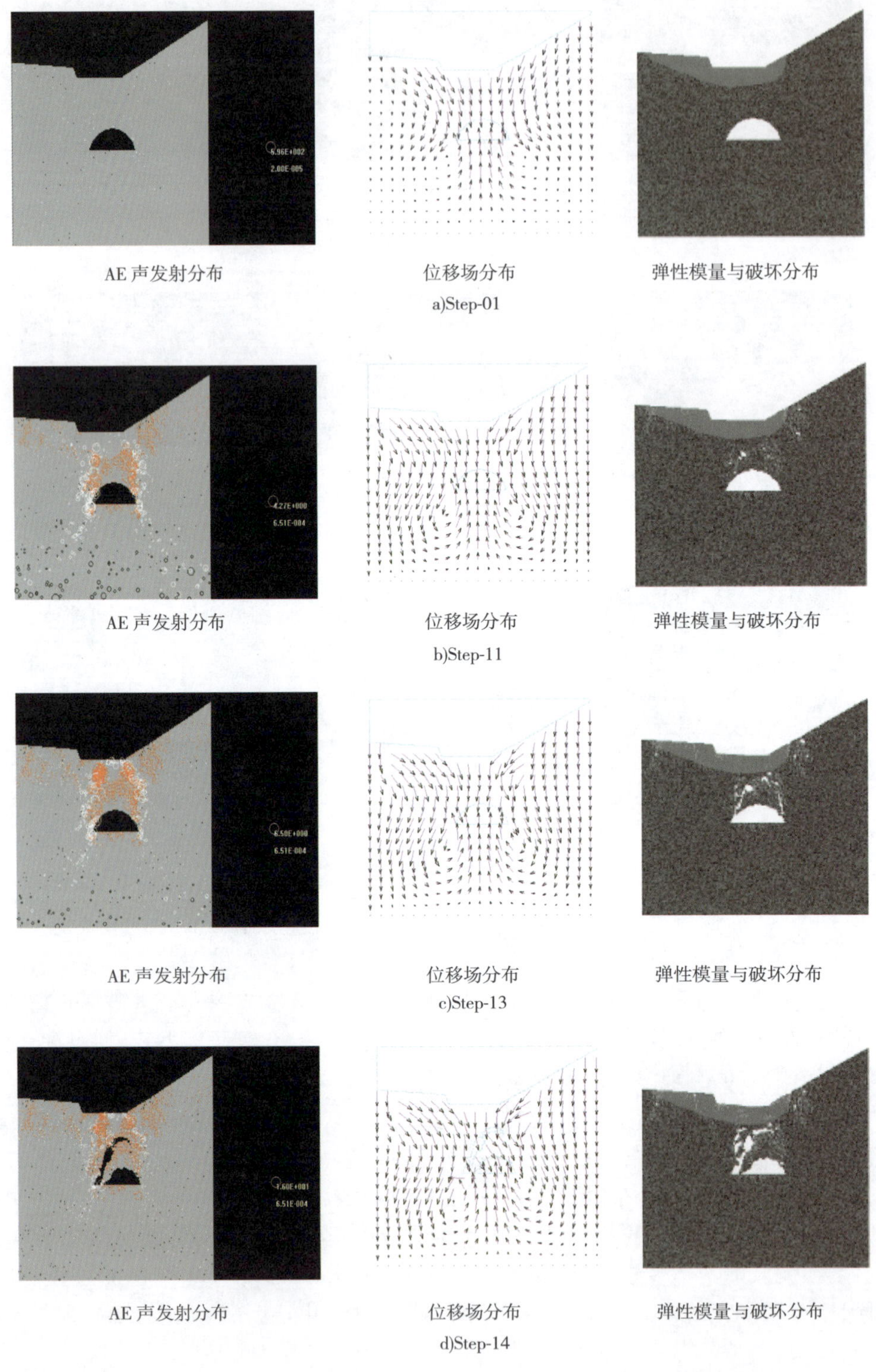

AE 声发射分布　位移场分布　弹性模量与破坏分布

a)Step-01

AE 声发射分布　位移场分布　弹性模量与破坏分布

b)Step-11

AE 声发射分布　位移场分布　弹性模量与破坏分布

c)Step-13

AE 声发射分布　位移场分布　弹性模量与破坏分布

d)Step-14

图　10.2

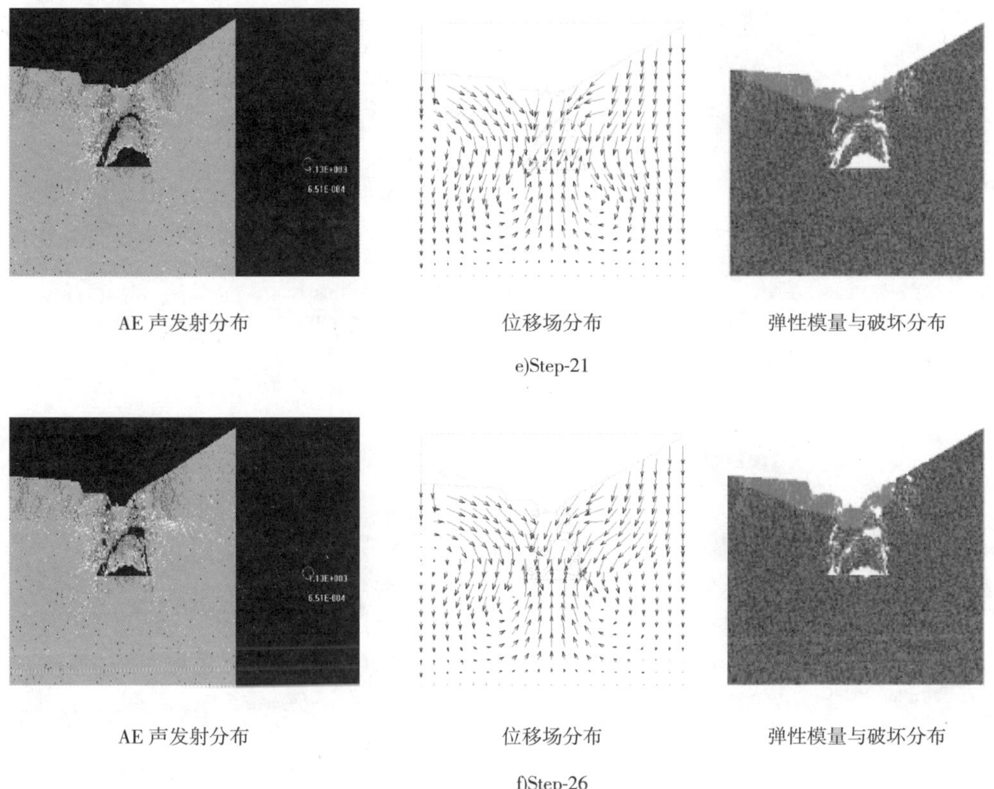

AE 声发射分布　　位移场分布　　弹性模量与破坏分布

e)Step-21

AE 声发射分布　　位移场分布　　弹性模量与破坏分布

f)Step-26

图 10.2　AE、位移场和弹性模量与破坏演化分布图

10.4.3　隧道围岩坍塌处理后力学响应

隧道围岩坍塌处理后数值模拟结果见图 10.3～图 10.5。计算结果表明，隧道围岩无破坏区存在，在浅埋岩溶地层中，隧道及时有效地支护和衬砌可以有效地保证隧道的稳定，这一情况与目前实际监测结果一致。

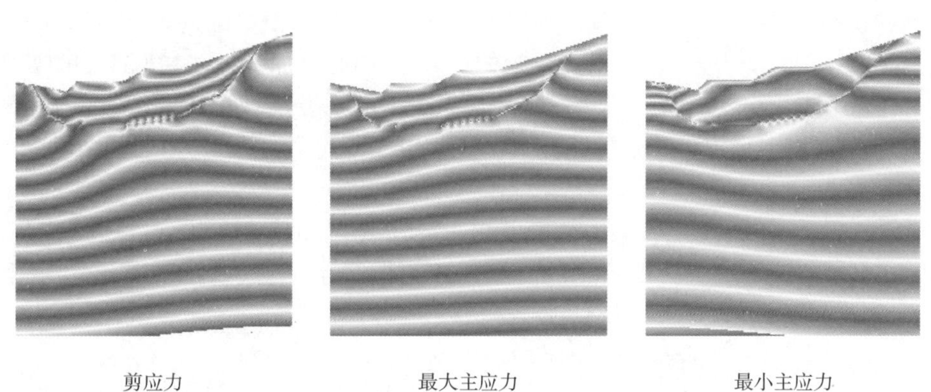

剪应力　　最大主应力　　最小主应力

图 10.3　初始原岩应力光弹图

剪应力

最大主应力

最小主应力

图 10.4 第一步上台阶开挖应力光弹图

剪应力

最大主应力

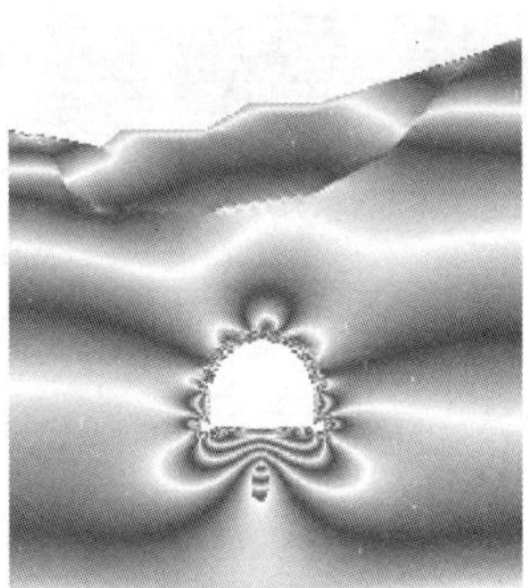

最小主应力

图 10.5 第二步下台阶开挖应力光弹图

10.5 隧道围岩坍塌及处理后效果监测

10.5.1 断面收敛测量结果

2003 年 4 月 4 日施工方案定下来后，施工随即开始，经过施工单位近 30 天时间的奋战，于 5 月 5 日渡过了施工最艰难、地质条件最为复杂的坍塌段，同时也加强了对初期支护的监测。整个施工过程，没有出现任何安全事故，也未存在质量上后期的隐患，得到监理方、业主等的认可。

对该段初期支护 K122＋425、K122＋410、K122＋405、K122＋385 四个断面测量结果记录如图 10.6、表 10.2～表 10.5 所示。

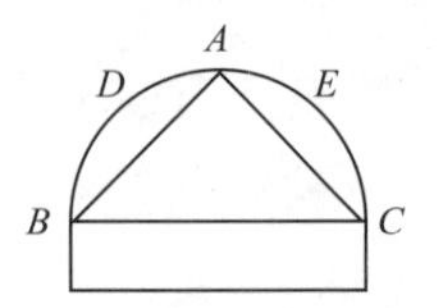

图 10.6 断面收敛测点测量图

由以上四个断面的监控测量资料可看出，施做初期支护 15 天后拱顶下沉、收敛位移期趋于平稳，变形量基本稳定。说明所采用初期支护各参数（包括工字钢、喷射混凝土、及超前支护）合理，符合该段坍塌围岩。所采用施工质量得到保证。总之，该隧道在不良地质地段所采取方法是成功的，为大跨度软弱破碎围岩地段的隧道施工，提供了一个成功例子。

断面收敛测量成果(一)　　表10.2

测量日期	测点桩号	拱顶下沉(mm)			收敛位移(mm)			测点布置示意图
		D	A	E	AB	AC	BC	
2003-3-23	K122+425	0.2	0.5	0.2	0.8	0.3	0.7	
2003-3-25	K122+425	0.4	1.2	1.6	4.6	0.5	1.3	
2003-3-29	K122+425	1.6	1.1	1.2	1.5	1.2	1.7	
2003-4-02	K122+425	0.2	0.8	0.6	6.4	0.6	0.5	
2003-4-08	K122+425	0.8	1.2	0.4	2.3	0.4	0.4	
2003-4-12	K122+425	0.4	0.2	0.4	0.3	0.5	0.4	
2003-4-16	K122+425	0.3	0.4	0.3	0	0.3	0.7	
2003-4-21	K122+425	0.6	0.5	0.2	0.2	0	0.2	
2003-5-4	K122+425	0.2	0.1	0	0.3	0.4	0.1	

断面收敛测量成果(二)　　表10.3

测量日期	测点桩号	拱顶下沉(mm)			收敛位移(mm)			测点布置示意图
		D	A	E	AB	AC	BC	
2003-4-16	K122+410	2.9	2.9	5.7	1.7	0.9	1.6	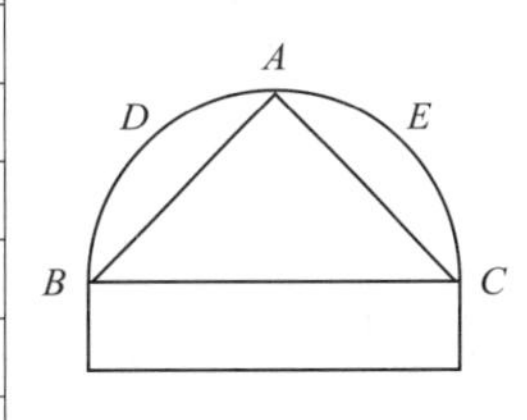
2003-4-18	K122+410	1.1	3.0	5.2	1.2	0.2	1.7	
2003-4-19	K122+410	0.6	3.1	2.6	1.0	0	1.5	
2003-4-21	K122+410	1.0	2.0	2.2	0.4	1.5	0.4	
2003-4-23	K122+410	2.6	0.4	1.3	0.2	1.4	0.1	
2003-4-25	K122+410	3.4	2.4	0.9	0.2	0.1	0.2	
2003-4-27	K122+410	0.5	1.0	1.8	0.1	0	0.4	
2003-5-02	K122+410	1.1	0.5	0.4	0.5	0.4	0.7	
2003-5-08	K122+410	0.2	0.5	0.4	0.8	0.3	0.1	
2003-5-12	K122+410	0.3	1.8	0.2	0.1	0.1	0.2	
2003-5-21	K122+410	0.4	0.8	0.1	0.2	0.2	0.1	

断面收敛测量成果(三)　　表10.4

测量日期	测点桩号	拱顶下沉(mm)			收敛位移(mm)			测点布置示意图
		D	A	E	AB	AC	BC	
2003-4-27	K122+405	2.9	2.9	1.2	2.0	2.1	3.4	
2003-4-28	K122+405	1.9	1.0	1.6	0.2	0.8	1.4	
2003-4-30	K122+405	1.2	0.2	1.6	0.8	1.1	0.5	
2003-5-02	K122+405	2.1	0.5	1.0	1.0	0.5	1.0	
2003-5-04	K122+405	0.4	0.5	0	0.2	0.3	0.4	
2003-5-06	K122+405	1.2	0.5	1.1	0.1	0.7	0.2	
2003-5-08	K122+405	0.2	0.2	0	0.7	0.4	0.1	
2003-5-14	K122+405	0.2	1.9	0.5	0.1	1.3	0.2	
2003-5-18	K122+405	0.7	0.5	0.3	0.2	0.5	0.4	
2003-5-24	K122+405	0.4	0.1	0.6	0.1	0.6	0.1	

断面收敛测量成果(四)　表 10.5

测量日期	测点桩号	拱顶下沉(mm)			收敛位移(mm)			测点布置示意图
		D	*A*	*E*	*AB*	*AC*	*BC*	
2003-5-03	K122+385	0.8	0.9	1.3	0.5	1.0	0.6	
2003-5-04	K122+385	1.2	3.2	0.4	0.8	1.1	0.7	
2003-5-05	K122+385	2.2	1.8	1.7	0.7	0.5	0.4	
2003-5-07	K122+385	3.3	2.0	1.0	0.5	0.8	1.0	
2003-5-09	K122+385	1.3	3.2	2.1	0.7	0.2	0.8	
2003-5-11	K122+385	0.6	2.8	0.1	0.2	0.2	0.7	D A E B C
2003-5-13	K122+385	0.5	0.9	1.0	0.2	0.5	0.4	
2003-5-15	K122+385	0.4	0.2	0.2	0.1	0.1	0	
2003-5-18	K122+385	0.8	0.1	0.3	0.1	0.2	0	
2003-5-22	K122+385	0.3	0.2	0.5	0.1	0.2	0.4	
2003-5-24	K122+385	0.5	0.4	0	0.1	0.1	0.2	

10.5.2　上覆岩层移动

利用分层沉降系统监测夏家庙隧道坍塌段上覆岩层的移动规律与过程。监测结果见表 10.6 和图 10.7。

监测数据(410 号孔)　表 10.6

序号	2003-5-26 中午 13 时	2003-5-26 中午 14 时	2003-5-27 下午 15 时	2003-5-28 上午 9 时	2003-5-29 上午 11 时
1	24 492	24 492	24 483	24 479	24 480
2	23 870	23 871	23 862	23 858	23 858
3	21 764	21 762	21 759	21 756	21 758
4	20 329	20 328	20 325	20 322	20 323
5	19 182	19 182	19 178	19 174	19 176
6	18 477	18 475	18 473	18 472	18 471
7	15 354	15 353	15 365	15 363	15 367
8	11 973	11 972	11 989	11 987	11 989
9	6 019	6 019	6 044	6 045	6 049
10	3 932	3 932	4 386	4 389	4 390
11	1 900	1 894	1 899	1 897	1 900

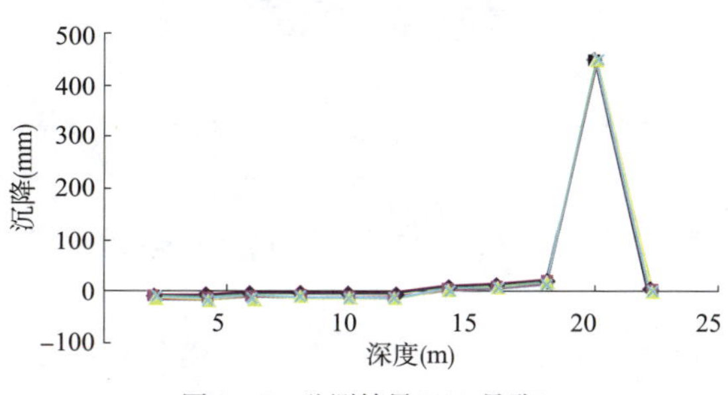

图 10.7　监测结果(410 号孔)

隧道围岩坍塌处理后监测结果表明,隧道围岩位移基本趋于稳定,无继续发展,可见,支护和衬砌效果良好,确保了隧道的稳定。

参考文献

[1] 中华人民共和国行业标准. JTG D70—2004 公路隧道设计规范[S]. 北京:人民交通出版社,2004.

[2] 中华人民共和国行业标准. JTG F60—2009 公路隧道施工技术规范[S]. 北京:人民交通出版社,2009.

[3] 中华人民共和国行业标准. TB 1003—2005 铁路隧道设计规范[S]. 北京:中国铁路出版社,2005.

[4] 中华人民共和国行业标准. JTG B01—2014 公路工程技术标准[S]. 北京:人民交通出版社,2014.

[5] 卢耀如,刘少玉,张凤娥. 中国水资源开发与可持续发展[J]. 国土资源,2003(2):4-11.

[6] 袁道先. 对南方岩溶石山地区地下水资源及生态环境地质调查的一些意见[J]. 中国岩溶,2000,(2):103-108.

[7] 周德培,张兽新. 运营隧道衬砌开裂的病害分析及对策[A]//西南交通大学百年校庆论文集(土木工程分册)[C]. 成都: 西南交通大学出版社,1996.

[8] 覃美安,于远祥,郑志勇. 超前地质灾害预报在桃花铺二号隧道施工中的应用[J]. 地下空间,2004,24(1).

[9] 宋建平. 隧道修建中的几个工程地质问题及对策[J]. 西部探矿下程,2002(5):32-35.

[10] 何发亮,李苍松. 隧道施工期地质超前预报技术的发展[J]. 现代隧道技术,2001,38(3).

[11] 缪荣辉,刘光东,赵德志,等. 某隧道进口段边坡三维弹塑性有限元分析[J]. 地下空间,2001,21(5):432-435.

[12] 陆锡铭,应志民. 某隧道进口段边坡的变形破坏机理分析[J]. 地球与环境,2005,23(S1):399-402.

[13] 郑建中. 富溪双连拱隧道出口高边坡稳定性评价及支护效果分析[J]. 工程地质学报,2007,15(2):253-257.

[14] 李育枢,高广运,李天斌. 偏压隧道洞口边坡地震动力反应及稳定性分析[J]. 地下空间与工程学报,2006,2(5):738-743.

[15] 李建林,胡兴娥,熊俊华,等. 三峡地下电站进水口边坡稳定分析及加固优化[J]. 岩石力学与工程学报,2001,20(5):376-679.

[16] 徐卫亚,宋晓晨,周维垣. 水电站进水口岩石高边坡及坝坡与洞室相互作用的三维数值分析[J]. 岩石力学与工程学报,2004,23(16):2712-2717.

[17] 傅少君,陈胜宏. 龙滩水电站 9 号机进水口边坡反馈分析[J]. 武汉大学学报(工学版),2005,38(5):94-98.

[18] 彭作为,周创兵,龚玉峰,等. 向家坝进水口高边坡系统锚杆受力状况研究[J]. 岩土力学,2006,27(3):482-486.

[19] 许桂生,汪卫明,徐明毅,等. 小湾电站进水口边坡稳定分析与加固方案优化[J]. 武汉大学学报(工学版),2005,38(3):22-28.

[20] 颜育仁,杜时贵,董良淮.浙江省大梁山隧道出口边坡稳定性分析[J].中国地质灾害与防治学报,2006,17(3):118-123.

[21] 杨绪波,黄润秋,沈军辉,曹运江.紫坪铺水电站2号泄洪洞进水口边坡变形特征及其机理研究[J].岩石力学与工程学报,2005,24(12):2035-2040.

[22] HISATAKE m,OHNO S. Effects of Pipe Roof Sup-ports and the Excavation method on the Displace ments Above a Tunnel Face[J]. Tunnelling and Underground Space Technology,2008,23(2):120-127.

[23] SHIN J H,CHOI Y K,KWON O Y,et al. Model testing for pipe-reinforced tunnel heading in a granular soil[J]. Tunnelling and Underground Space Technology,2008,23(3):241-250.

[24] OCAK I. Control of Surface Settle ments with U mbrella Arch method in Second Stage Excavations of Istanbul metro[J]. Tunnelling and Underground Space Tech-nology,2008,23(6):674-681.

[25] KA MATA H,MASHI MO H. Centrifuge model Test of Tunnel Face Reinforce ment by Bolting[J]. Tunnel-ling and Underground Space Technology,2003,18(2/3):205-212.

[26] YOO C S. Finite-ele ment analysis of tunnel face reinforced by longitudinal pipes[J]. Co mputers and Geotechnics,2002,29(1):73-94.

[27] PEILA D. A theoretical study of reinforce ment influence on the stability of a tunnel face[J]. Geotechnical and Geological Engineering,1994,12(2):145-168.

[28] 王海涛,贾金青,等.隧道管棚预支护的力学行为及参数优化[J].中国公路学报,2010,23(4):78-83.

[29] 董新平,彭中和.浅埋地下工程管棚法施工中合理管棚直径分析[J].岩土工程学报,2007,29(9):1355-1360.

[30] 高健,张义同.实施超前注浆管棚支护的隧道开挖面稳定分析[J].天津大学学报,2009,42(8):666-672.

[31] Cha mbon P,Corte J F. Shallow tunnels in cohesive soil: Stability of tunnel face[J]. Journal of Geotechnical Engineering,1994,120(7): 1148-1165.

[32] Leca E,Dor mieux L. Upper and lower bound solutions for the face stability of shallow circular tunnels in frictional material[J]. Geotechnique,1990,40(4):581-606.

[33] Broere W. Face stability calculation for a slurry shield in heterogeneous soft soils[J]. Tunnels and metropolises,1998:215-218.

[34] Anagnostou G,Kovari K. Face stability conditions with earth-pressure-balanced shields[J]. Tunnelling and Underground Space Technology,1996,11(2):165-173.

[35] Lee I m,Na m S W,Ahn J H. Effect of seepage forces on tunnel face stability[J]. Canadian Geotechnical Journal,2004,19:273-281.

[36] LIU Wenbin,LIU Baoguo,WANG Weifeng. PIPE SHIELD EFFECT ANALYSIS OF DOUBLE-ARCHED TUNNEL UNDER UNSY MMETRICAL PRESSURES[J]. Chi-

nese Journal of Roc kmechanics and Engineering,2007,26(supp):3704-3710.
[37] marcio muniz de Farias. Displace ment Control in Tunnels Excavated by the NAT M: 3-D Nu merical Si mulations[J]. Tunnelling and Underground Space Technology,2004, 19: 283-293.
[38] 彭立敏,施成华,韩玉华. 浅埋隧道地表锚杆预加固的作用机理与分析方法[J]. 铁道学报,2000,2.
[39] 彭立敏,周铁牛,韩玉华. 浅埋隧道地表锚杆预加固效果研究[J]. 长沙铁道学院学报,1992,10.
[40] 杨明举. 浅埋偏压隧道地表预加固及施工影响分析[J]. 公路,2008,10.
[41] 路德福. 水平高压旋喷注浆技术在城市浅埋隧道预支护中的应用探矿工程(岩土钻掘工程),2008,2.
[42] 张虎. 地表注浆在隧道工程中的应用[J]. 公路,2006(3).
[43] 赵乐之,刘晓峰,乔宁. 偏压隧道设计的数值分析[J]. 建筑结构(增),2010.
[44] 朱仲基,党瑞彩. 苏沟口隧道滑坡综合治理技术[J]. 建筑与工程,2004,4.
[45] 王军,曹平,等. 降雨入渗对流变介质隧道边坡稳定性的分析[J]. 岩土力学,2009,7.
[46] Itasca Consulting Group,Inc. . Fast Language Analysis of continua in 3 di mensions, version. 0,user's mannual. Itasca Consulting Group,Inc. ,2005.
[47] 朱苦竹,朱合华. 滑坡与隧道相互作用机理实例分析[J]. 地下空间与工程学报,2006,10.
[48] 秦正刚,彭锋. 小德江 2～隧道洞口山体滑坡成因及综合治理[J]. 西部探矿工程,2000,3.
[49] 林三国. 隧道洞口山体滑坡整治[J]. 隧道建设. 2007,6.
[50] 曹立峰. 尖山子隧道洞口施工技术[J]. 公路交通技术. 2004,4.
[51] 刘艳青,钟世航,卢汝绥,等. 小净距并行隧道力学状态的试验研究[J]. 岩石力学与工程学报,2000,5.
[52] 高军,赵运臣. 隧道变形监测新技术的应用研究. 西部探矿工程[J]. 2001,3:74-76.
[53] 于宁,朱合华. 公路隧道建设中安全监测预报的应用[J]. 现代隧道技术,2003,40(5) 59-66.
[54] 谭俊玲. 全站仪遥测技术在乌鞘岭铁路隧道围岩变形监测中的应用[J]. 现代隧道技术,2004,41(4):51-54.
[55] 曾鼎华,等. 三角形量测法在隧道变形监测中的应用研究[J]. 水文地质工程地质,2005: 113-115.
[56] 李二兵,王摘,王源,等. 城市复杂条件下浅埋大跨双连拱隧道施工变形监测与控制[J]. 岩石力学与工程学报,2007,26(4):833-839.
[57] 夏才初,龚建伍,唐颖,等. 大断面小净距公路隧道现场监测分析研究[J]. 岩石力学与工程学报,2007,26(1):44-50.
[58] 净少敏,冯峥嵘. 大断面隧道施工监测分析及应用[J]. 铁道建筑技术,2010,20(2): 35-39.
[59] P. H. S. W. Kulatilake,H. Ucpirt,S. Wang. G. Radberg and O. Stephansson Use of the

Distinct Ele ment method to Perfor m Stress Analysis in Rook with Non-persistent Joints and to Study the Effect of Joint Geo metry Para meters on the Strength and Defor mability of Roc kmasses Roc kmech. Rock Engng. (1992)25(4):253-274.

[60] 沈明荣.岩体力学[M].上海:同济大学出版社,1991.

[61] T. Kawa moto, Y. Ichikawa& T. Kyoya. Defor mation and Fracturing Behavior of Discontinuous Roc kmass and Da mage mechanics Theory[J]. Int. J. Nu m. Analy. Geo, 1988,12(4):321-327.

[62] B. Shar ma, model Tests for Slope Tunnels in Jointed Rocks[J], Roc kmechanics, Supple mentu ms, 1976:179-186.

[63] N. Barton, model studies of very large underground Openings at Sba-low Depth[J], Proc. Of 4 th. Cong. Int. Soc. Roc kmech., Vol. 1, montreux(Suisse), 1979.

[64] D. H. 特罗洛普,岩体问题中的不连续介质力学或碎块体力学,工程实用岩石力学[M].成都地质学院工程地质教研室,译.北京:中国地质出版社,1978.

[65] B. A. Chappell, Load Distribution and Redistribution in Discontinua[J], Int. J. Roe kmech, min Sci., Vol. 16, No. 6, 1979.

[66] 蒋爵光,房明烈,李隽蓬,等.在不同构造应力作用下节理岩体隧道的稳定性[J].西南交通大学学报,1982,3:41-50.

[67] 蒋爵光,房明烈,李隽蓬,等.不同产状节理岩体隧道围岩稳定性的模型试验研究[J].水文地质工程地质,1984,3:13-19.

[68] 翟路锁.裂隙岩体巷道稳定性模拟研究试验[J].煤矿开采,2003,8(2):46-52.

[69] 吕梦蛟.受贯通裂隙控制岩体巷道稳定性试验研究[J].煤矿开采,2004,13(3):9-12.

[70] 王戌平.破碎围岩隧道的模拟试验研究[D].杭州:浙江大学,2004.

[71] 杨伟峰,吉育兵,沈丁一.节理裂隙岩体巷道变形规律的模拟研究[J].金属矿山,2009,2:34-36.

[72] 徐营,张子新.块裂结构岩质地下洞室松动特征试验研究[J].岩土工程学报,2010,32(2):216-210.

[73] 李新平,朱瑞赓,夏元友.裂隙分布对地下硐室稳定性的影响研究[J].金属矿山,1997,3:15-19.

[74] 王鲁明,赵坚,万德连.巷道裂隙围岩稳定性影响因素的数值分析[J].岩土力学,2005,26(10):1565-1569.

[75] 刘君,孔宪伟.节理岩体中隧道开挖与支护的数值模拟[J].岩土力学,2007,28(2):321-326.

[76] 晏长根,伍法权,祁生文,等.随机节理岩体变形与强度参数及其尺寸效应的数值模拟研究[J].岩土工程学报,2009,31(6):879-885.

[77] 丰正伟,刘新荣,傅晏,等.软弱结构面对隧道围岩稳定性的影响研究[J].地下空间与工程学报,2009,5(4):745-749.

[78] 张承荣,许振华.节理岩体巷道支护作用机理的离散元模拟研究[J].现代矿业,2010,4(4):65-68.

[79] 任德惠,张平.不同倾角结构面对巷道稳定性的影响[J].煤炭学报.1988,3:11-16.

[80] Z. T. Bieniawski. Engineering Roc kmass Classification[M]. John Wiley & Sons, Inc. 1989.

[81] T. E. Francis. Deter mination of the Influence of Joint Orientation on Roc kmass Classification for Tunneling Using a Stereographic Overlay[J]. Quarterly Journal of Engineering Geology, 1991.

[82] 宋选民,顾铁凤.构造裂隙对巷道稳定性影响的评价方法[J].太原理工大学学报.2001,32(6):567-571.

[83] 丁万涛.随机裂隙对节理岩体稳定性影响研究及其在海底隧道中的应用[D].济南:山东大学,2008.

[84] 刘磊.节理破碎岩体隧道稳定性及锚固效果研究[D].成都:西南交通大学,2010.

[85] 蒋坤.节理岩体中特大断面小净距隧道围岩稳定性研究[D].上海:同济大学,2010.

[86] 中华人民共和国行业标准. JTG C10—2007 公路勘测规范[S].北京:人民交通出版社,2007.

[87] 铁道部第一勘测设计院.铁路工程地质手册[M].北京:中国铁道出版社,2002.

[88] 孙忠第.高等级公路下伏空洞勘探、危害程度评价及处治研究报告集[M].北京:科学出版社,2000.

[89] 邹成杰.水利水电岩溶工程地质[M].北京:水利电力出版社,1994.

[90] 中华人民共和国行业标准. GB 50021—2001 岩土工程勘察规范[S].北京:中国建筑工业出版社,2001.

[91] 林宗元.岩土工程勘察设计手册[M].沈阳:辽宁科学技术出版社,1996.

[92] 张卓元,王士天,王兰生.工程地质分析原理[M].北京:地质出版社,1994.

[93] 李智毅,杨裕云.工程地质学概论[M].武汉:中国地质大学出版社,2006.

[94] 陈成宗,何发亮.隧道工程地质与声波探测技术[M].成都:西南交通大学出版社,2004.

[95] 李彪,梁富清.高速公路隧道施工中的岩溶问题研究[J].工程力学,2000(增刊).

[96] 王勇,孙彩虹.岩溶隧道溶洞顶板安全厚度预测探讨[J].现代隧道技术,2005,42(3):17-22.

[97] 李奎.隧道岩溶围岩力学特性的初步研究[D].成都:西南交通大学,2005.

[98] 浦海.保水采煤的隔水关键层模型及力学分析[D].徐州:中国矿业大学,2007.

[99] Meguid M A, Dand H K. the effect of erosion voids on existing tunnel lining [J]. tunneling and underground space technology, 2008, 4(2):1-9.

[100] Papanastasiou P. An efficient algorithm for propagating fluid-driven fractures [J]. Computational Mechanics, 1999, 24(4):258-267.

[101] Rabdall C. Orndorff, David J. Weary, Stanka Sebela, geologic framework of the ozarka of south-central Missouri-contributions to a conceptual model of karst, geological survey karst interest group proceedings, water-resources investigations report 01-4011, 2011.

[102] 林国涛,宋瑞刚.岩溶隧道突泥机制与防治技术研究[J].隧道建设,2012,32(2):169-174.

[103] 吴治生,付伯森.南岭隧道突发性涌泥介绍及成因分析[J].铁道工程学报,1987,(2):

100-103.

[104] 吴治生,付伯森.南岭隧道岩溶注浆概况及经验教训[J].铁道工程学报,1989,(2):168-176.

[105] 黄雄军.岩溶隧道突水突泥影响因素及对策[J].铁道工程学报,2013,(1):45-53.

[106] 李利平,李术才,陈军,等.基于岩溶突涌水风险评价的隧道施工许可机制及其应用研究[J].岩石力学与工程学报,2011,30(7):1345-1355.

[107] 刘招伟.圆梁山隧道岩溶突水机理及其防治对策[D].北京:中国地质大学,2004.

[108] 王遇国.岩溶隧道突水灾害与防治研究[D].北京:中国铁道科学研究院,2010.

[109] 徐华轩.野三关隧道施工地质特征及突水灾害防治研究[D].北京:中国地质大学,2010.

[110] 孙克国.注浆控制岩溶隧道突水地质灾害的机理和模拟方法研究[D].济南:山东大学,2010.

[111] 谢举.岩溶隧道施工突水灾变机理与防治对策研究[D].重庆:重庆交通大学,2011.

[112] 贾汝涛.中坝岩溶隧道突水形成机理及防治措施研究[D].成都:成都理工大学,2011.

[113] 韦明.河池(水任)至南宁公路岩溶地段路基的处理[J].广西交通科技,2003,(5):56-59.

[114] 肖玉辉,朱自强,鲁光银.岩溶地区高速公路路基探测与处理技术探讨[J].公路,2004,(4):19-23.

[115] 肖玉辉,朱自强,鲁光银.岩溶地区高速公路路基探测与处理技术探讨[J].公路,2004,(4):19-23.

[116] 王祥秋,杨林德,高文华.高速公路偏压隧道施工动态监测与有限元仿真模拟[J].岩石力学与工程学报,2005,24(1):284-289.

[117] 安鹏程,陈剑平,邱道宏.偏压连拱隧道围岩稳定性分析与现场监控量测[J].吉林大学学报:地球科学版,2008,38(2):285-289.

[118] 王英学,周佳媚,高波.偏压滑坡地段围岩受力特征测试分析[J].岩土力学,2002,23(6):792-794.

[119] 陈秋南,张永兴,陈建功,等.偏压双连拱公路隧道围岩稳定性动态预测分析[J].重庆建筑大学学报,2005,27(1):62-66.

[120] 段海澎,徐干成,刘保国.富溪偏压连拱隧道围岩与支护结构变形和受力特征分析[J].岩石力学与工程学报,2006,25(增2):3763-3768.

[121] 刘涛,沈明荣,袁勇.偏压连拱隧道围岩稳定性模型试验与数值分析[J].同济大学学报:自然科学版,2008,36(4):460-465.

[122] 李宁军,刘彤,曹彩芹.公路隧道衬砌加固计算分析[J].西安建筑科技大学学报(自然科学版),2004,36(1):79-81.

[123] 谢红强,何川,林刚.开挖工况对偏压连拱隧道结构及上覆山体稳定性的影响[J].现代隧道技术,2007,44(1):32-36.

[124] 杨小礼,眭志荣.浅埋小净距偏压隧道施工工序的数值分析[J].中南大学学报(自然科学版),2007,38(4):764-770.

[125] 蒋爵光,房明烈,李隽蓬,等.在不同构造应力作用下节理岩体隧道的稳定性[J].西南交通大学学报,1982(3):41-50.
[126] 蒋爵光,房明烈,李隽蓬,等.不同产状节理岩体隧道围岩稳定性的模型试验研究[J].水文地质工程地质,1984,(3):13-19.